河北省社会科学基金项目
石家庄市社科专家培养项目

火车拉来的城市
——近代石家庄城市史论丛

李惠民◎著

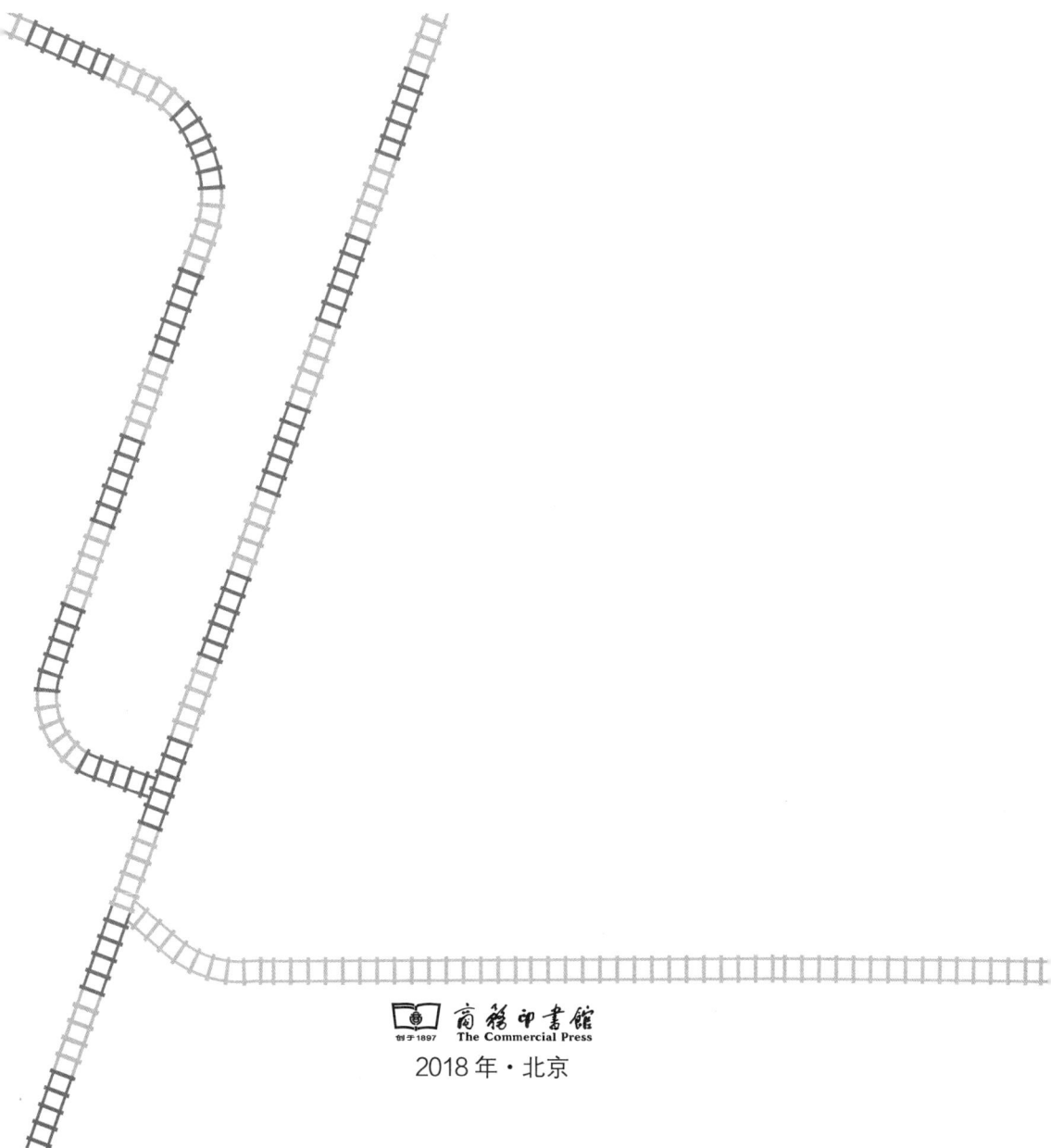

商务印书馆
The Commercial Press

2018年·北京

图书在版编目(CIP)数据

火车拉来的城市：近代石家庄城市史论丛/李惠民著．—北京：商务印书馆，2018
ISBN 978-7-100-16362-0

Ⅰ.①火… Ⅱ.①李… Ⅲ.①城市史—石家庄—近代 Ⅳ.①K292.21

中国版本图书馆 CIP 数据核字(2018)第 153876 号

权利保留，侵权必究。

火车拉来的城市：近代石家庄城市史论丛
李惠民 著

商务印书馆出版
(北京王府井大街36号 邮政编码100710)
商务印书馆发行
北京顶佳世纪印刷有限公司印刷
ISBN 978-7-100-16362-0

2018年10月第1版　　　开本 710×1000　1/16
2018年10月北京第1次印刷　印张 27¼
定价：96.00元

目 录
Contents

引　言 \ 1

第一编　概述综论 \ 1

近代石家庄城市史研究述评 \ 1

石家庄城市史研究的起点问题 \ 13

近代石家庄城市化发展的基本历史分期 \ 18

近代石家庄城市化发展的特点 \ 25

近代石家庄城市工商业的特征 \ 31

近代石家庄区域军事中心城市的特征 \ 51

近代石家庄城市空间的拓展 \ 63

近代石家庄城市空间结构特征 \ 78

近代石家庄城市人口的跳跃性增长 \ 96

近代石家庄城市移民人口的地域构成 \ 108

第二编　铁路枢纽 \ 116

论近代石家庄铁路枢纽的形成 \ 116

清末石家庄兴修铁路前后的变化 \ 124

近代石家庄铁路枢纽的特点 \ 136

铁路枢纽对近代石家庄城市经济的牵引作用 \ 151

铁路枢纽对近代石家庄城市中心地位的影响 \ 165

第三编　城市行政 \ 174

近代石家庄城市名称的六次变更始末 \ 174

20世纪20年代围绕获鹿县署搬迁石家庄的博弈 \ 180

石家庄"市自治"新论（1923～1928）\ 196

石家庄"市自治"若干史实辨析 \ 215

石家庄"后市自治时期"城市管理体制述评（1928～1937）\ 228

1925年石家庄更名石门原因新解 \ 244

第四编 文教娱乐 \ 250

近代石家庄传统戏剧的转型 \ 250

民国时期石家庄电影业的特点与地位 \ 261

民国时期石家庄报刊刍论 \ 267

近代石家庄城市大众文化的变迁 \ 283

略论近代石家庄的公立新式学堂（1901年～1937年7月）\ 302

略论近代石家庄的企业办学 \ 310

沦陷时期石门市竞马大会述论 \ 317

第五编 衣食住行 \ 332

近代石家庄城市居民衣饰穿着的变迁 \ 332

近代石家庄城市居民饮食就餐的变迁 \ 341

近代石家庄城市建筑民居的变迁 \ 348

近代石家庄城市交通出行的变迁 \ 359

第六编 城事探微 \ 366

近代石家庄城市化起点的人口规模研究 \ 366

吴禄贞殉难新探 \ 373

石家庄大石桥考释 \ 387

石家庄大石桥续考 \ 398

石家庄大石桥百年来的功能变迁 \ 406

后　记 \ 412

跋 \ 414

引 言

一、"因路而兴"是近代石家庄城市史研究的起点

我之所以用《火车拉来的城市》作为本书的书名,就是认定以"因路兴市"作为石家庄这座城市的研究起点。众所周知,近代新式交通业的发展,不仅逐步取代了传统交通业的主导地位,而且在铁路交通沿线区域催生了一批新兴城市,将类似石家庄这样因路而兴的新兴城市形象地比喻为"火车拉来的城市",这种比喻得到了人们的普遍认可。虽然"因路而兴"造就了中国近代一种交通类型的新生城市,也已成为中国近代城市史学界的普遍共识,但是每一个因路而兴的具体城市,又有着各自的地理环境和发展历史,不可一概完全固定视之。对铁路枢纽在近代石家庄城市兴起中发挥的作用,学者们异口同声,不谋而合,认识非常一致。譬如,隗瀛涛等著《中国近代不同类型城市综合研究》、何一民著《近代中国城市发展与社会变迁》《中国城市史》、曹洪涛等著《中国近现代城市的发展》、苑书义等著《艰难的转轨历程——近代华北经济与社会发展研究》《河北经济史》、张利民等著《近代环渤海地区经济与社会研究》《华北城市经济近代化研究》、熊亚平著《铁路与华北乡村社会变迁》、张慧芝著《天子脚下与殖民阴影:清代直隶地区的城市》、李惠民著《近代石家庄城市化研究》等学术著作都认为,正太铁路与京汉铁路交会构成的铁路交通枢纽,成为近代石家庄城市兴起的直接诱因,交通枢纽功能对近代石家庄城市产生起到了重要的影响作用。

其实,对"因路而兴"城市类型的提炼概括,并非是现代学人的总结或发明,早在清末时部分知识分子开始有所认识,到民国时期社会各界对"因路兴市"就已经有了广泛认知。例如,清末发表的《论河北铁路以道口为中心

点》一文便指出:"铁路辐辏之地,民口可由寡而众,民产可由贫而富,民俗可由野而文","以道口为成效之所"。① 特别是铁路枢纽对近代石家庄城市形成和发展所产生的直接带动作用显而易见,当时的社会各界众目昭彰,尽人皆知。曾任井陉矿务局局长的王骧,在1927年印行的《开展石家庄商埠计划书》中写的第一句话就是:"石家庄一农田之小庄耳,自京汉路成而变为车站矣,自正太路成而变为要埠矣。"② 1932年在正太铁路接收典仪礼上,接收委员会监察委员铁道部参事汪文璘在致辞中曾说:石家庄"俨然具有都市的雏形,所以能够有这样的发达,就是因为有正太和平汉两条铁路的关系","假使石家庄到现在还没有铁路,恐怕还是三十年前一样,或者只有平汉而没正太,恐怕也没有这样的发达"。③ 1934年出版的《石门指南》指出:正太铁路"设站于此,至(光绪)三十三年通车后,商贾云集,渐形繁华"。④ 1940年出版的《石门市事情》记述说:石家庄"此处原为获邑之一小村,旋经京汉正太二干线于此接轨后,遂变为商贾集中之地矣"。⑤ 1942年出版的《石门新指南》也认为:"石门因交通发达,故商业繁盛。"⑥ 由上述可知,铁路枢纽对石家庄城市兴起的重要作用在民国时已是彰明昭著,显而易见。铁路枢纽功能是石家庄新兴城市最先具备的基础功能,也是其最具主导性的城市功能之一,对其他功能的产生具有互动影响关系。而后,石家庄在交通枢纽基础功能上,逐步发展成为区域性经济中心,又在区域性经济中心基础上,逐步发展成为区域性政治中心和军事中心。

近代石家庄城市史发展的事实,为孙中山先生的名言"交通为实业之母,铁道又为交通之母"做了既翔实又具体的注释。历史已经证明,火车这种现代交通工具确实拥有巨大的能量,将潜伏在社会劳动里的生产力迅速发掘出来,

---

① 《论河北铁路以道口为中心点》,《东方杂志》,第7期,光绪三十一年(1905年7月25日),第62~63页。
② 王骧,《开展石家庄商埠计划书》,山西太原范华印刷厂,1927年。
③ 《正太铁路之接收》,铁道部参事厅编,《铁道年鉴》,第2卷,1935年,第369页。
④ 石门日报社编印,《石门指南》第一编《地理》,1934年,第4~5页。
⑤ 陈佩,《石门市事情》,新民会中央总会,1940年,第1页。
⑥ 张鹤魂,《石门新指南》,石门新报社,1942年,第11页。

甚至能够拉来一座座新兴城市。所以，铁路这样特殊的大工业部门，被马克思称为"实业之冠"。马克思在《资本论》中根据欧洲的发展情况，早对"因路而兴"做出过总结："随着交通工具的变化，旧的生产中心衰落了，新的生产中心兴起了。"① 他还分析指出了新的生产中心一般会在什么样的地点兴起，"一个生产地点，过去由于处在大路或运河旁边，一度享有特别的地理上的便利，现在却位于一条铁路支线的旁边，这条支线要隔相当长的时间才通车一次。另一个生产地点，原来和交通要道完全隔绝，现在却位于好几条铁路的交叉点。后一个生产地点兴盛起来，前一个生产地点衰落了"。② 石家庄就是属于马克思所预测指出的"后一个生产地点"，将石家庄带入近代城市化轨道的外部第一推动力就是铁路交通。从这个意义上说，比喻其为"火车拉来的城市"，非常形象。

二、对近代石家庄"因路而兴"的质疑之声

尽管随着城市史和交通史研究的越来越深入，学者们对交通地理区位效益作用于城市兴起的认识越来越清晰，然而石家庄本地有些学者、文史爱好者依然见仁见智，对"因路而兴"的观点满怀疑虑。近些年来，有些学者对"石家庄是火车拉来的城市"不断地发出一些质疑之声："石家庄是火车拉来的城市吗？"河北省会一位专家在公开发表的《东垣故城是石家庄城市兴起的坐标原点》一文中说："所谓的石家庄是'火车拉来的城市''百年历史''百年石家庄''没历史''没文化'的说法是不科学，不实事求是的。现代石家庄是在古代东垣、真定、常山、正定的基础上发展起来的，不是火车拉来的，这是科学发展的必然。"③ 还有的撰文表示，"石家庄不是'火车拉来的城市'，石家庄

---

① 《马克思恩格斯文集》，第6卷，人民出版社，2009年，第277页。
② 《马克思恩格斯文集》，第6卷，人民出版社，2009年，第278～279页。
③ 《东垣故城是石家庄城市兴起的坐标原点》，河北省地方志编纂委员会，《河北地方志》，2015年第3期，第2页。

中心城市的原点、城市发展历程的出发地就在东垣，石家庄的城市历史距今已有2400多年"；①"用'火车拉来的城市'做刀子……举刀自宫，一刀剁掉了我们这座城市整整2300年的历史"；②"许多人都说石家庄没有历史，其实东垣古城就是石家庄的根，以此推断石家庄起码拥有2400多年的历史"③等，不一而足。可以说，近些年来围绕石家庄城市兴起问题的讨论，即石家庄到底是一座新兴城市，还是拥有2000多年历史的古城，已经成为本地市民街头巷尾议论的一个罗生门话题。不仅河北省博物院的"文博讲坛"针对石家庄的城市源头问题举办了专题讲座，而且河北省博客联盟还发起倡议，开展了"石家庄城市源头究竟在哪里"的讨论，并且《河北地方志》杂志在2015年还为此编辑出版了讨论专集。④从以上反方论点看，强调"石家庄不是'火车拉来的城市'"，看似在讨论石家庄城市史从何时算起的问题，其实上，既有对"因路而兴"的误解，亦有歪曲，并对"城市"概念存在认知上的一些盲点和误区。

显而易见，反方混淆了石家庄城市史与石家庄行政区域史的概念。可能出自对"城市"（city）一词的定义理解不同，各自把握的内涵外延必然也会出现较大差异。其实，城市空间与行政区划都会随着时间不断发生演变，无论地市合并的市管县体制形成之前或之后，任何一个单体城市史研究的主城区都应该有别于所谓地方史或以行政划分范围界定的区域史。城市史是一类专门史，城市是在相对区分乡村社会形态基础而存在的，它与行政区域史有着不同的研究宗旨和着眼点，特别是单体城市史侧重研究的是城市主城区及郊区自身发展变迁。所以说，单体城市史与所在行政区域的地方史相互之间并非等号关系，即本地著名学者梁勇先生所说的"小石家庄"与"大石家庄"的关系。"大石

---

① 《石家庄是火车拉来的城市吗？》，河北省地方志编纂委员会，《河北地方志》，2015年第3期，第9页。
② 《也谈石家庄和安阳有可比性吗？》，河北省地方志编纂委员会，《河北地方志》，2015年第3期，第32页。
③ 《东垣古城——石家庄城市之根》，河北省地方志编纂委员会，《河北地方志》，2015年第3期，第19页。
④ 河北省地方志编纂委员会，《河北地方志》，2015年第3期。

家庄"存在着城市与乡村两类空间实体,"小石家庄"即相对乡村而言的独立城市。我们不能将相对于乡村的城市概念与市管县的行政市概念混为一谈,不能笼统地将现行市行政区划替代单体城市的城区历史空间,从而将石家庄这座现代城市的历史研究引向一种概念误区。

尽人皆知,"火车拉来的城市"只是一个形象比喻,其意在于表明石家庄这座近代新兴城市是"因路而兴",它强调的是近代城市兴起的缘由。类似于"从煤矿挖出来的城市"一样,是用以形象比喻"因煤而兴",只是强调近代唐山城市兴起的缘由,并未涉及对古代冀东唐山地区历史文化的评价;同样"因路而兴"也未涉及对古代冀中石家庄地区历史文化的评价。讨论学术问题不能任意给对方扣帽子,应该以理服人、以德服人,唯有如此,方能最终让读者心悦诚服。到目前为止,并没有看到所持"因路而兴"论点的任何一篇文章或一本著作,有否认石家庄新兴城市之前存在古代传统历史的丝毫指向,那么,"举刀自宫"从何谈起?关于所谓石家庄"没历史""没文化"的观点,反方所有论者均没有引文对其出处予以注释,由于反方的靶子论点不知从何而来,几经查询一直未能找到任何踪迹,该观点在何时何地如何表达也就无从谈起了。或许所谓古代石家庄"没历史""没文化"的学术观点就是子虚乌有,或者是反方曲解"因路而兴"的观点捕风捉影杜撰出来的,因查无实处,难免令人怀疑这是一个假设观点。在历史研究中出现不同看法是完全可以理解的,不同观点之间围绕学术分歧问题展开辩论亦属正常,如果在学术讨论中为了自己"放矢"而虚构靶子,出现这种自己竖靶子自己打的"无的放矢"方式则不可取,对学术分歧讨论也无任何实际意义,期期以为然否?

三、区域历史文化的底蕴与近代新兴城市的魅力

在石家庄市行政区的这片总面积1.58万平方公里的土地上,有着悠久的历史文明和深厚的文化底蕴,生活在这片土地上的古代先民们,曾开创了多

项世界之最的科技文化,曾构造了丰富灿烂的历史星空。我们既要树立内在的文化自信,也要对区域历史文化有理性的整体把握和准确的清晰定位。一方面要珍视本地的区域文化和历史遗产,从历史演化规律中认真借鉴经验和总结教训,在优秀璀璨的文化中汲取精神营养,不断增强和提升自己的文化自信;另一方面,文化自信绝不是空洞的主观愿望,需要建立在坚实的客观的历史基础之上,必须坚持实事求是,尊重历史。不然的话,很容易在所谓文化自信的旗号下产生思想观念的混乱,导致自己研究指向走偏走歪。

当今中国的338个地级以上城市,并非都是由古代城市直接延续过来的,有一些新兴城市与古代传统城市并不存在一脉相承的沿袭关系,其中有些城市就是伴随着中国现代化进程发展而新近产生的。但是,当前有些现代城市确实存在着一味追根寻古的现象或倾向,既反映了他们开始重视历史文化资产的价值,也折射出了些许对地域文化的自卑心理。

石家庄市行政区内的前世城邑东垣遗址,无疑是我们的先人创造的一笔珍贵物质文化遗产,但如将东垣遗址说成是近代新兴石家庄城市的原点,似乎显得有些牵强。一般而言,追述一座城市历史的前身需要具有两个前提:第一,是其城市的基本位置不能改变,后者应在前者范围内或周边有一定重合度;第二,两者必须存在继承关系,保持着原来城市的文脉,否则,就是不同地域或不同时期的另一个城市。昔日的东垣古城早在隋唐时期逐渐废毁,其遗址在明清时期几乎已被夷为平地,在其遗迹东西两侧的东古城村和西古城村,曾与相距7.5公里的石家庄村一样,在日后的漫漫岁月长河中一直默默无闻。20世纪初,因修铁路由近百户人家的石家庄村开始步入城市化轨道,1939年石门建市时,将昔日地下埋有残垣断壁的东垣古城的东古城村和西古城村划归城市郊区。但是,作为一座新兴城市的石家庄,并不能因此变成为一座古城,毕竟两者是不同历史时期的两座城市。

其实,石家庄从昔日小村庄一跃成为省会大都市,成为有巨大发展潜力的新型二线中心城市,也同样值得石家庄人感到自豪,大可不必以"省城两千多年前已是城市"来自辩。深圳是比石家庄更年轻的城市,深圳并不能因其行政区内已有公元331年东晋时设郡的"宝安",现在就可以标榜深圳是一座历史悠久的古城。如果我们按照这样的逻辑,非要把石家庄、深圳这样近现代兴起的城市说成"历史悠久城市"的话,那么中国境内大概不会再有新兴城市了。著名历史地理学家葛剑雄教授曾说,中国是世界文明古国,"任何一个市级行政区域内几乎都能找到年代很久的古迹或文化遗址",[①]难道任何一个行政中心城市以后便都可以说自己是拥有悠久历史的城市吗?如果我们过分热衷于把某个新兴城市的历史追溯到几千年前的古代,其结果必然会反而迷失城市自身的真实历史。当石家庄城市的有生之日被人为地追溯到2400年前的时候,这座现代城市真的也就失去了自己"因路而兴"的生辰价值。所以说,我们要走向文化自信,首先要克服文化自卑,避免出现盲目附会和一味攀比。

四、近代石家庄城市发展的路径与阶段

以往依据《重修毗卢寺碑记》,确定获鹿县的"石家庄"村名最早出现于明嘉靖十四年(1535)。根据近年最新研究发现,保存于获鹿龙泉寺的《大元真定府获鹿县龙泉院营建记碑》,又将关于石家庄的文字记载的历史提前到了元大德四年(1300)。700多年前的小村庄,一直默默无闻,直到20世纪初被火车轰鸣声惊醒并被带入城市化的快车道。"因路而兴"的石家庄,到民国末年发展成为中等工商业城市,并非一蹴而就,一座新兴城市决不可能一夜之间就冒出了多种功能,其城市内涵往往都是逐步完善的。无论中外任何一座城市发展,客观上都存在着从小到大,从简单到复杂,从低级稚嫩到高级成熟的历史过程。近代石家庄半个世纪的发展历程,大致划分为五个阶段,其发展的大致路径与阶段如下:

近代石家庄城市史发展的第一阶段,就是清末新兴交通枢纽城镇的崛起

[①] 葛剑雄,《城市史,还是地区史》,《临时随感》,天津古籍出版社,2002年,第276页。

（1901～1912）。石家庄形成新兴铁路交通枢纽的过程，也是这个蕞尔村庄的耕地被出卖、农业劳动力转移、外来人口聚集、商业与服务业崛起、空间建筑大改观、地理区位优势凸显突变的进程。在石家庄城市化起步阶段，铁路枢纽的作用到底体现在哪些方面呢？首先是带来了大量中转货物流量，由此催生了先导的转运产业，当地农民"皆依卸运糊口"，[①] 村民纷纷在车站干起了脚夫行当，新型运输产业的出现改变了原来石家庄村的单纯农业生产方式。随着新产业中各类中转货物批发业务的增多，运输业规模迅速发展壮大，不仅很快形成早期石家庄经济的支柱产业，并且促进了产业链迅速延伸，刺激了商业和服务业，拉动第三产业得以兴起和发展。总之，石家庄在清末十年间，迅速实现了由蕞尔村庄向小城镇的转化。在铁路枢纽的推动下，近代石家庄揭开了城市化的序幕。

近代石家庄城市史发展的第二阶段，就是北洋政府时期工商业城市的初步形成（1912～1928）。这是石家庄城市经济发展的黄金时期，城市发展迈出了坚实的一步。民国以后，北洋政府颁布了一系列鼓励近代工商企业发展的措施，民间投资环境出现巨变，加上抵制外货运动，振兴民族工业的高潮，为石家庄城市经济发展提供了有利的社会大环境。随着新式交通系统布局的调整变化，本地物资集散中心由获鹿县城东移，石家庄确立了商贸集散中心地位，区域性集散中心促使商业和服务业进入新一轮迅速发展。交通功能与商贸集散中心地位，对生产要素的地域调配与组合发挥着极大作用，推动了煤炭资源和棉花原料的深加工，于是又出现了纺织和炼焦等两个重要新产业，形成了区域性工业制造中心，石家庄晋升为区域经济发展的"增长极"。随之，城市移民增加、各种社团涌现、税收项目扩大、城区设施建设、地方治安管理、行政司法加强、社会制度变迁等，迫切需要新的行政控制和管理来适应新兴工商城市的发展。20世纪20年代实施的"市自治制"，建立起市政公所和市议会，初步

---

① 河北省档案馆藏，《石家庄从九街赵元泰等禀请脚行夫头赏给贫民承充并据夫头于志文等禀潘得才等争夺脚行互控卷》，655-1-1289。

具备了城市的政治功能，石家庄工商业城市雏形至此形成。

近代石家庄城市史发展的第三阶段，就是南京政府时期工商业城市的不平衡发展（1928～1937）。这个阶段初始，南京政府就取消了北洋时期的全部市政公所，使石家庄处在既非常特殊又相对独立的畸形体制状态，开启了其"后自治市制阶段"。这个阶段城市各项事业全面推进，人口迅速翻番增加、社会结构发生变动、城建设施得以兴修，交通状况继续完善。特别是正太铁路成功将路权收归国有，除了推动城市发展的原有动力之外，还有经济和政治功能叠加产生出的倍增效应在发挥作用，使城市工商业发展成为近代时期的一个最佳阶段。当然经济上工商业虽有较快发展，但整体上呈现出了"商重工轻"态势，因而，政治、经济发展不平衡构成这个阶段的突出特征。

近代石家庄城市史发展的第四阶段，就是沦陷时期区域军政中心城市的畸形发展与殖民地化（1937年～1945年8月）。在这个阶段，石家庄基本上脱离了近代城市发展的正常轨道，作为日军侵略华北乃至全中国的后方基地和大本营，它被按照华北六大都市之一进行了规划和建设。城市沦陷的8年间，城市经济畸形发展，城市空间大肆扩张，城市军事设施猛增，基础建设强制实施，城市景观快速更新。总之，城市的军事政治功能占据了主导地位，城市殖民化色彩浓厚，城市近代化程度客观上也得到了明显提升。

近代石家庄城市史发展的第五阶段，就是解放战争时期多功能城市的停滞、衰退与恢复（1945年8月～1949年10月）。抗战胜利之后，由国民党接管的石家庄，其城市经济功能一直未能恢复，而且城市军事设施建设有增无减。随着石家庄军事战略地位的提高，城市军事功能不断增强，几乎达到了近代时期的极致状态。中国共产党转入解放战争的战略进攻阶段，于1947年11月取得了石家庄战役胜利，开创了中国共产党以攻坚战方式解放第一座城市的记录。在解放战争的军事斗争持续进行的过程中，城市管理者在"发展生产，繁荣经济，公私兼顾，劳资两利"的经济政策指导下，使城市工商业、金融业在极其艰难条件下得以逐渐恢复，建立了国公营、合作社、私营工商业的新经济秩序。同时还修复了战争破坏创伤，清除了城区军事堡垒设施，填平了两道环城军事壕沟，而且恢复了城市社会教育、城市医院卫生工作，进行城市公用事业建设等。总之，在城市全面接管、恢复城市秩序、恢复城市经济、管理城市、治理社会等一系列新课题面前获取了经验，在中华人民共和国成立之前，石家庄市成功召开了首届人民代表大会，为中华人民共和国在城市政权建设方面提供了样板先例。

五、近代石家庄城市发展的速度与规模

石家庄是近代华北地区最年轻和发展最快的城市，从1901年至1949年，经过半个世纪的发展历程，由532人的蕞尔小村发展成为人口达到278000人的都市；[①] 由一个面积约0.5平方公里的自然村村落，拓展为共计69个自然村庄在内的面积达121.8平方公里的新兴城市空间。[②] 由于石家庄城市化起点低，城市人口年均增长速度达到139.27‰，所以说，其人口年均增长速率之快，在近代全国城市人口发展史上名列前茅。

近代石家庄城市到底属于大、中、小何等规模？不同时期、不同角色、不同视角的表述存在差异颇大。例如，在20世纪40年代之前，人口和城区面积非常有限，石家庄充其量也只会被视为小城市。1939年5月，日伪河北省长吴赞周到石家庄视察时，谈到城市规模时说，"石门虽小，而中外各方人士居处颇多（外人即指日、韩）"。[③] 抗战胜利后，国民党再次建市，虽然城区和人口都得到扩充，依然被许多人看来仍为小城市。国民党石门市政府建设科的工程技术人员黄岚说，40年代后期，国民党集中力量发动内战，哪里还顾及市政建设，更谈不上城市规划了。他认为，1947年11月，依然是"人口不足

---

① 《石家庄市志》，第1册，中国社会出版社，1995年，第165页。
② 河北省档案馆藏，《为检同本市面积及人口数字区域图说等项暨本市改称一案电请鉴核由》（1947年），615-2-1190。
③ 河北省档案馆藏，《省长对石门警察局全体官警训话》，《河北省吴兼代省长巡视纪要》（1939年6月），654-1-185，第22页。

十万的小城市"。① 其实，到1947年2月，石市人口已达217327人②，而在国民党石门市政府工作人员眼里依然视为小城市。1947年11月前，中共中央极其重视石家庄的军事战略地位，认为石家庄地处平汉、正太、石德铁路的交叉点，是华北地区的重要交通枢纽。解放石家庄具有重要战略意义，进而使得晋冀鲁豫和晋察冀解放区完全连成一片，对整个华北战争形势都会产生重要影响，所以将石家庄称之为"大城市"。杨得志在回忆录中谈到解放石家庄时说："攻取大城市，在我的记忆里这还是第一次。"③1947年11月18日，中国人民解放军总司令朱德在给聂荣臻及全体指战员的电报中说："解放石门，歼灭守敌，这是很大的胜利，也是夺取大城市之创例，特嘉奖全军。"④其实，杨得志、朱总司令在这里所说的"大城市"，并非特意在人口和城市规模意义上强调石家庄是"大城市"，其含义应该有几层指向：其一，从日军占领时期到国民党罗历戎六十三军的驻守，石家庄一直是特殊的军事城市，是华北战场上非常重要的军事堡垒；其二，石家庄是华北地区重要铁路干线的交通枢纽城市；其三，这座工商业城市显然不同于一般传统府州县城。因此，后人不能简单地仅从字面上误解杨得志、朱老总称石家庄为"大城市"的说法。重要的根据是朱总司令在发出这封电报的10天后，于晋县（今晋州市）北候城村召开的一次关于解放石家庄座谈会上，再次谈到石家庄的城市规模，他说："我们还是第一次打这样不大不小的城市，过去是钻山沟，打游击，打这样的仗不习惯，没有经验，大家来找，把它集中起来，以后我们还要打更大的城市，上海、天津、北京、南京、沈阳……"⑤朱总司令所说的"不大不小"，其实就是中等城

---

① 黄岚，《回忆解放前夕的国民党石门市政府》，《石家庄文史资料：解放石家庄专辑》，1985年，第157页。
② 河北省档案馆藏，《为检同本市面积及人口数字区域图说等项暨本市改称一案电请鉴核由》（1947年2月），《省政府、唐山、石门市、唐山市政府及警察局组织规程编制预算表、绘制市区面积人口、数字图的代电》，615-2-1190。
③ 杨得志，《横戈马上》，《石家庄文史资料：解放石家庄专辑》，1985年，第44页。
④ 杨得志，《横戈马上》，《石家庄文史资料：解放石家庄专辑》，1985年，第49页。
⑤ 张子澍等，《攻克石门采访散记》，《石家庄文史资料：纪念石家庄解放四十周年专辑》，1987年，第53页。

市，那么，它当然不能与沪、津、京、宁、沈等"更大的城市"相提并论，显然是指还有在人口和面积上确实比石家庄"更大"的城市。

到底应该如何衡量近代大、中、小城市的规模？评判的标准是什么？何一民先生在《中国城市史》中参照国外和当代中国城市规模，将民国时期的城市划分为六个等级：特大城市、大城市、大中城市、中等城市、中小城市、小城市。各等级城市的分类标准是：特大城市人口在100万以上，大城市人口在50万至100万以上，大中城市人口在25万至50万以上，中等城市人口在15万至25万以上，中小城市人口在10万至15万以上，小城市人口在10万以下。石家庄城市人口在40年代之前，长期处在小城市规模状态，40年代之后，突破10万人口，步入中小城市状态，直到1947年后，突破20万人口大关，达到中等城市规模。因此说，到民国末期，石家庄才真正步入了中等城市的行列。

史学界对近代石家庄城市史展开的全面系统研究才刚刚开始，有许多研究领域尚未触及，有许多空白需要填补，所以说，近代石家庄城市史研究有着广阔的发展提升空间，加强对近代石家庄城市史研究具有十分重要的意义。以往在京津冀城市群研究中，成果主要集中在传统行政中心城市北京、开埠通商的大城市天津，近些年来河北城市史研究也已经逐步展开。做好河北近代城市史研究，也属于京津冀城市群研究的基础性工作，因此对区域城市群研究以及丰富中国近代城市史领域的理论体系都是非常必要的。作为京津冀都市圈第三极的石家庄，必须准确把握历史定位，摆正在城市群中位置，一定要保证城市史研究不出现指向上的迷途偏差，以便尽快嵌入京津冀城市群研究工作之中。

第一编 | 概述综论

近代石家庄城市史研究述评

20世纪初，石家庄仅是个不足百户的小村庄，仅几十年的时间就实现了从小村庄到省会大都市的巨变，是中国近代以来一个十分典型的城市化个案，探讨石家庄发展道路和模式对中国城市化研究有着十分重要的理论价值和现实意义。因此，近代石家庄城市史的研究越来越多地引起关注，逐渐成为吸引人们的重要课题。虽然近代石家庄城市史的研究远远落后于上海、天津、武汉、重庆等大城市的研究，但是仍有一些学者对其近代历史发展问题进行了有益的探讨，下面拟就有关问题予以述评。

一、近代石家庄城市史的资料收集整理状况

近代石家庄城市有一个从无到有、从小到大的发展过程，但是，记述清末石家庄城市化起点情况的书籍几乎没有。关于石家庄村的记载最早见于明代的《重修毗卢寺碑记》。毗卢寺位于石家庄市西北郊杜北乡上京村东，系全国重点文物保护单位，该寺建于唐天宝年间，在毗卢寺明嘉靖十四年（1535）重修碑记中，有"石家庄"村名。清乾隆元年（1736）所修成的《获鹿县志》有目前最早在书本上记载的"石家庄"文字。清光绪四年（1878）所修成的《获鹿县志》记载："石家庄，县东南三十五里，街道六，庙宇六，井泉四。"除上述之外，当前史学界对于1900年以前的石家庄几乎是一无所知，因为有关清代石家庄的文字材料极为罕见。

* 原文发表于《石家庄经济学院学报》，2006年第3期。

1897年4月，督办铁路大臣盛宣怀受清廷委派兴建卢（卢沟桥）汉（汉口）铁路，卢沟桥至保定段最先开始修建。1899年11月，定州至窦妪段开工（石家庄在此段内），1901年12月，定州至正定段通车，1902年铁路修至石家庄，1903年建成石家庄火车站（当时称枕头火车站）。1904年动工兴建正太铁路，1907年全线竣工通车。石家庄成了京汉、正太铁路的交会点，成为交通转运枢纽，从而促进了石家庄的经济开始由第一产业向第二产业、第三产业转变。此时在报纸上，开始陆续出现有关石家庄的报道。例如，《东方杂志》就披露外国洋人擅自在石家庄火车站附近租占民房、开设商店、出售洋货的事件。人们才开始知道有个"石家庄"。由于石家庄当地民众与洋商发生冲突，清朝外务部照会意大利驻天津总领事，甚至引发了国家间的争端。该事件始末的材料形成档案，全部案卷保存在中国第一历史档案馆《外务部中德关系卷》中。石家庄社会科学院的梁勇先生，依据中国第一历史档案馆的档案材料，曾发表过《石家庄驱逐意法奸商案始末》一文，是研究正太铁路兴建过程中石家庄村早期历史的唯一一篇文章。

民国年间，出版了记述石家庄历史的书，主要有以下5本：《石门指南》（石门日报社编印，1934年），该书分为五编，即地理、人文地理、机关及团体、商号及题名录和街巷和游览。《石门市事情》（陈佩编，新民会中央总会，1940年），详细记载了当时石家庄的地方制度、地理、民俗、治安、产业、商业、交通、金融、教育、宗教、社会事业、新闻等。《石门市概况》（《获鹿县志》，获鹿县志编纂委员会增订本，育德印书店，1939年），书中记载了当时石门的位置、沿革、境界、形势、面积、气候、行政区域、户口、商业、工业、教育、交通、慈善事业、俗尚等。《石门新指南》（张鹤魂编，石门新报社，1942年），在《石门指南》的基础上，有了新的扩充，诚如时任市长的张格在序言中所说："根据市政进展之成绩，以为扩拓指南之资料，使内容精益求精，愈加充实。"此外，还有《鹿泉文献》刻本，等等。这些书都具有极其重要的史料价值，成为研究民国时期石家庄城市史的必备资料。

民国年间出版的报刊中，有些文章和报道反映了石家庄的部分历史，报纸主要有以下几种：《大公报》《益世报》《华北新报》《石门日报》《石门新报》等。民国时期的期刊和政府公报、年鉴、统计调查有《中外经济周刊》《东方杂志》《河北工商月报》《井矿月刊（井陉矿务局）》《经济半月刊》《中国银行月刊》《河北实业公报》《经济评论》《时事月报》《石门市政府公报》《石门物价月报》《河北建设公报》《政府公报》《直隶公报》《河北统计提要》《冀察调查统计丛刊》《河北省民国二十年实业统计》《石家庄市工商业基本数字统计表》《三十五年度河北省政府统计手册》《河北省建设厅统计概览》等。《开展石家庄商埠计划书》《石家庄之经济状况》《石门批发物价表》等重要的史料主要出自上述期刊。

1949年后，省市区各级政协文史委员会陆续收集整理并出版了部分资料，有的内容属于近代石家庄城市发展的口述史资料，有的内容属于系统介绍性的文章。政协河北省文史资料研究委员会编《河北省文史资料选辑》第1~43辑，政协石家庄市文史资料研究委员会编《石家庄文史资料》第1~17辑，还有政协石家庄市郊区委员会文史资料编辑委员会编《石家庄市郊区文史资料》第1~3辑，政协石家庄市桥西区委员会文史资料委员会编《石家庄市桥西区文史资料》第1辑，政协石家庄市新华区委员会文史资料委员会编《石家庄市新华区文史资料》第1辑等。在此基础上，河北人民出版社出版了《河北文史集萃》经济卷、工商卷、教育卷、文化卷、军事卷、社会卷、政治卷等。其中，收集了张鹤年的《对井陉矿务局石家庄炼焦厂的回忆》、陶广任的《我所了解的井陉正丰煤矿公司》、鲁绍猷的《解放前的石家庄大兴纺织厂》、刘普义的《石家庄解放前的教育概况》、于啸青的《回忆石门救济院》、吴景仁的《石门市的三大害》等文章。这些当事人的回忆录丰富了历史细节，具有极大的史料价值。在文史资料中，系统性整理和介绍的文章也有很多，例如，杨俊科、梁勇整理的《二十年代的大兴纱厂》、杨俊科的《石家庄早期的转运业》、梁勇的《石家庄早期的商业》、张辰来、栗永的《旧中国的纺织企业家石凤翔》等，都对一些史实进行了梳理。

20世纪80年代中期以来，石家庄市地方志办公室及各区方志办、各大厂矿的厂志办、各主要厅、局、委员会方志办组织编写了大量的地方志，内容主要针对近现代石家庄市的发展或企业的发展而进行资料的整理工作，具有一定的史料价值。已出版的《石家庄市志》，包括工业、农业、商业、建筑、文物、交通、文化教育、科技体育、公共设施、市政管理等，内容翔实，史实丰富，共五卷本。此外还有《石家庄市市政建设史略》《石家庄市纺织工业志（1921～1990）》《石家庄铁路分局志》《石家庄车辆厂志（1905～2004）》《井陉矿务局志》《石家庄市公路交通志》等。诸多的方志为我们研究石家庄城市发展也提供了相关的素材。

综上所述，目前出版的近代石家庄城市史的资料，实属不多，这给研究工作造成了很多不便。由于近代石家庄城市史本来就不长，加上可供研究的资料又不充分，城市史研究工作迟迟没有展开，这是一个重要原因。近代城市史是与现实紧密相关的一个新的研究领域，与我国的现代化建设事业有着密切的联系，随着河北省建设文化大省战略的实施，以及石家庄建设"首善之区"的举措，使得人们对城市文化内涵的理解逐步加深，必然会提高对早期城市史的关注度，所以，近代石家庄城市史的研究注定会成为今后一个很长历史阶段内从政府到民众所关注的重要课题之一。要在现有基础上深化对近代石家庄城市史的研究，必须加强原始资料的收集和发掘，特别应当加大对各类档案资料的整理和利用。

二、近代石家庄城市史的整体研究概况

近代石家庄城市史的整体研究起步比较晚，20世纪80年代以来，陆续有著作开始论及近代石家庄的城市化。例如，董鉴泓主编《中国城市建设史》（中国建筑工业出版社，1982年）；顾朝林等著《中国城市地理》（商务印书馆，1999年），马正林编著《中国城市历史地理》（山东教育出版社，1998年），曹洪涛、刘金声《中国近现代城市的发展》（中国城市出版社，1998年），隗瀛

涛主编《中国近代不同类型城市综合研究》（四川大学出版社，1998年），张利民著《华北城市经济近代化研究》（天津社会科学院出版社，2004年），何一民著《近代中国城市发展与社会变迁》（中国科学出版社，2004年）等。虽然上述著作都对近代石家庄城市史有所涉及，但限于著作的形式和主题，所论都十分简单。他们都肯定了石家庄交通枢纽城市的属性，将石家庄划归由铁路修建而发展起来的城市，这个结论无疑是正确的。但是，他们大都停留在了交通枢纽的主要功能上，仅把石家庄说成是"火车拉来的城市"，缺少对其他功能特性的研究和对近代石家庄城市化整体发展的全面论述，只说明了城市兴起的原因，没有揭示出石家庄城市化发展的整体特点和模式。

近20年来西方学者对中国近代城市发展问题，进行了一些城市个案研究，视野独特，方法多样，确有一些史料充实、论点鲜明的佳作。虽然国外学者的研究成果为我们提供了一些研究方法可供借鉴，但是他们的研究集中在通商口岸城市，除个别的论著偶尔提及石家庄，论述同样是十分简单，一带而过。到现在为止，国外学者尚没有一本关于石家庄城市史的研究成果。

20世纪90年代以来，河北省社科院的部分学者开始涉猎河北城市研究的课题。1991年出版了《河北城市发展史》，这部书采取了类似地方志的写法，对河北省22座城市的地理位置、自然环境和建置沿革、城市的历史、1949年后城市的发展等做了概述。虽然该书论及近代石家庄城市史的内容仅10页，篇幅较少，但是，它以时间为线索，第一次勾勒出近代石家庄城市发展的一个粗略过程，是开山之作。

随着中国近代城市史个案研究的逐步拓宽和深入，石家庄城市史研究逐渐成为学术界关注的重要问题。在河北师范大学历史文化学院已完成的《近代华北经济与社会发展研究》（人民出版社，1997年）国家重点项目中，进行了"（华北）城市经济与社会结构"的研究，是较早进行"华北城市从传统向近代转型"研究的成果之一，该书提出了"华北铁路交通网的形成带动了华北某些新兴城市的崛起和核心经济带的出现"，"石家庄—阳泉—太原"是五条经济带的其中之一。胡光明在《清末民初京津冀城市化快速进展的历史探源与启示》一文中也提出，清末民初，京津冀城市网络体系中各城市联系密切度大大提高，是城市化与城市近代化大大加快的根本动力所在。

在《河北城市发展史》的基础上，2001年石家庄政协文史委员会组织编写的石家庄历史文化丛书之一《石家庄城市发展史》，对近代石家庄城市研究做出进一步的发展，更加丰富了其内容，是目前最详尽的一部石家庄城市史著作。将该书的古代、近代、当代"三大编"做一下比较可以发现，古代部分更严谨、更规范一些。近代石家庄城市史部分主要问题有以下五点：第一，对于城市史研究对象的把握不准，近现代部分中共党史内容颇重，革命斗争史的色彩比较浓厚，部分节、目的标题显示它是党的城市斗争史，例如，"中国共产党组织的发展和壮大""石家庄第一名中共党员和第一个党小组""中共石家庄特支""中共石家庄市委和中心市委""共产党在石门的地下组织和城市工作""各根据地在石门的城市工作机构""中共地下组织在石门的建立和发展""城市地下斗争蓬勃开展""冀中区在石门的地下斗争""太行区在石门的地下斗争""冀晋区在石门的地下斗争""中央工委在西柏坡的重要活动""辛亥风云""正太风暴""煤矿风云"等。城市史应该以研究城市的结构和功能的发展演变为基本内容，重点探讨城市结构功能的近代化过程。所以，我们理解的近代石家庄城市史不是革命斗争史，也不是一般的石家庄近代史，而是石家庄城市结构、功能发展演变及其近代化的历史。另外，石家庄不同于开埠通商的口岸城市，它是一个未开埠通商的内地城市，由于"开埠"在近代中国是一个具有特定含义的词汇，所以，该书近代部分不宜使用"石家庄城市的开埠"做标题。第二，该书沿用地域史、地方志的体例和写法。基本上是按照时间先后顺序来写，先后分为北洋政府和南京政府时期、日伪统治时期、国民党统治时期等，凸现了纵向的发展过程，淡化了横向的深入研究，对近代石家庄城市经济发展、人口结构变化、城市管理、城市建筑、城市文化等方面的总体特征缺少把握，这是该书的一个遗憾。第三，由于北洋政府和南京政府时期、日伪统治时期、国民党统治时期，由几位作者分工写成，致使体例有所不同，内容把握上也不统一。以一部学术著作的标准来衡量，该书尚不规范，近代部分的内容没有注释和参考文献说明。第四，某些城市发展关节点的数据不准或者缺失。例如，20世纪初石家庄城市化起点的人口数、近代石家庄城市经济发展的各种数据缺失，因为量化研究不足，所以难以说明城市化不同阶段的工业化发展程度。第五，由于该书是一部自古至今的通史著作，论及近代石家庄城市史的内容约占1/4，篇幅仍显不足，部分结构和部分环节之间略显不平衡。

2003年由人民出版社出版的《河北经济史》是一部河北省区的经济通史。该书是一部阐述现今河北省所辖地区自有人类以来直至20世纪末的几千年经济发展历程的五卷巨著。在这样一部前所未有的"堪称填补空白之作"中，对近代石家庄城市史有部分的涉及，虽有精辟妙论，却散见于诸卷的零碎段落，体例所限，对石家庄城市论述极不系统。

2004年2月，方志出版社出版了杨俊科的《石家庄近代史编年》，该书从1896年写起，到1947年11月为止，以"系日月而为次，列时岁以相续"，是一部名副其实的近代石家庄"大事记"。作为第一部系统地梳理近代石家庄历史的编年体书籍，图文并茂，甚为珍贵。由于体裁所限，它的不足主要反映在某一事件发生和延续的时间较长，编写时就难免前后割裂，记述城市发展难详来龙去脉，而且过于简略。第二，由于作者所写的"石家庄"，是按照当今石家庄行政区的范围，涵盖了石家庄城市区域之外的十几个县，故此线索松散，主体城区成长脉络不太鲜明。第三，所记大事侧重在革命斗争史上，没有将城市发展作为主要对象书写。该书如能反映出石家庄城市百姓生活和当地百姓风俗等内容，就会更好一些。另外，书中的重要事实和数据缺乏必要的出处和注释，从而降低了其学术价值。

更早出版的《百年石家庄》，是一部类似于《石家庄近代史编年》的书，作为一部通俗读物，它的图片更多更大，所论及"事件"更少，近代部分叙述了石家庄的47件大事。

综上所述，以往石家庄历史整体研究成果主要集中于当代和古代，近代石家庄研究成果相对较少；由于近代石家庄城市发展道路独特，学术界关注的人不少，真正深入开展研究的人却不多，主要研究队伍集中在河北省内；体现在地方史志的近代石家庄研究成果多，从城市史角度研究取得的成果少。故此，近代石家庄城市史研究有着广阔的空间。

三、近代石家庄城市史的专题研究概况

铁路是石家庄城市崛起的第一动力，所以，关于铁路与石家庄城市兴起关系的文章陆续大量发表。例如，《京汉铁路与直隶沿线工业的起步》《京汉铁路与直隶沿线近代采煤业的起步》《京汉铁路与直隶沿线商业的发展》《京汉铁路运营与直隶沿线农产品商品化》等。其中，《京汉铁路与石家庄城市的兴起》（田伯伏，《河北大学学报》，1997年第2期）和《铁路与石家庄城市的崛起1905～1937》（江沛、熊亚平，《近代史研究》，2005年第3期），是两篇较有代表性的文章，特别是后者，是目前为止论述铁路与石家庄城市崛起间的关系很有分量的一篇文章。文章从铁路与石家庄城市崛起间的关系、铁路与石家庄工商业发展、铁路与石家庄人口和城市构架扩展三个方面，详细阐述了华北城市近代化过程中铁路所起的显著作用。该文也存在一些问题和不足：第一，该文认为中日战争打断了石家庄城市的近代化进程，考察止于1937年。笔者认为1900～1937年仅是近代石家庄城市发展的第一阶段，如果考察仅仅至此，对于研究近代石家庄的城市化发展是不完整的，应全面论述近代石家庄城市的发展历史。日伪时期石家庄作为沦陷区，虽然成了日本侵略者的大本营和掠夺我国资源的重点转运站，而城市本身的规模也因此得到了不小扩展，城市的这种殖民性发展当然是付出了巨大代价的。显然，不能因为此时城市带有殖民主义性质，就对城市设施的推进采取视而不见或予以回避的态度，应该科学地面对这种外力现象，要进一步辩证地深入研究。对于一座城市发展来说，仅考察铁路的作用是很不够的，很不全面的。第二，铁路运输对石家庄市交通运输业、工商业、城市人口、城市街道的影响是客观存在的，这仅是事物发展的一个方面，城市的发展进步对铁路发展运力的提高，同样也是有着巨大的促进作

用，上文缺乏对于两者的客观互动性研究。第三，作者不了解老石家庄的具体情况，有些描述存在一些差错，有些数据由于缺乏考证，也有明显不当之处，例如，说石家庄1905年只有三四十户人家等。第四，文章对于石家庄作为铁路枢纽城市的基本特征研究仍嫌不够。所以，石家庄作为铁路枢纽城市而言，仍有很多可做的文章，尚有很大的研究拓展余地。

在近代石家庄城市史专题研究方面，还有一部力作《石家庄史志论稿》必须介绍，该书分三编，上编是政区沿革和人口民族发展以及经济专题，中编是文化专题，下编是若干古代历史问题考证。由于部分专题是采取述论形式，由古至今，自然涉及近代内容，其中的人口、商业、教育等专题都有许多首次论及的独到之处。当然由于篇幅所限，尚有深入研究之必要和继续拓展之空间。作为一部集作者多年心血的论文集，主要功力更多地体现在第三编的古代史部分上。

近年报刊上还有一些军事方面的论文发表，例如，《吴禄贞血洒石家庄》《吴禄贞在石家庄殉难之谜新探》《简论解放战争时期成功接管石家庄的经验》《解放石家庄——解放战争的辉煌一页》等。实际上研究近代石家庄革命史的成果比较多，而从城市史角度，研究石家庄作为拥有地下城墙的军事城市和其他城市功能关系的文章尚没有出现。

20世纪80年代中期以后发表的《对石家庄城市形态问题的探讨》和《试论石家庄市的变化特点及其发展趋势》，是从城市地理学角度研究石家庄城市化的两篇文章，专业技术性较强。前者就石家庄城市形态演变的总体特征，特别是1949年后的巨大变化做了论述，提出了未来城市的形态发展与空间结构。后者从石家庄行政区的角度，简述了古代这一地区开发的特点，近现代以来具有发展综合性的特点，特别是社会主义经济建设使石家庄市发生了巨大变化，具有全面发展、地理位置重要、轻化工发展占优势、布局集中的特点，但也出现了工业水漏斗、地下水污染等问题，所以，社会主义城市建设的发展应该生产要快步，规模应慢步。

近年还有一些关于石家庄城市化发展的重量级文章陆续发表，例如，《石家庄市城市总体规划浅析》《重塑省城谋略篇：一城四星构大都市格局》《城市发展与城市地名的演变：兼议石家庄城市地名特征》《浅议石家庄城市经营中的历史文化保护和开发》《重谈石家庄城市建设问题》《石家庄：更高地昂起你的头——谨将此文献给石家庄解放五十周年》等，但是，涉及石家庄城市化的论文大都侧重1949年后的内容，主要是关于改革开放以来的城市化发展，专门论述近代石家庄城市化的文章实属凤毛麟角。

综上所述，虽然铁路与石家庄的崛起问题是学术界研究成果中论述最多的话题，但是，近代石家庄不是一个单纯的交通枢纽城市。从城市结构的各层面看，近代石家庄城市经济方面的研究还不够，特别是对近代石家庄城市管理、城市社会、城市文化研究极少，即便有也多是停留在表面的描述上，从这个意义上说，真正严格意义上的石家庄城市史研究尚处于起步阶段，近代石家庄城市社会与城市文化的研究有着很好的发展前景。关于近代石家庄百姓生活的研究更具有研究的必要与开拓的价值。就石家庄城市史研究而言，新方法、新理论、新视角的探索性研究与应用将成为一个增长点。

四、近代石家庄城市史研究的意义以及存在的主要问题

近代石家庄城市史研究的意义有如下四点：

第一，通过近代石家庄城市化研究，可以从历史学的角度提出一些城市发展可资借鉴的经验和教训，对于当前石家庄城市化发展有着重要的历史意义和现实价值。例如，通过石家庄城市化的研究，有助于从城市化的角度发现为什么会形成石家庄城市"土气"的问题，认识其过渡性，也可以针对城市内部结构发展不平衡问题，提供一些借鉴的经验和教训，从而认识新兴城市文化建设的艰巨性和长期性，增加当前城市文化建设的自觉性和科学性。

第二，石家庄是中国近代城市化第三种发展道路的典型范例，属于一个农业文明向近代城市文明过渡的典型变迁个案，是整个中国近代农村城市化的

一个缩影。以往的中国近代城市史研究成果主要集中在开埠通商的大城市和传统行政中心城市、传统工商城市的转型方面，而对于中国近代农村城市化类型的研究不够，因此，近代石家庄城市史研究对于丰富中国近代城市史领域的理论体系具有十分重要的意义。

第三，以往的中国近代城市史研究成果主要集中在大城市。虽然大城市的发展带动了中小城市的发展，但不能代替中小城市的发展，新兴城市和中小城市具有其自身的发展规律，这些新兴城市和中小城市的发展特点和规律也是大城市所代替不了的，因而加强中小城市发展的研究有其必然的历史意义。石家庄是一个新兴城市，近代主要是属于中小城市之列，剖析近代石家庄城市发展的个案，有助于认识近代新兴城市和中小城市普遍发展的规律和特点。

第四，目前我国学术界对近代城市史研究的规律性认识之一，是近代中国大城市和开埠通商优先发展。20世纪初，石家庄仅是不足百户的小村庄，既非大城市又非开埠通商口岸，石家庄用几十年的时间，就实现了从小村庄到大都市的巨变，在20世纪的中国是个奇迹。石家庄作为一座省会城市，可谓"中国第一庄"，是全国最大的"庄"。近代石家庄的发展是超常规的，带有跳跃式和间歇式的特点。探讨石家庄城市发展为何出现相对的超常规特点，不仅对丰富中国近代城市化研究有着十分重要的理论意义，对中国城市现代化建设也有一定的现实借鉴意义。

近代石家庄城市史研究目前存在的主要问题有如下四点：

第一，资料的收集、整理和出版滞后。数十年来，中国近代城市史研究成果突出的城市都非常重视资料的发掘和资料的建设，为近代城市研究带来了极大的便利，有力地推动了各分支学科研究工作的进展。相比之下，石家庄城市史的资料建设工作远远不能满足研究者的需要，如果只是引用一般性史料和第二手资料写出来的文章，其学术水准肯定会大打折扣。在石家庄历史方面，虽然有一些文史资料问世，但反映的内容和出版的数量毕竟有限，石家庄城市史研究的富矿在于档案资料，但是研究者们充分利用档案资料和民国报刊资料的人还不是很多。

第二，石家庄城市史研究的理论准备不足，城市史研究体系尚待完善。毫无疑问，石家庄城市史是中国近代城市史的一个组成部分，有着与中国近代城市史相同的一些特征。但是，由于石家庄是一座中小城市，发展起步较晚，有其特殊的发展轨迹，毕竟城市化道路与沿海大城市的历史是大不相同的。从研究综述可知，部分学者在石家庄城市专题研究方面取得了一些成果，但在理论建设方面却乏善可陈，至今尚未看到运用城市史理论和方法写成的一本近代石家庄城市史专著。当专题研究达到一定程度和水平后，必须在城市史理论上加以全面的总结和提高，才能进一步推动石家庄城市研究向更广更深的方向拓展。

第三，对已有城市研究成果不够重视。目前国内出版了大量的近代城市史研究成果，内容涉及政治、经济、军事、建筑、社会、文化、教育、社会变迁等各个领域。学术研究贵在创新，要创新就得全面了解海内外已有的研究成果，石家庄城市研究应该重视已有成果，从中借鉴一些方法和理论，从而提高石家庄城市史研究的学术水平。

第四，近代石家庄城市史某些领域的研究尚未展开。从综述可见，专题研究涉及经济、军事等诸方面，但有一些领域尚未得到充分重视，如专门研究石家庄近代社会和文化的文章就比较少。近代以来，石家庄经历了极其不平衡的发展，城市化程度不充分，对石家庄城市的土著居民和大量移民的社会心理都有很大的影响。应该说，这一领域的研究是有很大空间的，是大有可为的。

石家庄城市史研究的起点问题

石家庄作为一个省会城市，名称上可谓中国"第一庄"，是全国最大的"庄"。它作为中国近代城市化进程的一个缩影，用 60 余年的时间，就实现了从村庄到省会城市的巨变，是一个十分典型的城市个案，充分体现了交通枢纽城市的发展速度，探讨石家庄发展道路和模式对中国城市化研究有着十分重要的理论价值和现实意义。因此，石家庄城市史研究已开始逐渐成为人们关注的重要课题。

关于石家庄城市史上限问题，方志工作者和学者们有以下五种主张：第一，从建市制始；第二，以酝酿筹建自治市为上限；第三，以 1907 年正太铁路通车始；第四，以 1903 年京汉铁路在石家庄建立车站始；第五，应贯通古今全面研究和论述石家庄区域内城市发展的历史，从石家庄市境内发现并确认的最早城市遗址始（石家庄市境内发现并确认的最早城市遗址是藁城台西商代遗址）。[①] 由于强调了地方史志的区域完整性和贯通古今特点，持第五种主张的地方史志著述成果在数量上占较大比例。

持第五种意见的《省城两千多年前已是城市》一文[②]，在报端发表后，着实吸引了不少读者的眼球。石家庄是清末"因路而兴"的一座城市，这座城市何因又向前推移了两千年？读罢该文才知道，石家庄考古人员经过勘察，探明了秦汉时期"东垣"古城遗址范围，确定其位于现今石家庄市长安区东古城和西古城一带。文章认为，这座古城遗址从战国到魏晋一直是这一带的中心城市，由于它处于如今的石家庄市区域内，所以认为，这一考古勘察结果为石家庄城市找到了一段悠久的历史。

---

* 原文发表于《城市问题》，2007 年第 1 期。
① 栗永、梁勇等，《石家庄城市发展史》，中国对外翻译出版公司，2001 年，第 5 页。
②《省城两千多年前已是城市》，《燕赵晚报》，2005 年 5 月 31 日。

众所周知，秦朝建立了中央集权制，在地方上实行郡县制。著名历史地理学家谭其骧先生的《中国历史地理集》认为，秦朝恒山郡的治所就在"东垣"，学界几乎已成定论，此次石家庄的考古人员进一步证实了位于石家庄市区东古城村和西古城村一带的遗址。即便确系秦朝所建城池，也只能说明两千多年的东垣县城遗址得到了年代上的确认。此城在汉高祖时已改为"真定"，虽然后来也曾为常山郡、恒州、恒山郡的治所，但唐朝以后已经逐渐衰落为村落了，昔日的城池不见踪影，断垣残壁被埋在地下。而现在的省会城市是从20世纪初开始出现的一座新兴城市，是由近百户人家的石家庄村发展起来的。随着1949年后新兴城区的逐步扩大，将往日地下埋有断垣残壁的东古城村和西古城村囊括其中，并将其划归为石家庄市长安区，所以，今日的石家庄与两千年前的"东垣古城"没有什么直接的继承关系，也不称"东垣市"，从根本上说，它并不是古代"东垣古城"的延续或扩大。尽管"东垣古城"现在位于现代省会城市的辖区内，这是现代城市发展的结果，两者并非同一座城市，其城市历史不可改变。

无独有偶，类似将现代城市历史起点前移的报道在深圳等城市也都普遍发生过，为什么人们愿意将城市化以来产生的城市贴上古代城市延续的标签呢？

著名历史地理学家葛剑雄曾指出："说上海有6000年历史，因为在今天上海市辖境的西南部发现了6000年前的文化遗址。但如果说上海这个城市有6000年历史，那就大错特错了。因为今天的上海是在原来上海县城边缘建设起来的，作为现代城市，上海也只有160年的历史，作为传统的县城，上海也只有700年历史，绝不能说有6000年。可是人们往往将上海城市与上海市的辖区混淆，有意无意地说'上海已有6000年历史'。"[①]

如果断言这一现象的发生是"有意"的，并非没有根据。中国是个文明古国，是世界上最早出现城市的国家之一，古代中国的城市之多、规模之大是世所罕见的。随着中国现代化建设事业的快速发展，城市建设全方位地展开，历史文化名城的品牌价值逐步凸显，城市的经营者们开始用全新的观念来认识

---

① 葛剑雄，《临时随感》，天津古籍出版社，2002年，第276页。

和把握城市文化，文化不再是只具有教育功能的意识形态，而是可以开发利用并能转化为生产力的资本，成为绿色环保的城市资源。于是，越来越多的城市管理者开始重视历史文化资产的价值，历史文化的有形和无形价值也都逐步得到了充分利用。然而，当今中国的城市并非都是由古代城市直接延续发展过来的，有相当部分的城市是伴随着中国现代化进程发展而新近产生的。当不同历史时期产生的城市，共同面对历史文化资源差异时，注定是有的自豪，有的无奈，还有的不甘。于是，为了各自城市文化 GDP 的增长，"有意"发生的上述现象便开始层出不穷。

《省城两千多年前已是城市》的作者未必不知晓此城非彼城，而将东垣古城与石家庄这座省会城市捆绑在一起的原因，恐怕就是"有意"的文化心态在起作用。这种文化心态，在某位地方领导为石家庄历史文化丛书所写的总序中，表现得更为明显和直接，"有人认为，石家庄是一个历史短浅的新兴城市，没有深厚的文化根底。这种舆论长期困扰着我们。"所以，"为了明真相，正视听"，要从不同的侧面，系统地展示石家庄的历史文化资源，"目的在于让更多的人了解和认识石家庄深厚的文化底蕴"。[①] 现代城市追根寻古的现象既反映着城市发展的现实客观需求，又是一种特殊的地域文化自卑心理的反映，所以，"有意"为之的缘由不难理解。

但是，无论如何，一座城市的客观历史是不能被人为改变的。石家庄城市的兴起，不是古代东垣延续或迁移的结果，而是 20 世纪完全新建的一座城市，是没有城垣的城市，是现代交通化和工业化发展的产物。所以说，石家庄城市的兴起，既没有与古代东垣延续的渊源关系，石家庄城市建筑的风格也没有继承一丝一毫的古代封建城池文化，而是一座新型的工商业城市。历史事实并不像有些作者所说，现代石家庄市成为华北重镇，"有很深的历史渊源"。[②] 如果我们非要把这座近百年的城市说成"历史悠久，历史文化底蕴深厚"的话，那么，当今中国的所有城市几乎全部都可以是"历史悠久、历史文化底蕴

---

① 杜荣泉、张辰来，《石家庄历史名人》，中国对外翻译出版公司，2000年，第1~2页。
② 杜荣泉、张辰来，《石家庄历史名人》，中国对外翻译出版公司，2000年，第3页。

深厚"的城市,因为中国是世界文明古国,在中国所有的行政区内几乎都可以找到历史久远的文化遗址。

此外,发生的上述现象,对有些作者来说是"无意的",是由于没有分清石家庄这座城市和石家庄市行政区划的概念所致。前者是指石家庄这座有近百年历史的城市,后者是指作为一个15848平方公里辖境的行政区域,这个区域包括了石家庄市及周围5个县级市和12个县。前者的历史称为石家庄城市史,其上限只能从这座城市兴起开始;后者作为行政区域的历史,严格说来,可以称为石家庄地域史,或者石家庄市区域史,如果上限从本地域的远古历史开始,它就是一部从古到今的地方通史。两者的上限起始不同,所涵盖的内容不同,不可混淆。当然,由于城市一词的定义不同,理解和把握的内涵外延必然不同,广义的城市史可以从字面上理解为某一城市的历史,也可以理解为某一地区的城市历史。但是,从城市化视角出发的城市史,是新兴城市的成长史和传统城市的转型史。城市化是一个现代概念,城市化进程始于工业化,在实现工业化的同时,必然伴随城市化的进程,石家庄城市产生发展史应是城市化的城市史。

在石家庄市行政区划这个地域范围的土地上,虽然存在过悠久的历史文化,并不等于石家庄这座现代城市的历史悠久,石家庄这座现代城市因为是新生的,历史尚短,积淀的城市文化必然不及北京、西安等历史文化名城深厚,这是一个不争的客观历史事实,没有必要去刻意掩饰。在石家庄市行政区域范围的广大土地上,古代曾开创了多项世界之最的科技文化,创造了丰富灿烂的历史文化,固然是非常可贵的,而从小村庄一跃成为省会城市,并且成为有着巨大潜力的新型城市,以实现河北省首善之区之目标,同样值得石家庄人感到自豪,大可没有必要自辩"省城两千多年前已是城市"。

从20世纪20年代初,石家庄酝酿建市,到1939年10月被正式批准设市,这段历程将近20年。如果按照第一种意见,从建立市制之时,掀开石家庄城市史的篇章,则缺少了近20年的筹建历程。如果按照第二种意见,从酝酿筹建自治市开始,就等于从石家庄初具城市雏形开始,同样也缺少从村庄脱胎到兴起城市雏形的起步阶段，无法揭示石家庄走向城市化发展的起因、动力，更无法了解新城市起步时的原始状态是怎样发生变动的。

至于说到第三种意见和第四种意见，究竟应以 1903 年京汉铁路在石家庄建立车站为标志，还是应以 1907 年正太铁路建成通车后成为交通枢纽兴起转运业为标志？笔者认为，区分或权衡两者并不十分重要，石家庄城市史起点的关键问题是"因路而兴"。1897 年 4 月，督办铁路大臣盛宣怀受清廷委派兴建卢（沟桥）汉（口）铁路，卢沟桥至保定段开始修建，1899 年 11 月，定州至窦妪段开工（石家庄在此段内），1901 年 12 月，定州至正定段通车，1902 年铁路修至石家庄，1903 年建成石家庄火车站（枕头火车站）。1904 年动工兴建正太铁路，1907 年全线竣工通车。石家庄成了京汉、正太铁路的交会点，成为交通转运枢纽，从而促进了石家庄的经济发展。总之，是火车轮子把石家庄拉入了城市化的轨道，从铁路对这座城市的牵引作用上说，京汉线与正太线两者缺一不可，两路交会才形成枢纽，没有必要再去区分两条铁路建成的先后。从铁路枢纽的角度看，离开任何一条铁路也不能称其为枢纽，因此，从这个意义上说，也无法判定哪条铁路对石家庄兴起发挥的作用更大。

城市史研究起点不同于确定城市建立的纪念日，没有必要过于精细具体，实际上一座城市的兴起也很难精细到具体的某年某月某日。非常巧合的是石家庄铁路兴修于 20 世纪初，与一个新世纪的起点相吻合，同时，石家庄城市化的启动与整个中国近代城市化进程的第二阶段（1901～1937）的上限正巧同时，说明了石家庄这个后起城市的开端，正好落后于中国城市化进程的一个阶段。20 世纪初的清末新政标志着中国早期现代化的全面展开，以此开始启动石家庄城市化的计时器，为它从农村到城市的转型做时代记录，应该说是适逢其会、应时对景的一个巧合。

近代石家庄城市化发展的基本历史分期

一

关于近代石家庄城市化的发展进程，首先需要明确的是起点。石家庄城市史研究起点区别于确定城市建立的纪念日，没有必要具体到准确的年，在历史上，任何一座城市的兴起都很难以准确的年月日来记载。正像列宁所说，"这里的分界线也同自然界和社会中所有的分界线一样，是有条件的、可变的、相对的，而不是绝对的。"① 20世纪初，清末新政标志着中国早期现代化的全面展开，石家庄铁路也于此时开始修建，它的修建与一个新世纪的起点相吻合。以1901年开始翻开了石家庄城市化的新篇章，记录它从农村到城市的转型历程，应该说是适逢其时、应时对景的一个巧合。

研究中国近代城市化的学者们一般认为，中国近代的城市化发展历史从19世纪中叶到20世纪中叶，大致分为三个阶段：即19世纪中叶至1900年是中国近代城市化的起步阶段；1901～1937年是近代中国城市化的初步发展阶段；1937～1949年是近代中国城市化的曲折发展阶段。鸦片战争的炮火轰开了中国封闭的大门，通过强迫中国签订不平等条约，西方资本主义国家首先将开放通商口岸作为侵略中国的基地。近代中国的对外贸易主要是通过沿海沿江的通商口岸城市，如广州、上海、天津、武汉、重庆等城市进行的。由于开埠引起城市经济结构的变化，近代工业的兴起促使这些沿海沿江的通商口岸城

---

* 原文发表于《石家庄职业技术学院学报》，2008年第1期。
① 列宁，《打着别人的旗帜》，中共中央马克思恩格斯列宁斯大林著作编译局，《列宁全集》，第26卷，人民出版社，1988年第2版，第144页。

市进一步壮大，迅速发展为中国的大城市，中国传统城市开始逐步向早期现代化阶段过渡和转型。到 19 世纪末，上海人口达到了四五百万，天津人口也达到 30 余万，重庆达到 21.4 万。19 世纪末的石家庄，还依然沉浸在传统的农业社会状态，铺设京汉线的建设大军尚未到达这里，正太铁路尚处在酝酿筹备和犹豫不定的状态，所以，石家庄在中国近代城市化的起步阶段尚毫无动静。20 世纪初，石家庄城市化的启动，几乎与中国近代城市化进程的第二阶段开端恰好同步，这说明石家庄城市的启动，落后于中国近代城市化整整一个阶段，是典型的新兴城市。

二

从 20 世纪初开始到 1949 年，半个世纪的石家庄城市化历程分为 4 个阶段：第一阶段，1901～1912 年城市化启动时期；第二阶段，1912～1925 年城市化初兴时期；第三阶段，1925～1937 年城市化迅速发展时期；第四阶段，1937～1949 年城市化停滞与畸形发展、衰退及恢复的时期。

（一）第一阶段（1901～1912）：石家庄城市化启动时期

这个阶段的起止，是从石家庄开始兴修铁路到清朝灭亡。启动的诱因来自铁路修建的外力作用，火车轮子伴随着 20 世纪的钟声，将石家庄带入了城市化的轨道。

20 世纪初至民国前，是石家庄城市化的最初启动期。石家庄村在 20 世纪以前，完全是个纯粹自给自足的农业社会小村庄。进入 20 世纪后，京汉铁路与正太铁路相继开工，随着铁路的建成通车，逐步开始发生了巨大变化。首先是赖以进行农业生产的大片耕地被铁路和工厂占用，出卖了土地的农民不得不开始农业劳动力转移。大批铁路工人则成为石家庄第一批产业工人，除营运在铁路线上的职工外，仅驻扎在石家庄车站的职工和正太路修理客货车辆总机厂职工数，就超过了石家庄村原有土著居民的数量。随着京汉、正太两铁路的通车，交通枢纽职能得以发挥，中转货物的搬运，使石家庄村这片土地上，由原来单纯的农业生产开始出现新型的运输产业。新产业中各类中转货物批发业务的增多，促使石家庄出现了大批新的职业经纪人，各类服务行业的投资人和经营者也纷至沓来，出现了"商贾云集，蔚然巨镇，蒸蒸日上"的局面。① 蒸汽机的巨大动力冲破了农业社会时期石家庄一直保持的人口自然增长状态，使外来人口迅猛增长，外来人口的聚集使石家庄开始出现人口增长的第一个高潮。总之，外力赋予了石家庄枢纽功能，致使外来人口聚集，商业与服务业涌现，聚落周边空间建筑改观，交通枢纽地位逐步提升，这林林总总的变化拉开了石家庄城市化的序幕。

(二) 第二阶段（1912～1925）：石家庄城市化初兴时期

第二阶段从民国开始，到北洋政府批准建立石门市自治止。在这个时期，石家庄发生的最根本的变化是商品经济取代了自然经济的主导地位，近代产业代替了传统农业，从整体上实现了由乡村向城镇的转变。此时，石家庄城市化的动力，一方面是来自铁路枢纽功能的不断增强和发挥，另一方面是当地工商业的广泛兴起，不断地聚集和强化城市化的内在动力。这个时期也是近代中国城市经济发展的"黄金时期"，石家庄初步形成了区域性货物集散地，并形成了一定规模的工商产业，在城市化的轨道上迈出了坚实的一步，奠定了新兴工商业城市经济的基础。

近代石家庄虽然走上城市化的道路，当时作为内陆后起的小城镇，与沿海城市和传统大城市的经济实力的差距自不待言。但是封建专制王朝的垮台和民国的建立，为石家庄城市经济发展提供了有利的社会环境，加上铁路枢纽的直接拉动作用，使石家庄顺利驶入了新兴城市发展的快车道。同时，随着近代中国整体经济发展水平的逐步提高，以及经济一体化发展的趋势不断加强，石家庄的崛起赶上了近代中国城市经济发展的"黄金时期"。第一次世界大战期

---

① 获鹿县志编纂委员会，《石门市概况》，获鹿县志编纂委员会增订本《获鹿县志》，育德印书店，1939年重印本，第1页。

间外国输入中国的商品骤然减少，工业品价格因而骤升，银价上升，许多工业获利甚厚，国内城市经济飞速发展取得骄人成绩，使近代石家庄工业化和城市化带有明显的"搭车效应"。构成石家庄近代工业基础的大中型企业，都是这个阶段投资兴建的。譬如，1920年建立的裕庆火磨公司；1923年建立的育德铁工厂；从1916年开始规划建设，到1925年建成投产的石家庄炼焦厂；1922年建成投产的大兴纱厂等。20世纪20年代中期，这座新兴工商业城镇凸显雏形，确立了石家庄近代工业的门类主体结构，奠定了近代工业基础，在后来的10年中尽管石家庄工商业仍在继续发展，但是在这个阶段形成的基本结构形态，并没有再发生根本性的改变。在此阶段，石家庄在交通枢纽中心的基础上，又形成了区域的经济中心，也就是说，它既是商品生产中心，又是商品集散和消费中心，还是生产技术和商品信息交流的中心。1925年经呈报获鹿县转呈省公署批准，将休门、栗村与石家庄合并，同年8月29日中华民国临时政府批准"将直隶省石庄、休门两村合并，更名为石门市，以符名实"。

（三）第三阶段（1925年8月～1937年全面抗战爆发）：石家庄城市化迅速发展时期

这个阶段从北洋政府批准建立石门自治市开始，到七七事变后石家庄沦陷止。在这个阶段，由于工商业从初步兴起转入了快速发展时期，石家庄近代工业企业技术设备有新的提升，市场商品需求量不断增加，商业的行业部门依然在增多，各家商号专业化经营日益明显，周边农村经济中的商品化程度亦有增强，可谓近代石家庄工商业发展最快的一个阶段。在这个阶段，不仅石家庄各类企业数量如雨后春笋般地不断增加，而且大企业的生产设备和生产规模一直都在继续不断地扩充和增长，城市经济的整体规模和基础都得以壮大。总之，城市的各项功能继续增强，经济发展上升势头明显强劲，城市生产总值增长迅速，甚至直隶省中南部地区开始出现后来居上的发展势头。虽因1928年南京政府取消北洋时期的全国所有市政公所，废除河北省"市自治制"，使石家庄既不能成市，又不能并县，处在一种相对独立的特殊组织地位；但是石家庄已经拥有了省县各级的司法机构和财政机构，与休门、栗村合并后的市区面积已约合 7.78 平方公里[①]，所以完全具备了小城市的规模，从市制上实现了由城镇向城市的转变。

（四）第四阶段（1937～1949）：石家庄城市化停滞、畸形发展、衰退及恢复时期

这个阶段的起止，是从 1937 年七七事变后石家庄沦陷到 1949 年中华人民共和国成立。以石家庄沦陷为界限，近代石家庄的城市经济功能因战争缘故导致衰退，但是枢纽功能得到继续加强，而且城市军事政治功能占据了主导地位，城市主导功能的变更对城市化进程产生明显的影响。当近代石家庄经济主导功能被军事政治功能所取代之后，基本上脱离了近代工业发展的正常轨道。与前三个阶段相比，石家庄城市工商业发展的拉动作用出现了总体上"前强后弱"的态势，这个阶段的城市经济发展势头显然不如前三个阶段。随着近代后期社会、政治、军事状况的变化，工商业也起伏不定，一直未能稳定下来。

近代石家庄城市经济发展受中国半殖民地半封建社会性质的影响，特别是日本侵略者占领时期，石家庄成为沦陷区，城市经济殖民地化日益严重。虽然此间的城市殖民地经济得到畸形发展，城市空间得到极度扩张，城市基础建设计划得到强制实施，城市景观得到快速更新，但都是以进行战争和掠夺需要为目的而展开的。

1945 年抗战胜利后，在国民党统治下的石家庄，经济依然一蹶不振，工商业发展毫无起色，企业几乎陷入停顿和倒退状态。以石家庄最大的工业企业大兴纱厂为例，设备使用率和生产规模比抗战前降低了 52%～90%（见表 1-1）。石家庄物价狂涨，生产成本陡增，企业经营困难重重。国民党占领石家庄后，城市内外的交通长期被封锁，平汉铁路、正太铁路、石德铁路几乎全被切断，使之失去与外界的经济联系，作为交通枢纽的石家庄此时变成了一座陆上孤岛，工商企业失去依赖，城市的军事化使正常的城市经济发展失去了基础，经济环境遭到毁灭性破坏。

[①] 河北省公署秘书处编，《设市经过》，《民政》，《河北省公署二周年施政纪要》，河北省公署秘书处，1940 年，第 19 页。

表 1-1　1936 年与 1946 年大兴纱厂生产规模比较表 ①

项目	1936 年	1946 年	1946 年为 1936 年的 %
开动纱机（锭数）	30144	11812	39.19
开动布机（台数）	500	238	47.60
棉纱年产量（件数）	32744	2990	9.13
棉布年产量（匹数）	290645	101040	34.76

1947 年 11 月至 1949 年 10 月，石家庄的经济形势总体上处在维持稳定和逐步恢复生产的状态，虽然此前一蹶不振的经济开始得到了缓慢地扭转，但石家庄的城市经济始终没有恢复到全面抗战爆发前的发展水平，尚未开始出现城市大规模建设的局面。1937 年前形成的近代石家庄工商业的基本结构形态，在后来的十余年间没有获得新的变化和发展；只是在 1947 年 11 月后，这种态势才得以遏制，1949 年 10 月后才开始掀起大规模城市建设高潮，石家庄以一个崭新的工业城市形象迅速崛起。

三

1901～1949 年，石家庄半个世纪的城市化发展，由于各项城市功能的发挥，城市化速度较快。近代石家庄城市化快速发展呈现出了明显的阶段性和跳跃性，主要表现在城市人口的 5 次跳跃增长和城市空间的 4 期跳跃拓展。城市人口和城市空间的发展规模是城市化的外在表现，城市人口总量和空间总量最直接地表现了城市规模的发展程度。近代石家庄之所以能够实现超常规的发展，其重要原因之一就在于这座新兴城市的综合性功能结构，在于近代石家庄城市进程的动力多元化，这是近代石家庄城市发展的最突出的特征之一。但是，近代石家庄城市化发展质量不高，表现在经济形态虽然发生剧变，但城市

---

① 根据大兴纱厂生产统计表整理。其中，1946 年棉布产量为 5052 包，每包按 20 匹，折合为匹数。《裕大华纺织资本集团史料》，湖北人民出版社，1984 年，第 515 页。

化发展进程存在明显的阶段性间歇，城市基础设施依然比较薄弱，城市政治、经济、文化发展极不平衡。

总之，近代石家庄既是一个工商业快速发展的近代化城市，又是一个社会生活方面"乡村味道正相当浓厚"的乡村式城市，城市化程度尚不充分，还处在幼年阶段。正如当时报界评论员的文章所说，"石门市之大都市建设，虽然日趋发展，但若严格言之，在行政管理和文化方面，尚未脱离乡村色彩"。[①]

[①] 何辉、吴悠，《操纵与取缔》，《石门新报》，1941年9月23日。《微言集》，石门新报社，1944年10月，第4页。

近代石家庄城市化发展的特点

近代石家庄城市化起步较晚，起点极低，是中国近代农村城市化的典型个案。研究中国近代城市化的学者们一般认为，从19世纪中叶到20世纪中叶的中国近代城市发展史，大致分为三个阶段：即中国近代城市的起步阶段（19世纪中叶～1900）；近代中国城市的初步发展阶段（1901～1937）；近代中国城市的曲折发展阶段（1937～1949）。19世纪中叶，鸦片战争的炮火轰开了中国闭关锁国的大门，西方资本主义国家通过签订不平等条约，将开放沿海沿江的通商口岸作为首先侵略中国的基地。开埠通商引起口岸城市经济结构的变化，开始向近代化城市过渡转型，并迅速发展成为中国近代大城市。但是，在20世纪前，石家庄的城市化尚未启动，铺设京汉铁路的人马尚未到达石家庄，正太铁路正在酝酿之中。20世纪初，石家庄城市化的开启，与中国近代城市发展进程第二阶段（1901～1937）的开端几乎同时，石家庄这个后起城市的启动，正好晚于中国城市发展进程的一个阶段。

由于近代中国半殖民地半封建社会的性质，政治、经济、文化的发展表现出极端的不平衡，进而影响到了近代城市化发展的不平衡。中国近代的工商业大城市一般都是对外开埠通商口岸城市，它们不但拥有外国公司的投资，又聚集了国家最主要的经济部门，成为工业化主导产业发展的载体，较早地获得了优先发展的客观强势地位，因此它们代表了中国近代城市化发展的趋势。中国近代城市化发展的另一个重要方面，是大量新城市的崛起和众多中小城市的发展。近代新兴城市和中小城市发展的特点和规律，有别于大城市，这是大城市发展所替代不了的。从城市化的个体类型分析，石家庄的城市化有别于上海、天津、武汉、重庆等大城市，它既不是传统行政中心，也不是传统工商城

---

* 原文发表于《河北地方志》，2007年第4期。

镇,更不是开埠通商口岸。20世纪初,石家庄只有93户、532口人,属于名副其实的蕞尔村庄,它的城市化起点极低,几乎为零点起步。

经过半个世纪的发展历程,石家庄实现了从村庄到城市的巨变,迅速发展成一座近代新兴城市,是近代华北地区最年轻的城市,也是近代华北地区发展最快的城市。作为中国近代农村城市化的一个缩影,石家庄是十分典型的农村城市化个案,因此近代石家庄农村城市化研究,对中国近代城市化研究有着十分重要的现实意义和理论价值。

近代石家庄农村城市化"因路而兴",城市功能多元化,城市化前期的工业拉动力不足,城市化后期的军事强制特征明显。近代中国沿海沿江的工商经济中心城市,几乎都是由开埠通商启动了城市转型,并迅速崛起成为近代全国性经济中心的主体,所以开埠通商城市成为当时中国城市兴起和发展的一种新形式,在近代中国城市发展史上具有重要地位。石家庄并非开埠通商口岸,但是它赶上了千载难逢的机遇,"因路而兴",是火车轮子把它拉入了城市化的轨道,成为一座近代新兴的内陆城市。从启动石家庄城市化的作用分析,京汉铁路与正太铁路两者缺一不可,两路交会构成了石家庄的枢纽地位,构成了石家庄农村城市化的外部第一推动力。交通枢纽成为石家庄最先形成的一个城市功能,对其他功能的产生具有基础性作用,成为近代石家庄城市化起步时期最具主导性的城市功能。它产生了"催生先导支柱产业,牵引城市经济兴起""调整经济中心位移,奠定军政中心基础"等主要作用。正如时人所说,石家庄"自是以后,商贾云集,行栈林立,筑建繁兴,昔日寂寞荒僻之农村遂一变为繁盛之市场矣"。① 所以说由铁路枢纽的推动,揭开了石家庄城市化的序幕。

中国传统城市是政治功能和军事功能占主导地位,政治功能明显高于其他功能,其他功能受限制于政治功能。鸦片战争之后,中国近现代城市结构发生了显著改变,在近代工商业的强大推动下,一般城市的经济功能逐步占据主导地位。中国近代城市大都由传统城市转型而来,近代城市的类型不再单一,呈现出多元化趋势,城市的其他功能也日益多样化、复杂化。近代石家庄

① 《石家庄之经济状况》,《中外经济周刊》,第181号,1926年9月25日。

也是如此,商贸集散和工业制造加工,是交通运输功能之后出现的两个城市新功能,它对城市化起到了"确立新兴产业地位,引领城市主流嬗变""改变社会主体结构,构筑城市自治基础"等主要作用。但是,在近代石家庄城市经济发展中,凸显出"商重工轻"的特征,工业企业规模和数量"大少小多",这反映了近代石家庄工业整体的弱质形态,造成工业对石家庄城市化的持续拉动力明显不足。但是,区域性商品集散中心的功能在不断加强,城市经济的辐射范围逐步扩大,城市之间的外部联系日益增多,商业在城市经济中所占比重增大,形成了近代石家庄商业繁盛的局面。石家庄城市经济功能的发挥,对军政中心的形成也产生了重大影响,从而奠定了石家庄向综合性功能城市发展的雄厚基础。正如20世纪20年代获鹿县知事所说,"石庄一埠为晋豫衡途,实业盈虚关系政治"。[1] 特有的区位优势使石家庄在近代城市化过程中,逐渐又形成区域性军政中心,成为一个军事防御城市和行政中心城市,军事功能和行政功能也成为近代石家庄的基本城市功能。石家庄城市功能从无到有,从单一功能到综合功能,城市化动力逐步呈现出了多元化态势。近代石家庄行政地位确立以后,城市建设速度明显加快,正如报界评论所说,"石门市自从改市以后,所有一切政治、建设、经济、教育等,莫不显示着突飞猛进的状态。尤其是建筑,更是飞跃进展。例如,道路的加宽,房屋的增多,都已实现在我们的目前。同时人口方面也有显然的增加。各大都会的人士来此地者,为数实在不少"。[2] 从总体说,军事功能和行政功能对近代城市化,主要起到了"推进城市管理制度,强化城市管理职能""建造市政公用工程,完善城市基础设施"等作用。

在石家庄军事功能的疯狂扩张时期,曾一度脱离了城市化良性发展的轨道,甚至带有了强烈的殖民主义色彩。侵华日军极为重视石家庄的战略地理位置,将其侵华主力和大量伪军集中驻扎在石家庄,日军在市内建造了东、西、南、北、中五大兵营,构筑了大量的军事堡垒工事,企图长期以石家庄作为其

---

[1] 河北省档案馆藏,《获鹿县公署公函》(1927年2月10日),《石家庄商务会获鹿县公署为徐委员调查商业状况一事的来往公函》,656-4-396。
[2]《为减少交通事故,市民应遵守交通秩序》,《华北新报》,1945年8月7日。

侵略华北乃至全中国的战略基地。石家庄由原本没有城墙的工商业城市，转变成为拥有"地下城墙"的军事城池，成为一座碉堡林立、沟壑纵横、明堑暗堡、密如蛛网的"军事碉堡城"。石家庄城市化带有畸形的军事化特征，军事地位的重要性又促进了城市政治地位的提升，从而促进了城市经济和市政等诸多方面的畸形发展。

近代石家庄之所以能够实现超常规的发展，其重要原因之一就在于这座新兴城市经过功能叠加，形成了城市综合性功能结构，这是近代石家庄城市发展迅速的特征之一。

近代石家庄农村城市化发展，跳跃性和阶段性明显，整体发展极不平衡，呈现二元化趋势，城市化程度尚不充分，还处在幼年阶段。近代石家庄城市化发展的另一个特征，是城市化发展的跳跃性和阶段性十分明显。近代石家庄农村城市化发展的阶段性和跳跃性，主要表现在城市人口的五次跳跃增长和城市空间的四期跳跃拓展上。城市人口和城市空间的发展规模是城市化的外在表现，城市人口总量和空间总量最直接地表现了城市规模的发展程度。

近代石家庄第一次人口跳跃增长发生在1907年正太铁路通车和民国成立之后，第二次跳跃增长发生在1925年石门自治市成立之时，第三次跳跃增长发生在1925年至1933年之间，第四次跳跃增长发生在1938年到1941年期间，第五次跳跃增长发生在1947年至1949年年底之间。近代石家庄城市人口五次跳跃增长的总特征是：增长速度飞快，短时间内人口数量的涨幅大规模提高，每次跳跃增长都登上一个新的台阶，1901年至1949年的年均人口增长速度达到了139.27‰。这个人口增长速度在石家庄历史上震古烁今，不仅古代传统城市无法比拟，而且现代城市化发展速率也难以超越。

近代石家庄作为农村城市化的典型，既不像传统城市那样做过封建统治的行政中心，也不像开埠通商城市曾经是西方殖民者的租界和投资场所，而是城市建成区面积从零开始。首先由铁路枢纽区的基础建设作为城市空间发展的开端，作为城市兴起胚基的石家庄村仅有0.5平方公里，城市空间发展完全以铁路枢纽区为中心，向四周自然蔓延拓展。第一期石家庄村东南方向的拓展、第二期铁路枢纽东西两侧的拓展、第三期市中心向四周蔓延的拓展、第四期奠定中等城市雏形的拓展,半个世纪的空间城市化,使行政市域扩展到了121.8平方公里。

从上述城市人口和城市空间的发展进程看,其跳跃性的确最为明显。跳跃发展带来的一个特征就是阶段性突出,在半个世纪的农村城市化过程中,突出的阶段性形成了间歇和停滞,造成城市化的连贯性和延续性较差,由此产生出不少错位现象,形成城市系统之间的相互矛盾。这不仅使城市各个局部在土地利用、公共设施、基础设施的配置上极不均衡,也导致了市域内人口分布疏密不一,核心区高度密集。正如一些现代城市学家所评论的一样,石家庄由于城市发展过程中的阶段性显著,造成不同时期发展目标不同,缺乏延续性,而实际行动的惯性滞后又造成发展目标与实际行动差距性明显。

近代石家庄农村城市化是一个发展过程,在这个过程中既出现了一些新变化,也保留了一些旧习惯,呈现出二元化趋势。例如,在城市人口增长中形成了"自然增长低缓,机械增长强劲;男女比例悬殊,自然结构失衡;移民盛于土著,寓居异于定居;职业异质复杂,二元并存交叉"的状况。在城市空间拓展中形成了"市区自发拓展,地域结构混杂;铁路切割市区,街市交通不畅;市区包围村庄,城乡二元并存"的状况。在社会生活的衣食住行方式上,形成了城市居民衣饰穿着的"服饰式样和衣料质地的多样化,剪裁加工和成批制作的商品化,职业制服和装束式样的同一化,着装节俭和朴素布衣的普遍化";形成了城市居民饮食就餐的"食物多源化和品种多样化,食物商品化和就餐便捷化,口味大众化和小吃低档化";形成了城市居民房屋住宅的"建筑多样化和建设高速化,民宅密集化和规格简陋化,房屋紧俏化和住房租赁化";形成了城市居民交通出行的"外出交通日益便捷,市内公交严重缺失,洋车代步脚踏自行"的状况。总之,既有传统继承,也有创新变革,更主要的现状是新旧并存。

近代石家庄由于出现了跳跃发展、畸形发展、两极发展,导致了二元结构和功能失调等一系列问题,在城市整体上表现出发展的不平衡,社会管理控制的严重缺失,即社会控制不力,管理控制不健全。近代石家庄既是一个工商业快速发展的近代化城市,又是一个社会生活方面"乡村味道正相当浓厚"的乡村式城市,城市化程度尚不充分,还处在幼年阶段。像当时报界评论员的文章所说,"石门市之大都市建设,虽然日趋发展,但若严格言之,在行政管理和文化方面,尚未脱离乡村色彩"。①

  近代石家庄城市化具有优越的前提条件,为此后现代城市的发展奠定了基础,石家庄城市化前景无比广阔。作为20世纪上半叶的新兴城市,虽然石家庄是农村城市化过程中的一个幼年城市,但也是近代华北地区发展最快的城市。近代石家庄不仅是交通枢纽、商贸集散中心、工业制造中心、军事中心、行政中心城市,还是全国解放最早的一个"大城市",是中国共产党解放城市和管理城市的重要试验田,因此石家庄受到共和国第一代领导集体的格外关注。1948年9月在石家庄成立的华北人民政府,是1949年10月成立的中国中央人民政府的雏形,具有划时代的历史意义,它正式揭开了中国政权建设的序幕。近代石家庄作为中共中央、华北人民政府、中国人民解放军总部的所在地,中华人民共和国从这里走来。所以,近代石家庄为1949年后石家庄的城市化发展奠定了良好基础,为石家庄城市化建设迎来了一个前景无比广阔的真正迅猛发展的新时期。

---

① 何辉、吴悠,《操纵与取缔》,《石门新报》,1941年9月23日。

近代石家庄城市工商业的特征

众所周知，近代石家庄是由铁路枢纽而发展成一座新兴城市的，"受交通便利之影响，顿变为工业商业之市区"。① 因此，人们形象地把石家庄比喻成火车拉来的城市。但是，工商业经济发展无疑是支撑近代石家庄城市化的内在根本推动力，是石家庄近代化的最主要标志。所以说，工商业的发展特点也就成为直接影响着石家庄城市化的重要因素。因此，探讨石家庄工商业发展特点是研究近代石家庄城市史的一项重要内容。

一、"商重工轻"的结构比例特征

近代石家庄工商企业结构比例具有明显的"商重工轻"特征，商业的比重始终超过了工业的比重。从社会大环境上看，整个近代中国资本经济中，商业资本始终是大于工业资本的。石家庄"商重工轻"的结构，与中国近代城市化以商业化为主要动力的总体概况是基本一致的。中国城市早期现代化，是在开埠通商城市最先启动和发展的，近代城市一般而言是由商业贸易而兴起，才逐步发展成为经济中心城市的，所以，这成为近代中国城市发展的一般规律。虽然，中国近代城市化是以商业化为主，但又不能说成单纯的商业化，西方列强把中国拉入世界市场以后，也就启动了中国的近代化进程，从洋务运动开始的工业化进程虽然缓慢，可它确实已经开启，而且工业在近代城市中得到了初步发展。尽管整个近代工业化程度很低，但它也是属于具有世界工业化背景的

---

* 原文发表于《河北广播电视大学学报》，2014 年第 2 期。
① 井守文、孙长元，《河北省石门义务教育进行现况》，《河北月刊》，第 4 卷第 7 期，1936 年 7 月，第 1 页。

商业化，近代商业的优先发展是由于近代中国半殖民地化造成的。

石家庄是近代后起城市，落后于中国城市化进程的一个阶段，在20世纪初才刚刚起步，所以，相对中国资本主义发展黄金时代的背景而言，近代工商业在石家庄产生，可以说几乎是同步发生，渐次步入了工商业城市的行列。一方面，伴随着正太铁路兴修和开通，在石家庄创建的正太总机厂，1907年竣工投产，石家庄有了最早的大型工厂。另一方面，由于石家庄具有了交通枢纽地位，成为"山西方面货物出入之要道，由天津运往山西之货物至此转正太铁路，由山西运往天津之货物至此转京汉铁路，山西省南半部及石家庄附近各县之货物，均以此为集散场"。① 随之兴起的转运业飞速发展，转运商号与货栈与日俱增，其他各类商业、服务业也日渐繁盛。

然而，就石家庄的"工""商"两个方面发展的速度或比重而言，商业化超过了工业化，石家庄商业化对城市人口的跳跃性聚集更占据了主导的地位。石家庄城市化的启动是以"铁路而辟市"，"因交通发达，故商业繁盛，在事变以前，全市共有商号二千三百余家，银行八家，银号钱庄二十四家"。② 而能够数得上的近代工业企业，仅有正太总机厂、大兴纱厂、炼焦厂、面粉厂等有数的几家。石家庄商户相对比较多，而且"多系异乡人"。③ "商业繁盛，人口大增，商业不振，人口大减。"④ 近代石家庄商业在城市经济中占比重较大，"故本市以商业为重要，市面之兴衰亦视商业之优劣为转移"。⑤ 即便在沦陷期间也是如此，石门警务局调查，1938年12月石门职别人口中，工业为3685人，商业为11468人，工业人口仅为商业人口的三分之一。据史料反映，由于日本占领者推行建设华北大都市的方针，极力营造石家庄的繁荣景象，加强城市设施建设，曾经人为地制造出一个殖民化的经济繁荣假象。然而在工业依

---

① 《石家庄之经济状况》，《中外经济周刊》，第181号，1926年9月25日，第20页。
② 张鹤魂，《石门新指南》，石门新报社，1942年，第11页。
③ 陈佩，《石门市事情》，新民会中央总会，1940年，第15页。
④ 获鹿县志编纂委员会，《石门市概况》，获鹿县志编纂委员会增订本《获鹿县志》，育德印书店，1939年重印本，第2页。
⑤ 获鹿县志编纂委员会，《石门市概况》，获鹿县志编纂委员会增订本《获鹿县志》，育德印书店，1939年重印本，第5页。

然疲软的情况下，商业则在形式上实现了所谓的繁荣。1942年，石家庄的坐商达到了1608家，再加上行商在内的大小商户共有3000余户，其中有日本人和朝鲜人的商店800余家。① 1945年日本投降后，在国共和平谈判期间，石家庄商户大增，又出现一个高潮，仅坐商就增加到2653户，此后随着军事形势的紧张，又慢慢减少。1947年11月至1948年2月，全市商户突然又长到5235户，其中坐商户数为2769户，小商户为2466户。1948年3月，商户达到6622户。1948年4月，坐商又增加为3201户，② 小商户和小摊贩不计其数。上述情况，正如马克思所说："商业依赖城市的发展，而城市的发展以商业为条件。"不过，近代石家庄的社会、政治、军事状况变化，对商业增长的高低起伏影响也是比较大的。

相对于商业而言，集中在铁路交通、纺织、煤炭、化工、小型机械制造和面粉加工等方面的近代工业则相对稳定，于20世纪20年代形成的石家庄工业结构，在此后的二十余年中，其基本形态再也没有新的发展。石家庄的近代工业只有铁路总机厂一个、纱厂一个，炼焦厂一个，面粉厂一个，电灯公司一个，以及一些半机械化的其他小工厂等。1949年10月之前，全市33个铁工厂，仅有钻床11台，电焊机2台，柴油机1台，十马力发电机1台，砂轮1台，电磨1台，气泵1部。生产力水平比较低下，劳动生产率不高，从业人员少。③ 正如时人所评述的一样，石家庄"工厂十余家，为工厂组织多不完备。其完备者近三家，盖石家庄为一运输业发达之商场，而非制造业发达之工业地也"。"国民党统治时期，工业资本等于商业资本六分之一。"④ 1948年3月统计，在2881个工商户中，大小工业作坊共457户，占工商总户数的16%。⑤ 从整体上看，凭借着交通枢纽的优势，石家庄商业的发展根基扎实，类型齐

---

① 张鹤魂，《石门新指南》，石门新报社，1942年，第11页。
② 石家庄档案馆藏，《石家庄解放后关于工商政策的执行》，第45页，1-1-1。
③《人民城市的曙光——石家庄解放初期政权建设纪实》，《石家庄文史资料》，第15辑，政协石家庄市文史委员会，1994年，第79页。
④ 曾文经，《石家庄——人民的城市》，《石家庄文史资料》，第15辑，政协石家庄市文史委员会，1994年，第316页。
⑤ 石家庄档案馆藏，《石家庄解放后关于工商政策的执行》，第45页，1-1-1。

全，层次分明。而工业基础则比较薄弱，工业门类比较少，行业规模比较小，近代化程度比较低，生产要素的区际流动滞缓，薄物细故，动力机制较弱，吸纳劳动力偏低。寥若晨星的大企业孤军作战，石家庄近代"工业化"的这种发展程度，在带动城市规模在"量"的扩张时，拉动力略逊一筹，这与中国半殖民地半封建社会背景有关。所以说，将"商重工轻"概括为这座新兴工商业城市的特征之一，应该说是丁一卯二，不失圭臬。

为什么石家庄作为工商业同时起步发展的一座城市会形成"商重工轻"的状况？原因主要有以下三点：

第一，石家庄是一座新兴城市，城市基础设施缺乏。石家庄城市化起步较晚，城市的基础设施缺失，必要的公共服务设施落后，无疑成为影响工业企业投资的重要原因。众所周知，工业企业一般都会选择外部经济效益好的城市落户，大城市明显比小城市的外部经济效益突出，如果一个城市的规模较大，市民众多，无疑会降低企业雇用各种技术人员和劳动者的成本。大城市相对在卫生条件和教育水平上高于小城市，城市劳动力的素质应该相对高于小城市，大城市基础设施和公共服务设施比小城市完备。一般而言，这些都不由企业直接支付费用，而带来的优势和效益则由企业共享，这是工业企业喜欢在大城市聚集的重要原因之一。作为后起的新兴小城市，石家庄难以在短时间内改变自己的经济大环境。

第二，石家庄近代商业发展有明显的特点，以交通枢纽为基础，为进出口贸易服务。"石门之发展，因基于商业之繁荣。"[①] 近代石家庄制造加工中心的工业基础如此之差，与农村城市化进程起步较晚有直接关系，也与近代中国城市化发展的总体特征有关。正如学者行龙所说，中国工业化水平大大落后于城市化的发展水平，中国近代城市化是"无工业化的城市化"。[②] 近代石家庄城市化进程中，也凸显了"商重工轻"的特征。

第三，石家庄商业发展速度极快，主要是从投资上成本比工业要少得多。

---

① 张鹤魂，《石门新指南》，石门新报社，1942年，第15页。
② 行龙，《近代中国城市化特征》，《清史研究》，1999年第4期。

工业企业相对来说，固定资产占用较大，需要特定的劳动生产技术，培训技术骨干工人不仅要资金，还需要一定的时间周期。

二、"大少小多"的企业规模特征

近代石家庄各类工商企业号称几千家，但是，大型的工商企业并不多，企业规模与数量的"大少小多"，这个结构基本形态有着非常突出的特征，是贯串整个近代石家庄工商业发展史的一个特点。

从近代工业来看，石家庄大型企业虽然只鳞片甲，屈指可数，但是，不乏几家烜赫一时的工厂。"石门之工业颇有极重要之工厂数处，在全国及河北省占有极重要之地位。"[①] 其实，规模比较大又具有重要经济地位的企业，只有铁路总机厂、大兴纱厂、焦化厂、育德铁工厂等，石家庄的近代工业主要集中在交通运输、纺织、煤炭加工及化工、小型机械加工、面粉加工等方面。其中，铁路总机厂由法国人经营将近30年，有一千多名工人。铁路总机厂是为维修正太路机车而设的，厂址必然要选在正太路的起点。石家庄炼焦厂是中德合资，设备先进，"为我国新创制一种基本化学工业也"。[②] 炼焦厂设在石家庄，完全是出自运输便利，作为隶属井陉矿务局的企业，从选址角度考虑，没有简单地把焦化厂设立在原煤产地井陉矿附近，原因就在于看中了石家庄优越的地理位置，具有输进原料和输出产品的交通便利条件。以上在石家庄的两个大厂，皆为得失相当，楚弓楚得。大兴纱厂是本市最大的民族资本，亦为本市规模最大之工厂，工人两千多名，资本约300万元。大兴纱厂的投资集团股东主要来自湖北、四川、广东、湖南等省。选址石家庄的理由是：第一，石家庄处于产棉区，原料价格低廉；第二，交通方便；第三，动力燃煤质良价低；第

---

① 获鹿县志编纂委员会，《石门市概况》，获鹿县志编纂委员会增订本《获鹿县志》，育德印书店，1939年重印本，第6页。
② 石门日报社编印，《石门指南》，1934年，第5页。

四,劳动力充裕;第五,周围尚无其他大型纱厂与之竞争,棉纱销售位于初级市场,获利丰厚。总之,大型工商企业落户石家庄皆事出有因。

近代石家庄规模比较小的工厂企业,集中在铸铁、轧花、纺织、小型机械加工、修配等小工厂及手工作坊等。企业规模从企业职工数量也可略见一斑,引而伸之,大小结构也可一目了然。从中可以了解到1937年之前石家庄工业企业职工队伍的总体情况(见表1-2)。

表1-2 抗战前石家庄工业企业职工人数统计表(1936～1937)[1]

企业名称	人数	企业名称	人数	企业名称	人数
铁路总机厂	1328	电灯公司	25	利田铁工厂	15
京汉机务段	320	永聚公铁工厂	18	沈永兴铁工厂	56
正太机务段	256	同益兴铁工厂	40	王兴栈铸锅厂	36
大兴纱厂	2410	立元荣工厂	60	同文兴锅厂	36
炼焦厂	271	和庆德工厂	50	新新油厂	50
聚丰面粉厂	30	育德铁工厂	120	利田油厂	45

据上表统计,抗战前石家庄的近代工业企业共18个,企业职工总人数为5166人。其中,1000人以上的企业仅有两家;1000人以下100人以上的企业4家;100人以下50人以上的企业4家;50人以下15人以上的企业8家。铁路总机厂、京汉机务段、正太机务段、大兴纱厂、炼焦厂五家企业的职工总人数为4585名,占据石家庄产业职工总数的89%,众多的手工业更是一家一户的小作坊,规模更小。所以说,在近代石家庄工业企业中"大少小多"的特征非常明显,无可置辩。

从商业企业来看,也是"大少小多"。石家庄自成为铁路枢纽以后,就以商业繁盛著称,大商家就是利用铁路大运量进行的大宗买卖,之所以能够进行大宗商业行为,是因为他们当中大多数就是那些实力雄厚的自产自卖的生产

---

[1] 石家庄市档案馆藏,《日伪统治时期工业企业调查表》,38-1-41;石家庄统计局编,《河北省石家庄市国民经济历年统计资料汇编》,1958年内部印刷本,第229页;本书编审委员会编,《中国南车集团石家庄车辆厂志(1905～2004)》,中国铁道出版社,2005年。

商①，近代石家庄的大商家和中等商户主要有以下三部分构成：

其一，是石家庄周边厂矿在本市设置的销售部，如井陉矿务局、正丰矿务局、保晋公司。井陉矿务局位于河北省井陉县境内，1898年创立，1902年清政府路矿局批准井陉县张凤起与德国人汉纳根订立的中德合办煤矿合同，后来直隶总督取消张凤起的矿权，改为中德官商合办合同，1908年资本100万两，1922年资本为450万元。矿务局总部在天津，总分销处在石家庄。②正丰矿务局1907年开办，土法开采，股本16000元，煤矿地址也在井陉。1912年正丰矿邀请军阀段祺瑞入股，后又吸收阎锡山等人入股，成立煤矿股份有限公司。1920年扩资为220万元，1926年资本发展到660万元，几乎超过井陉矿务局三分之一。该矿总公司设在天津，总分销处在石家庄，可以算作石家庄的一个大商家。③保晋公司的总部在山西阳泉，即煤矿所在地，资本286万，石门设立运销公司，资本70万元。其他还有元和公司（原民兴矿改组）、宝昌公司、临城矿务局等。

石家庄周边厂矿在本市设置的销售部门，多数是运销本厂矿的货物。例如，井陉矿务局、正丰公司、保晋公司、元和公司（原民兴矿改组）、宝昌公司、临城矿务局等，他们都拥有自己的铁路道岔和货物储存场。1926年，井陉矿日产炭量两千吨，正丰矿日产炭量两千吨，元和矿日产炭量一千吨，都由正太铁路运到石家庄。"平均保晋公司每日可到三十车，建昌、广懋两家每日

---

① 自产自卖的生产商除附近的煤矿外，还有石家庄的工业企业。比如，除铁路总机厂之外，大兴纱厂、焦化厂等都有自己产品的购产销计划安排，购产销是密切相连的，购产销工作哪个环节没跟上，生产或销售必然受影响，必然压占资金，影响企业效益。大兴纱厂在1933年由于遇到日本纱布走私严重，削价倾销，以及经营和销售等问题，致使积压大量纱布，面对价值二百多万元的八九千件纱布，生产几乎不能继续。当时，大多数人甚至主张减产，以减少亏损。工厂决策层只好决定采用"大找销路，薄利多销"的措施。大兴纱厂的主顾大批量购买纱布，"一次即达数车皮"，由此，大兴纱厂可谓石家庄商家的大买卖。石家庄炼焦厂虽然是个生产厂，炼焦用的水洗煤以及烧锅炉用的原煤和材料，生产品的运销统归矿务局和驻石办事处管，焦炭、沥青、黑漆、硫铵等产品的销售直接关系到生产计划，企业生产产又都是要进行大批量远销外地的大商家。
② 井陉矿务局志编审委员会编，《井陉矿务局志》，河北人民出版社，1993年，第176页。
③ 井陉矿务局志编审委员会编，《井陉矿务局志》，河北人民出版社，1993年，第177页。

各到十五车，（每车二十吨）。"①

其二，从事转运和货栈生意的商人。石家庄是各地进出货物的集散地，所以，当时本地的商业大户都是以转运业和货栈业为首。转运业商人具备自有资金，多数是从事自买自卖，赚取运输贩卖的利润。货栈业的性质一般来讲是代客转运，也有的货栈代客买货，主要是从中赚取佣金和手续费。但是，两者的界限并不严格分明，相互兼而有之的情况较多。他们从天津和河北各县贩运各种杂物转运山西销售，或者由山西和井陉等地贩运煤炭、粮食、铁货等，运到天津和河北各县销售。他们以运输或经营煤炭粮食为主，并且运输或兼营布匹、棉花、皮毛、面粉、煤油、纸烟、洋广杂货等。为便于客户运输，有的货栈附设了棉花打包厂。实力雄厚的企业在外市县设有分支机构，例如，宏德公司在正定、新乐、定县设有分厂。大丰公司在保定、高邑、邢台设有分支机构。1926年时，最大的商家拥有资本10万元，以下则情况不等。总之，这些从事转运货栈生意的商人，就是既进行运输，又进行买卖的"倒卖"商人。据统计，1926年石家庄有此类企业33家，其中22家拥有自备铁路道岔，有的是租用铁路岔道。1916年以前，一股岔道两三千元，仅仅过了5年时间，1921年就涨到了两三万元。由此可见，随着转运量的迅速增加和货栈业利润增长之快，岔道和货物存放场地的租金也有大幅提升。此类主要的转运企业和货栈商号是：义合永、万丰、阜丰、德顺永、公盛、恒记、义聚公司、义胜合、永成公、晋昌、恒裕和、阜达、德记、信义公司、广顺通、天顺、人和、亨通、鸿义合、义合公、义盛通、复聚、吉泰、刘万顺、新泰裕、大成恭等。②此类货栈和公司一般都集中在石家庄的北道岔和南道岔。为了协调各个商家的利益，统一行业规则，这些企业组织成立了运输同业公会，义和永、阜丰栈、大丰公司、德顺永等商号的经理先后分别担任会长或委员。

---

① 《石家庄之经济状况》，《中外经济周刊》，第181号，1926年9月25日，第21页。
② 《石家庄之经济状况》，《中外经济周刊》，第181号，1926年9月25日，第22~23页；政协河北省文史委，《石家庄的转运业》，《河北近代经济史料——交通金融邮电》，河北人民出版社，2002年，第18~20页。

其三，收购商和销售商。这是专门进行收购和销售商品货物的企业。例如，石家庄专门收购棉花的公司有：仁记、和平、隆茂、兴华四家公司。他们一般都是为天津的中外棉商服务的，货物全部发往天津。收购生意由棉商派人来石家庄联系，或者直接指定所收棉花的货色和价格，由委托的公司负责收购，公司盈利在所收购货物价格的百分之一。棉花收购公司的活跃期在每年农历八月至腊月。销售商方面，以煤店和粮店最多。他们一般都设在石家庄的桥东，其资本远不及货栈，"多则三五千元，少则一千元"。① 实力雄厚的商店从产煤地直接进货，大多煤店是从货栈趸买。1926年，煤店有丰通、和宝、聚日、升长、松记等150余家。粮店大都是山西商人开设，主要有致和、德聚、永义、合成等50余家。此外，经营绸缎布匹的商店主要有：华康、东德义号、协成锦等7家。经营洋货店的有恒泰、厚复、庆成、聚庆恭、增盛、昌亚、丽天等20余家。茶叶店有宝大、永春、玉大等10余家。② 以上都带有专营性质的商店，属于中小商业的类型。近代石家庄出现的较大商场有民生市场、石门商场、西花园等，这些大商场都是靠租赁经营的，在这些大商场里面做生意的多是中小商人。"截止三十年九月底，全市有各行公会四十九家，商号约两千家，友邦日人及鲜人商店约八百家，统计全市商店达三千余家。"③

最底层的商业生意就是做小买卖的行商和摊贩。从做小买卖行商（游贩）和摊贩的籍贯来看，外来谋生的人较本地的多；从做小买卖行商和摊贩的民族来看，来石家庄的回族人比较集中，不是说回族摊贩超过了汉族人，而是在石家庄的回族人多数是从事小买卖生意，"其经营小本贩卖者，多属回教之人"。④ 从做小买卖的游贩和摊贩的居住地来讲，集中在桥西的人比桥东的人多，据《石门指南》记载，20世纪30年代，桥西的商户有1553户，桥东商户只有696户。

综上所述，近代石家庄商业队伍庞大，企业规模大小级差悬殊，大中型

---

① 《石家庄之经济状况》，《中外经济周刊》，第181号，1926年9月25日，第24页。
② 《石家庄之经济状况》，《中外经济周刊》，第181号，1926年9月25日，第24～25页。
③ 张鹤魂，《石门新指南》，石门新报社，1942年，第11页。
④ 陈佩，《石门市事情》，新民会中央总会，1940年，第15页。

商业企业占据大宗贸易，小商贩遍布全市各个角落。特别是到近代后期，"大少小多"的特征依然如故，甚至大的有所萎缩，小的数量仍在继续扩大。从1948年3月工商业经营人数的统计情况看，"大少小多"的特征依然很明显。首先，从人数上看，当时在册的工商户3018户，共计10048人，每户仅合计3人。其次，从资金上看，资金100万元到1000万元者1614户，占总数的50%以上。5000万元到10000万元者24户，只占到0.8%。1亿元以上者9家，仅占0.3%。① 到1949年2月，石家庄私营工商业的总户数发展到11420家，其中，私人机器工业有131家，占全市机器工业总户数的73.6%；手工业1482家，占全市手工业总户数的96.6%。在私营商业中，雇用店员的批发户230家，不雇用店员的批发户101家；雇用店员的零售户679家，不雇用店员的零售户1021家，这些中上等商店占全市商业总户数的20.6%。小商贩（含小手工业者）7776家，占全市商业总户数的78.9%。②

决定企业规模的因素很多，不一而足。那么，考究近代石家庄工业企业规模大小的意义何在呢？近代工业企业规模与利润效益有直接关联，从单个企业来看，规模过小，致使单位产品的固定成本过高，利润就少，有规模才有效益。企业效益好，经济收入高，需求得以提高，于是需求结构随着收入提高而产生转移的倾向，变动了的需求结构必定会拉动投入结构和产出结构，从而使城市化的步伐得以加快。并行不悖的道理说明，一个城市规模过小，城市的基础设施和公共服务设施的利用率就会比较低，城市的经济效益也难以提高。

三、企业发展的"前快后慢"特征

近代石家庄工商企业发展的另一个特征是"前强后弱"。从20世纪初开

---

① 石家庄档案馆藏，《石家庄解放后关于工商业政策的执行》，第45页，1-1-1。
②《石家庄解放初期工商业的恢复发展和对资本主义工商业的初步改造》，《黎明的石家庄》，河北人民出版社，1990年，第96页。

始到 1949 年，中间以 1937 年为界，对近半个世纪的石家庄城市化进行考察的话，工商业对城市化发展的经济拉动作用，前期明显强劲，后期呈现显著衰退状态。工商企业前期增长迅速，后期则基本上脱离了近代工业发展的正常轨道，即便是在抗战胜利后，工商业依然呈衰退之势，后期终未超越前期。所以，就近代石家庄工商业的总体发展历程而言，呈现出了"前快后慢"的特征。

首先，让我们来看看 1937 年以前在石家庄工业企业产生和发展的情况：

民国时，政府颁布了鼓励近代企业发展的措施，解除了开办企业的若干限制，从而激发了人们投资建厂的热情，国内掀起了振兴民族工业的高潮，为石家庄城市经济发展提供了有利的社会大环境。随着铁路的出现，特别是在正太铁路建成之后，交通枢纽使得石家庄商业服务业迅速发展，商业的发展为石家庄城市经济发展做了铺垫，促进了近代城市工业经济的兴起。石家庄城市经济崛起正好赶上民族工业发展的"黄金时期"，第一次世界大战客观上造成中国进口减少和出口增加，一方面是国内工业品供不应求，刺激了国内工业的发展；另一方面，出口增加有力地推动了加工工业和矿业等产业的发展，这些都给企业家和投资者们创造了机会。由于外部的良好环境，因交通枢纽优势而日益提升的商品集散中心地位，所以，各类制造业在石家庄陆续出现并逐步增多。而且，从无到有，从小到大。石家庄近代工业的基础主要是在 20 世纪的 20 年代奠定的，前期的工业发展集中在铁路交通、纺织、煤炭加工等方面，基本确立了石家庄近代工业门类的主体结构。

作为与正太铁路相伴而生的铁路工厂，1905 年开始创建的正太总机厂，是石家庄最早的企业之一，全名为正太铁路石家庄总机厂。由法国银行投资，1907 年竣工投入使用，法国资方有 30 年经营管理权。1906 年该厂从唐山、天津招收了 100 多名锻工、翻砂工、铆工和机器匠，其中不少人曾经在唐山铁路大厂和长辛店机器厂工作过。1918 年，职工人数达到 558 人。1919 年，职工人数达到 592 人。1921 年，石家庄正太铁路总厂全部建成，总机厂下设锻铁厂、锅炉厂、熔铸厂及模厂、装配厂及合拢厂、锯木细木厂及修车厂、镍厂。全厂的厂房共占地 1.2 万平方米，拥有各类设备 170 多台。按照 1921 年 12 月 31 日核计，总机厂资产为银圆 327820 元。到 1925 年，职工人数达到 568 人；1926 年，职工人数达到 586 人；1931 年，职工人数达到 597 人。1932 年，总机厂与正太铁路一起收归国有，当年职工人数为 592 人。1937 年 3 月，职工人数达到 1328 人，当年共修理机车 16 台、修理客车 10 辆、修理货车 70 辆。正太总机厂是维护正太铁路运输车辆的后勤保障线，对保证正太铁路车辆畅通运行和维护运输车辆安全做出了巨大贡献。1937 年 10 月，日军占领石门，该厂隶属日伪华北交通株式会社北平铁路局，后改属石门铁路局管辖。

1907 年组成的京汉路机务房和正太路机务房，分属各自铁路公司管辖，京汉路是比利时银行投资，正太路是法国银行投资。1909 年收京汉路路权归国有，1932 年收正太铁路路权归国有。京汉路机务房和正太路机务房都是石家庄铁路运输的先行官，驾控各自铁路局配属的机车，具体承担着南下北上、东来西往的客运和货运任务，使列车在纵贯南北和横连燕晋的铁路线上运行，体现着现代交通工具的先进性，在把石家庄逐步拉向城市化进程中发挥出巨大作用。1937 年京汉路机务段有工人 320 人，正太路机务段有工人 256 人。日本军队占领华北，各铁路统归日军军部管理。

石家庄炼焦厂于 1916 年开始规划建设，到 1925 年建成投产，它位于火车站西南，是重要的化学工业企业。该企业属于井陉矿务局，由中德合资开办。其实，炼焦厂早在 1916 年规划之时就已经开工建设，厂基占地 80 亩地，因为第一次世界大战影响，工程停顿。1923 年复建，机器主要购于德国。1925 年 11 月废热式炼焦炉建成投产，共有两座炼焦炉，大焦炉日产 60 吨，小焦炉日产 40 吨，合计日产焦炭 100 吨。还可以由煤气中提取之混合物，生产制造为汽油、人造樟脑、氨、萘、苯甲酸、硫铵、沥青、黑油和中油等副产品。1926 年，石家庄炼焦厂有工人 150 名。1936 年 12 月，该厂全部人员有 400 人，其中工人为 260 人。1936 年（第十四年度）出品生产焦炭量：大炉 3590 吨、小炉 3956 吨，使用洗煤 44336 吨，产出焦炭 30789 吨，占用煤

69.44%，以平均含水 5% 计，折合干煤 42120.06 吨，按照干煤计算产焦率，为 73.10%。当年盈余为 101006 元。1937 年 10 月，日本占领石家庄后，炼焦厂被军管。①

　　1922 年建成投产的大兴纱厂，是石家庄最大的民族工业企业。开业当年，安装了 25000 锭美国纱机，附设 1500 千瓦发电机。当年工人总数为 2334 人，男工为 1136 人，女工为 1198 人。此后，不断地增添织布机、纱机、织毯机等机器设备，扩大生产发展的规模。1936 年购入漂染设备 4 台，添置漂染厂，实现了自纺、自织、自染。1936 年大兴纱厂共拥有细纱机 30144 锭、织布机 500 台、织毯机 8 台、漂染机器 4 台。1936 年大兴纱厂全部员工人数达到 2410 人，当年的年产棉纱达到 23740 件，棉布 1058.7 万米，棉毯 227024 条。大兴纱厂开创了石家庄现代机器纺纱、织布、漂染的历史，成为华北较大的棉纺织厂之一。大兴纱厂的棉纱商标有四种："获鹿""双福""八卦""新双福"。棉布商标有三种："三鹿""获鹿""八卦"。由于石家庄周边广大地区盛产棉花、煤炭，是"棉煤出产之富域"，原料和资源成本低廉，加上冀中地区又是手工纺织业较为发达的地区，"更是纱布推销之场所，诚属产销合作之唯一佳区"，还有石家庄交通运输便捷和农村富余的廉价劳动力等诸多优异条件，使大兴纱厂获利丰厚。特别是 1931 年九一八事变前，"逐年获利，为此厂之黄金时代"，此后在企业发展中虽然也遇到一些麻烦和困难，但是，经过改善经营，采取诸多有效措施，还是实现了扭亏为盈的奋斗目标。1937 年 10 月石家庄沦陷后，被日本人强占，实行军管经营。②

---

① 《炼焦厂第十四届全年之经过》，《井矿月刊》，第 3 期，1936 年 12 月 25 日，第 28 页；《战前及日伪统治时期各厂概况一览》，石家庄统计局编，《河北省石家庄市国民经济历年统计资料汇编》，1958 年内部印刷本，第 229 页；张鹤年，《我所了解的石家庄炼焦厂》，《石家庄文史资料》，第 8 辑，政协石家庄市文史委员会，1988 年内部印刷版，第 62～63 页。
② 鲁绍猷，《解放前的大兴纱厂》，《河北文史资料选辑》，第 2 辑，河北人民出版社，1981 年，第 164～164 页；《战前及日伪统治时期各厂概况一览》，石家庄统计局编，《河北省石家庄市国民经济历年统计资料汇编》，1958 年内部印刷本，第 229 页；石家庄市纺织工业志编纂委员会编，《石家庄市纺织工业志（1921～1990）》，河北人民出版社，1994 年。

1920年建立的裕庆火磨公司（面粉加工厂），后改组为聚丰机器面粉厂。厂址在火车站东，原有石磨3部，是购自唐山的蒸汽动力机。小麦往往在本地购买，不足则另购于山西方面补之。其生产的面粉商标为"双鹿"。据《石门指南》记述，该企业资本数万元，1926年有工人26人。1936年全部人员达到30人，其中有工人20人，当年生产面粉3000吨，拥有电动钢磨机3台。①

1919年建立的石家庄电灯公司，到1926年为全市安装了5000余盏电灯，由公司负责保证供电。1936年公司全部人员有25人，工人13人。当年供电量为492000度，发电机容量为950kW。

1922年建立的华北公司，专门生产电灯罩、灯台、灯罩等的玻璃厂。1925年改组为"俭德玻璃厂"，工人20余人，产品生产范围缩小，专门生产新式灯罩。使用原料是白麻石、硝、碱。白麻石出产地在顺德府，硝购自顺德府巨鹿平乡，碱购自天津。1926年的生产量，每日二百二三十打。②

1918年建立的永聚公铁工厂，厂址在阜宁路，1926年有工人18人。1936年全部人员有18人，其中工人12人。当年生产水车400辆，轧花机100台；拥有化铁炉2个，电动机1个。

1920年建立的同益兴铁工厂，1936年全部人员有40人，工人28人，当年生产铁锅450吨，拥有化铁炉6个。

1920年建立的立元荣工厂，厂址在电报局街。1926年有工人40名。1936年全部人员有60人，有工人50人。当年生产轧花机1000台，切面机300台；拥有车床4台，钻床2台。

1924年建立的和庆德工厂，厂址在休门道。1926年有工人20余人。1936年全部人员有50人，工人35人；当年生产轧花机1000台，切面机200台；拥有元车床3台，钻床1台。

---

①《石家庄之经济状况》，《中外经济周刊》，第181号，1926年9月25日，第28页；《战前及日伪统治时期各厂概况一览》，石家庄统计局编，《河北省石家庄市国民经济历年统计资料汇编》，1958年内部印刷本，第229页。
②《石家庄之经济状况》，《中外经济周刊》，第181号，1926年9月25日，第29页。

1924 年建立的育德铁工厂，厂址在电报局街。1926 年有工人 30 人。1936 年全部人员有 120 人，工人 105 人；当年生产轧花机 1000 台，织布机 600 台；弹花机不详；拥有车床 7 台，刨床 4 台，钻床 2 台。

1926 年建立的利田铁工厂，1936 年全部人员有 15 人，工人 12 人；当年生产轧花机不详；拥有电动机 3 部，车床 1 台。

1927 年建立的沈永兴铁工厂，1936 年全部人员有 56 人，工人 32 人。当年生产情况不详，拥有铣床 1 台，车床 4 台，刨床 1 台，钻床 2 台。

1930 年建立的王兴栈铸锅厂，1936 年全部人员有 36 人，工人 30 人。当年生产铁锅 200 吨；拥有化铁炉 2 套。

1933 年建立的同文兴锅厂，1936 年全部人员有 36 人，工人 26 人。当年生产铁锅 400 吨；拥有化铁炉 2 套。

此外，20 世纪二三十年代在石家庄创建的工厂，还有惠通壬蛋厂、振华火柴厂、平和轧棉公司、万华肥皂公司，后来因故中途停产。

从上述石家庄工业企业的发展进程看，各类企业数量在前期一直不断增加，不仅如此，大企业的规模和设备还在不断增加。例如，大兴纱厂机器装备的数量基本上都是稳步扩充（见表 1-3）。

表 1-3　1923 年至 1937 年大兴纱厂纱机、布机扩充统计表[①]

年份 品种	1923 年	1924 年	1925 年	1927 年	1931 年	1933 年	1934 年	1935 年	1937 年
纱机（锭）	20448	20448	24736	24768	24834	29834	30144	30144	30144
布机（台）		292	292	392	492	368	498	500	500

不仅大兴纱厂的设备逐年又有扩充，纱和布的产量总体上都是逐年稳步增长的（见表 1-4）。

---

① 《裕大华纺织资本集团史料》，湖北人民出版社，1984 年，第 647 页。

表 1-4　1922 年至 1937 年大兴纱厂纱布历年产量增产统计表[①]

年份 品种	1922 年	1923 年	1924 年	1925 年	1926 年	1927 年	1928 年	1929 年
纱（件）	8443	16000	17586	18500	18700	21318	23796	23796
布（匹）			75700	90900	90912	128951	123672	123672

年份 品种	1930 年	1931 年	1932 年	1933 年	1934 年	1935 年	1936 年	1937 年
纱（件）	27075	26108	26345	25491	32546	32546	32744	22776
布（匹）	236318	235033	240914	166723	285744	285744	290645	208236

下面，再让我们来看看 1937 年以前石家庄商业企业创办和发展的情况：

早在京汉路通车前后，石家庄出现了杂货、餐饮、服务业，特别在正太路修建之后，旅馆和客栈更是蜂拥而上，最为知名的是 1907 年建成开业的正太饭店。石家庄其他行业商户陆续涌现，照相馆、理发店、澡堂、饭店、戏院、商场等应有尽有，与日俱增，源源不绝。例如，石家庄的较大商场有民生市场、石门商场、西花园等。西花园，又称南花园，原是石家庄村南的一块荒凉之地，自从被开发商李汉卿扩建为大市场后，在此，先后出现了众多洋广杂货商号、各类不同种类的商店以及澡堂、戏院、说书场等娱乐场所。平时有许多市民到这里购买东西，买卖非常兴旺，逢年过节，更是摩肩接踵，水泄不通。当时这里有"石家庄的北京天桥"之称，与大桥街齐名，成为近代石家庄最繁华的商业区之一。根据石门商会的资料统计，1910 年有 70 家，1919 年为 200 家，1933 年统计资料为 2249 家。[②] 到 1937 年以前，石家庄商业已十分发达，"事变前有二千五百余户"[③]，不过有关史料中所说的商业，是比较宽泛的大商业概念，既包括了金融业和运输业，也包括了工厂的产品销售业务，还包括一

[①] 大兴生产记录和董事会、股东会记录等，《裕大华纺织资本集团史料》，湖北人民出版社，1984 年，第 78 页。

[②] 政协石家庄市委员会编，《石家庄城市发展史》，中国对外翻译出版公司，2001 年，第 109 页。

[③] 陈佩，《石门市事情》，新民会中央总会，1940 年，第 39 页。

切小手工业、医疗、商店等所有经营性的"买卖"。

1934年出版的《石门指南》记载，石家庄商号共有60余个行业，类别与数量（见表1-5）。

表1-5　1934年石家庄商号分类统计表[①]

商号类别	户数	商号类别	户数	商号类别	户数
银行业	8	电料业	4	成衣业	21
银钱业	24	鲜果点心业	17	煤业	44
棉业	5	油业	11	理发业	14
砂器业	4	古玩业	5	洋铁业	16
旅馆业	17	刻字业	11	鸟笼业	3
运输业	29	纸烟业	9	剪刀业	12
杂货业	18	煤油业	4	铜器业	5
绸缎布匹业	30	保险业	3	裱画业	6
饭业	9	店业	59	油漆彩画业	8
钟表业	22	粮面业	39	鞍鞯业	3
印刷业	10	照相业	5	眼镜业	10
书业	7	肉业	18	自行车业	12
铁货业	28	澡堂业	9	眼药业	6
陆车发货业	14	酱菜业	18	储蓄业	3
中药业	11	蜂业	3	玻璃业	5
西药业	6	酒业	10	瓷器业	7
金珠首饰业	8	鲜鱼业	5	乐器业	2
茶业	24	木厂业	10	纸花业	2
质当业	4	石厂业	3	派报社	5
镶牙业	5	新衣业	9	特种商号	6
洋广货业	43	洗衣业	8	补遗、新开商号	9
鞋帽业	28	西法洗染业	7		

① 石门日报社编印，《石门指南》，1934年。

总之，石家庄近代工商业的兴起和发展，改变了石家庄的人口结构，吸引了部分农村人口向城市的迁移，1937年七七事变前，全市人口达到72100人。随着石家庄城市人口的增加，也直接影响着冀中地区城乡人口结构的演变。石家庄近代工商业的兴起和发展，引发了众多工厂建筑和商业区的建设，扩大了城市空间，人们的聚集区域景观面貌一新。石家庄近代工商业的兴起和发展，促使本地原有结构发生变动，由20世纪前原来的农业生产区域，迅速具备了工业制造和商业贸易职能，在七七事变以前，已经成为重要的工商业城市。由于石家庄城市功能的改变，使本地域的经济中心由获鹿转移到石家庄，从而取代了其经济地位。"前日巨商均在获城，自正太路交通以后，皆聚集于石庄。"① 因此，可以说石家庄近代工商业的兴起和发展，极大地促使了石家庄的崛起，迅速地推进了城市化的进程，伴随着石家庄的发展而发展，它见证和参与了石家庄的发展壮大。

那么，为什么说近代石家庄工商业对城市化发展的经济拉动作用后期明显不如于前期呢？

第一，七七事变打断了石家庄近代经济发展的正常进程，中止了近代工商业对城市化的正常拉动，使石家庄政治经济逐步沦为殖民地化。石家庄"自事变以后，各重要商业，如银行、纱厂、矿务局等。或趋倒闭，或归军管"，② 占领者不仅疯狂地掠夺当地的各种资源和物资，还对现有工业设施进行了大肆拆毁。例如，日军为制造军用武器，在沦陷区发动了"献铁运动"，强迫大兴纱厂拆毁10000纱锭。另外，天津日商公大纱厂因为战时仍照常生产，不愿拆机器，而以该厂与大兴交换机器为名，让大兴纱厂替天津日商公大纱厂献铁，拆毁了15000锭，设备受到严重破坏，生产严重受损。七七事变以后，石家庄炼焦厂的控制实权也操在日本人手里，该厂被改名为"石家庄骸炭厂"，所生产的焦炭以及副产品，除销售给北京石景山炼钢厂、天津永利碱厂和当地部分企

---

① 河北省档案馆藏，《保定道令饬将农业状况、物产种类、工业程度、贸易情形按季造册卷》(1923年5月)，656-2-283。
② 张鹤魂，《石门新指南》，石门新报社，1942年，第11页。

业外，大部分运往日本，就连堆存多年的硬沥青也被运往日本。① 其他商家也是如此，占领者"设备种株式会社，垄断商业，囤货居奇，操纵市场，万物高涨"，"对商号限制很严，如棉花、油类、金属都算军用品，不准买卖"。② 拿木材生意来说，由日商三井洋行、山文洋行、渡边央行和三菱株式会社等木厂联合组织成立了"石门市木材组合"，垄断了整个木材生意。他们规定了东到衡水，西到娘子关，北到保定，南到包括邯郸的所辖范围内，一切木材厂同归"石门市木材组合"管理，每个木材厂都需要上交军用木材 75 立方米。否则，不给办理木材许可证，没有许可证不仅无法运输，随时都有可能被没收货物，还有可能被查处，存在生命危险。③ 尽管日军占领期间制定《石家庄市都市计划大纲》，拟将石家庄开发为华北的六大都市之一，仅就城市建设而言，石家庄是有了较大进展，但是，石家庄的这种城市发展是为适应日本侵华需要而发展起来，城市化带有了浓厚的殖民地色彩。这时城市工商业的所谓繁荣发展，都是以民族利益的牺牲和乡村落后以及地域整体工商业的破坏毁灭为代价的。

第二，日本投降后，国民党统治时期石家庄的工商业几乎陷入停顿状态。从总体上看，由于当局治理石家庄的方针是将其作为军事基地来经营的，是把它当作军事堡垒来建设和管理的。由于封锁了市内外的交通要道，使得工商业几乎处在了奄奄一息的状态。以石家庄最大的工业企业大兴纱厂为例，设备使用率和生产规模比抗战前降低了 52%～90%。石家庄物价狂涨，生产成本陡增，企业经营困难重重。国民党占领石家庄后，城市内外的交通长期被封锁，平汉铁路、正太铁路、石德铁路几乎全被切断，使之失去与外界的经济联系，原本是交通枢纽的石家庄此时变成了一座陆上孤岛，工商企业失去昔日的交通优势，城市的军事化使城市经济发展失去了正常的基础，经济环境遭到毁灭性

---

① 《我所了解的井陉矿务局石家庄炼焦厂》，《石家庄文史资料》，第 8 辑，政协石家庄市文史委员会，1988 年，第 65 页。
② 石家庄档案馆藏，《石门市工作概况》，第 7 页，1-1-4。
③ 《石家庄木材业忆旧》，《石家庄文史资料》，第 8 辑，政协石家庄市文史委员会，1988 年，第 27 页。

破坏。用当年市长尹文堂的话说,"市政府在第三军的指挥下,以配合军队做些修军事工程、征兵、征粮、征夫、办兵差等工作"。[①] 城市的军事化使近代工商业生存环境难以为继,在七七事变前,已经形成的石家庄工业结构基本规模再也没有发生新的发展,而只有萎缩、衰退和萎靡。

第三,从1947年11月至1949年10月前,石家庄的经济形势总体上处于稳定和逐步恢复生产的状态。虽然此前一蹶不振的经济开始得到缓慢扭转,但战事不断,时常受到国民党的空袭,经济恢复和发展物力维艰,石家庄的城市经济始终没有恢复到全面抗战爆发前的发展水平,尚未开始出现城市大规模建设的局面。只是在1949年10月中华人民共和国成立后,才真正开始掀起大规模城市建设高潮,石家庄才以一个崭新的工业城市形象迅速崛起。

综上所述,作为后起的工商城市,近代石家庄城市经济发展具有明显的"搭车效应",带有中国近代城市经济普遍存在的弱质特征。石家庄虽然有"霞蔚云蒸,栉比鳞次"[②]的几千家企业遍布全市,但是真正有竞争力的大型制造性企业寥寥无几,而且这种局面贯串于近代石家庄城市化全过程。由于石家庄手工业占据多数,工业企业整体规模过小,形成了"商重工轻"的经济结构。所以,工业整体效益对石家庄城市化的贡献率,与作为商贸集散中心的效益相比,没有显现出太大的整体优势。近代石家庄工业化的低度发展以及产业结构的严重偏差,导致城市化发展的经济拉动持续力明显不足,传统生产方式的淘汰速率较慢,农村城市化进程出现了间歇和滞缓。特别是民国后期,石家庄作为重要军事要地,毫无疑问地对城市工商业发展产生了一些摧残性影响,从而严重地影响了城市经济发展规模和经济发展速度。

---

① 尹文堂,《我在石家庄市的一些回忆》,《石家庄文史资料》,第3辑,政协石家庄市文史委员会,1985年,第151页。
② 刘哲民,《石门二十年来之回顾》(一),《大公报》,1932年5月3日,第5版。

近代石家庄区域军事中心城市的特征

近代石家庄作为一座后起的新兴工商城市，不仅具有优越的军事地理地位，还拥有完善的军事防御工程，又具有军事功能，并设置有重要军事机构和驻扎着大批的军队。以往论及近代石家庄军事地位的文章，焦点大都集中于解放战争时期，尚未见从整体论述民国时期石家庄军事中心城市特征的文章。本文拟对此基本特征略做梳理，不当之处，请方家指正。

一、军事地位逐步提升，屯驻重兵与日俱增

近代石家庄形成铁路交通枢纽之后，很快就演变成为区域性军事政治中心。石家庄军事地位的提升与驻扎重兵的增加，呈现为四个逐步晋级的发展阶段。

第一个阶段，从正太铁路建成的1907年至1911年清末辛亥革命，属于军事城池功能初步显现阶段。

自古以来获鹿和井陉就被誉为冀晋之咽喉，"夙为军事要地"。[②] 作为进出山西的太行山陉口，石家庄一带既是传统经济区域之间重要运输通道，又是历代兵家必争的战略要地。1907年正太铁路建成通车后，石家庄占据了近代交通要道，所以，其军事优势位置很快显现出来。1911年武昌起义爆发后，六镇统制吴禄贞移驻石家庄，与阎锡山组织了"燕晋联军"，准备会攻北京，推翻清政府。吴禄贞作为"燕晋联军"的总策划和总指挥，深知石家庄铁路交通枢纽具有非常重要的军事战略地位，首先占据了火车站，接着又扣留了清廷接

---

* 原文发表于《河北广播电视大学学报》，2011年第5期。
② 获鹿县志编纂委员会，《石门之形势》，《石门市概况》，获鹿县编纂委员会增订本《获鹿县志》，育德印书店，1939年重印本，第3页。

济湖北前线的一列军火，切断了袁世凯进攻武昌革命军的武器弹药和粮饷补充线，实际上控制了进攻京师的南大门。然而，因为1911年11月7日吴禄贞被人暗杀，使这次攻打北京有可能改变历史的壮举戛然而止。

"燕晋联军"起义虽未获得成功，却使石家庄的"京师南大门"和"燕晋咽喉之地"的战略地位迅速凸现出来。正如有关方志记述的一样，"自京汉正太两路通车后，石门益扼军事之重心，为燕晋二省之门户"。①"燕晋联军"起义是近代石家庄历史上发生的第一次震惊全国的事件，它使石家庄作为军事要地，开始被时人刮目相看。

第二个阶段，从1912年民国成立至1937年抗战全面爆发之前，属于城市军事功能的逐步生长阶段。

这个阶段是新老军阀先后在石家庄展开激烈混战的时期，历史上曾发生过的直皖战争、第一次直奉战争、第二次直奉战争、国（国民军）奉之战、晋奉战争、蒋冯阎中原大战、石（石友三）蒋（蒋介石）之战等，其军事行动或多或少地均涉及石家庄。

在军阀混战中，以晋军和奉军占领石家庄的时间最长，其中，又以晋军对石家庄军事城市的经营最为用心，它掌控该市的时间也最长。石家庄是晋军出入山西的必由之路，正太铁路是山西经济发展的重要命脉，所以阎锡山格外重视对石家庄这个交通枢纽的争夺。从20世纪20年代中期到1930年，蒋冯阎中原大战，晋军曾四度陈兵石家庄，控制正太铁路。1924年第二次直奉战争爆发，7月至9月晋军占领了石家庄，并切断了京汉铁路的运输，控制石家庄达两个月之久。1926年在直奉晋联合进攻冯玉祥的战争中，晋军再度陈兵石家庄。1927年阎锡山改弦易帜，接受国民党中央的任命，担当了"北方国民革命军总司令"，又将矛头直指奉系。此时晋军三度陈兵石家庄，控制京汉铁路，与奉军展开漫长的拉锯战。1928年5月，晋军与冯玉祥部联合作战，随后控制晋冀绥诸省大部分地区，在较长时间控制石家庄之际，晋军在石家庄

---

① 获鹿县志编纂委员会，《石门之形势》，《石门市概况》，获鹿县编纂委员会增订本《获鹿县志》，育德印书店，1939年重印本，第3页。

西北郊区修建了简易飞机场，使石家庄军事功能进一步增强。1930年蒋冯阎中原大战中，阎锡山出任反蒋的"中华民国陆海空军总司令"，在石家庄多次召开军事会议，先后在石家庄会晤过傅作义、唐生智、汪精卫。

在20余年的军事争夺中，各路兵马的将帅都曾亲自光临于石家庄，其军事战略地位的重要性可见一斑。

第三个阶段，从1937年石门沦陷至1945年抗战胜利，属于石家庄军事功能的疯狂扩张阶段。

日军占领石家庄以后，一直将其视为整个华北地区重要的战略堡垒基地。为了"以战养战"，不仅在此驻扎了大批重兵，而且开始大肆扩充军事设施，安置了重要军事机构。在被占领的八年间，驻守石家庄的日军调动相当频繁，驻军总兵力始终保持在2万至5万人之间。先后在此驻扎的有日本华北方面军的主力第一军军部、第一一〇师团、独立混成第一旅团、独立混成第四旅团、独立混成第八旅团、独立混成第九旅团、独立步兵第二旅团、飞行第二十七战队等。[1]

石家庄作为日军占领的一个区域军事中心，负责管辖区域为周围37个县。[2]它不仅是"扫荡"周围各抗日根据地的基地中心，也成为关押"战俘"的集中地。1939年日军在石门南兵营建立了占地277亩的战俘劳工集中营，被关押的"战俘"主要是从冀中、冀南、冀西、太行等地抓获的。在日军占领时期，整个石家庄就是一座特大兵营。正如郑维山在《解放大城市的首创》一文中所说："七七事变后，日军曾将其侵占华北三分之一的兵力及大量伪军部署于石家庄及正太路寿阳以东地段，并构筑了大量工事，使石家庄成了一个大

---

[1] 据日本防卫厅战史室编写的《华北治安战》一书第235页记载："石门特务机关：京汉路沿线地区自事变初期，即由第一一〇师团担任警备。……因石门附近的模范地区工作进展很快，至1942年底将该地区的警备工作全部移交中国方面"；第110页记载："第一一〇师团则由师团以及步兵司令部、步兵第一一〇、第一三九、第一六三联队、野炮兵、工兵、辎重兵各联队、骑兵大队、师团通信队、兵器勤务队、野战医院、兵马厂等组成。编制定员达14784名"；第105页记载："独立混成第八旅团当时配属第一一〇师团，长期以来担任石门地区的保卫任务。"

[2] 日本防卫厅战史室编，《华北治安战》（下），天津人民出版社，1982年，第37页。

兵营。"①

第四个阶段，从1945年抗战胜利至1949年10月中华人民共和国成立，属于城市军事功能的极致阶段。

石家庄西倚太行山、东瞰冀中平原的军事地位，在抗日战争胜利后，显得格外重要。因为它"在军事上具有掩护平津，连接中原，贯穿冀晋，对我晋察冀和晋冀鲁豫两大解放区形成分割包围的重要作用"，所以，蒋介石令李文率国民党第三十四集团军司令部及所属的第十六军、第三军、整二十二师，迅速抢占华北战场的有利位置。以罗历戎为军长的国民党第三军占领了石门以后，又得到了第十六军的一个团的加强，他还组建了军属炮兵团、汽车连、战车连等，此时第三十四集团军几乎将近一半的兵力安排在石家庄。第三军有两个师，即第七师和第三二师，另有特务营、工兵营、通讯营、辎重营、野战医院、卫生队等部队。每个师有三个步兵团，另有特务连、通信连、工兵连、辎重连、师野战医院、卫生队等部队。每个团有三个步兵营，另有迫击炮连、特务排、通信排等。再加上当地的保安队、还乡团等武装力量，总兵力达到了三万五千人，这说明了国民党军队是何等的看重石家庄的战略地位。②

由于石家庄位于广大解放区的腹地，极大地牵制了解放军的外线作战，因此构成了解放区的心腹之患。基于石家庄军事战略地位的重要性，中国人民解放军早在1946年10月的军事会议上，就提出在条件成熟后要坚决夺取华北的要塞和门户石家庄的军事作战计划。1947年通过正太战役和清风店战役的准备，中国人民解放军开始实施攻打石家庄计划，并把石家庄作为"开创解放大城市"的第一战役，朱德和毛泽东都亲自参加了指挥。毛泽东在拟定的中央军委电报中指示："不但要集中主力几个旅，而且要集中几个地方旅，以攻石门打援兵姿态，实行打石门……"③ 防守方的国民党军队，为了保持对解放区

---

① 郑维山，《解放大城市的首创》，《石家庄党史资料》，第3辑，政协石家庄市文史委员会，1985年，第32页。
② 郑维山，《解放大城市的首创》，《石家庄党史资料》，第3辑，政协石家庄市文史委员会，1985年，第32页。
③ 聂荣臻，《乘胜夺取石家庄》，《石家庄党史资料》，第3辑，政协石家庄市文史委员会，1985年，第13页。

钳制的态势，也极力拼死固守石家庄，蒋介石在亲自给石家庄警备司令刘英的电报中说："共军若敢进攻石家庄，兄当亲率陆空大军前去支援。"① 由此可见石家庄在当时整个解放战争中的重要地位。1947 年 11 月 12 日石家庄的解放，不仅极大地动摇了国民党军队防守大城市的信心，直接威胁到蒋军对保定、北平等地的防守，而且把晋冀鲁豫和晋察冀两大解放区连成了一片，使北平和天津的国民党守军失去了重要策应，对整个解放战争形势产生了重大影响。②

综上所述，近现代史上围绕这座城市展开的无数次军事斗争，都对近代石家庄这座军事中心城市产生了不可磨灭的影响，充分说明了它具有举足轻重的军事战略地位。

二、军事设施功能完备，地下城垣沟壑纵横

以军事功能为主的设防城市，一般都具有坚固的城墙和一系列军事防御工程。中国人民解放军总司令朱德元帅，在分析评价近代石家庄军事设防的特点时说：石家庄工事虽坚，但没有城墙。这也是近代石家庄与一般军事设防城市的根本性区别，对城市防守而言，无疑是个巨大的缺陷。正如《河北省石门市公署市政情形治安状况报告书》在谈到石门市城防的设施劣势时所说，"外无城垣之捍卫，五方杂处，风鹤频惊"。③

中国大多数传统城市在形成和发展过程中，政治和军事因素都会起到十分重要的作用，这与西方城市兴起的原因存在着较大的差异。中国传统城市一般都是一级政府行政所在地，是国家统治机器的一个重要组成部分，每个城市都是政权更迭和军事冲突中统治者不甘雌伏地争夺的棋子和筹码。因此设防保

---

① 聂荣臻，《乘胜夺取石家庄》，《石家庄党史资料》，第 3 辑，政协石家庄市文史委员会，1985 年，第 13 页。
② 聂荣臻，《乘胜夺取石家庄》，《石家庄党史资料》，第 3 辑，政协石家庄市文史委员会，1985 年，第 13 页。
③ 谢忠厚等编，《日本侵略华北罪行档案:(一)损失调查》，河北人民出版社，2005 年，第 277 页。《河北省石门市公署市政情形治安状况报告书》(1941 年)。

卫筑城建垣成为必然，中国已有五千年筑城围池的历史，有的学者估计，历代建设的城池总计四五千座。①石家庄位于两条重要铁路的交会点，是纵横晋燕、贯通南北的交通运输枢纽，是商品货物集散中心。作为20世纪后自然兴起的新兴工商业城市，石家庄当然没有城墙，城市形成初期的功能，以非政治化和军事化为主。在逐步形成一座新兴的工商业城市的同时，由于石家庄自然地理位置因素，便很快成为兵家争夺之地。当原本没有城垣的城市，变成了有城垣的设防城市时，说明它开始具备军事功能。

鉴于石家庄军事战略地位的重要性，侵华日军将它作为侵略华北乃至全中国的后方基地和大本营，在市内建造了东、西、南、北、中五大兵营，筑工事修堡垒，侵占了市区和市郊土地面积达到4.7平方公里，占到城市总面积的40%。并且本着"本市拟视为军事上之要地"的原则，对城市进行了规划设计。在1939年10月出台的《石家庄都市计划大纲》中，提出了建设石家庄"城郭"的设计方案。按照该方案，其"城墙"不是建在地上，而是采用了地下挖"城墙"的方式。城池面积规模约38平方公里。区域周围拟绕以水濠，更于内侧配置环状道路；在水濠"城墙"外侧，设置的300米的开阔地，规定为建筑禁止区，对于一般建筑物及工作物之建筑加以禁止或限制。在水濠"城墙"内侧，"与之平行筑堤，以为道路，再沿道路设防护要点，限制出入"。②就这样石家庄由没有城墙的城市，转变成了有"地下城墙"的军事城池。

这项水濠"城墙"，工程浩大，工期紧迫，动用劳力众多，是在日本侵略军刺刀逼迫下建成的。据《河北省石门市公署市政情形治安状况报告书》披露，该项"城墙"工程的规模，为"宽5米，深3米，全长30000米"。石门"城墙"工程，被认为是"颇为坚固，不但可防水患，且可替代城垣之用。现有日军派兵协防，常驻碉内，并将市内10个分哨所原有长警，拨往沼濠守护，出入各口，担任检查行人，纠察奸宪，互相联络，以资戒备"。③在水濠"城

---

① 张驭寰，《中国城池史·序言》，百花文艺出版社，2003年，第1页。
② 石家庄市城建档案馆藏，《石家庄都市计划大纲》（1939年），中日文对照本。
③ 谢忠厚等编，《日本侵略华北罪行档案：（一）损失调查》，河北人民出版社，2005年，第277页。

墙"之外，还修筑了大量炮楼和碉堡，炮楼和碉堡周围设铁丝网，以巩固防守。往来出入石门市区的行人，必须通过出入口的岗卡才能通过，所以，地下壕沟"城墙"发挥了地上城墙同样的防护功能。正如参加攻打石家庄战役的晋察冀野战军第四纵队第十旅第三十团政治委员王海廷所说，要"攻越'地下城墙'，不比攻一般城墙容易"。①

抗战胜利后，国民党第三军进驻石家庄的两年间，城防工事建设一直未曾中断。他们每天驱使两万多民工加修城防工事，除了增设碉堡和在市区构筑核心工事之外，利用日本侵略军的旧工事，连年加固成双层"城墙"，即第一层是外市沟，第二层是市内沟。外市沟和内市沟就是所谓的"地下城墙"。"第一道为外市沟，周长六十公里，深七米，宽六米"；"第二道为内市沟，周长三十六公里，深宽各五米"。②两道壕沟的上口宽约10米，底部宽约4.5米，壕沟内所挖出的土方，堆在沟内沿边上，形成一道高出地面约4.5米的护堤，由沟底到高堤平面，垂直距离达到8米至10米。

为了进一步加强城防，由国民党第三军掌控的石家庄地区党政军扩大联席会议决定，在内外两道"地下城墙"之间，再加修一条环城铁路，由装甲列车不间断地绕城巡逻，以增强两道防护壕沟的呼应。该工程于1947年6月初竣工，这一条环城铁路全长27090.2米，共动用人力123949名，使用运输马车2511辆，使用枕木38744根，铺设铁轨5532236米。③铁路投入使用之后，在环城铁路上平时有六辆装甲列车昼夜巡逻。

从日军的建筑城防，到国民党军队的城防加筑，在历经十余年的不断加固之后，石家庄已经构成了市内市外的联防，形成了半永久性方环形阵地防御体系。市内有以大石桥、火车站、正太饭店、铁路大厂等永久性坚固堡垒组成的核心工事；在市内街区，有众多的阵地据点，明碉暗堡大部为钢筋水泥筑

---

① 《解放石家庄战斗忆事》，《河北文史资料选辑》，第14辑，河北人民出版社，1984年，第151页。
② 杨成武，《石家庄攻坚战》，《石家庄党史资料》，第3辑，1985年8月，第24页。
③ 河北省档案馆藏，《河北省建设厅据石门市政府呈报环市铁路已竣工电报鉴核》，618-2-2216。

成。市外有两道"地下城墙"壕沟，沟外沿设有铁丝网、鹿寨和挂雷，沟内沿设有稠密的高碉、低碉、伏地碉和野战工事。在两道市沟之间，有大量的交通濠、地道相互连通，在沟内放水，水下暗设尖桩、鹿寨。军事设施使方圆60公里的石家庄，建成了一座碉堡林立、沟壑纵横、明堑暗堡密如蛛网的坚固设防城市。据石家庄建设局统计，1947年后拆除的残垣断壁、碉堡工事大约共计6500处。所以，就城市军事防御设施而言，石家庄堪称解放战争时期华北战场上屈指可数的军事城市之一。

1947年11月以后，成立了中国人民解放军石家庄市警备司令部，为了维护城市社会秩序，严阵以待粉碎10万国民党军队的偷袭，果断采取城市军事管制，利用原有城防设施，"在内市沟东南西北四面，均设置了武装岗卡，市民凭政府通行证出入市区"①。

军用飞机场是近代石家庄作为军事城市的另一项重要军事设施。位于石家庄西北郊的飞机场，最早由阎锡山出于军事目的修建于1928年，当时仅为草坪机场，因起降飞机很少，长期闲置后复耕。1933年随着日军攻陷热河，逼近平津，华北形势顿时紧张。为了加强河北防务，奉中央军政航空署命令，获鹿县政府动用330名民夫和100个石碾，再次修筑面积为420余亩的石家庄机场，以备空军驻扎。自七七事变后，日军将石家庄作为华北最重要的军事基地之一，扩建了石家庄军用飞机场，修建了沥青跑道，经过整修和扩建的机场，主要用于军事侵略。"因害怕盟机轰炸，经常驻有飞机七十余架，航空员三百余名"，并经常进行飞行演习。②

抗战胜利后，国民党接收石家庄机场，对机场加强了防护建设。特别是在正太铁路和平汉铁路被切断之后，石家庄变成了陆上孤岛，国民党军主要依靠飞机运输来保证供应。1946年12月国民党中央航空运输股份有限公司，奉交通部命令决定在北平石门之间铁路未恢复之前，于每周增开班机，星期六由北平飞石家庄来回一次。为了保证石家庄对外航空联络畅通的万无一失，预防

---

① 《石家庄解放初期琐忆》，《河北文史资料》，第21辑，1987年，第6～7页。
② 《石家庄忙于防空演习》，《晋察冀日报》，1944年6月27日，第2版。

机场一旦遭破坏后,通往外部的航空线路被切断,又修建了市内连接飞机场的地下通道,并且在石家庄市内将中华大街中间的花坛铲除,改修飞机临时起降跑道。

随着石家庄军事地位的提高,城市军事功能的增强,城市里明堡暗道比比皆是,沙袋掩体星罗棋布,交通壕沟密如蛛网,将此时的石家庄比喻为"军事碉堡城",的确不失毫厘。

三、军事城池毁誉参半,军事功能正负两极

近代石家庄正式成为设防城市以后,必然进入以军事功能为主的时期,城市的经济功能相对有所削弱,基本处在服从或服务于军事功能的地位。

石门沦陷时期,商业、经济、城建等经济活动依然有所发展,尽管这对城市的规模增长有一些客观促进作用,不过都是服从或服务于军事功能的。首先,作用表现在产生了城市硬件建设需求。石家庄自从成为军事中心城市后,"本市迩来人口激增,民间房屋毫无空隙可寻,以新辟工商区域既少,旧日馆舍抑且毫无空闲。"[①]特别是对交通、通信等基础设施有了较大的推动,日军将石家庄作为"冀晋豫军事腹地"之后,此地俨然成为区域性的通讯中心,"实类人之神经中枢,其他如邮政、电报、电灯、电话等,举凡有关交通事业,均以此处为据点。新兴事业,日渐增繁"。[②]石家庄成为军事中心城市之后,不仅提高了城市行政地位,促进了城市交通、通讯等基础设施的增长,对城市的物资运输、仓储能量、军需生产、供应能力、调拨速度等也都提出了新的要求,也产生了城市管理系统的特定软件建设需求。仅军需生产一项,也拉动城市部分产业扩大生产。譬如,驻扎军队的大批消费,增加了饮食服务加工业的

---

① 河北省档案馆藏,《石门市公署250号函》,《河北省高等法院档案》(1940年8月),634-68-206-214。
② 陈佩,《石门市事情》,新民会中央总会,1940年,第35页。

发展机会，石家庄礼顺成杂货店，仅"靠给部队腌咸鸡蛋发了家。只一年多时间，收入大增，抓住了良机，家底逐渐厚实起来"。① 再譬如，大量军人的私人生活消费，也对当地商业销售额产生较大影响。据《大公报》记载，石家庄在"前军阀时代，每遇战争，兵车往来如梭，时有兵士下车，三五成群，熙来攘往，至各商店购买物品，因而商业活跃"。② 以上说明，近代石家庄逐渐具有军事功能之后，影响到城市行政、经济和市政等诸多方面。

近代石家庄成为军事中心城市，对人口增减也存在着双重影响。以近代石家庄城市人口的增长为例，从整体上看人口增长呈现出了明显跳跃起伏的态势，时而骤增，时而平缓，时而高峰，时而低谷，这与军事城市在不同时期发挥的作用有关。一方面战争会给城市带来诸如交通瘫痪，运输中断，商业不振，民不聊生，人口锐减等负面影响。例如，1937年七七事变时，石家庄市民、商人、政要大都逃往他乡。据史料记载，当时市内仅剩5000余人。另一方面，石家庄作为一座防御性军事城市，城市筑有"地下城墙"，城市内外驻扎着重兵防守，它又极大地吸引了城市周边地区躲避战火的人群，发挥了军事城市的庇护功能。1947年5月，石门的人口由19万暴增至30万。③ 激增原因就是附近各县的人口都涌入了拥有防护功能的石家庄。当然，这种人口高峰是暂时性的。

近代石家庄作为军事要地，对当地的社会生产活动产生了一些摧残性影响，这是毫无疑问。最明显的是导致了一些即将上马的经济建设项目夭折，造成了一些工厂生产停工和商店关门，从而严重地影响到近代石家庄经济发展规模和经济发展速度。例如1927年，石家庄焦化厂因战事停炼一年，转年重新起用机器，造成了极大的浪费。大兴纱厂也因这场战事蒙受一定的损失，晋奉之战，石家庄首当其冲。大兴纱厂靠近铁路，两军对垒，炮弹横飞，工厂变为

---

① 《礼顺成杂货店的简况》，《石家庄桥西区文史资料》，第1辑，1990年，第119页。
② 刘哲民，《石门二十年来之回顾》（二），《大公报》，1932年5月4日，第5版。
③ 河北省档案馆藏，《石门市政府第七次市政会议记录》，《石门市政府会议记录》（1947年），615-2-1862。

战场。据有关专家的统计，从1924年至1928年4月，石家庄的军阀之战给大兴纱厂造成了297天的停产。① 再譬如，比大兴纱厂投资还要多出100万元的华新纺织股份有限公司，在大兴纱厂设厂前7年就经工商部批准，准备在石家庄设厂制造，最后却以军事"大局未定，不敢轻率从事"为由暂缓建设②，后来便放弃了在此建厂的计划。如果近代石家庄不是军事要地，没有军阀混战的影响，民间的市内电话业务普及的时间起码也会提前5年实现。由于军阀战争的影响，使本来要"在石兴工装设"的电话设备工程停工等待，"因时局不靖，杆木材料被军队取去，损失数万"，"不意连年军兴，而兴工非易，一直未能如期成立。"③

城墙的功效就是构成空间隔离。自石家庄军事城市拥有了"地下城墙"保护之时，就意味着它对城市工商业的流通产生了一定的阻碍作用。石家庄新建的"地下城墙"不仅割断了城内外的交通，还改变了城郊存在的农业生产环境，制造了城里农民与城外土地的分离，给农业生产带来了极大的麻烦。例如，"本区外壕内农户，壕外耕作前经市府准予临时出入。然以限制出入，卡哨数少，农户往返工作有达三十里之遥。尤以振头村壕外耕田三千余亩，农户三百余户，每日出卡必经城角庄，出第八步哨，傍北杜村村东行至西三教村西，始达目的地，全程约计十五公里，往返须三小时，再加午饭休息时间，每日工作不过六七小时。今后农事愈加繁忙，长此以往，农事失时，影响食粮实巨。"④ 此外，由军事城池导致的"商旅交困，各种棉花、豆类、皮毛、山产暨工厂需用原料出厂售品，亦受影响"⑤，影响显而易见，而且无法避免。

军事设防费用负担，给石家庄工商企业和广大城市居民带来了额外的巨

---

① 杨俊科、梁勇，《大兴纱厂史稿》，中国展望出版社，1990年，第32页。
② 河北省档案馆藏，《直隶行政公署令查石家庄地方设立华新纺纱有限公司资本是否属实查明报卷》(1914年3月13日)，656-1-254。
③ 河北省档案馆藏，《实业厅令饬商人徐定欧呈请在石家庄设立电话案卷》(1925年)，656-2-548。
④ 河北省档案馆藏，《石门市政府第七次市政会议记录》，《石门市政府会议纪录》(1947年5月15日)，615-2-1862。
⑤ 陈佩，《石门市事情》，新民会中央总会，1940年，第31页。

大经济压力。这种压力负担表现在两个方面：一是军费摊派和变相勒索；二是军队肆意抢劫。正如，石家庄大兴纱厂会计师黄师让所说："处于军阀混战年代，晋奉之战和晋直之战，均波及石家庄一带，有的军阀向厂派款，有的纵军直接抢劫（张宗昌的军队）。"① 军饷摊派一般是通过石门商会实施征收，变相勒索主要是发行钞票实施巧取豪夺。奉军占领石家庄时，"奉军强使奉票，恐亏折血本，故多半暂停交易"。② 晋军占领石家庄时，"因晋钞跌价，金融紊乱"。③ 军队肆意抢夺，分为军人集体抢夺和单兵个人抢夺两种类型。从清末到中华人民共和国成立前夕的半个世纪，石家庄遭遇过无数次的兵乱抢劫事件，数不胜数。

石家庄作为军事设防城市，拥有军事设施和大批驻防军队，这些都成为军事交战方的攻击目标，所以又给整个城市引来了多次巨大空袭灾难。例如，1931年7月，蒋介石派飞机轰炸了正在石家庄驻扎的石友三所部。据大兴纱厂的营业报告记载，此次"石军之变，飞机轰炸极为剧烈，街市损失为数非轻"。④ 1937年9至10月间，日军先后多次动用飞机轰炸石家庄，电报局、电话局、大桥街、商会等多处建筑和城市设施受损。还有1944年底至1945年8月，盟军连续出动飞机对驻石家庄的日军目标进行了多次轰炸。仅3月8日上午轰炸休门集市，就死伤三四百人，摧毁房屋100余间；当日下午盟军又出动52架飞机，在石门上空投弹50枚。1947年11月至1948年8月国民党军队失守后，蒋机多次飞临石家庄上空狂轰滥炸，实施报复。

综上所述，人们有理由认为，石家庄如果没有军事因素的影响，城市化发展进程可能会更快。正像《开展石家庄商埠计划书》所希望的那样："倘非连年战争，时局纷扰，其进步奚啻倍蓰，是石家庄一埠之发达，诚不可限量。"⑤

---

① 黄师让，《裕大华企业四十年》，《文史资料选辑》，第44辑，文史资料出版社，1980年，第14页。
② 《正太途中：战后视察记》，《大公报》，1928年6月16日，第3版。
③ 张志澄，《获鹿行记略》，《河北月刊》，第1卷第1期，1933年1月，第19页。
④ 湖北省档案馆藏，《大兴纺织股份有限公司第十期营业报告》（1932年3月），第2页。
⑤ 王骧，《开展石家庄商埠计划书》，《河北工商月报》，第1卷第3期，1929年1月15日，第22页。

近代石家庄城市空间的拓展

除城市人口之外，城市最基本的表现形式就是城市空间、人口总量和空间总量可以最直接地表现出城市规模的大小。城市空间是城市社会经济的要素和载体，城市空间结构变化反映着城市各种社会经济关系的变化，反映着城市功能的变迁。近代石家庄城市空间发展的过程，是由农业区域向城市区域逐渐转化的过程，准确地把握近代石家庄空间拓展的全过程，有助于发现近代石家庄农村城市化的一些规律和特点。

近代石家庄城市化仅用半个世纪的时间，就实现了由一个蕞尔村庄到一座中等城市的跨越，其城市空间发展由一个自然村扩展为共计69个自然村庄在内的面积达121.8平方公里的新兴城市空间。近代石家庄先后经过四期较为明显的区域拓展，第一期拓展由1901年开始至1912年清朝灭亡；第二期拓展由1912年至1925年石家庄自治市成立；第三期拓展由1925年石家庄自治市成立后至1937年七七事变后、石家庄沦陷前；第四期拓展由1937年日本占领石家庄之后至中华人民共和国成立前。这四期城市空间拓展的总特征是：近代石家庄城市发展缺乏科学规划指导，城区空间任其自由发展，带有明显的自然蔓延色彩，城市空间拓展的实际范围与城市行政界线往往不一致。前三期拓展使城区实际发展空间，已经突破了原有行政管辖的实际范围，最后一期拓展则在制订城市规划之后的空间拓展，城市行政管辖范围给城市实际拓展面积留足了充分的余地。

近代石家庄农村城市化完全不同于筑有城墙的传统城市发展，因为城墙毕竟可以作为城乡划分的一种空间标志，实际上人们无论面对什么样的城市，如果想在城乡之间划分出一条精确严格的界标，肯定是徒劳之举。正像城市

---

* 原文发表于《石家庄经济学院学报》，2009年第3期。

学专家所说,"要真正在城市和乡村之间划出一条有严格科学意义的界线绝非易事"。①

一、第一期向石家庄村东南方向的拓展

从1901年到1911年年底是石家庄农村城市化启动时期,也是城市空间拓展的第一个时期。作为城市胚基的聚落,石家庄附近地域的农村聚落数千年前就出现了,人文历史源远流长。但是,并非所有的聚落都能发展成为城市。近代石家庄这座城市,是因铁路而兴的城市,是在石家庄村的基础上发展起来的。在铁路兴修之前,石家庄村到底是个具有多大规模的聚落呢?目前学者们提出了关于石家庄村投影面积的两个数字:其一,认为石家庄村的居住面积仅有半平方公里②;其二,认为石家庄村的面积还不足0.1平方公里。③

根据众多口述史资料证明,石家庄原村落的位置相当于现今的新华东路以北,西横街以东,新开街以南,北大街以西的范围。考虑到19世纪末20世纪初,石家庄全村拥有532人的实际情况,0.1平方公里面积尚不足人均0.28亩,达到了1平方公里5320人密度的可能性太小。据《石家庄土地志》的统计测算,1947年石门市人口密度是每平方公里1031.62人④,那么,城市化之前的小村庄,怎会比城市化50年后的人口密度还高出近5倍呢。对于城市化之前靠自然经济养活的农村而言,这个0.1平方公里的生活空间显然难以成立。考虑到当初石家庄村落属中下等规模,由寺后街、前街、后街、西横街、殷家湾、于家角等六条街道组成,根据1923年石家庄地图中所处的大致位置,

---

① 周一星,《城市地理学》,商务印书馆,2003年,第37页。
② 马虹,《石家庄工人阶级的诞生和早期工会的创立》,《石家庄文史资料》,第1辑,政协石家庄市文史委员会,1983年,第26页。
③ 政协石家庄市委员会编,《石家庄城市发展史》,中国对外翻译出版公司,2001年,第99页。
④ 石家庄市土地志编纂委员会编,《石家庄市土地志》,河北人民出版社,2001年,第53页。

按照地图比例尺推算，村落建成区面积约为0.5平方公里的说法，更接近实际空间面积。

京广线和正太线两条铁路的交会点处于石家庄村、栗村、休门村之间，而建成的铁路枢纽区域更靠近石家庄村一侧，铁路枢纽的整体布局对石家庄村建成区的影响最大。因此，石家庄村被视为新兴城市的原点和新生城市的母体胚基。石家庄是"因路而兴"的城市，兴起的最直接缘由是铁路枢纽的形成，所以铁路枢纽区域的建设对石家庄农村城市化具有直接的启动意义，犹如是在石家庄未来城市的"白纸"上勾画出的第一笔油彩。

石家庄第一期空间拓展分为两个阶段，1907年之前是第一阶段，主要是铁路基础设施建设；1907年后是第二阶段，主要是被铁路枢纽建设而拉动产生的服务性配套建设项目。1902年京汉铁路修到石家庄村，自北向南由石家庄村的村东穿过，1903年建成京汉铁路石家庄火车站（枕头站），当时京汉铁路的"车站之建筑，殊形简陋……其沿途小站大都矮屋数椽，足蔽风雨而已"。①1904年兴建正太铁路，东端起点从京汉线车站西侧开始，向北与京汉线并行，渐次西转，绕石家庄村北而西去，直奔获鹿。当时正太铁路的"车站式样厥有数种，石家庄及太原两站均为特别式样，计房屋十二间，共占地亩面积约六百五十平方米"。②1907年正太铁路的通车，标志着石家庄铁路枢纽建成启用。

从石家庄铁路枢纽的空间结构看，主要由三个部分组成：其一，京汉铁路和正太铁路的南道岔和货运站，"两路之道岔，彼此互相串贯"。其二，京汉铁路和正太铁路的正线和客运车站，"两车站东西对立，乘客由京汉路下车，可径至正太车站上车"。③京汉铁路石家庄车站设有售票室、小候车室、进出站检票口，站内有简易站台一个。车站区域的建设为封闭式，"为维持秩序"，闲

---

① 平汉铁路管理委员会编印，《平汉年鉴》，1932年，第365页。
② 交通铁道部交通史编纂委员会编印，《交通史路政编》，第12卷，1931年，第4072页。
③ 白眉初，《中华民国省区全志》第一编第2卷《直隶省志》，中央地学社，1925年，第45页。

杂人员不准"擅进车站围墙界内"。其三,由正太路机务段、机务浇油房(车辆段前身)、停车房,①正太路总机车厂、正太铁路监督局、法国总管处、法籍高级职员公寓区,以及职工公寓等组成的"大厂"区。以上三部分构成的石家庄铁路枢纽区域均被用石头砌成围墙圈了起来,自北向南分别设有12个门,各门出口有路警弹压把守,各门之间有城墙相接,被当地百姓称为"洋城",城内圈占了石家庄村的大片良田,"内建办公大楼,各种设施和管理机构一应俱全"。②这个由众多建筑、设备、路轨、部门、辅助设施等组成的石家庄铁路枢纽区域,呈南北向长条形状,此区域的北部较南部略宽。由于枢纽区崛起于石家庄村东,致使"东西乃休门与石家庄来往之孔道"被枢纽区切断,为此1907年修筑了大石桥,以跨越铁路保持休门村、栗村与石家庄村之间的通行。1907年正太铁路通车,至此完成了近代石家庄铁路枢纽区雏形的建设。

　　从1907年铁路枢纽形成到1911年年底民国成立,石家庄空间扩展主要集中在长条形的铁路枢纽区两侧进行,铁路枢纽区形成了石家庄空间发展的核心原点。首先,枢纽区中部的客运站东西两侧的建筑倏忽间涌现出来,客运站西侧出现了大片建筑群,主要是旅店、饭店、杂货店等商业服务场所,以及邮局、商会等部门,特别是在客运站出口的大石桥西侧,逐步形成了一条商业街的雏形,即后来的"大桥街"。客运站东侧,除英美烟公司等几家企业之外,多是一些商业店铺。其次,枢纽区南端的道岔东西两侧迅速得以扩展,道岔西侧纷纷建起了一个个的转运货场,道岔东侧开始出现个别的煤店,以及电报局等少量建筑。再次,枢纽区北部"洋城"围墙西侧,遂成为铁路职工的生活区,"铁路的工人和职员大都集中住在围墙外七号门、八号门附近,因此在这个厂子附近就修起了许多新住宅。大、小厂子巷就是这样形成的"。③所以,

---

① 正太铁路共有停车房4处,石家庄有2处,其一于光绪三十三年(1907)落成,其二于宣统元年(1909)落成。
② 石家庄铁路分局志编辑委员会编,《石家庄铁路分局志》,中国铁道出版社,1997年,第614页。
③ 殷良夫,《石家庄部分街道名称的来历》,《石家庄文史资料》,第5辑,政协石家庄市文史委员会,1986年,第136页。

短短几年时间，新区"街市之发达，异常迅猛"①，石家庄村落的建筑与铁路枢纽区就连成了一片。新区所占土地范围大多都属原石家庄村所辖，从当时的地域管辖界限来看，石家庄村"其土地四至不逾四里，壤地甚狭，过雷池一步，即隶他区"。②而位于铁路道岔东侧的煤店与电报局等建筑，在地理位置上已经超越了石家庄自然村的管辖范围，新兴城镇空间的实际范围已经突破了一个自然村的界限门槛。

从石家庄第一期空间拓展的总体看，主要集中在京汉铁路以西区域，拓展的新区位于石家庄村东南，铁路以东地区只有很少量的建筑。据当时记者报道，清末民初，石家庄"桥东铁道之外，几无居人，间有草创者，亦不过寥寥数椽土屋而已"。③新建区的形成特征是沿铁路枢纽南北向主轴发展，"东西狭而南北长"，新建"面积约一方里有奇"。④加上与枢纽区已经连接上的原石家庄村建成区，石家庄日后的发展直接受到了铁路枢纽的拉动和制约。1911年的石家庄整个建成面积大约为1.5平方公里。

二、第二期向铁路枢纽东西两侧的拓展

从1912年民国成立到1925年北洋政府批准石门自治市制，实现了由乡村向城镇的转变，是石家庄农村城市化初兴阶段，是城市空间新建拓展的第二个时期。第二期空间拓展以铁路枢纽区为中心，向东西两个方向逐步拓展，拓展方式是自然蔓延。整个新建城区发展的特征，以京汉铁路为界，被长条形的铁路枢纽区划分成了桥东、桥西两个部分。

在近代石家庄空间的第二期拓展中，铁路枢纽区以东的地区，"建筑亦逐

---

① 《石家庄之经济状况》，《中外经济周刊》，第181号，1926年9月25日，第19页。
② 河北省档案馆藏，《详为遵饬复议石家庄毋庸设置县佐由》，《巡按使道尹饬令筹议县佐卷》（1914年），656-1-336。
③ 刘哲民，《石门二十年来之回顾》（一），《大公报》，1932年5月3日，第5版。
④ 《石家庄之经济状况》，《中外经济周刊》，第181号，1926年9月25日，第19页。

渐发达。"桥东新拓展地区的"街道较宽,其住户不少,为煤斤实销之所在,为直东客商之所聚"。① 在这一阶段桥东还出现了规模不等的工厂和手工工场,其中,有1918年建立的永聚公铁工厂、1919年建立的石家庄电灯公司、1920年建立的立元轧花机厂、1920年建立的裕庆火磨公司(面粉加工厂)、1922年建成投产的大兴纱厂、1924年建立的和庆德工厂、育德铁工厂。此外,还先后建立了万华胰皂公司、兴华棉业公司、平和轧棉公司,以及玉兴、广吉恒、德聚成、恒盛等企业。其中,工厂占用土地面积以大兴纱厂为最。1921年秋,该厂在石家庄与休门村之间,"购得地皮一百余亩,作为修建厂房仓库的基地,另在基地周围按当地'永租权'租得一百余亩"。以避免他人在附近建厂竞争。② 铁路枢纽区本身也得到进一步扩充,沿平汉铁路东侧枢纽区域进一步加宽,其中一个重大标志是,1923年平汉路的机车厂由正定迁至石家庄。新建机车厂区面积达到500亩,③ 厂房及地面布置比较完善,机车厂房面积2000多平方米,设3股道,可停机车15辆,其调车盘的直径23米,是京汉铁路各机车厂中最大的一个。④ 这一时期,桥东区基本形成了煤市街、公兴存街、电报局街、纱厂街(大兴街)、大经路、北休门道、栗村道等基本格局。随着铁路以东的地面建筑发展,新建区域已经大面积地突破原石家庄村的边界,桥东休门道的各家煤店,"所占休门地基,至马路二三里,中有京汉铁路,界若鸿沟,绝非石庄范围所能及"。⑤ 其新建成区的东端分别与休门村、栗村连成一片,南端与元村、彭村连成一片。尤其是在桥东开设的众多煤店,"与彭村道、元村道、姚家栗村道、任家栗村道、石家庄道煤商住居毗连"。⑥

---

① 王骧,《开展石家庄商埠计划书》,《河北工商月报》,第1卷第3期,1929年1月15日,第28页。
② 黄师让,《裕大华企业四十年》,《文史资料选辑》,第44辑,文史资料出版社,1980年,第11页。
③《河北省建设厅调查员报告》(七),《大公报》,1928年10月1日,第8版。
④ 平汉铁路管理委员会编印,《平汉年鉴》,1932年,第565页。
⑤ 河北省档案馆藏,《休门道46家煤商具禀》(1915年12月),《石家庄商会警区呈请建筑马路案卷》,656-1-320。
⑥ 河北省档案馆藏,《石庄商会为呈请事》(1916年3月),《石家庄商会警区呈请建筑马路案卷》,656-1-320。

在第二期拓展中，铁路以西地区主要扩展的空间在原石家庄村南部空地。除出现了福音堂和众多的商店、手工工场之外，桥西区的转运业部门比较集中，道路发展极快，而且道路质量也远远超过其他区域，"桥西较繁荣之地方，均有马路，系用石条铺成，盖本处运煤重载大车最多，石子马路不耐碾压。"① 逐步形成了大桥街、南大街、西南街、木厂街、大同街、升平街、同乐街等。到1915年，在石家庄村居住区范围内，"除警察分所占有庙基，其余已无隙地"。② 1919年从大桥街和南大街开始，由沿街各家商户集资，将街道用条块石铺成坚硬路面。此后如法炮制，又将升平街、同乐街、木厂街、大同街铺成石块路面。井陉矿务局于1916年在石家庄车站西南侧修建了炼焦厂，该厂占地80亩，1925年正式建成投产。这一时期，铁路枢纽区的空间也在逐步扩张。首先，特别是南道岔区扩张速度极快。原因在于两个方面：其一是更多的转运企业加入，其二是原有转运企业旧有场地"不敷转运"需要，纷纷在道岔区周边购地和租地。1917年保晋公司"在井矿局之西南，租定新地一百亩"，"正丰、广懋、元和诸公司，亦纷纷而起，就近租地，共租地二百余亩"。③ 很快造成了"铁路范围以内，盖已争占无隙地"的局面④，南道岔区形成的大致范围界于"南马路以北，旧铁路地洞以南，炼焦厂以东，平汉路以西"。⑤ 其次，正太路总局办公区不断扩建。该局办公用房最初是光绪三十四年（1908）建成的，之后陆续又添盖了暖气房、晒图室，1921年在南屋基础上又加盖了楼房，使总局办公场所及所属建筑面积达到了2000平方米。再次，1922年正太路局开辟建设了"材料总厂"，占地面积达3377平方米。复次，石家庄客运车站

---

① 《石家庄之经济状况》，《中外经济周刊》，第181号，1926年9月25日，第19页。
② 河北省档案馆藏，《获鹿县石家庄设立县佐预算表》（1915年），《巡按使道尹饬令筹议县佐卷》，656-1-366。
③ 王骧，《开展石家庄商埠计划书》，《河北工商月报》，第1卷第3期，1929年1月15日，第25页。
④ 王骧，《开展石家庄商埠计划书》，《河北工商月报》，第1卷第3期，1929年1月15日，第22页。
⑤ 杨俊科，《石家庄早期的转运业》，《石家庄文史资料》，第5辑，政协石家庄市文史委员会，1986年，第92页。

进一步扩建，1919年京汉线石家庄车站站台扩建，修建了3座砂石结构站台；第一、二站台修风雨棚1座，总面积达到1454平方米。1923年正太线车站建设了100立方米水柜；1924年正太线车站加筑新式旅客候车室1间。1913年在正太铁路石家庄车站北端，修建了吴公祠和墓园，成为石家庄当时"独一之名胜"。①

从1912年到1925年城市空间拓展的第二时期，石家庄新建区域有了长足发展，石家庄村东南已经形成比较密集的工商业区。石家庄已经超越了"留营社"管辖范围（获鹿县境内分为五路、十八社、一百九十八个村庄，石家庄村原属获鹿县正东路留营社），新兴城市空间范围突破"留营社"界限门槛，与"振头社"的休门村、西北栗村、东北栗村合并。1925年"全市面积东西约八九里，南北约六七里，中央为京汉正太两路所用之地带"②，城市空间发展面貌一新。正如1925年准备在石家庄开设电话业务的商家所说，"石家庄近时中外商业林立，堪为我国繁盛商埠，各机关、各军队较前加增，而地方屡经中外人士修盖房舍，新添街道宽广数十里之遥"。③因此，发展到石家庄村、休门村、栗村合并"实行市自治制"之时，拓展第一期形成的"东西狭而南北长"的特点已经得到根本的改变，当时全市城市空间的总体面积达到了11660亩，约合7.78平方公里。④

三、第三期由市中心向四周蔓延的拓展

从1925年石门自治市成立，到1937年石家庄沦陷之前，是石家庄城市空间新建拓展的第三个时期。在此阶段，石家庄城市人口增加了一倍，空间拓

---

① 石门日报社编印，《石门指南》第一编《地理》，1934年，第26页。
② 《石家庄之经济状况》，《中外经济周刊》，第181号，1926年9月25日，第19页。
③ 河北省档案馆藏，《实业厅令饬商人徐定欧呈请在石家庄设立电话案卷》（1925年），656-2-548。
④ 河北省公署秘书处编印，《民政·设市经过》（1940年），《河北省公署二周年施政纪要》，第19页。

展仍是延续了以铁路枢纽区为中心向四周蔓延的发展态势。在这个阶段，石家庄城市空间的发展主要体现在如下建设进展中：

由于石家庄铁路枢纽区南端的南道岔跨线交通状况得到了一定改善，推进了市区南部的发展，又在铁路枢纽北端新建了北道岔区。由于铁路枢纽呈丁字形相接，缺乏东向出线的铁路，导致了铁路对东部广大腹地经济联系的弱化，因此利用公路向东部各县的货物转运力度越来越大。为了适应这种运输互补趋势，满足陆路运输的方便，1928年新建了石家庄铁路枢纽的北道岔。大大方便了石家庄东北部各县的陆路运输，改变了此前必须绕道至南道岔的局面。北道岔附近的大量货栈不断增加，促使了新建街区向北部推进，使整个市区面积沿着铁路线继续向北得以延伸。"每日自东北各县来此运货运煤之车，络绎不绝，向之荒凉者，已骤增繁盛。而石埠以西之大郭村站顿见衰落，此因北道岔未建设以前，东北各县皆到大郭村站装运货物，即由滹沱河运往他处者，亦到大郭村装货，滹沱河到大郭村站二十里，距石庄也二十里，而距离新建之北道岔，则仅十数里，较去大郭村道途，既近亦平坦也。"① 铁路枢纽中部客运车站的基础设施也进一步得到了改善，正太铁路车站月台原为灰渣铺成，年久失修，1933年从法国人手中接收管理权后，改建为石墁月台，车站的上空出现了电线杆，车站用电开始使用地方电源。

这个阶段桥西的最大变化，是南花园地区得到迅速开发。南道岔区和炼焦厂以西，木厂街以南，即南花园地区。在20世纪30年代以前，这里还是"一片荒郊，本是农田"②，其间有坟地、粪场和破窑坑。据1927年制订《开展石家庄商埠计划书》的作者王骧记载，当时在道岔区准备扩建的正太支线，"而西端均属平野"。依照他的规划设计，希望在这片空旷之地，"开一南北向之大马路，大马路至西，径开东西向之一马路、二马路，以至十马路"。③ 实际上，1930年在木厂街南面形成了东西向的花园街，成为当时石家庄建成区的

---

① 《石家庄煤炭运输增便》，《矿业周报》，第39期，1929年3月21日。
② 刘哲民，《石门二十年来之回顾》（二），《大公报》，1932年5月4日，第5版。
③ 王骧，《开展石家庄商埠计划书》，《河北工商月报》，第1卷第3期，1929年1月15日，第27页。

最南端边缘。由于这一时期石家庄人口迅速增多，流动人口对繁华的火车站以及大桥街商店构成巨大压力，使车站前商业区人流拥挤不堪，交易秩序极为混乱。出于维护火车站正常秩序和大桥街诸多商户交易安全的考虑，当局便将大量商户分散到花园街附近做生意。房产商李汉卿看到了此间蕴藏的巨大商机，通过石门镇公所镇长殷子谦，与石家庄村的殷恒庆、于吉红等土地所有者，分别签订了租期60年的土地使用合同，从而使这一地区得以迅速开发。不到两年时间，向南便建成了花园东街和花园西街，"铺面房数百间，长约一里有余，并有空场搭设席棚，设魔术场、玩耍场、马戏场、戏院、茶社，人山人海，率多中下级之人往游，附近同义街亦新增建筑房舍数百间，一旦则此间之繁盛，更不可思议矣"。① 所以，南花园一带成为继大桥街之后，石家庄最繁华的商业区之一，被新闻界誉为"石家庄的北京天桥"。

在此阶段，石家庄市内空间的地面和地下建设质量得到提升。桥东区的鑫花街、煤市街、正东街、阜康路西端，在1927年前后，由沿街诸商户集资铺建了石块路面。1931年秋，由电报局街的沿街民众发起集资铺石工程，由石门市建设委员会组织施工，该工程于当年10月竣工，并立碑为记。据碑文记载，建设委员会补助该工程2000元，"但款仍不敷，幸赖热心诸君子解囊捐助，始得告成"。② 1934年石门建委会"拟将全市土马路一律改建成为石路，以利交通，特先由桥东北后街（栗村）及休门道等处开始改建"。③

在石家庄新建区域第三期拓展中，出现一块名副其实的"飞地"，即1928年山西阎锡山在石家庄西北部大郭村修建了简易飞机场。

从1925年到1937年，在石家庄空间的第三期拓展中，铁路枢纽区和市内新建区域继续得到充实改造，以车站为中心继续向四周蔓延。30年代的石家庄，"全市南北绵亘几十余里，东西约八九里"。④ 这时石家庄城市空间的

---

① 王骥，《开展石家庄商埠计划书》，《河北工商月报》，第1卷第3期，1929年1月15日，第27页。
② 石家庄市城建档案馆藏，《石家庄电报局街碑文拓件》（1931年10月），J-4-27。
③ 《石门建委会新计划拟将全市改修石路》，《益世报》，1934年3月2日，第8版。
④ 刘哲民，《石门二十年来之回顾》（一），《大公报》，1932年5月3日，第5版。

实际范围已经突破了获鹿县"正东路"的界限门槛,将"东南路"的元村等连接为一体了。这个时期石家庄工商业进入了快速发展期,完全具备了小城市的规模,从而实现了由小城镇向小城市的转变,全市面积约为 11 平方公里。① 但是,市区内的石家庄村、休门村、栗村仍然拥有部分从事农业生产的耕地。

四、第四期奠定中等城市雏形的拓展

从 1937 年石家庄沦陷到 1949 年中华人民共和国成立前,是该市空间新建拓展的第四个时期,也是石家庄城市化脱离正常良性轨道畸形发展、停滞、衰退、恢复的时期。在此拓展期里,城市随着军事行政地位的提高,行政辖区得到扩大,市域建成区面积得到扩充,铁路枢纽功能得到加强,基础设施建设得到提速,城市基础干道初具规模,基本实现了由小城市向中等城市的转变,所以说,这是石家庄城市空间结构发生巨大变化的一个阶段。在这个阶段,石家庄城市空间的发展主要体现在如下建设进展中:

1939 年 10 月 7 日伪中央临时行政委员会正式批准设石门市之后,1939 年 11 月 24 日河北省公署市政研究委员会举行第二次会议,讨论了"正定县呈石门市拟将该县滹沱河以南平汉路两旁二十七村划归市区管辖是否可行提请公决案",为城市行政区扩大做了前期准备。② 1941 年 3 月 8 日,经伪河北省行政公署批准,石家庄城区得到大规模扩张,两年内共吸纳 65 个村庄并入城区。此时的市域范围共分为六个区:一区即原市区桥西部分,包含石家庄村在内;二区即原市区桥东部分,包括休门、东北栗村、西北栗村;三区包括:义堂、柳辛庄、东古城、西古城、桃园、小沿村、庄窠村、柳董庄、陈章村、吴

---

① 石家庄市规划局编,《石家庄市规划志》,新华出版社,1994 年,第 1 页。
② 河北省档案馆藏,《一九三九年河北省公署市政研究委员会第二次会议记录》(1939 年),654-1-26。

家庄、八家庄、花园；四区包括：市庄、柏林庄、赵陵铺、岳村、党家庄、表庄、东三庄、西三庄、高柱、北焦、东焦、西焦、袁家营、东庄、马家庄、小安舍、大安舍、大马村、大郭村、留营、东简良、南简良、东钟家庄；五区包括：振头、西王村、城角庄、南郭村、西里村、东里村、西三教、塔谈村、五里庄、杨家庄、王村、西岗头、瓮村、小谈村、大谈村、北杜村；六区包括：槐底、东王村、塔冢、孙村、东三教、彭村、元村、东岗头、孔家庄、尖岭、方北、北宋、范谈村、范村。① 本次划分市界，在行政地理上已经超越了获鹿县管辖范围，最终将获鹿县属52个村庄划归石门市，将正定县所属滹沱河以南沿平汉路两旁13个村庄划归石门市。② 石家庄城市空间的实际范围第一次突破获鹿县域的界限门槛，使全市行政管辖范围迅速达到121.8平方公里。

　　石家庄伴随着军事行政地位的上升和城市功能的扩充，当局提升铁路交通枢纽运量的欲望和需要也随之加大，铁路枢纽区在此时期得到了重大改造。从1938年到1939年，调整了石太路的出线，把窄轨的铁路改成了标准轨铁路。将原来的正太铁路改名为石太铁路。1940年6月开工兴修石德铁路，改变了石德铁路的预定线路，石德铁路出市线路占用任栗村、姚栗村、八家庄、吴家庄、花园、小沿村、义堂等村236户个人耕地220.282亩。③ 同年11月中旬全部竣工。将平汉、石太两个石家庄车站合并为一个站，1940年车站房屋面积达到484平方米。石家庄铁路枢纽完成了由丁字形枢纽向十字形枢纽的转变，真正实现了"四通八达"。

　　日本占领石家庄后，基于"石门为大东亚战争之后方基地，关系华北建设，尤为重要"的战略考虑④，制订了《石家庄都市计划大纲》，并且加大了城市道路、电力、上下水等基础设施的建设，逐步将石家庄打造成了一座军事堡

---

① 张鹤魂，《石门新指南》，石门新报社，1942年，第4～6页。
② 河北省档案馆藏，《河北省公署视察石门市民政事项表》（1942年10月），《本署视察石门、井陉、获鹿、藁城、冀县、灵寿、赵县、正定、新城、晋县等县民政事项表》，654-1-151。
③ 石门市公署建设科，《石德铁路占用地分户发价清册》，石家庄市城建档案馆藏，1942年。
④ 河北省档案馆藏，《本署视察石门、井陉、获鹿、藁城、冀县、灵寿、赵县、正定、新城、晋县等县民政事项表》（1943年），654-1-151。

垒城市。从 1938 年开始，先后开辟修建了协和路（胜利路）、新民路（解放路）、和平路（平安大街）、朝阳路（中山路）、新兴路（新华路）、保晋街（自强路）、日华大街（中华大街）、维新路（维明路）、花园街（康乐街）、中央路（华西路）、平安路（新开路）、惠民路（青年街）、聚乐街（革新街）等街道；还翻修和加宽了大同街、南小街、朝阳路、新兴路、道岔街、大桥街、至善街、亲善街等。"石门自设市以来，对于道路之建设不遗余力，如开辟新市街整理旧市街及建筑公路等，逐步推行其已开辟整理者自不待言，而未经整理者仍复不少，惟本署限于财力，仅择重要者分别整理之。"① 由于这一时期道路改扩建的力度较大，"木厂街开十二丈宽，两边盖洋房，中间十二丈，石头铺路面，臭油灌上"，拓宽道路工程需要拆迁部分路旁的住户，"到了六月间，市民往回搬，房屋成马路，楼房排两边"。②

1938 年在休门村东南兴建了占地数百亩的"赛马场"。1939 年在火车站西侧修建了兴亚公园，在花园街北端，修建了西花园，占地 55 亩。1939 年在朝阳路南侧修建了体育场，占地 28000 平方米。1940 年设立石门上水道办事处，建设了自来水厂和各种输送水的管道，1941 年建成并开始售水。此时开辟建设了"新市区"（相当于今中华大街以西至维明街）。在朝阳路（中山路）西部，修建了日本忠魂神社。在市区安装和修复了部分机关所在地街道上的路灯，1942 年"已有路灯 677 盏，然欲达全市之光明为数尚遥远"。③ 为了保障市区雨季的防洪安全，"石门当局除于三十年春完成石宁堤外，并与关系方面联络，计划开凿石津运河"。④ 20 世纪 40 年代初，奠定了近代石家庄城市区域的基本格局。

1937 年至 1949 年，在石家庄展开的军事斗争连绵不断。由于日军占领期间，将石门作为侵略中国的华北兵站基地，大批军队驻屯于石家庄。市内修建

---

① 石家庄市城建档案馆藏，《石门市公署建设科三十一年度工作计划书》（1942 年），D-3-7。
② 曹桂梅，《回忆石家庄》，渝华印书馆，1950 年，第 4 页。
③ 石家庄市城建档案馆藏，《石门市公署建设科三十一年度工作计划书》（1942 年），D-3-7。
④ 张鹤魂，《石门新指南》，石门新报社，1942 年，第 7 页。

了西兵营、西南兵营、南兵营、北兵营、东兵营、新东兵营、军用炼瓦场。根据石门市公署建设科1941年的实地测量得知，"北兵营占用地622947.34平方米，南兵营占用地152904平方米，军用炼瓦场123018.6平方米"。①市外挖了封锁沟，扩建了大郭村军用飞机场。由于市内市外军营密布，堡垒林立，石家庄军事城市特征凸显。这个阶段军事城市功能的日益突出，军事设施地位的扩大，严重挤压了城市民族工商业的发展空间，这种畸形发展使石家庄农村城市化滑出了城市正常生长的良性轨道。

日本投降后，国民党占领石家庄，在日军修建的防御工事基础上，继续修建了外市防护沟和内市防护沟，外市沟周长30公里，内市沟周长8公里，两沟中间修筑了环沟铁路。虽然市政府也设有建设科，但主要精力放在军事城市建设上，"哪里还顾及市政建设，更谈不上城市规划了"，"在国民党统治石市的一年半时间里，根本没修一条马路，没修一条下水道，没铺设一条自来水管，没建一座桥梁，没建一幢公共建筑"。②而且两道城市防护沟，犹如两道地下城墙，牢牢地束缚了城市空间向外拓展，加大了城市人口的密度，造成近代石家庄城市化后期的城区过于狭窄拥挤的局面。

五、余论

通过20世纪上半叶石家庄城市空间的四期拓展，可以看出由于缺乏城市总体发展规划，开发建设的实际区域与行政辖区始终未能保持一致，石家庄城市空间发展与城市人口发展一样，同样存在一些类似的制约因素。石家庄作为后起的新兴城市，人口基础起点比较低，年均人口增长率明显高于一些大城市，从而使得尚未完成市民化的农民在城市人口中占据的比例较大，明显存在

---

① 石家庄市城建档案馆藏，《石门市公署建设科三十一年度工作计划书》（1942年），D-3-7。
② 黄岚，《回忆解放前夕的国民党石门市政府》，《石家庄文史资料》，第3辑，政协石家庄市文史委员会，1985年，第155页。

着市域的人口二元化特征。石家庄作为农村城市化典型，既不像传统城市那样做过封建统治时期的行政中心，也不像开埠通商城市那样做过西方殖民者的租界和投资场所，城市建成区面积是从零开始。首先由铁路枢纽区的基础建设作为城市空间发展的开端，作为城市兴起胚基的石家庄村仅有 0.5 平方公里，城市空间发展完全以铁路枢纽区为中心，向四周自然蔓延拓展，半个世纪的城市化使行政市域扩展到了 121.8 平方公里，但是，同城市人口结构一样，也形成了市域内实际空间的二元结构。这不仅使各个局部地区的土地利用、公共设施、城市基础设施的配置极不平均，也导致了市域内人口分布疏密不一，核心区高度密集，以 1947 年石家庄市区面积人口密度统计为例（见表 1-6）。

表 1-6　1947 年石家庄市区面积人口及密度统计表（人／平方公里）[①]

项目	一区	二区	三区	四区	五区	六区	总计
人口数	75398	38138	21772	31262	28120	22637	217327
面积	9.10	6.03	17.82	37.66	31.36	19.83	121.80
密度	8285.49	6324.71	1221.77	830.11	896.68	1141.55	1784.21

总之，近代石家庄城市空间的迅速拓展，大大加快了城市化的步伐，使石家庄空间连续迈过四道界线门槛，跨上了三个台阶，由小村庄发展成为小城镇，由小城镇发展为小城市，由小城市发展为中等城市。近代石家庄城市规模、城市布局、城市交通、城区形体等方面所带有的明显缺陷，都与其特殊的城市化类型和城市化经历密切相关。这充分说明石家庄的城市空间拓展与其他新兴城市相比，的确堪称同门异户，与传统城市和沿海通商大城市空间拓展更是迥然不同。

[①] 河北省档案馆藏，《为检同本市面积及人口数字区域图说等项暨本市改称一案电请鉴核由》（1947 年），615-2-1190。

近代石家庄城市空间结构特征

城市是人类社会经济活动在空间的投影,无论城市规模大小,都存在着各种不同的功能,形成城市功能分区和相应的地域结构。随着石家庄城市用地的迅猛扩大,空间结构也开始出现复杂变动趋向。那么,近代石家庄城市空间结构到底出现了哪些显著的变化?石家庄城市空间结构主要的特征是什么?产生了哪些影响?由于缺乏大量城建统计数据,要对近代石家庄空间结构变迁做出精准分析,并非易事。以下仅根据目前掌握的部分资料,参照城市地理学的一些基本方法,对上述提及的石家庄城市空间结构变迁的主要特征和影响,略做大致勾勒与透视。

一、市区自发拓展,地域结构混杂

毫无疑问,是石家庄工商业的发展直接推动了其城市空间规模的扩大,工商企业设厂开店的生产经营活动扩大了城市用地,城市人口增加和生活用地扩大,使城市空间规模在不知不觉之中蔓延拓展。德国著名地理学家克里斯塔勒曾提出过这样的问题:我们需要探索为什么城市有大有小?我们相信,城市一定有什么安排它的原则在支配着,仅仅是我们仍然不知道而已。那么,石家庄城市的空间拓展受到了什么原则支配?由此导致的石家庄城市空间结构存在着哪些主要问题?

石家庄城市空间发展结果,首先根源于其城市职能长期单一化,综合职能未能得到及时提升,这种城市职能单一所形成的空间规模、空间组合、空间

---

* 原文发表于《城市史研究》总25期,天津社会科学院出版社,2009年。

质量带有很大的自发性。在当时社会背景下，城市空间发展产生的自发性，与石家庄城市区位优势迅速提升和城市行政中心地位迟迟未得确认有直接关系。在20世纪30年代末期全面抗战爆发以前，石家庄除了20年代中期出现过短暂的市政公所外，并没有获得政府批准的设市建制，既不能成市，又不能并县，地位处于获鹿县管辖之下。石家庄"自治阙如，凡百事业效率未著"[①]，也没有城市规划，缺乏对城市体型和空间环境做整体构思和安排，所以导致市场风云中起伏不定的分散的经济势力肆意扩张。任凭城市经济和社会发展、土地利用、空间布局以及各项建设综合部署的缺失，注定会造成石家庄市域空间结构的不平衡和不合理。抗日战争后，石家庄军事职能被极度强化，军事城市的色彩使其畸形发展，驶出了城市化的正常轨道，虽然城市地位迅速提升，但由一座无城垣工商业城市变成了一座拥有地下城墙的军营城市，一跃成为华北六大都市之一。因此，半个世纪以来伴随着石家庄城市空间拓展的是任性和压抑，缺乏的是理性和规划。

石家庄城市空间拓展的自发性，表现在以时间先后的自然顺序发展，欠缺了预先的空间布局。由于石家庄城市完全是因铁路枢纽而兴起，城区的发展自然也是以铁路枢纽为中心，逐步向四周外延拓展。"此处原为获邑之一小村，旋经京汉正太二干线于此接轨后，遂变为商贾集中之地矣。"[②]工商企业选址皆以车站为核心，把铁路枢纽包在中间。在紧靠铁路枢纽区客运出口的大石桥西边，自然而然地形成了石家庄最繁华的大桥街商业区。决定和影响大型工业企业首要区位因素的是运输，工业原料和产品的运输主要也是依赖铁路，石家庄近代大工业企业炼焦厂、大兴纱厂都选择了紧靠铁路枢纽区南道岔货物转运站两边地带设厂。各类大中小企业在紧靠铁路枢纽区设厂开店的同时，无形之中也就导致了石家庄空间区划的无序状态。一些商贩甚至在车站附近乱搭乱建，例如，"中山路东首车站售票处西侧空地，系晋冀铁路局产权。去春商民相继自行搭设席棚居住营业，四月间先后改为现状之砖土房，其临公理街，建筑物

---

① 陈佩，《石门市事情》，新民会中央总会，1940年，第3页。
② 陈佩，《石门市事情》，新民会中央总会，1940年，第1页。

率多出入不齐,亦无房基线之划定,该处邻近车站,对于都市计划与建设发展关系较重"。①众多建筑和人群向车站的集中,加剧了枢纽区空间的狭窄拥挤、混乱交错局面。有识之士曾指出,"夫石庄岔道,既如上述之狭小,而其旧街市,更系随意建筑。若不制定地方,划定马路,则再过数年,更难改良。徒使金钱掷于虚牝,房屋置于废地耳,诚大可叹惜者也"。②有的学者则认为,石家庄不同行业的分别发展,形成了桥西商业区、桥东工业区。③这种说法是否属实呢?如果认真分析当时的空间分布状况,便知它有失偏颇。首先,区位结构在城市空间的分布皆出自特定的规划,石家庄的基本经济结构在抗战前已经形成,尔后基本没有改变,此前当局根本没有出台过任何工商分区发展的城市规划。"其街市区划,完全听其自然发展,殊无整齐划一之规。"④其次,决定和影响大型工业企业首要区位因素的既然是运输,由于正太线是尽头站,而铁路枢纽区南道岔货物转运站处在京汉线以西,从便于铁路运输因素考虑出发,桥西可能更适合作为工业区。石家庄仅有的三个大型近代工业企业,有两个在桥西。石家庄炼焦厂设在铁路西侧的南道岔货物转运站,获取了得天独厚的优势,而大兴纱厂选址在京汉铁路以东,"其地点为有逊色矣,因其只有京汉岔道,而不能通正太也"。⑤所以,日后为此付出了一定的代价。⑥其实,石家庄的近代工业用地不大,主要原因是企业数量极少。众多商业企业和中小型手工工场广泛地分布在桥西和桥东的各个角落,只是分布在桥西的商店数量略多一些,位于桥东的手工工场数量略多一些,而且桥东也是工商混合并存,业态分布界限不清。相对而言,只是桥东的小手工工场集中在大兴街、电报局街、姚

---

① 石家庄市城建档案馆藏,《王廷铮关于违章建筑执照问题呈请尹市长》(1946年1月),D-4-1-1。
② 王骧,《开展石家庄商埠计划书》,《河北工商月报》,第1卷第3期,1929年1月,第24页。
③ 江沛、熊亚平,《铁路与石家庄的崛起1905~1937》,《近代史研究》,2005年第3期。
④ 《石家庄之经济状况》,《中外经济周刊》,第181号,1926年9月,第20页。
⑤ 王骧,《开展石家庄商埠计划书》,《河北工商月报》,第1卷第3期,1929年1月,第27页。
⑥ 杨俊科、梁勇,《大兴纱厂史稿》,中国展望出版社,1990年,第9页。

栗村一带，桥东的商店集中在民生街、电报局街、中正路东花园街、正义街、大经路、正东街一带。① 当时的工商企业一并被称为商号或商户，从数量看，桥西商号更多一些，据《石门指南》记载，20 世纪 30 年代桥西的商户有 1553 户，桥东商户只有 696 户。一些所谓的工厂商号，其实多是前店后厂的产销合一形式，而且又是厂店员工的居住场所。原石家庄村、休门村、栗村是土著较为集中的居住地，新拓展的市区则成为外来移民居住和手工工场以及商贸交易的混合区。

从石家庄城市区域总体发展看，民居、商店、工厂区域都是以车站枢纽区为中心，向四周自发蔓延，犬牙交错，杂乱无章，并不存在严格意义的工业区、商业区、居住区的划分，石家庄空间拓展的区域特点就是一种混合性。正如 1949 年《石家庄城市计划草案》对旧市区存在缺陷所做的概括，"因为本市过去没有区划制度，所以商业、工业、居住并无分清区域……造成工商杂处，居住混乱，影响生产及经营上之效能，影响居住市民之健康生活"。② 石家庄区划不清对城市基础设施产生的影响主要有两点：城市绿地缺乏，市内只有两个很小的公园，面积不足 200 亩；城市卫生设施极为简陋，比较突出的是城市下水道不完备不系统，极大地影响到城市景观和城市卫生，对广大市民身体健康非常不利。

二、草创城区规划，空间分工失缺

城市规划应该是城市经济社会发展的先导，城市规划是城市空间拓展结构的灵魂，石家庄并非没有制订过建设规划，自 20 世纪 20 年代末以后曾先后

---

① 石家庄市档案馆藏，《石家庄市第二区区政府工作报告：二区一般情况》（1947 年 12 月 31 日），第 78 页，1-1-8。
② 石家庄市城建档案馆藏，石家庄市建设局，《石家庄市城市计划草案》（1949 年 7 月 1 日），第 12 页。

出台4份截然不同的城市规划方案。

1927年王骧的《开展石家庄商埠计划书》是最早的规划。王骧曾在保晋公司任职，后为井陉矿务局局长。由于各家矿场和转运公司围绕石家庄铁路枢纽货运道岔的纠纷冲突接连不断，新成立的道岔联合会负责人多次上门与之筹议改造办法。于是针对道岔扩建改造问题，王骧在深入调查走访的基础上，"博采众议，许加讨究"，拟订了一份具体"计划"。考虑到石家庄城市规划事关重大，"此不但直晋两省所宜注重，实亦服膺建国方略者所不可忽也，凡我同人，盍群起而图之"，故"一得之愚，不敢自私，用贡诸社会，以备采择"。[①]于是，1927年先由范华印刷厂印刷出版，后于1929年1月转载于《河北工商月报》的第1卷第3期。《开展石家庄商埠计划书》以规划石家庄枢纽货运道岔为重点，但又不拘泥于道岔的改造，对石家庄城市发展问题进行了一系列颇有见地的论述。该规划书涉及内容有：石家庄沿革、石家庄的地位、石家庄的设置与障碍、石家庄新道岔联合会组织、新道岔的不足和拟开展的计划、石家庄市街计划、京汉道东西应有隧道、石家庄可成水旱码头的叙述和将来的发展等九个部分。诚如计划书中所说，城市规划"则须有官厅之主持，有地方之辅助，方能成功"[②]，由于时值兵荒马乱，石家庄城市地位迟迟没有得到确认，《计划书》也没有得到当局的正式确认，故未能实施。从严格意义上说，该计划书是一个侧重城市布局的规划，其中的重要见解对石家庄城市发展产生了深远影响。

1939年10月，在伪石门市公署和日本当局以及日本专家主持下，由建设总署北京工程局协助制定了《石家庄都市计划大纲》。日本侵略者极为重视石家庄交通枢纽和军事要塞的战略地位，拟将石家庄建设成为华北六大都市之一。该计划大纲的范围以石家庄车站为中心，向东10公里，向西14公里，向

[①] 王骧，《开展石家庄商埠计划书》，《河北工商月报》，第1卷第3期，1929年1月，第20页。

[②] 王骧，《开展石家庄商埠计划书》，《河北工商月报》，第1卷第3期，1929年1月，第30页。

北 7 公里，向南发展未定；规划城市街区建设面积 38 平方公里、人口规模 50 万。规划发展主要方向在桥西，工业区设在市区东北部，行政区设在市区西南部；空间区划上提出了禁建区和保留空地，隔离了住宅区和工业区，划定生活居住用地。① 由于规划体现出了石家庄军事城市的特征，各种兵营、军工厂、军火库、交通等成为重点，并且很快得到实施。与之相关的公共设施也开始进行建设，到 1942 年石家庄用于道路、水利、自来水等项建设费用已经达到 760 万元，主要街道以及上下水道和石津运河等外部工程效果比较明显，基本形成了城市交通干道体系。该计划大纲实际兼顾了发展规划、布局规划、工程规划的内容，虽然工程规划的部分内容在短时内开始付诸实施，但是布局规划的改造过去形成的空间布局，则很难在短时间内奏效。作为发展规划，除了 50 万人口的发展规模外，并未有更多的实际内容，因此直到 1945 年日军战败投降，旧城格局与规划目标之间的差异依然颇大。

1946 年 4 月国民党接收石家庄，成立了石门市，市政府曾经制订了《石门市街道建设计划》。确切地说，这是一份交通工程的改造规划。当时制订该计划的背景是，"本市自光复以来，市面日趋繁荣，商民纷请开业，市民请求建筑房舍者日有所闻。故对于全市街道之建设需统筹计划，严格实行，庶可导全市入于合理发展，谨妥拟石门市街道建设计划一份"。② 尽管目前仍然未查寻到该计划原件，但从部分官员的批示得知，省政府有关部门对此规划内容极不满意。其主要意见是，规划内容过于简单，仅就已有街道拟定郊外及市区内干线各九条，也没有内容。计划图纸比例不适，不仅方位与实际情况不符。且比例过小，图例不清，无从审核。设计的内容也有许多不当之处，甚至前后自相矛盾。桥东的阜康路过于弯曲，而南大街和公理街则均长不过百米，均不够充当城市交通干线之资格。对于规划书中原本要完全否定的内容，规划书却标称"尽量维持原有道路"，总之，河北省公署部分审核官员认为，"计划书多空洞

---

① 石家庄市城建档案馆藏，《石家庄都市计划大纲》（1939 年），中日文对照本。
② 河北省档案馆藏，《石门市街道建设计划及改进市区公路交通管理办法》，《为呈送本市街道建设计划恭请鉴核示遵由》（1946 年），618-1-1104。

理论，而少实际计划","并无价值可言"。①所以，未得到批准，更没有实施。

第四次规划是在1949年7月，石家庄市人民政府建设局制定的《石家庄市城市计划草案》。由于城市建设的各种参考资料和图纸极为缺乏，制定者仅根据对石家庄的一些感性认识，提出了市区规划的粗略意见。这份草案既没有编制分区的细部工程规划和专业规划，也没有绘制任何图纸，通过对石家庄市地理与沿革介绍、发展前途的估计和计划提出了一些规划思路，如确立了生产性城市的定位，将石家庄发展工业生产、建设国防生产，作为"本计划的最高中心"；"建设市区的同时，也建设本市的农村区，发展工业的同时也直接发展本市的农业，创造一个工农兼顾相互发展的真正田园都市体形"；再如，在空间分布上，强调依托旧城、改造旧城，划分行政中心、商业、工业、混合区等功能分区，将获鹿和正定划入市区。这是近代半个世纪石家庄城市空间拓展的一个总结，它又是石家庄在1947年11月后第一个城市全面规划方案，它为中华人民共和国第一个五年计划期间的石家庄城市总体规划，做了初步准备，勾画了发展草图。②

从近代石家庄城市空间发展的结果看，以上四项规划均未能在近代时期完全充分发挥作用，有的只是得到部分实施，有的根本没有正式出台，尤其在空间分布上并没有制定出有利于城市经济社会发展的方案。这样，就比较容易理解近代石家庄空间布局不平衡的弊端了。

三、铁路切割城区，街市交通不畅

近代石家庄是典型的因路而兴城市，有人形象地比喻说，"石家庄是火车拉来的城市"。其实，进一步深入考察石家庄铁路枢纽与石家庄城市空间发展

---

① 河北省档案馆藏，《石门市街道建设计划及改进市区公路交通管理办法》，《河北省政府建设厅等部分官员对石门市所报计划的批示》(1946年)，618-1-1104。
② 石家庄市城建档案馆藏，《石家庄市城市计划草案》(1949年7月1日)；石家庄市规划局编，《石家庄市规划志》，新华出版社，1994年，第13页。

的关系，人们会发现铁路枢纽与城市空间都是以发展经济的需求为动力，两者是一种互为因果和互动共生的关系。"铁路营业赖商家以扩充，商家货物借铁路而运送，二者互为表里，关系实深。"① 城市与铁路枢纽在相互促进中得到了共同发展，实际上彼此已经融为一体，你中有我，我中有你，础润而雨，相得益彰。恰当的地理空间使铁路枢纽选择了石家庄，通达的铁路枢纽创造了石家庄城市空间拓展的前提条件，凭借着对商贸集散中心和城市发展的强大导向和拉动作用，自然而然地拓展了近代石家庄城市空间。近代石家庄在成长为区域经济中心和大宗货物集散地的过程中，也在以自身造就的源源不断的人流和物流反作用于铁路枢纽，影响和刺激着铁路枢纽的一系列配套辅助设施逐步完备，使其有效运输的配置能力逐步获得了提高。石家庄铁路枢纽区的扩展，也在彰显着新生城市成长的张力。当石家庄被作为"华北六大都市之一"，确立了 50 万人口的大都市发展目标之后②，对铁路枢纽区升级换代也提出了更新的要求，促使了铁路枢纽所在地的运量需求迅速扩增，推进了原有铁路干线的改造。然而，随着研究的逐步深入，我们还会发现当城市空间发展达到一定程度和规模时，当铁路枢纽融为城市空间结构的有机结合体时，这两者又会形成相互制约的关系。城市发展的规律就是发展到一定时期后，城市的空间布局和发展必然会受到一定限制，需要寻找新的突破。近代石家庄半个世纪城市空间发展的历史充分证明了这一点，京汉、石太、石德三条铁路穿越城区，并在市中心汇集，由一系列的相应建筑、设施等与众多的铁轨联结为整体的铁路枢纽区，构成了市区内一个巨大的相对独立空间（见图 1-1）。一方面铁路枢纽区占据市中心地位，导致了京汉铁路对市区的切割，不仅使城市发展受到严重制约，城市环境和交通也都受到不同程度的负面影响；另一方面城市密集的空间发展又将铁路枢纽区团团裹箍，使铁路"安设道岔的地区很少，装卸运输仍感不便"，③束缚了铁路枢纽的进一步发展。

---

① 平汉铁路管理委员会编印，《平汉年鉴》，1932 年，第 325 页。
② 陈佩，《石门市事情》，新民会中央总会，1940 年，第 2 页。
③ 石家庄市城建档案馆藏，《石家庄市城市计划草案》，1952 年，第 17 页。

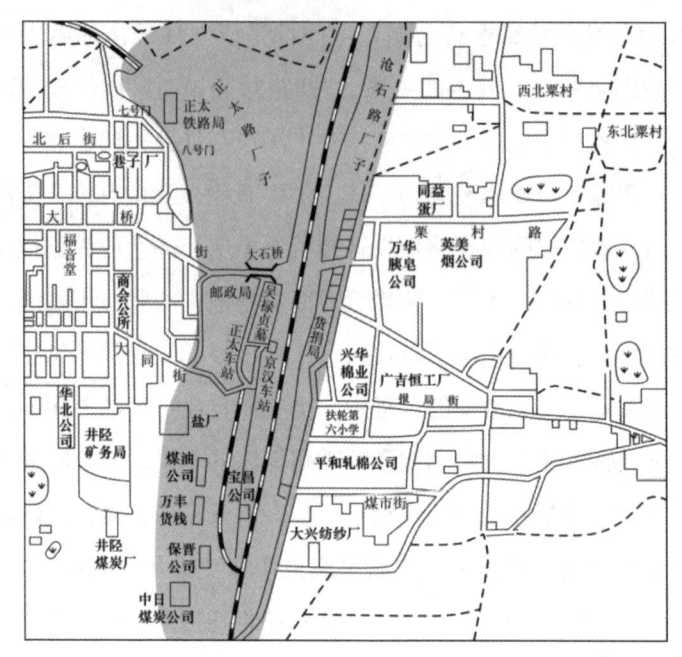

图 1-1　近代石家庄铁路枢纽区切割桥东桥西市区示意图②

近代石家庄城市空间分布的一个最大特征是，以铁路枢纽车站为中心线，京汉铁路将市区分成东西两个部分，形成较为对称且均衡发展的桥东和桥西。这两个区内东西南北所有的街道未经规划，与日益崛起的城市地位很不相称，"观其街市，则通行大道，宽不逾五六尺，且迂回曲折，不成局面，此开展计划书之所以刻不容缓也"。②经20世纪30年代末40年代初推行的加宽改造工程，市内街道交通格局定型为：东西向道路成了主路干道，南北向道路多为狭窄自然小街，经纬呈方格状，缺少交通广场和放射型的交通干道。③南北方向的街道除日华大街（中华大街）、协和路（胜利大街）之外，大都弯曲绕道，断头道路较多，且极为狭窄，几乎没有干道而言。近代石家庄桥东、桥西被京汉铁路切割，由桥东"而欲赴道西，概无通路，只有纱厂北之小桥一孔，高不

---

① 根据《1923年石家庄地图》《石门指南》《石家庄铁路分局志》等资料绘制，图中的阴影部分为铁路枢纽区。
② 王骧，《开展石家庄商埠计划书》，《河北工商月报》，第1卷第3期，1929年1月，第22页。
③ 石家庄市城建档案馆藏，《石家庄市城市计划草案》（1949年7月1日），第12页。

逾六尺，往来行人，必须绕道而出。此桥之左近，异常拥挤"。①其实，石家庄东西向跨越市内铁路的通道还有几处，分别采用了架空桥、地道桥，平交道口等三种通行方式。

第一处东西通道，是大桥街东端与正东街西端的大石桥。大石桥是石家庄第一座跨越铁路的石拱桥。京汉铁路与正太铁路的石家庄车站并排对立，东西间隔近百米，正太铁路向北出线，给休门村、栗村与石家庄村之间往来的行人带来诸多不便，"路局恐火车撞及行人，在（光绪）三十二年即有于路轨上架设桥梁之动议，因事未果"。②1907年由唐山工匠赵兰承包建造，当年秋季在石家庄火车站北侧落成。建造此桥采用了获鹿出产的大块青石为基本材料，故曰大石桥。此桥落成后，便有了桥东和桥西的称谓，但是，桥东和桥西的分区并不是以此为界，而是以京汉铁路为界。据《获鹿县志》记载，"石门以京汉路为界，分东西两段，并以横断铁路之大桥为名称。铁路道以西之地段为桥西（原石家庄在内），属于警察第一分区管辖；以铁道以东之地段为桥东（休门、栗村在内），属警察第二分区管辖"。③而大石桥位于京汉铁路以西，只跨越正太铁路以及通往停车房、机务段、浇油房、总机车厂等"场厂岔道"共计七股道，并不跨越京汉铁路。《石家庄之经济状况》一文中有明确记载，"大石桥迤东，越铁路（京汉线）而过，至休门镇"④，即大石桥东面有跨越京汉铁路的平交道口。1940年正太铁路改为标准轨后，改由车站南侧出线，大石桥的交通功能不复存在，京汉铁路的平交道口将大桥街与正东街连接。1940年在平交道口南侧，修建了一座横跨京汉铁路六股道的钢木人行天桥，长83.6米、宽4.5米、高5.7米，称作"石门陆桥"或"大木桥""天桥"。运输货物的车辆跨越京汉铁路走平交道口，行人跨越京汉铁路走天桥。此木桥一直使用到

---

① 王骧，《开展石家庄商埠计划书》，《河北工商月报》，第1卷第3期，1929年1月，第28页。
② 张鹤魂，《石门新指南》，石门新报社，1942年，第328页。
③ 获鹿县志编纂委员会编纂，《石门市概况》，获鹿县志编纂委员会增订本《获鹿县志》，育德印书店，1939年重印本，第4页。
④ 《石家庄之经济状况》，《中外经济周刊》，第181号，1926年9月，第19页。

1987年才被拆除。①

第二处东西通道，是大兴街西端与南马路东端的地道桥。在这个东西通道开通之前，交通极不方便，开通之后又增添了新的麻烦。1922年大兴纱厂开工后，深感选址京汉路东的遗憾，企业的燃料、原料、产品的运输量颇大，绕道跨越京汉铁路的不便，加大了运输成本。有鉴于此，大兴纱厂投资在大兴街西端与南马路东端，修建了穿越京汉铁路"小桥一孔"的地道桥。该地道桥宽约2.5米，"高不过六尺"②，东西往来的车辆时常发生堵塞，及时疏通交通极为困难。欲通道路反添堵塞，加上施工费问题与石家庄商会发生司法纠纷，从而废止地道桥的使用，在此改建了平交道口。

第三处东西通道，是电报局街西端与大同街东端的地道桥。在电报局街西端与大同街东端原有一个平交道口，由于过往的行人和车辆逐渐增多，特别是由转运道岔区去往石家庄东部的车辆流量极大，跨越铁路需长时间等候火车通过。"本埠市政公所曾拟掘一隧道，起自永成公门口，直通电报局街，此亦道东道西交通上之所必需也"。③1930年在电报局街西端与大同街东端，修建上下道两孔地道桥，全长11米，当地人称"地洞子"。这个地道桥的建成使过往行人再也不必绕道而行，"京汉地道为本市东西部来往孔道，于交通上极为重要"；"该地道遇雨积水，实为本市东西部交通上之最大障碍"。④所以，它便成为货车东西向交通穿越京汉铁路的最主要通道。

第四处东西通道，是北道岔平交道口。石获公路东端到北道岔终止，正定公路西南端也到北道岔终止，所以通往获鹿、正定县城的两条公路在此相交并跨越京汉铁路，这是石家庄最北边的一条东西向重要通道。

---

① 张宗超，《石家庄市城乡建设局志》，新华出版社，1995年，第136页；河北省地方志编纂委员会编，《河北省志——城乡建设志》，河北人民出版社，2002年，第139页。
② 王骧，《开展石家庄商埠计划书》，《河北工商月报》，第1卷第3期，1929年1月，第28页。
③ 王骧，《开展石家庄商埠计划书》，《河北工商月报》，第1卷第3期，1929年1月，第28页。
④ 石家庄市城建档案馆藏，《石门市公署财政局建设科整理大桥街及京汉地道排水工事计划书》，《日伪时期石门市公署建设科市政道路下水道工程》（1941年），D-4-1-1。

桥东与桥西被京汉铁路切割，桥西又被正太铁路分割，桥东也被石德铁路切割，全市被铁路不均衡地分割为明显的四大块，造成了市区交通与铁路交通之间日益突出的矛盾。由于当时财力和技术条件所限，市内道路与铁路很难实现垂直立体交叉的工程，导致市内交通道路多断头、多弯曲、丁字形道口较多，南北处处受阻，东西时时受堵，与四通八达的铁路交通形成了鲜明的反差。由于市区街道发展，"多沿自然村道建设起来的市街，表现狭隘错杂紊乱"①，导致绕行村落的交通道路格局，所以，"城中村"的存在也是造成市区交通凌乱的一个重要原因。此外，铁路还给被切割的市区空间带来了一系列影响城市环境的问题。譬如，严重的噪声、烟尘、污染、安全等。火车运行中产生的废气、废水以及丢抛的各种废弃物，还有铁轮与铁轨的撞击产生震动，列车进出车站、过道口、拐弯道等处鸣笛产生的巨大噪声，都对市区沿线环境和居民生活健康构成了不良的影响。以铁路系统内部的正太路局医院为例，该医院所在地，因"邻近路线，车行震动，异常喧嚣，如遇有必须养静之病人……则无法留院治疗"。②诸如此类的环境影响给附近居民增添了无尽的烦恼，当情绪由烦恼转化为怨恨，或情绪积蓄到一定程度，便在周围时常出现一些针对铁路列车骚扰的所谓"报复行动"，向正在运行的列车投掷石块，砸坏车灯、玻璃等事件曾频频发生。据正太路车务总稽查法国人拉可华报告，1918年4月27日由西来的客车，行至3号道牌200米处，即将进入市区，有人"向车投石，将三等客车窗上玻璃击碎一块"。③另据《京汉铁路警务第三分段办公处公函》（第十五号）记载，1923年7月13日京汉路上机车牵引客车在行驶至石家庄边缘时，"突有一人抛石块，将机车电灯罩及灯泡击碎，旋即逃避，时已入夜，无从追寻"。④从这种事件的动机分析，应该说大多是属于对铁路

---

① 石家庄市城建档案馆藏，《石家庄市城市计划草案》（1952年9月20日），第17页。
② 正太铁路管理局秘书室编，《正太铁路接收第四周年纪念特刊》（1936年），第7页。
③ 河北省档案馆藏，《正太路第一弹压局为击碎客车窗玻璃事函请传北焦乡长卷》（1918年），656-1-1026。
④ 河北省档案馆藏，《京汉铁路警务办公处函请传究谈村村正乡地惩办掷石击碎车灯等物案卷》（1923年），656-2-292。

带来诸多影响的一种发泄的举动，这类矛盾伴随着情绪积累和矛盾加深，愈演愈烈。石家庄城市空间依靠交通优势发展起来，半个世纪之后开始受到交通的制约影响，这在城市起步之初，是根本不曾想到的，而且也是难以摆脱，需要长期面对的一个城市发展的历史悖论。

纵观近代石家庄城市空间发展史，可以深切感到石家庄铁路枢纽与城市发展的空间结构有着密切联系。导致石家庄桥东与桥西切割，南北道路狭窄不畅的弊端，也实属铁路枢纽区空间结构所致。市内交通与四通八达的铁路交通形成了鲜明的反差，也日益成为突出的矛盾，对市内各区域之间人流和货流造成一定影响，道路不通畅也逐渐影响到市区社会经济的发展。这个事实又一次证明了因路而兴的城市，一味听任城市空间的自然扩展，必然的结果就是铁路切分城市空间，城市空间裹箍铁路枢纽，石家庄也不例外。所以城市发展的规律就是空间拓展到一定时期后，它的空间布局和空间拓展就要受到一定限制而不能自拔，此时就需要重新调整和规划新的空间布局，否则制约的因素会有增无减，愈演愈烈。

四、市区包围村庄，城乡二元并存

石家庄空间拓展的过程，是由一个自然村辖区扩展为69个自然村辖区的过程，是城市新建区逐步扩大并逐渐包围农村的过程。作为农村城市化的典型，石家庄独特的城市化经历，使得这个新兴城市比相同规模的其他城市更容易产生城中村，因此石家庄的城中村所保留的农村特征十分突出。

石家庄的城中村，是指20世纪上半叶随着城市空间拓展的逐步扩大，而被城市新建区域包围或半包围的那些村落。由于城市化的发展，带来石家庄村和周边村庄土地利用形式的转化，耕地转化为非农用地，且愈来愈小。个别村庄的耕地在近代以后已经完全丧失，有的村庄还保留下了部分耕地。以石家庄村为例，"石家庄素以务农为生，近自铁路占用地亩，下剩之地无几"。① 随着市区建设的拓展，石家庄村用于耕作的农田逐渐消失，到1941年全部消失。40年代初，驻石日军修建北兵营，占用了石家庄、栗村、柏林庄、东焦等村共计40户的土地，合计158302.66平方米。其中，有29户石家庄村民的土地被征用。② 由此，石家庄村的最后一部分耕田消失了，随着土地的全部丧失，村落仅以居住功能为主，成为新兴城市的一个社区。

由于石家庄城市空间拓展的自发性比较突出，市区面积拓展没有实施统一的规划，城市建成区空间扩张表现为以车站为中心的自然蔓延。周围部分村庄的土地不断被占用，村落房屋逐步被建成区形成半包围。半个世纪的石家庄农村城市化，在空间上虽然建设起了一座新兴城市，但被城市"消化"掉的村落只有一个石家庄村，周围原有村落几乎全部被保留下来。从1940年到1949年，石家庄市行政区划，由12个区改为6个区，又由6个区改为8个区。1949年市内4个区是工商区，城中村"一区二个，二区一个，三区二个，四区二个，共七个"。③ 其实，截止到1949年，在被视为地下城墙的"内市沟"范围里，有石家庄村、姚栗村、任栗村、休门、元村、彭村、东焦、袁家营、东里村等处于市区包围或半包围，或基本与市区相连。在这些村落中，只有石家庄村的农业用地全部消失，其他村落则或多或少地保留部分耕地。这些村落虽演变为居民区，却是"城市里的村庄"，被视为石家庄的特殊地带，形成新建区与城中村二元并存局面。

如果说城中村是城市发展的结果，那么，不同历史时期和不同类型的城市，造就城中村的原因有所不同，城中村形成的存在方式也有所不同。近代社会经济的发展促使了近代城市的发展，从而提供了石家庄出现和发展的大背景，石家庄城市空间拓展起点是"零"，不同于其他所有城市的空间拓展，它

---

① 河北省档案馆藏，《石庄商会为呈请事民国五年三月二十九日案》，《石家庄商会警区呈请建筑马路案卷》，656-1-320。
② 石家庄市城建档案馆藏，《北兵营平面分户图》(1941年2月)，D-4-1-1。
③ 石家庄市档案馆藏，《石家庄市工商户、农村户等基本数字统计表》，《石家庄市人口土地基础数字统计表》(1949年6月)，1-1-69。

没有任何载体依托，是从靠近石家庄村落的农田上开始建设和拓展的。城市工商业的兴起和发展为石家庄产生"城中村"形成了前提，随着城区在村落之间的空地上蔓延，建成区不断向村落边缘逼近。由于村落内的房屋建筑相互毗连，占用拆迁费用明显高于一般耕田，所以开店设厂的商家避开村落，而倾心于开发利用成本较低的土地。例如，民国初年，煤店、石灰店以及手工工场的选址都绕过村落，"惟商等所居地点，原属石庄、休门、栗村交界之地"；虽然"商等地点又属窪下，每遇秋夏雨水冲刷，道路泥泞"。[①] 对于启动资金匮乏的商家们来说，也不会把新建厂址选在需要拆墙毁屋的村落之中。正如，休门村报呈民间修路的呈文所说，"休门、元村等处，纯系民家私产，欲强行开辟，则妨碍农作，欲全行购置，则财力未逮"。[②] 石家庄大片土地被迅速强行侵占，是在沦为殖民地以后。在日军占领石家庄后，"在扩建军事建设及城市建设中，毁灭了周围的农村，使许多农民丧失土地"。[③] 周边农村不仅耕地被大片侵占，部分村落的一些房屋也被强行拆除，位于桥西的"东焦、袁家营等村，自七七事变后，即沦陷于日寇之手，始则村民被其残害，继则房地任意侵占，种种强权不法，实难笔记。于二十九年间，将民村之地亩房舍划分一部，计一百七十余户，失地五百九十余亩，拆毁房屋数十间，作为满铁路局建设之用"。[④] 位于桥西的东里村，七七事变前，全村尚有土地20余顷，"事变后到解放前，地减少至10顷，减少原因：西兵营操场、大沟与市场之开发"。[⑤] 1941年发生过数次大规模占地拆房，据《石门市三十年度其二：占用土地及地上物数量清

---

① 河北省档案馆藏，《具禀商人京汉铁路东休门、石庄、栗村煤炭灰行公呈》（1919年），《石家庄商会警区呈请建筑马路案卷》，656-1-320。
② 《休门住户六十九家发起由农工园通范村道绘图呈报公安局核示》，《商报》，1935年9月26日，第4版。
③ 石家庄市档案馆藏，《中共七建委：一区第四组工作报告》（1947年1月29日），第57页，1-1-8。
④ 河北省档案馆藏，《为铁路局强霸房地恳请恩准派员撤查发还房地并令饬石家庄铁路局蠲免粮租请鉴核由》（1946年），《石门市人民请发还敌伪占用土地》，615-2-1441。
⑤ 石家庄市档案馆藏，《中共七建委：一区东里村六组廿二街总结》（1947年11月26日），第29页，1-1-8。

册》记载，本次占用84户农民的土地207.479亩，青苗69.524亩，砖砌坟墓2座，土坟214座，水井15个，房屋1间，石碑15座，树木12棵。据《石门市三十年度其三：军用地地价分户清册》记载，本次占用280户农民的土地1948.220亩，占用房地147.130亩。① 所以，新建区以较快的速度向四周村野蔓延，出现了市区对部分农村包围或半包围的态势，形成了石家庄"城中村"的雏形。

作为近代石家庄最早的"城中村"——石家庄村、姚栗村、任栗村、休门村、元村、彭村、东焦村、袁家营村、东里村等，虽然处于"内市沟"范围里的城市中心区，但是却与市区空间形成了方枘圆凿的二元结构。两者的主要差异表现在：

第一，市区与城中村的空间功能不同。城市是近代工商业发展的基地，新建城区主要作为工商、军用、居住等区域，成为军事基地和第二产业、第三产业的载体；城中村则保留了传统农业社会的部分残余或痕迹，第一产业尚未彻底完成向其他产业的转换，"不少的（人）还依靠耕种维持生活"。② 例如，1947年桥东区的城中村仍有部分田地，"本区系贫民区，除休门、任栗村、姚栗村中有少数田地外，为农业区"。③ 1947年任栗村尚有七顷耕地。④ 再如，1947年桥西区的东里村，属于被半包围的城中村，"主要经济基础是土地，以农为业"。⑤ 桥西区的东焦村也属于被半包围的城中村，"原有地十五顷多，现只剩下五顷多"。⑥ 所以，石家庄市区的空间与城中村呈现为城市二元生产结

---

① 石家庄市城建档案馆藏，《石门市三十年度其二：占用土地及地上物数量清册》，《三十年度石门其三：军用地地价分户清册》(1941年)。
② 石家庄市档案馆藏，《中共六地委：门市工作概况》(1945年4月)，第3页，1-1-4。
③ 石家庄市档案馆藏，《石家庄市第二区区政府工作报告：二区一般情况》(1947年12月)，第78页，1-1-8。
④ 石家庄市档案馆藏，《石家庄市第二区区政府工作报告：二区十街组》(1947年12月)，第121页，1-1-8。
⑤ 石家庄市档案馆藏，《中共七建委：一区东里村六组廿二街总结》(1947年11月26日)，第29页，1-1-8。
⑥ 石家庄市档案馆藏，《中共七建委：一区第四组工作报告》(1947年1月29日)，第57页，1-1-8。

构。因为存在的耕地数量无多，农业生产已经退居次要地位，村民多靠出租房屋等手段谋生，城中村以居住为主要功能。

第二，市区与城中村的居民成分不同。在石家庄新建城区居住的人员多为外来移民，以从事第二和第三产业的人员为主；在城中村居住的多为土著，主要是转化中的农民。例如，1947年东里村"大部分是农民，一部分小商贩（卖菜），少部分工人"，所以石家庄市区的空间与城中村呈现为城市二元社会结构。但是，由于城中村具有租房价格低廉的优势，所以吸引了为数不少的外来下层移民到此居住，成为低收入人群较为聚集之地。据调查，东里村在七七事变前，全村约有200户，"因市内房价贵，移来居住"，到1947年11月前增加到600余户；在东里村居住的还有"超过全村人口的外来人（工人、小商贩）"。①

第三，市区与城中村的空间建筑不同。新建市区具有建筑布局较密集、建筑风格多样化的特征，既有西式公寓，也有兵营，还有商铺居所合一的楼房建筑，更有稠密的连排式民宅。除军事区相对独立外，工业区、商业区、居住区相对混杂；还建设了道路、上下水管道以及路灯照明灯一些城市基础设施和生活设施。城中村则较多地保留了传统乡村建筑的风格，村落多为平房，一般以农家四合院为住宅的基本布局，建筑功能比较单一，建筑较为松散，人口密度也较小。虽然部分城中村存在一些手工作坊，但是毕竟是以居住为首要功能。所以，石家庄在空间上市区与城中村呈现为二元建筑结构，反差十分明显。尽管如此，城中村毕竟与新建区大致连成一片，已经失去了以往的田园风光，昔日乡下的宁静早已湮没在城市喧嚣之中，城中村过往的车辆，"终日（车）声辚辚，络绎不绝"。②

石家庄的城中村在行政管理机构上与市区街道一致，都是实行区公所之

---

① 石家庄市档案馆藏，《中共七建委：一区东里村六组廿二街总结》（1947年11月26日），第29页，1-1-8。
② 陈伯庄，《平汉沿线农村见闻杂述》，《平汉沿线农村经济调查》，中华书局，1936年，第18页。

下的保甲制度。城中村不仅在地域上已经成为城市的一部分,并且在户籍管理方面基本上也保持着与城市"街"相统一的形式。1947年市政府"为增进行政效能,减轻市民负担,复依照市组织法,规定三十户一甲,三十甲一保之原则,拟定'石门市编并保甲实施办法',实施保甲编并";"本市划分为六个区,区下为保,无乡镇组织"。[①] 桥西的炼焦厂和桥东大兴纱厂,按旧制各为一特别保,设有"保"办公处,城中村也一律编并保甲。一方面,由于城中村的大部分农业生产资料已经逐渐消失,部分居民已经从事非农生产,所以城中村今非昔比。另一方面,城中村与传统社会保持着千丝万缕的联系,部分农业人口的转型过程尚未终结,社区文化与城市文化存在较大差异,村落建筑尚未与市区划一。所以,城中村还没有从根本上融入城市,处在了非市非乡、半城半村的过渡阶段。

综上所述,近代石家庄作为一座无城垣的工商业城市而兴起,空间结构的特征是,以首先落成的铁路枢纽区为城区的坐标中心,在区位规律支配下,空间拓展以"先来后到"为序,以车站枢纽区为拓展原点,向四周自发蔓延,形成了城市空间拓展的混乱态势,导致了城市空间功能分工的区划不清;随着城区空间的拓展,出现了铁路对市区的切割,严重地影响了城市的交通。同时,正是由于是没有城垣的"零"起点,市区沿四周村野的蔓延,形成了市区包围村庄的空间布局,使得在经济和社会等方面长期处在城乡二元并存的形态。这些空间特征也是石家庄城市发展不充分的一个明显表现,是石家庄新兴城市之所以保留农村气息较多的原因之一。

---

① 河北省档案馆藏,《石门市辖区划分保甲编组》(1947年7月),615-1-977。

近代石家庄城市人口的跳跃性增长

近代石家庄城市人口是由 5 次较为明显的跳跃增长,将石家庄人口发展带上了农村城市化的快车道。仅用半个世纪的时间,就实现了由一个蕞尔村庄到一座中等城市的跨越。第一次跳跃增长发生在 1907 年正太铁路通车和民国成立之后;第二次跳跃增长发生在 1925 年石门自治市成立之时;第三次跳跃增长发生在 1925 年至 1933 年之间;第四次跳跃增长发生在 1938 年到 1941 年期间;第五次跳跃增长发生在 1947 年至 1949 年年底之间。也是石家庄解放前后出现的近代最后一次大规模人口增长。这 5 次跳跃式增长的总特征是:增长速度快,短时间内人口数量的涨幅大规模提高,每次跳跃增长都登上一个新的台阶,从而提升了 20 世纪上半叶石家庄的年均人口增长率。1901 年至 1949 年底的石家庄人口跳跃增长的曲线变化示意情况(见图 1-2)。

一、近代石家庄人口第一、二次跳跃增长

1901 年至 1925 年,是近代石家庄人口增长的第一阶段,在这个阶段包含了人口的两次跳跃性增长。19 世纪末 20 世纪初,石家庄村属于名副其实的蕞尔村庄,在京汉铁路未通以前,"其时石家庄并无商民之足迹",其村"概营农业"。据最新发现的清代获鹿人口统计档案《编查男女大小户口数目清册稿》记载,20 世纪初,石家庄村共 93 户,男女老幼共 532 人[②],这是近代石家庄人口发展史上理所当然的第一个坐标点。

---

* 原文发表于《石家庄经济学院学报》,2008 年第 1 期。
② 河北省档案馆藏,《正定府转催光绪二十三年分民数、谷数册卷》(1898 年),655-3-1689。

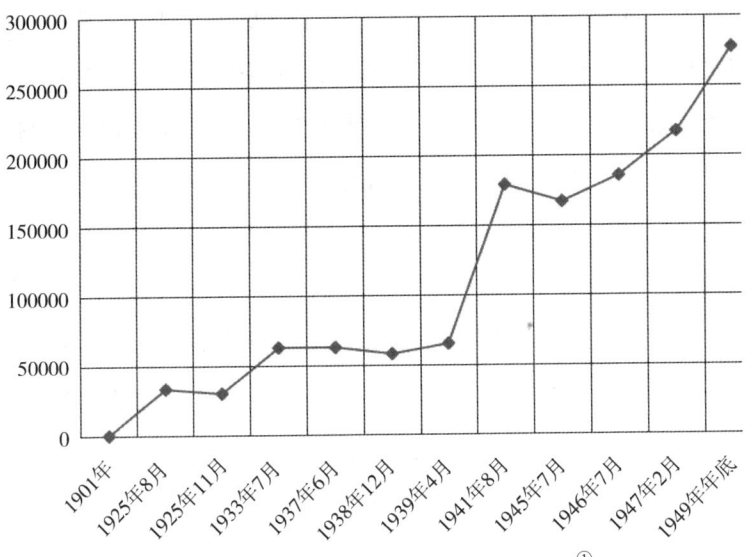

图 1-2　近代石家庄人口增长坐标变化示意图[①]

京汉铁路和正太铁路相继开工，启动了石家庄农村城市化的进程。从1902年京汉铁路修建开始，大量筑路人员陆续抵达石家庄，掀起了本地人口的第一次跳跃增长。随着京汉、正太两条铁路的通车，在铁轨上奔跑的"蒸汽机"，冲破了农业社会石家庄一直保持的人口自然增长状态，拉开了石家庄人口迁移增长的序幕。大批铁路工人成为当地首批产业工人，除营运在铁路线上的职工外，仅石家庄车站职工和正太路车辆总机厂职工的人数一项，就超过了石家庄村的原土著居民。随着交通枢纽职能的逐渐发挥，中转货物的搬运业务促使石家庄出现了新型的运输业；各类中转货物的批发业务，促使石家庄出现了大批新的职业经纪人。另外，以服务业为主要特征的近代产业，也开始在这个小村庄的边缘地带崛起，各类服务行业的投资人和经营者纷至沓来，石家庄的经济结构开始发生显著变化，外来人口迅猛增长。所以说，新式交通运

---

① 清代获鹿档案，《编查男女大小户口数目清册稿》；民国获鹿档案，《市自治筹备处处长张士才中华民国十四年九月二十八日呈》；民国获鹿档案，《直隶邮务管理局商查城关四乡人口数目卷》《石门指南》《石门市事情》《石门新指南》《华北政务委员会统计局统计资料》《石门日报》，1946年8月9日；《省政府、唐山、石门市、唐山市政府及警察局组织规程编制预算表、绘制市区面积、人口、数字图的代电》，《石家庄市志》第1卷。

输对石家庄人口的第一次跳跃增长产生了最直接的催化作用。然而，令人遗憾的是清末民初的石家庄，当时并非是城镇行政建置，由于没有直接留下人口增长的相关统计资料，尚不能对此次人口跳跃增长的高潮给予数字说明。一直到1925年出现第二次人口跳跃增长，间隔24年，也都没有发现任何一个确切可信的数据统计。但是，"本地商务日盛人口增加亦异常迅速"。① 近代石家庄出现第一次人口跳跃增长的突发性是显而易见的，其人口增长幅度带有的跳跃性，也是任何研究者都可以客观感知到的，只不过目前无法用具体数字予以描述。

当石家庄准备申请成立市自治之时，"惟该市以人口过少之故，遂将附近之休门栗村等地，划归区内"。② 人口跳跃至3万多人。根据直隶全省自治筹备处的要求，石家庄警察所组织了人口总数详细摸底调查。据1925年9月28日的《自治筹备处处长张士才呈》可知，当时将石家庄村、休门村、栗村（含东北栗村和西北栗村，也称任栗村和姚栗村）以及所有外来的移民一并计算，"选民清册一十六本，计选民一万四千一百零三名；住民清册二十一本，计住民三万三千零七十七名"。③ 1925年8月29日，经北洋政府批准"合并方案"之后，组成了石门市公所，共计33077人的总数得以正式确认，自然成为近代石家庄人口发展史上的第二个坐标点。石家庄人口出现的第二次跳跃增长，既包含了向石家庄聚集的大量外来移民，也包含着因与休门村、东北栗村和西北栗村合并而形成的两种人口机械增长，其中，由行政区域的扩大而实现的机械转移增长所占比重更大一些。1925年是石家庄城市发展史上的一块界碑，当年的人口数量也具有重要的标志性意义，它是汇合第一、二次跳跃增长的一个成果，是石家庄农村城市化第一阶段的总结。以上述两个坐标点相比较，1925年石家庄人口增长提高了6117.48%，年平均增长率达到187.77‰，每年大约平均增长1356.04人。

---

① 《石家庄之经济状况》，《大陆银行月刊》，第4卷第8号，1926年8月25日，第60页。
② 陈佩，《石门市事情》，新民会中央总会，1940年，第1页。
③ 河北省档案馆藏，《市自治筹备处处长张士才呈》（1925年9月），《直隶全省自治筹备处令石家庄商会会长张士才呈请设立市自治会卷》，656-2-132。

尽管在近代石家庄人口增长的这个阶段中也具有其他可供研究参考的人口数字，但是都比较模糊，缺乏可靠的调查统计出处。例如，石家庄"到1907年，达到1600多人"①的说法，即不知所包括的人口范围，又不知数字出现的时间。由于缺乏文献来源的证据，含有后人推测的较大成分，所以不能作为石家庄人口发展史上可信赖的坐标点数据。再如，1924年编纂的《中华民国省区全志》记载为：石家庄"今人口约六千"，以1925年8月33077人的数据做参照系，显然过低了，也不能作为石家庄人口发展史的坐标点数据。另外，1926年曾有一位学者，在《石家庄之经济状况》一文中说：石家庄"民国二年，户口不过二百余家；民国六年，增至一千户，彼时人口约六千内外，现则人口增至四万"。②首先肯定文章发表较早，有很高的史料价值，但是对1917年时人口增至6000左右的具体记述而言，所含范围交代不明，参照的依据不清；其次，1926年石家庄人口增至4万的估计，以1925年8月33077人的数据做参照系，显然过高了；再次，上述的6000人和4万人均为整数或概数，缺乏精确度，所以，也不能作为石家庄人口发展史的坐标点数据。总之，从第一、二次人口跳跃性增长的起点和终点，自1901年到1925年8月，此阶段中间的其他数据都尚待考证，并寄望于能继续发掘出新的可靠史料。

二、近代石家庄人口的第三次跳跃增长

1925年至1937年，是近代石家庄人口增长的第二阶段，其中，1925年至1933年期间，出现了近代石家庄人口的第三次跳跃增长。1925年8月石门市公所成立，是近代石家庄人口增长的第二阶段起点。但是，随着4个村庄管辖上的合并和新行政辖区初步运行，石市特别区人口难免会发生一些变动调整。

---

① 政协石家庄市委员会编，《石家庄城市发展史》，中国对外翻译出版社，2001年，第117页。
②《石家庄之经济状况》，《大陆银行月刊》，第4卷第8号，1926年8月25日，第20页。

恰好在3个月后,邮政总局的一项人口调查,对石门新政区人口数量变动情况进行了核实。1925年邮政总局为第11次修订"通邮处人口统计集",组织进行各地人口调查,直隶邮务管理局对各县署上报的城乡人口数目把关甚严,要求必须具有调查记载,请获鹿县"将城内四关以及四乡人口之最近确实数目,查明列表速为复知"。1925年11月的调查结果,集中反映在《获鹿县调查全县管辖境内人口数目一览表》之中,石家庄特别区人口数目为30208人。[1] 对这一数字的基本评价有两点:其一,1925年11月最新调查的数据,要比8月统计的数据更有实效性。其二,由石门警察所所长亲呈,经获鹿县张知事亲审的特别区人口数目,应该值得信赖,特别是档案原件上,标注有"警厅及商会调查可得确数"字迹,更使这一数字增添了可靠性,所以,30208人成为近代石家庄人口发展史变化曲线上的第三个坐标点。

石家庄农村城市化的发展过程,就是农业人口向城市人口聚集和转化的过程,1925年石门市成立之时,由于城市化还处在初兴阶段,人口基数比较低,人口增长率显得比较高。需要进行鉴别的是,其他那些被夸张的人口数据,涉及1925年人口数量的另外一些记述,目前看来大多不甚确切。例如,《石家庄之人口》一文所云:1925年"设立石家庄市,因人口不足,遂将休门、栗村并入,改称石门,并成立石门公所,人口约六万"。[2] 6万的人数与实际的33077人相比,几乎多出了近一倍,不太可信。还有些著作的记述更离谱,"到1926年,石家庄城市人口增加到14万人"。[3] 这个数字与实际的33077人相比,要多出近11万人。

1925年成立石门市以后,该市人口继续迅速增长。虽然在城市化发展的第二阶段中也曾因军阀混战,出现过"商业不振,人口大减"的情况,但是这并未阻挡住城市对外来移民的强烈吸引力,这一阶段主要是石家庄工商业

---

[1] 河北省档案馆藏,《获鹿县调查全县管辖境内人口数目一览表》(1925年11月),《直隶邮务管理局商查城关四乡人口数目卷》,656-2-608。
[2] 徐振安,《石家庄之人口》,《石家庄文史资料》,第2辑,政协石家庄市文史委员会,1984年8月,第126页。
[3] 苑书义等,《河北经济史》,第3卷,人民出版社,2003年,第315页。

的发展，吸引了大批外来的投资者和务工人员。1933年7月石家庄城市化人口达到了一个新高度，实现了近代石家庄人口的第三次跳跃增长。据《石门指南》记载，"据民国二十二年七月公安局之调查"，1933年7月石家庄人口达到63156人，这是近代石家庄人口发展史的第4个坐标点。这个点与1925年8月33077人的数据进行比较，8年间增长了30079人，人口大约提高了90.94%，年均增长速度为84.2‰，每年大约平均增长3759.9人。

近代石家庄人口出现第三次跳跃增长的原因，主要在于城市工商业的兴起和繁荣，是石家庄工商业的发展直接推动了城市人口的增长。众所周知，城市化的实质是由生产力变革引起的人口和其他要素从农村向城市转变的过程，城市化的动因来自经济的发展，而拉动石家庄城市化的根本动力在于工商业的发展，这也是城市人口增长的根本源泉。由于近代石家庄工商业结构所致，近代工业门类比较少，行业规模比较小，近代化程度比较低，在拉动城市人口规模在"量"上扩张时，比近代城市商业服务业的作用力略逊一筹，这与被动的中国近代化大背景有关。

1933年7月以后，石家庄的人口进入短暂的相对平稳期，但好景不长，石家庄人口发展的正常进程，1937年就被日本发动的全面侵华战争所打断。据《石门市事情》记载，到1937年事变前的调查，石家庄总人口为63156人，与几年前的人口数量没有发生变化。[①] 七七事变作为一个历史阶段的标志，故63156人便成为近代石家庄人口发展史的第5个坐标点。

三、近代石家庄人口的第四次跳跃增长

1937年至1945年，是石家庄城市人口发展的第三阶段。1937年日军占领石家庄前后，"全市哗乱，人民逃散"。[②] "石门市之逃亡难民离石者甚伙，残

[①] 陈佩，《石门市事情》，新民会中央总会，1940年，第11页。
[②] 陈佩，《石门市事情》，新民会中央总会，1940年，第67页。

留未走者仅约三千人。"① 全市人口始终不稳,由高至低,千变万化。直到1938年伪市政府成立,人口骤减的局势得到初步遏制,逐渐回升。截止到1938年3月,"石门市之人口,已达五万有奇"。② 1938年12月石门警务局调查,人口总计57990人,③ 这是战乱造成的人口波动趋于稳定后的一个确切数据,因此成为近代石家庄人口发展史的第6个坐标点。此后,人口渐趋平稳,稳中有升。据《石门市事情》记载,1939年1月,人口统计为59597人;1939年4月,人口统计为65325人。④

近代石家庄人口的第4次跳跃增长发生在1938年12月至1941年8月间。由于日本殖民者占领石家庄后,出自经济掠夺和军事占领的目的,着手制定了《石家庄都市计划大纲》,将石家庄列为华北6大都市之一,作为重点城市加以规划建设,人口目标确定为50万人规模。为了扩充市区范围,增加城市人口之需要,当局将正定、获鹿所属之部分村庄划入市区,此时的石门市包含了新旧村庄共69个。1941年8月人口猛增到166773人⑤,加上驻扎石家庄的13000名日本和朝鲜人口,全市人口总计达到179773人,由于这是近代石家庄历史上第二次政区扩大后的一个确切数据,是石家庄城市人口的第4次跳跃增长的结果,也是殖民当局依靠军政手段实现的一种机械增长,带有胁迫性质的转移增长,它成为近代石家庄人口发展史的第7个坐标点。1941年9月底,"据市警所发表人口将达十七万以上,日本及朝鲜人约一万三千人,全市人口达十八万以上"。⑥

1941年8月石家庄人口为179773人,如果以3年前的57990人做参照系进行比较,人口增长了121783人,人口增长率达到210.01%,年均增长速度达到458.11‰,每年平均净增人口达到40594.33人。这次为期3年的跳跃增

---

① 陈佩,《石门市事情》,新民会中央总会,1940年,第28页。
② 陈佩,《石门市事情》,新民会中央总会,1940年,第2页。
③ 陈佩,《石门市事情》,新民会中央总会,1940年,第13页。
④ 陈佩,《石门市事情》,新民会中央总会,1940年,第12页。
⑤ 张鹤魂,《石门新指南》,石门新报社,1942年,第9页。
⑥ 张鹤魂,《石门新指南》,石门新报社,1942年,第7页。

长，突破了石家庄人口的 10 万大关，上升到了一个新台阶，市区空间也得到了较大的拓展，其增长人口主要是被划入市区的周边乡村的农业人口。1942年 10 月 20 日，全市户口达到 33405 户，共计 171266 人。① 到日本投降前夕，1945 年石门人口为 167530 人②，作为历史阶段的转折点，它成为近代石家庄人口发展史的第 8 个坐标点。

四、近代石家庄人口的第五次跳跃增长

1945 年至 1949 年，是石家庄城市人口发展的第四阶段，近代石家庄人口的第 5 次跳跃增长发生在这个阶段的 1947 年至 1949 年间。抗战胜利和国民党接收石门后，人口开始逐步回升，据市警察局户口调查统计，1946 年 1 月的石市人口为 174883 人，1946 年 4 月的石市人口为 183754 人。1946 年 7 月的石市人口为 185741 人，③ 作为人口变化出现大起伏之前的一个数据，成为近代石家庄人口发展史的第 9 个坐标点。虽然此后国民党统治时期的市内军事工事继续得以加强，却未能改变其统治地位栋折榱崩和日益衰退的态势。进入 1947 年之后，由于变幻的军事形势，产生了大批流动人口，石家庄周边农村和县城的部分官吏、商人和富户，开始涌向具有一定防御功能的城市，造成石门市人口跌宕起伏。1947 年 2 月的石市人口，达到 217327 人，④ 1947 年 4 月至 5 月间，人口数量达到了近代石家庄最高点，突破了 30 万。⑤ 导致此时人

---

① 河北省档案馆藏，《河北省公署视察石门市民政事项表》(1942 年 10 月)，《本署视察石门、井陉、获鹿、藁城、冀县、灵寿、赵县、正定、新城、晋县等县民政事项表》，654-1-151。
② 依据华北政务委员会统计局统计数据，其中含外籍人口 14062 人，《石家庄文史资料》，第 2 辑，政协石家庄市文史委员会，1984 年，第 129 页。
③《本市七月份人口十八万五千余人》，《石门日报》，1946 年 8 月 9 日。
④ 河北省档案馆藏，《为检同本市面积及人口数字区域图说等项暨本市改称一案电请鉴核由》(1947 年 2 月)，《省政府、唐山、石门市、唐山市政府及警察局组织规程编制预算表、绘制市区面积、人口、数字图的代电》，615-2-1190。
⑤《石门被围人口激增》，《大公报》，1947 年 6 月 1 日，第 1 版。

口激增 30 万的原因，是中国人民解放军开始实施对石家庄的战略包围，在强大的军事打击下，"正、藁、栾各县相继失陷，元、获两县仅于县城一隅，其他农村皆未切实控制。经此动乱，本市人口激增"。[①] 石家庄作为军事中心城市，对人口增减起着双重影响，石家庄在 1947 年前后出现人口规模的较大跳跃起伏，时而高峰，时而低谷，时而骤增，时而平缓，是很正常的一个必然现象。当然移民引起的人口高峰是暂时性的，这与常住市民人口增长有着一定的区别。1947 年 11 月，石家庄获得解放，秩序逐步恢复，工厂商店开工开业，城市管理兴利除弊，民心渐趋稳定，人口数量与日俱增。到 1949 年末，石家庄人口达到 278000 人，[②] 成为近代石家庄人口发展史的第 10 个坐标点，也是近代石家庄人口发展史上最后的一个坐标终点。依据 1949 年底的人口数字，与 1945 年的 167530 人对照，其增长了 65.94%，比 1945 年净增人口 110470 人，年均增长 27617.5 人，年均增长率为 134.98‰。

1945 年至 1949 年是近代石家庄人口增长的最后一个阶段，也可以说石家庄人口起伏较大的一个阶段。在这 5 年里，石家庄人口不仅突破了 20 万，登上了又一个新台阶，而且还曾达到过 30 万，成为近代石家庄人口增长的最高峰。

经过 1901 年至 1949 年的 5 次人口跳跃增长，石家庄城市人口规模获得了跨越式发展。中华人民共和国成立以后，石家庄进入了新的历史发展阶段，人口发展也开始转变为新的增长方式和新的发展模式。

五、近代石家庄人口的年均增长速度

为了认识从 1901 年至 1949 年石家庄人口增长的跳跃性特征，需要利用人口统计学的方法，计算出各个不同阶段人口增长率、净增人口和平均每年增长速度，得出充分的数字根据。从而通过有关具体数据，与其他城市人口增长

---

① 河北省档案馆藏，《石门市政府第七次市政会议记录》(1947 年 5 月)(油印稿)，《石门市政府会议记录》，615-2-1862。
② 《河北省农业历史统计资料》，《石家庄文史资料》，第 2 辑，政协石家庄市文史委员会，1984 年 8 月，第 129 页；《石家庄市志》，第 1 册，中国社会出版社，1995 年，第 165 页。

速度进行比较，更清楚地凸现出近代石家庄人口发展的跳跃性特征。

根据统计学原理，推演其平均每年人口增长速度的计算公式应为：

$$x = \sqrt[n]{\frac{p_n}{p_0}} - 1$$

x = 年均人口增长速度；

p_0 = 统计基期的人口水平；

p_n = 统计末期的人口水平；

n = 基期至末期的间隔期年数。

通过以上数学公式演算，可以得出1901年至1949年各个阶段的人口间隔年限的人口增长率、年均增长人数、年均增长速度等，相关数据（见表1-7）。

表1-7 近代石家庄人口增长主要阶段综合数据统计分析表[①]

序号	各阶段的年度人口数				间隔年限	人口净增长数	年均增长人数	年均增长速度
	年代	人口数	年代	人口数				
1	1901年	532	1925年	33077	24	32545	1356.04	187.77‰
2	1925年	33077	1933年	63156	8	30079	3759.9	84.2‰
3	1938年	57990	1941年	179773	3	121783	40594.33	458.11‰
4	1945年	167530	1949年	278000	4	110470	27617.5	134.98‰
5	1901年	532	1941年	179773	40	179241	4481.03	156.70‰
6	1901年	532	1949年	278000	48	277468	5780.58	139.27‰

由上述数据得知，1901年至1949年年底，石家庄经过了半个世纪的农村城市化历程，人口由近代起点的532人发展到了近代终点的278000人。城市人口增长了52155.64%，年均增长速度为139.27‰，平均每年净增人口5780.58人。石家庄由蕞尔村庄跳跃式地发展成为一座中等城市，虽然其人口

[①] 清代获鹿档案，《编查男女大小户口数目清册稿》；民国获鹿档案，《直隶全省自治筹备处令石家庄商会会长张士才呈请设立市自治会卷》《石门指南》《石门市事情》《石门新指南》《华北政务委员会统计局统计资料》；张利民，《近代华北城市人口发展及其不平衡性》，《近代史研究》，1998年第1期；《石家庄市志》第1卷等。

总量无法与天津等通商口岸大城市相提并论，但是，其人口年均增长速率之快，在近代全国城市人口发展史上也是名列前茅的。例如，与民国时期华北最大的城市、全国第二大城市天津相比，就其年均人口增长率而言，超过了天津增长率最高阶段的75.57‰，关于近代时期部分发展阶段两个城市的人口年均增长率对比情况（见表1-8）。

表1-8　近代石家庄与天津城市人口年均增长率对照表[①]

城市	各阶段的年度人口数				间隔年限	年均增长速度
	年代	人口数	年代	人口数		
天津	1840年	198715	1936年	1254696	96	19.38‰
石家庄	1901年	532	1949年	278000	48	139.27‰
天津	1906年	424556	1928年	1122405	22	45.18‰
石家庄	1901年	532	1925年	33077	24	187.77‰
天津	1906年	424556	1911年	611130	5	75.57‰
石家庄	1945年	167530	1949年	278000	4	134.98‰

通过20世纪上半叶部分年份阶段中石家庄与天津城市人口年均增长率对照表，可以看出，石家庄是后起的新兴中小城市，与天津没有完全一致的年份阶段数据对照，无论城市人口基数，还是人口发展规模都不能相提并论。但是，因为石家庄作为一座后起的中小城市，人口基础起点比较低，所以年均人口增长率较高，有些发展阶段跳跃增长的比率，明显高于人口基数较大的大城市。从上述几组年均人口增长率的对比数字看，近代石家庄人口年均增长速度并不在大城市天津之下。甚至近代天津人口增长最快的1906～1911年，年增长率达到了75.57‰的速度，也没有超过近代石家庄的年均人口增长率。可见，城市人口的跳跃式增长成为近代石家庄农村城市化的一大特征，创造出了石家庄空前绝后的历史纪录。由于跳跃性人口增长较快，1940年至1949年的

[①]《论近代天津城市人口发展》，张利民，《城市史研究》第4辑；清代获鹿档案，《编查男女大小户口数目清册稿》；民国获鹿档案，《直隶全省自治筹备处令石家庄商会会长张士才呈请设立市自治会卷》；华北政务委员会统计局统计资料，转载于《石家庄文史资料》第2辑；《近代华北城市人口发展及其不平衡性》，张利民，《近代史研究》，1998年第1期，第197页；《石家庄市志》，第1卷。

十年间，接连突破 10 万、20 万大关，甚至临近 30 万。1901 年至 1949 年的 139.27‰ 年均人口增长速度，在石家庄历史上震古烁今，不仅古代社会无法比拟，而且当代城市化发展速率也难以超越。当代石家庄城市化发展，以 1949 年 12 月的 278000 人为起点，2000 年石家庄市辖区人口达到了 2180677 人，发展间隔为 50 年，年均人口增长率为 42.06‰，与 20 世纪上半叶的年均人口增长率相比，难以企及。这一切都充分说明近代石家庄城市化发展不仅遇到了一个千载难逢的历史机遇，而且不失时机地抓住了由铁路枢纽带来的得天独厚的契机，跳跃式地实现了农村城市化的发展过渡。

近代石家庄城市移民人口的地域构成

19世纪末20世纪初，石家庄村属于名副其实的蕞尔村庄，在京汉铁路开通以前，"其时石家庄并无商民之足迹"，其村"概营农业"。[①] 20世纪初，获鹿县最为可信的一项人口调查统计数据是《编查男女大小户口数目清册稿》，据其记载，石家庄村共93户，男女老幼共532人，这是当时石家庄最准确的人口统计。[②] 经过半个世纪的城市化发展，石家庄由蕞尔村庄飞速地发展成为一座中等城市，1949年底，人口达到278000人。[③] 依此计算，1900年至1949年的年均人口增长速度达到了136.25‰，其年均增长速率在近代城市的人口发展史上是彰明较著的。那么，这些迁移人口来自何处？近代石家庄城市人口的地域结构是如何组合的？由于近代石家庄缺乏科学的人口统计数据，对城市化程度进行精确分析绝非易事，到目前为止，对近代石家庄城市迁移人口地域构成的研究，学界尚未有专文论及，笔者拟根据部分档案资料，从数字统计分析的角度，就近代石家庄城市迁移人口的地域构成，提出一些见解，不妥之处，请方家指正。

一、近代石家庄城市移民的地域构成划分

人口的地域结构，就是按地域标志将人口划分为各个组成部分而形成的

---

* 原文发表于《文史精华》，2006年增刊第1期。
① 《石家庄之经济状况》，《中外经济周刊》，第181号，1926年9月25日，第20页。
② 河北省档案馆藏，《正定府转催光绪二十三年分民数、谷数册卷》，655-3-1689。
③ 徐振安，《石家庄之人口》，《石家庄文史资料》，第2辑，政协石家庄市文史委员会，1984年，第129页；石家庄地方志编纂委员会编，《石家庄市志》，第1卷，中国社会出版社，1995年，第165页。

人口结构。近代石家庄人口地域结构随着人口增长，发生了显著的变化。人口学的学者们把城市每个特定历史阶段内的人口变动增长概括为三种方式：第一，人口的自然变动，是由生老病死这些人口的生物本性决定的。城市人口的自然增长，就是指城市中由出生数超过死亡数所引起人口数量的增加，这种增长具有不断更新人口的属性；第二，人口的迁徙变动，即通常所说的人口在空间位置上的所有类型的迁徙，使人口的地区分布发生变化。城市人口的迁徙增长，是一种机械增长，是指迁入人口超过迁出人口所引起城市人口数量的增加，这种迁徙不改变人口总量，只是一种人口空间地区分布的改变；第三，人口的管辖地区变动，主要是指人口的地区构成变动，即人口的地区分布和城乡分布的改变。城市区域扩大引起的人口增长，是指被扩大的原地域上的农业人口，随城区扩大而机械地转化为城市人口，这种迁徙也不改变人口总量，但是它改变城乡人口的整体结构比例。

在近代石家庄半个世纪的城市化过程中，有明显的4次突变性人口跳跃增长，是这些跳跃性增长将石家庄近代人口发展带上了增长的快车道。第一次跳跃在1907年正太通车之后；第二次跳跃在1923年至1925年筹备自治市期间；第三次跳跃是指1938年至1941年间，为建设华北大都市而进行的市区扩张；第四次跳跃是指1947年至1949年底间，石家庄在1947年后出现的人口增长。由此可知，近代石家庄出现的人口跳跃性增长，主要是人口迁徙性增长和城市区域扩大引起的人口的管辖地区变动的增长。从下列统计分析表中（见表1-9），可以更详细地了解到1900年至1949年各个阶段的人口间隔年限的划分、人口增长率、年均增长人数、年均增长速度等相关数据。

为了在研究中准确把握人口迁徙的地理概念，区分迁徙者迁徙前的地域范围，本文将近代石家庄人口的地域构成，划分为本地、邻县、省内、外省、外国等五个部分。这5个层次概念由近及远，由小到大。为了使5个层次的地域具有明确性，特对其做如下界定：凡属民国时期获鹿县境内的范围，概称为本地人；凡属民国时期石家庄周边正定、井陉、元氏、栾城、藁城等5县范围，概称为邻县人；凡属直隶省境内的其他县市，包括邻县人、北平、天津市，概称为省内人；凡属中国境内的其他省市，概称为外省人；非中国籍的，概称为外国人。

表1-9 近代石家庄各阶段人口增长综合情况统计分析表[①]

序号	各阶段的年度人口数				间隔年限	人口增长率	年均增长人数	年均增长速度
	年代	人口数	年代	人口数				
1	1900年	532	1949年	278000	49	52155.64%	5662.61	136.25‰
2	1900年	532	1925年	33077	25	6117.48%	1301.8	179.62‰
3	1925年	33077	1933年	63156	8	90.93%	3759.88	84.20‰
4	1933年	63156	1939年	65325	6	3.43%	361.5	5.64‰
5	1938年	57990	1940年	179773	2	210.00%	60891.5	760.70‰
6	1900年	532	1940年	179773	40	336.91%	4481.02	156.70‰
7	1940年	179773	1945年	167530	5	—	-2448.6	—
8	1945年	167530	1949年	278000	4	65.94%	27617.5	134.98‰

二、城市新增人口中本地人的比重

随着铁路枢纽的形成，一方面石家庄地位大大提高，运输业获得迅猛发展，越来越多的工人、商贾来石家庄定居，外来人员有邻村的，有邻县的，有省内外人，甚至还有外国洋人。另一方面，铁路运输工具的出现，加快了人口流动和迁徙的速度，扩大了人口流动的范围和规模。随着石家庄交通枢纽地位的提高，人口的社会结构也发生了根本的变化，原来单纯的乡村世代乡里相处关系，转眼变为五方杂处的城镇，石家庄很快就形成了一个移民社会。

由于城市是以远远高出乡村几倍、几十倍、甚至几百倍的人口密度单位，

---

① 本表根据以下资料计算整理：清代获鹿县档案，《编查男女大小户口数目清册稿》；民国获鹿档案，《直隶全省自治筹备处令石家庄商会会长张士才呈请设立市自治会卷》《石门指南》；《石门市事情调查》《石门市概况》，获鹿县志编纂委员会增订本《获鹿县志》，1939年重印本；华北政务委员会统计局统计资料，转载于《石家庄文史资料》，第2辑；《河北省农业历史统计资料》；《石家庄市志》，第一卷。

来聚集人口，吸纳异乡各式各样的人群，所以，属于原本的土著人注定要少于外来移民，在任何一座工业化城市中都不例外。由自然增长率决定，祖宗世代居住在此的本地人不可能超越自然法则，无度生育繁殖，自然增长远远落后于迁徙人口的增长。当然，城市侨民久而久之，逐步也会变为本地人，这是一个融合问题。那么，作为1898年调查时石家庄的93户人家、532口的"本地人"，20年后能有多大增长，在实有人口中究竟占到何等比重呢？

人口自然增长率对研究近代石家庄人口发展有着重要的作用，是进行量化分析的关键函数，也是判断土著人与外来人口比例关系的一个重要因素。人口自然增长率＝人口出生率－人口死亡率。但是，石家庄早期历史的人口总量数据不足，更何谈出生率和死亡率的统计数据，只能经过综合比较之后，采取相对合理的自然增长率。专家认定的当时全国的人口自然增长率2.56‰，天津的人口自然增长率3‰；① 也有的专家认为，1930年人口出生率为38‰，人口死亡率为33‰，人口自然增长率为5‰。② 姑且以5‰的人口自然增长率计算，1917年石家庄本村人约为587.8人，应该说这是"纯粹"的本地人，世世代代居住在石家庄的土著人口。根据《石家庄之经济状况》一文记载，1917年石家庄"彼时人口约六千内外"，③ 如果以此计算的话，本地人约占十分之一的比例。

当本地人改变原来的农民身份后，就逐渐分散到各种各样的行业之中了，他们与那些被千差万别的就业机会吸引的外地人一样，从事着不同职业、不同层次的劳动。那么，本地人究竟在城市新增人口中占有何等的比重呢？《石门新指南》认为，石家庄"为五方杂处，侨居者甚多，本地人在昔不过十分之一"。④ 这个论断是对民国初期石家庄人口地域结构的一个简要概括，在1925年之前，基本符合当时的实际情况。

---

① 张利民，《论近代天津城市人口发展》，《城市史研究》，第4辑，天津教育出版社，1991年，第86页。
② 陈达，《人口问题》，商务印书馆，1935年，第171页。
③ 《石家庄之经济状况》，《中外经济周刊》，第181号，1926年9月25日，第20页。
④ 张鹤魂，《石门新指南》，石门新报社，1942年，第45页。

近代石家庄有两次城区扩大引起的人口增长，主要属于区域结构发生变化，产生人口数量的变动规模较大，即机械增长比重大。这种变动带有突变性，所以对人口增长曲线影响极大，带有极为突出的跳跃性。政区变更前后，人口属性变化的反差比较大，变更前是乡村人口，变更划定后则属城区人口。被合并与扩大的对象都是石家庄附近的邻村，增长的人口大都是昔日的邻村乡亲，所以说，城市区域扩大引起的人口增长，大部分属于第一层次的本地人。对石家庄城市移民的地域结构比例产生了较大的影响，"新市区划入后，本地人占二分之一强"①，随着本地人总量回升，在机关单位工作人员的本地人比重略有提升，外地人依然占到50%左右。以市政公署机关的职员构成为例，市政公署机关的职员共52人，外省人15名，外国人1名，省内人25名，邻县人3名，本地人8名。合计本地人仅占到15%，外地人占到了85%，其中，河北省省内人接近48%。② 外地人与本地人的比例总体格局有了改变，但是，中国近代城市人口发展的共同规律没有改变，外来移民依然超过了本地土著人数，这也是近代石家庄城市文化多元化的社会基础。

三、近代石家庄城市人口中的外地移民比重

近代中国发展起来的城市都是移民城市，从总体方向来说，是由农村流向城市。但是，具体到每一个城市的移民来自哪些地域，需要做具体研究。据民国的史料记载，石家庄"大半以河北省人居多"。③ 这说明石家庄吸引的外来人口不仅局限在城市周边，而是对于全省范围移民的吸纳，特别是北京、天津在内的本省人，占据了石家庄城市人口结构的半壁江山。正如《河北省石家庄市事情调查》一书所说，"石门市民，以各地侨居者为最多……凡在各机关

---

① 张鹤魂，《石门新指南》，石门新报社，1942年，第45页。
② 河北省档案馆藏，《石门市公署职员名册》，652-1-16。
③ 张鹤魂，《石门新指南》，石门新报社，1942年，第45页。

供职及经营商业者，多系异乡人……以全市人口比较，河北省人占大半数"。①虽然缺乏详细的统计数据，我们也可以从石家庄部分具体单位人事档案统计材料进行考察，月晕而风，一叶知秋，由此会发现外地移民所占据的大致比例。从下列三个实例调查中，引而伸之，可以得到一定程度的印证。

首先，从公共服务部门的移民构成来看，1946年2月的石家庄电信局职工统计表中，该局职工共187人，本地人46名，邻县人40名，省内人95名，外省人6名。合计外地人占到了75%，本地人仅占到25%，省内移民人数超过了50%。②

其次，从移民的工商业投资者构成来看，石家庄振华火柴厂的众多股东中，北京人占23%，天津人占10%，冀县（今冀州市）人占13%，深县（今深圳市）人占23%，束鹿人占25%，顺德人占3%，遵化人占3%，该企业的股东全部为省内的外地人。③移民被城市发展的机会吸引而来，除了谋生，还有牟利，外来人口中相当一部分是投资者，他们带来了大量的发展资金，带来了大量的就业机会，又创造了大量的城市发展契机。商会是工商界人士的集中代表，在石家庄商会中，本地商人在商会中比例为32%，占据三分之一强的比重，外地商人则为68%。④

最后，从文化部门的移民构成来看，本地人与外地人的比例在近代石家庄发展的前后期，没有太大的改变。据1946年4月资料统计，石门日报社共68人，本地人13名，省内人54名，外省人1名。合计外地人占到了81%，本地人仅占到19%。⑤

大量移民的到来打破了石家庄原有的人口地域结构，外来人口在适应石家庄文化环境的同时，也自然而然地带来了各种新鲜的文化气息。外来文化与乡土文化在这个城市空间内相互碰撞、冲突、融合，城市在融合各种不同文化

---

① 陈佩，《石门市事情》，新民会中央总会，1940年，第15页。
② 石家庄档案馆藏，《石家庄电信局职工调查》（1946年2月12日），76-1-1。
③ 河北省档案馆藏，《振华火柴股份有限公司股东姓名籍贯住址簿》，656-1-130。
④ 河北省档案馆藏，《获鹿县石庄商会造送改选正副会长会董等履历清册》，656-1-280。
⑤ 河北省档案馆藏，《石门市日报社职员工名册》，652-1-16。

的同时，也在丰富和创造着石家庄的新文化。从这个角度说，外来人口显然成为推动城市文化发展的主要力量，城市中大量的外来人口对城市文化产生巨大影响。相对而言，本土传统文化随着城市化的发展，自然而然地被边缘化，逐渐地在缓慢弱化。

四、近代石家庄城市迁徙人口中的外籍移民

从20世纪初兴修铁路开始，石家庄就有了外国移民。除法国的工程师埃士巴尼等铁路勘探、设计人员中的外籍人外，还有在石家庄做生意的法国商人郎风、非里卜地，意大利商人佛尔内洛（无鲁）等数名外籍移民。当时，他们在石家庄租房开办商店，还开办了几家门市餐馆。[①] 京汉铁路是由比利时银行投资，在收回路权之前，石家庄机务房事务是由投资的比方掌管经营，清政府收回路权后，相当长的一段时间，京汉铁路的主管工程技术的艺务总管仍由外籍人担任。正太路是法国银行投资，由法国巴黎银公司经营管理，正太铁路总局设在石家庄，全线设六个机车房，机房总管是法国总工程师阿拉伯赛，掌握运营全权，在石家庄铁路总厂厂址的北面，有专为法籍技术专家建设的居住公寓区。石家庄炼焦厂是中德合办企业，提出创办动议的就是德国人汉纳根，该厂创办时，担任技师的是德国水油学博士高登伯，后来担任该厂工程师的是德国人西伯尔。

从20世纪初起，整个近代时期石家庄始终有外籍人士居住。此外，还有部分"传教之英美人"。[②]

日军占领石家庄后，石家庄变成了殖民城市，外籍人口猛增。1939年2月，日人在石的总户数达到1636户，人口总数为6444人，男性为4084人，

[①] 梁勇，《石家庄早期的商业》，《石家庄文史资料》，第5辑，政协石家庄市文史委员会，1986年，第78页。
[②] 石门日报社编印，《石门指南》第一编《地理》，1934年，第12页。

女性为 2360 人。① 此后仍在不断增加，1941 年 9 月，日本及朝鲜人达到了 1.4 万多人，外侨还有法人及丹麦人，但是他们为数甚少②，也有其他国家的人士离开了石家庄。日军占领石家庄后，井陉矿务局及炼焦厂的德方股本被日方收买，原矿务局副局长鲍尔、会计德禄、原一矿工程师克莱玛、炼焦厂工程师西伯尔等德国人先后离开石家庄，有的到了北京和天津，有的回了国。1945 年日本投降前，外籍人口为 14062 人，主要是日本人和朝鲜人。③1945 年日本投降后，除了布宫等日人被控按战犯处理，送往北京，其余则遣返日本，只有极个别日人、朝鲜人留了下来。到 1946 年时，石家庄的外籍人口仅剩下 6 人。

近代石家庄作为一座新兴的工商城市，虽然是个对外未开商埠，但是作为交通枢纽城市，它是区域性商品集散地，又是一个开放的城市。自城市化以来，外国人在石家庄的足迹就没有中断过，特别是日军占领石家庄期间，的确也让它打上了很深的殖民地烙印。

---

① 陈佩，《石门市事情》，新民会中央总会，1940 年，第 12 页。
② 张鹤魂，《石门新指南》，石门新报社，1942 年，第 44 页。
③ 徐振安，《石家庄之人口》，《石家庄文史资料》，第 2 辑，政协石家庄市文史委员会，1984 年，第 129 页。

第二编｜铁路枢纽

论近代石家庄铁路枢纽的形成

一

清末民初，因铁路的兴修，在华北地区崛起很多城市，石家庄与焦作、平地泉、驻马店等铁路沿线城市最大的不同点在于，它是因为铁路枢纽而发展为城市的。石家庄从乡村到都市的巨变，根源于20世纪初形成的铁路枢纽，它改变了冀晋两省间以及中原诸省之间传统的交通运输结构，提高了区域间的人流和货流的运输能量，促进了两条铁路沿线地域的商品流通和经济开发，为石家庄交通枢纽形成重要的商品集散地和区域性经济中心创造了良好条件。那么，石家庄为什么会形成铁路枢纽？为什么正太铁路的起点不在正定，而在石家庄？有哪些因素决定了京汉铁路和正太铁路在石家庄的交会呢？这是探讨石家庄城市化起点时，必须首先研究的一个问题。

力主提倡兴修铁路的刘铭传、李鸿章、张之洞等清朝大臣，在勾画大清国的铁路交通网络构架时，对那些现存的"官马大路"依然印象深刻，昔日的御道、官路、驿站在他们的脑海中呈现。他们认为，如果用铁路将各地军事政治中心串联起来，不仅有利于经济发展，而且有利于筹饷运兵，甚至认为后者更为兴办铁路首要之目的。1889年两广总督张之洞正式上奏提出建设京汉线的主张时，便设计了线路的主要途径地，"臣愚以为，宜自京城外之芦沟桥起，

---

* 原文发表于《石家庄职业技术学院学报》，2007年第1期。

经行河南达于湖北之汉口镇,此则铁路之枢纽干路之始基。而中国大利之所萃也,盖豫鄂居天下之腹,中原缩毂,胥出其涂。铁路取道宜自保定、正定、磁州、历彰卫怀等府,北岸在清化镇以南一带,南岸在荥泽口以上,择黄河上游滩窄岸坚经流不改之处,作桥以渡河。则三晋之辙下于井陉,关陇之骖交于洛口,西北声息克期可通"。① 由此可见,处于直隶中南部的正定府治,已经被列为卢汉铁路的重要途经车站。后来,张之洞于光绪十五年(1889)十月十五日上奏提出:"先从两头试办,南由汉口至信阳州,北由芦沟至正定府,其余再行次第接办。"② 这进一步说明在创议之初,酝酿修建的卢汉铁路,基本是沿着传统府州驿道一路南下,正定府治被张之洞在奏折中频频提及,无疑被圈点成了卢汉铁路的途经之地。"府见府,二百五",这句俗语体现着中国唐朝以来区域政治中心布局和划定封建统治机构"府"大致间隔距离的规律,从京城到保定府、正定府、顺德府、彰德府,各自相距大约都是 125 公里,所以,正定作为府治修建京汉路时被安排为车站顺理成章。后来该路勘测施工的实际,完全验证了这一切,充分地体现上述原则,京汉铁路上半段的选线工作,基本上把清朝的"府"级机构所在地连为一气。铁路主办大臣盛宣怀聘请英国工程师主持,于 1896 年 12 月至 1897 年 3 月勘测设计了卢沟桥至保定段铁路,路基工程于 1897 年 4 月开始施工,到 1899 年 1 月完成铺轨。1899 年英工程师将此项工程移交比利时的公司接管。1900 年北端起点卢沟桥,向北拓展,修至北京正阳门,此后改称京汉铁路。保定至窦妪段的铁路从 1899 年 10 月至 1900 年 3 月开工,1901 年 5 月将铁轨铺到正定,设为车站。1902 年 8 月铁轨铺设经过石家庄,铺到了窦妪。③ 1903 年建成石家庄火车站(枕头火车站),仅为三等车站。

作为铁路枢纽,需要两条或两条以上铁路线路的交会,并相互衔接方能

---

① 交通铁道部交通史编纂委员会编印,《交通史路政编》,第 8 册,1935 年,第 582 页。
② 台湾"中央研究院"近代史研究所编印,《海防档·戊·铁路》(一),第 64 页。
③ 刘统畏主编,《铁路修建史料(1876~1949)》,第 1 集,中国铁道出版社,1991 年,第 308 页。

称之为交通枢纽。那么，作为京汉路支线的正太铁路，其东端起点就成为这个枢纽的关键所在。正太铁路起讫点最早是在光绪二十二年（1896）已经被提及，当时山西巡抚胡聘之借张之洞疏言利用晋铁之议，"于是年五月初间疏请开办太原至正定枝路，以接芦汉干路……廿八日得旨允准"。① 既然如此，是不是两路交会的枢纽站最初拟定设在正定府？那么，为什么后来正太路的起点没有建在正定呢？

从目前地方志工作者和史学专家们的研究成果看，对此主要有三种解释：第一，从正定至太原的正太铁路是作为卢汉线的支线而修建的，为避开修建滹沱河大桥，以降低成本，将始发站改在石家庄，但是路名仍系旧称，未予更易。② 第二，正太铁路在筹建中曾几经更改，几易其名。山西巡抚胡聘之于1896年奏准兴建正太铁路后，经过1897年的实地测勘，1898年与华俄道胜银行代表进行谈判，签订了《柳太铁路借款合同》，东端起点由正定改至柳林堡。此后，由于山西部分官吏坚决反对借款筑路和义和团运动等原因导致搁置。直到1902年清政府督办铁路总公司大臣盛宣怀与华俄道胜银行废除原合同，签订了《正太铁路借款合同》和《正太铁路行车合同》，因此，又将柳太路改为正太路，"将柳林堡改为正定"。而在实际勘测修路时，法国总工程师挨士巴尼为了避开在滹沱河上架铁路桥，"将正太铁路的首发站由正定改在了石家庄"。③ 第三，正太路东端起点几经勘测，为避开修建滹沱河大桥，以降低成本，将始发站改在柳林铺，后来为进一步压缩开支，又将正太铁路东端起点由柳林铺向南移至石家庄。④

---

① 宓汝成编，《中国近代铁路史资料》，第2册，中华书局，1963年，第406页。
② 金士宣、徐文述著，《中国铁路发展史》，中国铁路出版社，2000年，第93页；石家庄铁路分局志编辑委员会，《石家庄铁路分局志》，中国铁道出版社，1997年，第613页；政协石家庄市文史委员会编，《石家庄城市发展史》，中国对外翻译出版社，2001年，第100页；苑书义等主编，《河北经济史》，第三卷，人民出版社，2003年，第288页。
③ 石家庄铁路分局石家庄机务段编印，《笛声百年》，1997年内部印刷，第3页；苑书义等著，《艰难的转轨历程：近代华北经济与社会发展研究》，人民出版社，1997年，第386～387页。
④ 徐纯性主编，《河北城市发展史》，河北教育出版社，1991年，第49页。

以上三种论点的共同之处：为了避免在滹沱河上架设铁路桥，以减少工程费用，而不再将正定作为正太铁路的东端始发站。三种解释的不同之处在于：第一种意见认为，正太铁路东端起点的实质改动，就是由正定改为石家庄的变更；第二种意见认为，正太铁路东端起点的更改，先是由正定改为柳林堡，后又由柳林堡改回正定，最后，再由正定改为石家庄；第三种意见认为，正太铁路的东端起点先是由正定改为柳林堡，后又由柳林堡改为石家庄。

二

如果认真阅读大量相关的史料，就会发现正太铁路的东端始发站问题实际上涉及三个关键的环节，值得进一步仔细研究。首先，最早明确正太铁路东端起点车站是在何时？最早确立的车站到底是不是正定？其次，为什么1902年要把正太铁路东端起点车站从柳林堡改回正定？这到底是不是历史事实？第三，到底是哪些因素决定了正太铁路东端起点最后改到石家庄？

首先，来研究第一个问题，最早明确正太铁路东端起点车站是在何时？最早确立的车站到底是不是正定？如果认为石家庄作为正太铁路东端起点是从正定改过来的，或者首先是从正定改到柳林堡的，那么，就需要知道何时确定正定作为正太铁路东端起点的。详查史籍可以明确，张之洞在早期倡导修筑卢汉路的时候，虽提及将来可以利用支线运送"晋铁"，但是，他一直没有明确指定过卢汉线与晋省支线的具体接点，奉行的是"干线国办，支线商办"。那么，能不能说光绪二十二年（1896）山西巡抚胡聘之提请修建正太路时就已经确定了东端起点呢？当时胡巡抚"疏请开办太原至正定枝路，以接芦汉干路"的表述，能否作为确定东端起点的依据？答案应该是否定的。正太路作为卢汉路的支线，怎能在干线尚未修建的情况下先确定东段接点呢，显然不可能，当时唯一能确定的只有西端的终点。正因如此，胡巡抚在同一篇奏折中，对东端起点做了如下表述，"如于芦汉之正定车站附近，与山西省会之太原间，联以铁路，则发展可期"。①其中的"如于""附近"，既反映出他初始构思的念头，也是起点车站尚未得到确定的有力证明。此奏折仅为奏请兴办，尚未经过勘测，也未获得恩准，线路具体起点显然不能算作确定。同月28日，奏折获准后，聘请法国工程师勘查，认定此路有建筑之可能，晋抚再次上奏，请准向华俄道胜银行借款兴修，得旨照准后，1898年5月21日（光绪二十四年四月二日），山西商务局曹中裕与华俄道胜银行代理璞科第，在北京总理各国事务衙门正式签订铁路借款合同。合同明确了"为建筑柳林太原铁路借款事，此段铁路实应起于滹沱河南柳林堡相近芦汉铁路车站之处，目下该路尚未兴修，不能确定处所，大约由柳林起，至太原止，共计长伍百里。"②由于这个《柳太铁路借款合同》是第一次以合同的方式由借款和筑路双方共同确立的，所以，最早明确正太铁路东端起点车站就应该是柳林堡，根本不存在正太线东端车站由正定改为柳林堡的过程。

其次，1902年正太铁路东端起点车站是否曾从柳林堡改回正定？肯定论者所持的依据是，1898年的《柳太铁路借款合同》被1902年签订的《正太铁路借款合同》和《正太铁路行车合同》所取代，认为又将修建柳太路改为修建正太路，"将柳林堡改为正定"。其实，认真比对两个合同，两者主要变化有三点：第一，借款数量不同，后者有所增加。前者共借款二千五百万法郎，合银六百八十万两；后者借款总额四千万法郎，合银一千三百万两。第二，借款利息和附加条件不同。前者规定工程限5年完成，自第6年起，按25年分期付利还本，借款年息6厘。工程通车后，须将三成盈余拨归华俄道胜银行；后者借款按九折实付，借款年息5厘。全路工程限3年完成，自发售债票之第10年起，开始还本，分20年均还，但在11年后，中国无论何时，可将借款全数还清，所有合同，亦即时作废。另外，增添了中国向华俄道胜银行支付利息数额的25%，作为手续酬金。第三，借款方的身份发生了变化。前者是"商借

---

① 《正太铁路工人斗争史料选编》，中共石家庄市委党史征编室编，《正太铁路工人斗争史》，1985年内部印刷资料，第175页。
② 交通铁道部交通史编纂委员会编印，《交通史路政编》，第12册，1935年，第3985页。

商办",后者是"官办官借"。此外,综观合同全文,并无只字提到变更起始终端之事,由此推敲"柳林堡改回正定"之说,可能对《正太铁路借款合同》做了望文生义的误读,似是正定版的郢书燕说。盛宣怀在《奏报另订正太铁路借款合同折》中,除汇报修改内容和表示"斟审数四,无可再商"之外,这篇奏报中有两点内容,有助于帮助分析合同中正太铁路起点问题:其一,"臣详加复核,此段铁路发轫于正定府柳林堡,附近芦汉车站,由干分枝";其二,"计直隶正定府至山西太原府应修枝路约五百公里"。"正定府"显然是"正定府柳林堡"的简称,因为250公里的距离,完全与《柳太铁路借款合同》相同,如果改制正定,应再增加15公里。总之,可以断言《正太铁路借款合同》没有对《柳太铁路借款合同》的东端起点进行更改。

第三,石家庄是何时被确定为正太铁路东端起点车站的?到底是哪些因素决定了最后确立石家庄做正太铁路东端起点车站?首先可以肯定的是,1902年签订《正太铁路借款合同》时,尚未将东端起点车站迁往石家庄。变动发生在合同签订后的一年之间。

《正太铁路借款合同》第十九款约定:"自本合同签订之后,中国铁路总公司即托华俄银行代为遴聘谙练工程之总工程司一员,以便督造路工,并详拟各工程图样底稿,测勘路线"[1],于是由华俄道胜银行垫支了100万法郎作为勘测与初步工程款费用,正当准备动工之时,中方发现线路采用的是窄轨设计,随后围绕争议相持达一年之久。待"窄轨之议定,埃士巴尼乃赴路测勘,以枕头为首站,与原定之柳林堡异,其后又易枕头之站名为石家庄,而名称仍袭合同之旧,不之改"。[2] 这说明实施更改是在京汉线石家庄站(当时曰枕头站)建成之后,而且是在埃士巴尼开始此次测勘之后。另外,有文献明确证明,"光绪二十九年本路开办之始,在石家庄设诊疗所二处",[3] 这进一步说明起点的更改是在1903年内完成的。经查法国总工程师埃士巴尼带领设计人员"正式测

---

[1] 交通铁道部交通史编纂委员会编印,《交通史路政编》,第12册,1935年,第3999页。
[2] 交通铁道部交通史编纂委员会编印,《交通史路政编》,第12册,1935年,第4032页。
[3] 交通铁道部交通史编纂委员会编印,《交通史路政编》,第12册,1935年,第4045页。

量于光绪二十九年秋,由第一班测量队开始办理,总工程司及第一班测量队均于是年秋间前后到华",①所以,改定石家庄为东端起点的时间应在1903年秋冬之际。

三

如果要探究为什么起点车站由柳林堡迁往石家庄,就必须了解《柳太铁路借款合同》为什么确定柳林堡作为正太铁路的起点车站。据史料分析,其缘由大致有两点:首先,是距离因素。清末的柳林堡属正定县,距正定府城15里,位于滹沱河南。柳林堡的实名为柳林铺,据本村原有的大同寺碑文记载,早在唐朝贞观年间,该村已有柳林屯的村名,由于村北的滹沱河边柳树成荫,而得名。明清时期,正定府城至获鹿县城的驿道由此经过,设驿站柳林铺,②而后驿站名即成为村名。既然京汉路经过柳林铺,并在此设站,能够在此相接,何必舍近求远,再架设桥梁,往北7.5公里去正定府相接。其次,是航运因素。柳林铺位于滹沱河南岸,有一定的水利运输条件。滹沱河分北支脉和南支脉,柳林铺村北的清水河,即滹沱河南支脉。用华俄道胜银行副代办的话说,"原拟修路物料,可用轮船径运至滹沱河南岸之柳林堡"。③设计者寄希望于将来此地发展为水路码头,一旦能够如愿,正太铁路的货物不仅可以在此转运卢汉铁路,北上南下,还可以在此装船,沿滹沱河东下,再入子牙河直奔天津。虽然,上述两点对中外双方而言"本甚利便",但是,由于当时卢汉路尚未兴修,东端起点的车站还是不能算作最终确定的具体地址。正如《总署奏报〈柳太铁路借款合同〉折》所说,"此段铁路实应起于滹沱河南柳林堡相近芦汉铁路车站之处,目下该路尚未兴修,不能指定处所"。④

---

① 交通铁道部交通史编纂委员会编印,《交通史路政编》,第12册,1935年,第4046页。
② 石家庄市地名办公室编,《石家庄市地名志》,河北人民出版社,1986年,第364页。
③ 《正太铁路修建始末》,《阳泉车站志》第一篇《概述》,1990年内部发行资料,第3页。
④ 宓汝成编,《中国近代铁路史资料》,第2册,中华书局,1963年,第414页。

1903年秋冬之际，为什么从柳林铺改到了石家庄？石家庄被指定为东端起点的原因到底何在呢？显而易见，以往众口一词的"避免架桥"说，不能再虚费词说，徒托空言，因为柳林铺已经位于滹沱河南岸。仔细推敲，当时法国工程师放弃柳林堡有两个主要原因：第一，原设计铁路与水路码头相交方案的落空。正太路设计者后来经过详细勘查，发现柳林堡村北的滹沱河是一条季节性河流，除雨季外，"唯查该河下游一带水浅，不能行使轮船"①，根本不可能实现正太车站、京汉车站与河运码头三者相交的设想。所以，随着筑路器材由天津港经子牙河再入滹沱河至柳林堡的计划被废弃，便决定将两条铁路的交会点南移石家庄了。第二，京汉线上已建成的车站为法国工程师选择正太铁路东端起点提供了对比参照，柳林堡和枕头（石家庄）比较，后者更符合设计原则。1903年京汉线铁轨已经铺过了石家庄，而且提供了建成的柳林堡和枕头（石家庄）两个可以比较选择的车站。从铁路线路设计的角度出发，正太线与京汉线的垂直角度越大越符合缩短路线距离的要求，设计的原则无疑应该"选定最合经济之一线"，"必须以极端经济之原则为定线之标准"。②如果选择石家庄车站，可以使由获鹿方向而来的正太铁路线垂直与南北走向的京汉路相交，而如果选择距石家庄以北15公里的柳林堡相交的话，自然会向北转向，增加铁路长度，提高建设费用，延缓修筑工期。因此，以法国总工程师埃士巴尼为首的设计人员无可置辩地选择了石家庄。

　　1907年最终建成了石家庄至太原全线243公里的正太铁路。石家庄成了京汉、正太铁路的交会点，至当不易地成为交通转运枢纽，从而成为促进石家庄发生巨变的外部推动力。

---

① 《正太铁路修建始末》，《阳泉车站志》第一篇《概述》，1990年内部发行资料，第3页。
② 聂肇灵编，《铁路》，商务印书馆，1933年，第9～13页。

清末石家庄兴修铁路前后的变化

石家庄是中国近代以来一个十分典型的城市化个案,探讨石家庄的发展道路和模式对中国城市化研究有着十分重要的理论价值和现实意义。因此,近代石家庄城市史的研究越来越多地引起学者们关注。但是,由于史料缺乏,学界对于晚清石家庄城市化的起步研究较少。本文拟结合笔者新发现的部分清代石家庄档案资料,就清末石家庄铁路兴修前后的变化问题予以论述,不妥之处,请方家指正。

一、20世纪前石家庄农业社会的基本状况

石家庄这座城市是在石家庄村的基础上发展起来的。石家庄位于获鹿县境内的东部,相传最早叫作"十家庄",因仅十数家之故,但无史籍可考。另传,该地有石姓人家居住,故以名命其地名,"亦无相当证明,实缘无石姓之人家也"。②

石家庄村的记载最早见于明代的毗卢寺碑文。毗卢寺位于石家庄市西北郊杜北乡上京村东,系全国重点文物保护单位,该寺建于唐天宝年间,在毗卢寺明嘉靖十四年(1535)重修碑记中,有"石家庄"村名。清乾隆元年(1736)所修成的《获鹿县志》开始在纸质书本上有了"石家庄"的记载,《乾隆四十二年二月获鹿县各村庄名册》中亦有"石家庄"的记载。③清光绪四年(1878)所修成的《获鹿县志》记载:"石家庄,县东南三十五里,街道六,

---

* 原文发表在《河北师范大学学报》,2006年第5期。
② 获鹿县志编纂委员会,《石门之沿革》,《石门市概况》,获鹿县志编委员会增订本《获鹿县志》,1939年重印本,第2页。
③ 河北省档案馆藏,《乾隆四十二年二月获鹿县各村庄名册》,655-1-355。

庙宇六，井泉四"。除上述之外，人们对于1900年以前的石家庄几乎是一无所知。

有鉴于此，笔者通过深掘清代档案材料，从而寻得了部分有关1900年以前石家庄珍贵的史料，终于可以帮助我们揭开早期石家庄的面纱，进一步了解和认识清末的石家庄。

根据清代获鹿档案，同治二年（1863）九月"各牌乡长挨门查造"了一本《石家庄保甲册》①，该保甲册记载,1863年石家庄村计户94家，粮名94户。其中，殷姓27户，于姓21户，刘姓8户，芦姓7户，尹姓7，马姓7户，张姓4户，沈姓3户，姚姓3户，袁姓2户，李姓1户，潘姓1户，赵姓1户，胡姓1户，王姓1户。当时，石家庄全村共15个姓氏。

《石家庄保甲册》封面注明"男女三百一十口"，按保甲册94户登记簿中各户的"共男妇大小"栏目所填写数字，实际检核的人口数是308口。其中，一口之家共有4户；两口之家共有21户；三口之家共有29户；四口之家共有33户；五口之家共有5户；七口之家共有1户；十一口之家共有1户。按石家庄村94户，308口总数计算，全村户均人口为3.28。

据《石家庄保甲册》记载，94户的户主中，93户的户主为男性，只有一户的户主为女性。在原保甲册94户登记簿中，注明性别为女性的人数共112人，因"子孙、侄"栏目原无性别之分，故无法准确统计，全村性别结构数据不详，无法确定。

在《石家庄保甲册》94户的登记中，注明具体年龄的人数共291人。将注明具体年龄的291人划分为以下几个年龄段统计：70岁以上者9人，最大年龄者为85岁；50～69岁者90人；18～49岁165人；10～17岁23人；9岁以下的4人，最小年龄者为2岁。从年龄结构看，70岁以上占3%；50～69岁占30.9%；18～49岁占56.7%；10～17岁占8%；9岁以下占1.4%。17岁以下者不足9%，为什么少年儿童所占比例较低，甚至不到10%，令人不

---

① 河北省档案馆藏，《同治二年九月石家庄保甲册》，655-1-749。

可思议。至于原保甲册登记簿中儿童数字是否存在缺漏，不得而知。如果确有缺漏，又是何因所至？恐怕也是难解之谜。总之，由于儿童统计数量的偏低，使石家庄村的家庭人口平均数大大降低，平均每户人口仅为 3.28 人。

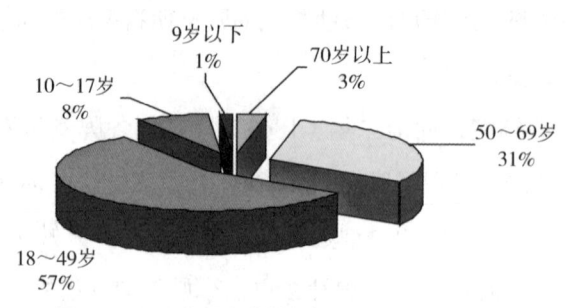

图 2-1 1863 年石家庄村各年龄段人口比例示意图

按《石家庄保甲册》94 户的登记，注明种地亩数一栏的统计，全村共有 241 亩耕种的土地。其中，79 户有地耕种，占 84%；有 15 户的登记簿中种地栏目为空白（且按无地耕种户计算），占到了 16% 的比例。全村拥有耕地最多的是于中谋家，于家登记的耕地有 28 亩。全村拥有耕地 1 亩的家庭为 7 户；有耕地 2 亩的家庭为 51 户；有耕地 3 亩的家庭为 5 户；有耕地 4 亩的家庭为 3 户；有耕地 5 亩的家庭为 5 户；有耕地 6 亩的家庭为 1 户；有耕地 7 亩的家庭为 2 户；有耕地 8 亩的家庭为 4 户；有耕地 28 亩的家庭为 1 户。

按《石家庄保甲册》94 户的登记，注明住房间数一栏的统计，全村共有 315 间。其中，86 户有住房，占 91%；有 8 户的登记中，住房一栏为空白（且将其按照无住房户计算），占到了 9% 的比例。全村拥有住房最多的是尹永庆和于孝两家，尹家和于家各有住房有 12 间。全村拥有 1 间住房的家庭为 9 户；拥有 2 间住房的家庭为 21 户；拥有 3 间住房的家庭为 23 户；拥有 4 间住房的家庭为 9 户；拥有 5 间住房的家庭为 10 户；拥有 6 间住房的家庭为 6 户；拥有 7 间住房的家庭为 2 户；拥有 8 间住房的家庭为 2 户；拥有 9 间住房的家庭为 1 户；拥有 10 间住房的家庭为 1 户；拥有 12 间住房的家庭为 2 户。

按《石家庄保甲册》94 户的登记，注明从业种类一栏的统计，全村共有 89 户为农业，占 95%；另有 5 户登记的从业种类栏目为空白，经查从业种类栏目为空白的 5 户人家，有住房有耕地的 3 户，有住房无耕地的 2 户。据此分析，有可能漏填写，也可能家中有地，又从事某些生意，或兼营某种其他职业，《石家庄保甲册》扉页上，类似于注意事项的《保甲事宜》强调，"不得混写业商及业生意字样"，所以填写人有可能不知填写何业为宜，故而出现空白，但是，当时全村 95% 以上从事农业是毫无疑义的。

在自给自足的自然经济环境中，石家庄村民被长期束缚在土地上，循环往复地劳作使人们多有安逸之态，大多数人习惯于"日出而作，日落而息"，人们追求邻里安宁，向往少打官司最好无讼的社会环境和生活秩序，鄙视冲突和斗殴。然而，各种的社会矛盾是无处不在的，即便生活在以自然经济为基础的传统农业社会里，人们不可能始终都处在"老死不相往来"的状态，乡村社会秩序也不可能一直都是风平浪静。在光绪初年，出现的一些扰乱人们正常生活秩序的行为，曾一度打破石家庄村的安宁，"屡有不法土棍，纵火焚烧柴草，砍伐树木，甚有剪毁田苗。恶风日炽，民不聊生"。① 后经光绪四年（1878）九月间举行阖乡公议，决定"整顿乡规"，"设会防御"，"已靖恶风"，由于立会后，立法甚善，群力防御，违反者"由会公议送究"，扰民行为大大收敛，秩序趋于平静，村里的这场骚乱风波逐步得以平息。

19 世纪末 20 世纪初的石家庄村，人口数量问题非常重要，它关系到城市化之前的石家庄村到底是一个小村庄，一个中等村庄，还是大型村庄。但是，多年来由于没有发掘出新史料，研究迟迟未能取得新进展，学者们众说纷纭。

据清代档案表明，光绪二十四年（1898），获鹿县对所属境内的在城及四关并四乡五路 198 村的男女老幼进行了一次详细的人口调查统计，此次调查工作以自然村为单位，逐村登记统计，整个统计工作于当年十月二十九日完成，这份重要档案的名称叫作《编查男女大小户口数目清册稿》。② 这是清末获鹿

---

① 河北省档案馆藏，《石家庄从九街赵元泰等禀请脚行夫头赏给贫民承充并据夫头于志文等禀潘得才等争夺脚行互控卷》，655-1-1289。
② 河北省档案馆藏，《编查男女大小户口数目清册稿》，《正定府转催光绪二十三年分民数、谷数册卷》，655-3-1689。

县最为可信的一项人口调查统计数据，这份人口调查统计档案材料的发现，无疑是石家庄历史研究取得的一个重要进展，此前学者们调查和推测的各种数字从而可以得到统一的更正。

根据该项调查统计，全县共有 27172 户（笔者注：原件为 27273 户，其中，西北路的 35 村共 4546 户，误统计为 4647 户，多统计 101 户，故全县实际为 27172 户），男女老幼 140687 人。其中，石家庄村共 93 户，男女老幼共 532 人。

从同治二年（1863）九月到光绪二十四年（1898），相隔 35 年，全村户数未增加，反倒减少了一户，但是人口却猛增 224 人。由于此次人口调查数据未能全面反映出年龄结构，尤其在猛增 224 人中儿童占何等比例不明，无法计算出自然增长率，依然无法验证同治年间《石家庄保甲册》中存在的儿童缺漏问题。此时获鹿县 198 村的户均人口为 5.24 人，石家庄的户均为 5.72 人，略高于获鹿县户均人口高出 0.48 人，应视为比较正常。

按照此次调查统计，获鹿县户数最少的村仅为 2 户，户数最多的村为 561 户。在获鹿县 198 个村由多至少的排序中，石家庄村的户数名列第 131 位，如果将在城及四关除外，198 个村的平均户数为 127.86 户，石家庄村仅为 93 户，比全县的村均户数少 34.86 户。如果将在城及四关除外，获鹿县 198 个村的村平均人口为 670.17 人，石家庄村仅为 532 人，较全县的村均人口数少 138.17 人，特别是与东面邻村休门的 341 户和 2357 口人的差距更大，所以，19 世纪末 20 世纪初，石家庄村属于名副其实的蕞尔村庄。

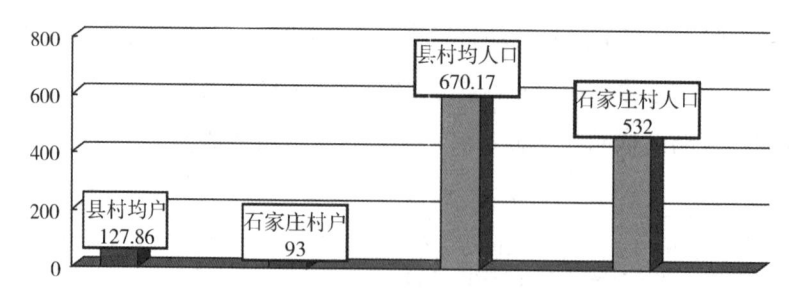

图 2-2　1898 年获鹿县 198 村村均户数、村均人口与石家庄村户数、人口数对比示意图

在京汉铁路未通以前，本地村民可以定期到石家庄村东三里的休门镇、西南约七里的振头镇赶集，交换农产品、手工业制品以及其他日用品。"其时石家庄并无商民之足迹"，其村"概营农业"。①

二、20世纪初至民国前石家庄走向城市化的初始

默默无闻的蕞尔小村石家庄进入20世纪，开始发生巨变。

沉睡在农业社会的石家庄村的老百姓，被修筑京汉铁路的劳动号子和机器的轰鸣声惊醒，当大批的筑路劳工和筑路物资源源不断地运到这个几百年来无人问津的小村时，村民们看着这忽然变得热闹起来的工地，无论如何都不会想到，石家庄村的命运会因此而开始发生重大的改变。

1900年3月，京汉铁路修到了正定府。1900年秋末，汉口至信阳和保定至正定两段铁路线竣工。《辛丑条约》签订后，逃往西安的慈禧、光绪皇帝起程返京，从正定乘火车北上。1902年京汉铁路修至石家庄，1903年建成石家庄火车站（枕头火车站），1904年动工兴建正太铁路，到1907年全线竣工通车，此时石家庄成了京汉、正太铁路的交会点，成为交通转运枢纽，从而成为促进石家庄发生变化的外部推动力。

火车轮子伴随着新世纪的钟声把石家庄拉入了城市化的轨道，20世纪初至民国前石家庄的巨大变化，主要体现在以下三个方面：

首先，铺设铁轨、修建车站和铁路辅助设施，占用了石家庄村的大量土地，使农民逐步失去了进行农业生产所依赖的耕地。

京汉铁路、正太铁路以及车站的建设是逐步展开的，铁路辅助设施也是伴随着运输能力的逐步扩大而逐步扩大的，因而农业生产的土地被占用的过程，是分期分批进行的。但是，整个石家庄村农业用地状况改变的进程是极快的，短短几年就发生了巨变。

---

① 《石家庄之经济状况》，《中外经济周刊》，第181号，1926年9月25日。

从1904年的一份档案材料——《京汉铁路购买地亩粮户过割清册》中可以看到石家庄村这次部分土地购买粮户"过割"的真实记录,在这份京汉铁路购买七顷多土地的清册中,记载了此次购买石家庄村12户农民的27块土地,共计118.69亩,并有4.793两的粮银过割。① 这些土地所有者是石家庄村的李起福、李文秀、卢双红、姚孟阑、姚孟荣、殷春、殷克义、殷六、殷起云、殷四、于季荣、于荣礼,共计12户。此次购买的石家庄村土地最小的一块耕地仅0.1亩,最大的一块耕地是26.93亩,最多的一户共被收买了9块土地。此次被收买土地最少的一户是李文秀,仅0.98亩;被收买土地最多的一户是姚孟荣,共计41.57亩。随着正太铁路的修建和发展,占地越来越多,为了修建"正太路修理客货车辆总机厂"(现在的石家庄车辆厂),正太铁路在石家庄村购买了大片土地,"桥北为正太铁路用地,该路管理局、机器厂、修车厂、火车材料厂及洋员寓处均在焉"。② 短短几年下来,石家庄村东和村北的大部分土地陆续被购买。宣统三年(1911)六月的档案资料记载:"据石家庄民人潘德才、殷百鹭禀称:缘伊村自正太、京汉两条铁路修占民地三分之二。"③ 土地的消失不仅换来了石家庄村周边空间景观的变化,换来了大量外来人口向这里聚集,也换来了本村农业劳动力的大转移,换来了当地的兴旺和繁荣。

其次,随着大量土地被占用,石家庄村农民进行农业生产的条件不复存在,农业劳动生产者不得不向新的领域转移,本村广大农民作为农业生产者的身份开始改变。

当地"村人多半无业,皆依卸运糊口"④,村民纷纷转移到与铁路车站转运相关的脚夫行当。京汉铁路在石家庄村所建的车站,是一个中途车站;正太铁路在石家庄修建的是起始站和终点站,但是它采用的是"1米窄轨",京汉、

---

① 河北省档案馆藏,《京汉正太铁路局应完历年粮租拨交报解卷》,656-1-377。
② 《石家庄之经济状况》,《中外经济周刊》,第181号,1926年9月25日。
③ 河北省档案馆藏,《石家庄从九街赵元泰等禀请脚行夫头赏给贫民承充并据夫头于志文等禀潘得才等争夺脚行互控卷》,655-1-1289。
④ 河北省档案馆藏,《石家庄从九街赵元泰等禀请脚行夫头赏给贫民承充并据夫头于志文等禀潘得才等争夺脚行互控卷》,655-1-1289。

正太两路铁轨不能相接,所以,京汉、正太铁路的两个火车站之间的物资转运,成为石家庄独有的转运业。两个车站间的物资需要用人力车或者马车运输,这是一种非常必要的运输,也是当时消化因失去耕地而面临失业的石家庄村民最主要的出路之一。

在邮传部章程的指导下,经殷实绅商联名公保,根据铁路总局颁布的脚行规矩二十款,由脚行夫头出具甘结,呈交押款,正式成立了"石家庄车站脚行"。由于占用了石家庄村的土地,石家庄车站装卸货物的活计就交由该村无地农民承担,据说在邮传部核准抄送章程内,就有"开各站脚夫均归土人承办,其承办之夫头及所雇夫役须土著民人充当,不得越境滥雇"等语。对从事脚夫者也有严格的职业规定,不准故意为难业主及偷窃货主财产,一切行为不得有害路政,每日的工钱120文。脚行初办之时,遇到客货不多和其他意外之因,也承担有赔偿风险,因而实行股份制,股东每年能分红利,但是,石家庄村贫苦村民所占股份较少,只占二分六厘股。实际上大股东在操纵着脚行,"脚行夫头虽为于志文出名,其实为姚梦梅主持其事"。① 为了赢得利益,开始之时,夫役之人尽本地穷民有力者充当,后来为了提高效益,逐步裁减老弱夫役,并对出工不出力、上班常误点、偷窃货物等人予以开除。于是,雇用外村夫役和吸收异地股份的现象,开始不断变着花样出现。例如,有一李姓济南府人加入京汉路脚夫股份,获鹿方璧村一富绅加入正太铁路脚夫股份。由于土地丧失,脚夫之职"若被他人搀越,不啻夺半村穷民之生计"②,石家庄村的富绅与贫民,很快就由于十分明显的利益关系而逐步分化,差距越来越大。尽管如此,获鹿县官府每年还要为石家庄车站的脚行夫头"照章雇用本村贫民"问题,多次出面调解,以睦乡里而息讼端。由本村人担任的正太路脚行夫头于志文、京汉路脚行夫头殷百鹭曾签署"该脚行均须雇用本庄贫民装卸货物"的甘结。清朝灭亡前的几年里,石家庄村民以各种借口,为争夺脚行而发生的纠纷

---

① 河北省档案馆藏,《石家庄从九街赵元泰等禀请脚行夫头赏给贫民承充并据夫头于志文等禀潘得才等争夺脚行互控卷》,655-1-1289。
② 河北省档案馆藏,《石家庄从九街赵元泰等禀请脚行夫头赏给贫民承充并据夫头于志文等禀潘得才等争夺脚行互控卷》,655-1-1289。

滋事案件，此起彼伏，连绵不断，有时甚至还需巡警员出面弹压。由此可见，失去土地的石家庄村民在新的谋生道路上非常艰难，并非一帆风顺的。

再次，随着大批筑路人员陆续进驻石家庄村，以服务为主要特征的第三产业迅速在这个小村庄的边缘地带崛起，石家庄的经济结构开始发生显著变化。

1902年京汉铁路修至石家庄村，最早的服务行业针对的服务对象主要是大批的筑路人员。为了给工人、监工、工程技术人员、洋职员提供一些生活便利和日用品，极为简陋的百货店、食品店、饭店应运而生。1903年京汉铁路通车，此时有了京汉线上下车的乘客，也就有了随车叫卖"售卖零物"的小贩。要去山西的旅客需要在石家庄下车，"再觅车轿西去"，为了方便西去转车的旅客，以及南来北往的游人，当年石家庄村里也出现了旅店数家。出现客流，便有了商机，石家庄"始有商民来往"。① 布店"泰和昌"就于京汉铁路开通的当年在石家庄开业。1903年先在石家庄东连湾胡同出现了邮政代办所，11月取消代办的邮政铺商，设立了悬挂"大清邮政"牌匾的"石家庄二等邮局"。正式营业的邮局开始经办普通信函、挂号信函、明信片、印刷品、包件和汇兑业务。② 1906年，石家庄正式设立了电报局。1903年10月正太铁路开始勘探，翌年4月便动工建设，石家庄村作为正太铁路的起点站，不仅是施工队伍的大本营，又是施工设备和器材的集积总站，因此，石家庄人口大增，服务行业渐多。据《石门指南》记载，此时开办的主要旅店有：1904年开店的春元旅馆、1905年开店的大兴栈、1906年开店的晋义栈、广利栈等。③ 而且，由于一批负责铁路修建的洋职员和洋专家们驻扎在石家庄，常用的外国食物等在中国铺号不易购得，而寄往天津邮购花费必多，所以有法国商人"保各拉在获鹿县属石家庄开设洋酒铺生理"④，出现了专卖洋货的商店。中国交通银行石

---

① 《石家庄之经济状况》，《中外经济周刊》，第181号，1926年9月25日。
② 石家庄市邮政志编纂委员会，《石家庄市邮政志》，河北人民出版社，1995年，第3页；张鹤魂，《石门新指南》，1942年，第31页。
③ 石门日报社编印，《石门指南》第四编《商号及题名录》，1934年，第4～5页。
④ 《直隶总督袁客行各省会商订立售卖洋人需用食物章程文》，《东方杂志》，第1年第5期，1909年5月25日。

家庄分行1907年在石家庄开张。民国前,英美烟公司已在石家庄设了分公司。正太路通车后,中转流动旅客大增,"商贾云集,渐形繁华,"①是当时石家庄的真实写照。1909年晋阳栈、裕隆栈相继开业,1911年晋通栈开业,仅客栈就有十四家以上。除前面提到的之外,较有名的还有谦义栈、泰安栈、永长栈、和兴栈、泰来栈、永成栈、魁盛栈、兴茂栈、大盛栈、润生栈等。各种应运而生的商业服务项目发展得异常迅猛。

再有一个重大变化就是,大量外来人口聚集石家庄,源源不绝的各类人员超过了本地土著人口的数倍。

接踵而至的广土众民,拥有五行八作的各色职业。第一批外来人是筑路工人和技术人员,随着工程进度发展,视察与验收的官吏你来我往,再来者即开办各种店铺的商人,在接下来的就是部分到石家庄找工作谋生的农民工。铁路开通后,大批铁路工人则成为石家庄第一批产业工人,随着铁路运力的发展,铁路职工人员大增,并正式成为石家庄的常住人口而相对固定下来。仅两个火车站的职工和正太路修理客货车辆总机厂职工就超过了石家庄村的原村民。中转货物的搬运,促使石家庄出现了新的运输职业;各类中转货物的批发业务,促使石家庄出现了新的职业经纪人;中转旅客的增加,不仅增加了大量流动人口,还促使各类服务行业的投资人和经营者纷至沓来。清末石家庄形成小城镇规模后,不仅有警察进驻,军队也对枢纽地位的石家庄引领而望,吴禄贞率领的六镇先后曾驻扎石家庄。

外来人员有邻村的,例如,获鹿方壁村富绅入股石家庄车站脚行;还有邻县的,例如,正定人在石家庄开办了恒得信洋铺店,井陉人王鸿本承包了正太厂围墙工程;省内的居多,例如,承包大石桥工程的唐山人赵兰等;还有外省人,例如,济南府人李姓加入了京汉路脚夫股份;甚至还有外国洋人,主要是法国人和意大利人。②从外来人口的结构看,工人和商人居多,流动人口比

---

① 石门日报社编印,《石门指南》第一编《地理》,1934年,第2页。
② 梁勇,《石家庄早期的商业》,《石家庄文史资料》,第5辑,政协石家庄市文史委员会,1986年12月,第78页。

例较大，石家庄人口的社会结构发生了根本的变化，单纯耕作的农民已经少之又少了。

石家庄村空间上的建筑物结构，在短短的几年时间也发生了巨大变化，原来的乡间道路也因不断崛起的建筑，产生改道和变向，石家庄村与邻村的周边环境在逐步改变，空间地域在不断地被新建筑所蚕食。铁路兴修之前，石家庄乡村的建成居住村落零零散散地分布在大约半平方公里的空间，几乎全部为平房院落建筑。从建筑铁路大军进驻石家庄村开始，商铺骤增，为解决人口剧增而导致的住房紧张问题，在这个原来的荒野小村周边新建房屋犹如雨后春笋般地脱颖而出，既有茅茨土阶的简陋住所，也有美轮美奂的高大西洋建筑。正太路开办之初，在石家庄设立的医诊所，正太铁路通车之后，改为正太铁路医院。此外，石家庄建起两座崭新的火车站。在正太车站北边，有一座新建的法式洋楼最引人注目，这是1907年建成并投入使用的"正太饭店"，它是当时石家庄最豪华的饭店，营业服务的对象主要是官僚政客、驻军首领、富绅巨商等，在后来的近半个世纪，它一直是近代石家庄的一个标志性建筑。清光绪三十三年（1907），石家庄还出现了一个近代工业建筑群落，即"正太铁路总机厂"。该建筑群落由法国人设计，为单层砖木结构，当时厂房面积一项就占去0.12平方公里。厂区北面修建了法国洋人居住的公寓区。在"休门与石家庄往来之孔道，其间每日往来者甚众"，铁路的铺设和火车的开通，给村里来往行人造成一定的行路困难，"不幸之事迭出"[①]，1907年秋季竣工的"大石桥"使这一问题迎刃而解。大石桥跨越正太铁路，桥长150米，高7米，宽10米。从此，大石桥不仅成为石家庄又一个大型标志建筑，而且使石家庄开始有了空间结构上的桥东、桥西之分。由于大桥往西的道边上，不断有各种新商店的出现，鳞次栉比，日渐繁盛，形成了以经商为主的"大桥街"，后来成为石家庄繁华"第一街"。昔日村庄随着周边新建筑的兴建和各行各业的兴旺，转瞬间便成为城镇，渐有通都大邑之相。

随着石家庄地位的提升，获鹿县警察所加强了对它的管理，派数名警察

---

① 张鹤魂，《石门新指南》，石门新报社，1942年，第328页。

进驻石家庄。

清末十年间,石家庄从默默无闻的蕞尔村庄,一跃成为冀晋两省中南部地区物资集散中心,其战略地位可谓"南北通衢,燕晋咽喉"。这种地位变化在1911年辛亥革命时期得以表现出来,它使石家庄成为吴禄贞与阎锡山燕晋联军的策源地,燕晋联军截取京汉路军火,高举攻打北京义旗,充分证明了石家庄作为燕晋交通枢纽,扼京城南大门之重要的军事地位。

总之,1902年京汉铁路修到石家庄,1907年正太铁路通车,使石家庄变成了交通运输枢纽、商品货物集散中心和军事战略要地,使石家庄的地位发生了巨大变化。正如时人所说,"石家庄之地位益形重要,自是以后,商贾云集,行栈林立,筑建繁兴,昔日寂寞荒僻之农村,遂一变而为繁盛之市场矣"。①

清末十年石家庄林林总总的变化,昭昭在目,明效大验。其实质是农村社区向城市社区的转变,农村人口向城市人口的转变和集中,农业产业向第二产业和第三产业的转变。清末发生在石家庄的这种变化,揭开了它城市化的序幕。

---

① 《石家庄之经济状况》,《中外经济周刊》,第181号,1926年9月25日。

近代石家庄铁路枢纽的特点

1907年正太铁路建成通车，标志着石家庄铁路枢纽的形成，从此揭开了近代石家庄历史发展的新篇章。石家庄铁路枢纽由于承担着京汉线、正太线以及后来建成的石德线三条铁路的所有客货车到达、发送、中转装卸和解编等运输任务，起着纵联南北干路，横贯"晋直鲁"的中心联络作用，是当时华北铁路重要的路网性枢纽之一。与清末民初的全国所有铁路枢纽相比，石家庄铁路枢纽具有一些不同的特点，这些特点对日后石家庄城市的兴起与发展产生了一些至关重要的影响。所以，要准确把握石家庄城市兴起、发展的演化规律和特征，必须首先了解石家庄铁路枢纽的特点。此类研究目前尚未见专文论及，本文愿对此做一探讨，以求抛砖引玉。

一、枢纽兴起是从零起步

石家庄铁路枢纽由京汉线与正太线两条铁路相交而成，坐落在内陆平原一个蕞尔乡村的旁边，这个铁路枢纽所在地对于日后城市兴起和发展而言，几乎没有任何的基础，可谓起点为"零"。清末民初，因兴修铁路在华北乃至全国崛起不少的城市，而与焦作、平地泉、驻马店、唐山等铁路沿线城市的最大不同之处在于，石家庄是因为铁路枢纽的缘故而发展为城市的；而且石家庄铁路交通枢纽零起点的特点，与当时其他所有铁路交通枢纽城市都是不同的。从近代中国城市发展史考察，由铁路形成的交通枢纽对城市发展产生巨大影响的

---

* 原文发表于《石家庄职业技术学院学报》，2012年第1期。当时因压缩篇幅，报刊编辑删除了其中一段"清政府对形成两种不同铁轨并存的态度"等内容，此次编辑出版本书时予以恢复，特此说明。

类型，大致有三：

第一，近代铁路与沿海、沿江或沿河的港口码头相结合而组成的交通枢纽，几乎全部都成为海外贸易或区域性贸易的中心。当然，其中不少城市是在开通铁路之前就已成为著名的贸易城市，只是自铁路与码头的组合之后，他们才真正有了如虎添翼的发展势头，迅速壮大。这一类的交通枢纽有：沿海城市大连、天津、烟台、青岛、连云港、上海等；沿长江的城市南京、武汉；沿黑龙江的哈尔滨；沿牡丹江的牡丹江市；沿淮河的蚌埠等。这些交通枢纽的地位在近代城市发展中之所以表现地非常突出，与这些枢纽是由铁路与水路交通方式结合有直接关系，水陆两者之间具有很强的互补性。石家庄不属于这样的铁路枢纽，它只是一个单纯的内陆平原上的铁路枢纽，既不靠海港，也无江河码头相依。

第二，部分近代城市或城镇，随着铁路的兴建，特别是在形成铁路枢纽之后，原有城市结构开始出现改弦易辙的变化，传统城市原有的政治、军事中心功能发生变化。这些城市经济功能日益显现，逐步实现由传统城市向近代城市的转型，社会经济突飞猛进，城市人口与日俱增，城区景观焕然一新。例如，津浦线与陇海线相交的徐州铁路枢纽所在地，早在公元前573年就有了筑城活动，古称彭城，自古以来一直都是政治军事中心。1912年津浦线铁路通车，1915年陇海铁路自徐州到开封段通车，1925年徐州到海州的陇海路东段通车，徐州成为铁路枢纽。这个枢纽是被人刻意安排或者精心选择在重要城市进行交叉的，因此近代徐州枢纽城市的发展自然而然地受到旧城的影响，这是不言而喻、毋庸置疑的。再如，津浦线与胶济线相交的济南铁路枢纽所在地，汉初就称济南，此后一直是地方行政中心，明清两代济南都为山东省的省府所在地。还有陇海线与京汉线相交的铁路枢纽所在地郑州，更具有悠久的历史，早在商朝郑州就成为国君仲丁的都城，此后一直是农业社会行政管理的一个地区中心，虽然到清朝衰落，但毕竟也是一座将近两万人口的县城。1906年京汉铁路通车，1909年汴洛铁路通车，两条铁路在郑州交叉形成了两条铁路干线的枢纽，自铁路开通后，郑州"纷华靡丽，不亚金陵六朝"。石家庄铁路枢纽所在地不具备这样的政治历史背景，它在兴修铁路前，只是一个93户532

口人的小村庄[①]。石家庄铁路枢纽所在地距离县城一级的行政中心都在几十里开外,它西面距离获鹿县城约18公里,北面距离正定府城15公里。徐州、郑州、济南的经济、政治、文化基础,是石家庄这个蕞尔乡村难以企及的。

  第三,由铁路兴修而形成枢纽,铁路枢纽的所在地又逐步发展为城市,其城市成长过程为"从无到有"。这种类型的铁路枢纽城市往往发展迅速,其发展呈跨越态势。仔细寻觅可以发现,只有石家庄和哈尔滨可以称得上这种类型,说它们发展迅速呈跨越式,是因为他们都由小村庄跨越为省会级的大都市;说它们同为铁路枢纽的所在地城市,是"从无到有"的类型,是指它们在铁路兴修之前都是小村庄,一个是渔村,一个是农村。但是,由于地理位置和环境有很大的不同,石家庄与哈尔滨在发展道路和发展类型上还是存在一定差异的。石家庄属于中原内陆的铁路枢纽,没有直接与国外连接的通道和出口,近代始终也没有被批准为对外通商的口岸城市,一直是个未开埠的新兴城市。而地处东北北部的哈尔滨,位于松嫩冲积平原东部,濒临松花江,因兴修满洲里至绥芬河和哈尔滨至大连的东省铁路而形成铁路枢纽,它不仅发展成了典型的沿江城市,而且还因为中东铁路是俄国为了实现沟通西伯利亚与海参崴联系的产物,作为这样一条铁路的重要枢纽,哈尔滨便日益成为一座国际性的城市。

  石家庄铁路交通枢纽的零点起步,对于日后的城市兴起,以及作为交通枢纽需配套建设的进出线路、站场、设备以及其他铁路设施、建筑等,既没有任何的基础,也不存在任何障碍和限制,犹如一张白纸,任凭建设者们构筑它的未来。

二、枢纽由两条不可过轨的铁路组成

  从铁路枢纽的构成线路类型看,石家庄铁路枢纽是由两条不同轨距的铁

[①] 河北省档案馆藏,《编查男女大小户口数目清册稿》,《正定府转催光绪二十三年分民数、谷数册卷》,655-3-1689。

路组成，它们虽在石家庄这个枢纽地交会，但两条铁路间相互不可过轨，不能连接，这是有别于其他所有铁路枢纽的另一个突出特点。

关于铁路轨距，国际上一般均以1435毫米轨距为普通的标准轨距。英国在创造铁路之初，为了使铁路适应大多数车轮外缘距离而确立此标准轨制，并得到大多数国家的认可；清末和民国时期，中国的铁路建设一般是以标准轨距为主的。当然，有一些国家在当时采用的并非都是标准轨距，或宽或窄，尚未划一，在世界范围内轨距的差异，也是方枘圆凿，不一而为。清政府修建京汉铁路采用的是国际标准轨距1435毫米，一般较窄轨而言又称之为宽轨；例如，当时修建的京汉线、陇海线、津浦线、胶济线路轨都是采用的1435毫米轨距。但是，修建正太铁路则采用的是1000毫米轨距，被称为窄轨，因此，石家庄铁路枢纽是两条不同宽度路轨的铁路交叉点。所以，郑州、徐州、济南等铁路枢纽都与石家庄不同，它们均可以相互连接和相互转线。哈尔滨作为东省铁路的铁路枢纽，虽然连接的两条铁路也没有采用1435毫米标准轨距，但是，东省铁路的干路和支线的路轨完全采用与俄国相同的1524毫米宽轨，当时它也不存在因路轨差异不能相互过轨的问题。正太路是国有铁路中最早使用窄轨的线路，也是中国借款所筑铁路中唯一采用窄轨的线路，由于"民国二十一年山西省当局修筑同蒲路，欲与正太路取得连接，故亦以窄轨兴筑"[①]，作为正太铁路西端的太原车站，则是可以相互连接和过轨的窄轨铁路枢纽。总之，石家庄铁路枢纽作为当时不同路轨的铁路枢纽，在近代中国铁路枢纽中是绝无仅有的。

窄轨与标准轨相比而言，其特点首先是建造路基宽度不同，窄轨占地少，施工的土石方工作量小，故此成本更为经济；窄轨建造工程量少，施工的难度相应较低，工程期限较短；窄轨铁路机车牵引力比标准铁路机车要小得多，仅为标准轨机车的20%～25%。两者最大的差异是运输能力不同，窄轨比标准轨机车的运输效率要低；但是窄轨的设备和人员配备并不能因此而缩减，故运输成本便会大大提高。

---

① 凌鸿勋，《中国铁路志》，文海出版社，1954年，第39页。

石家庄铁路枢纽形成两种不同铁轨并存的局面，不是清政府兴修正太路的初衷，中方督办人员对法国银行和设计者一再亮明态度，"坚主非修标准轨不可"，也对采用窄轨的设计做过"迭次驳论"。由于"磋商轨事未决"，双方相持达一年之久，尽管铁路大臣盛宣怀对此极为不满，表示"五洲无此公理，中国独受此亏"。但是，最后还是做出了妥协，"至（光绪）二十九年七月，经外务部奏明准用窄轨"。① 为什么在中方提出"正太为芦汉之支线，轨距不可各异"的反对意见之后，法方还会执意坚持采取窄轨设计呢？如果我们采取不偏不倚的态度，仔细观察分析可以发现，法方主要还不是基于原合同中赋予了他们决策权，合同条文虽然曾有"此段铁路，应由何路经过，铁轨之宽窄，何处应设车站，以及车站何处应大，何处应小，火车客货车辆之多寡各等，均由银行代为酌核"② 的约定，而法方则是一味强调使用窄轨是实际地形勘测之后得出的必然选择，是因难见巧，计出万全的精心设计，在当时条件下，无可争辩，非它莫属。法方正太总工程师埃士巴尼在给盛宣怀的信中解释说："山西铁路拟用一尺（米）宽之轨道，乃经谙练各工程司详细测勘而后定"，声称设计者所绘图纸"乃积五年测算量绘工程，并历勘正定至太原所有官路、小路、山蹊各地方而成"，信誓旦旦地断言"中国所有已造铁路未下手之先，从无如山西铁路测勘之详且细者"。而且，一再辩称，几经勘测"并非先有定见建造一法尺之轨道，而择地以安路线"。"拟用窄轨并非先有成见，或有所指使"，因为"凡有可安路线之处，均已详加测勘，所定之路线、所拟之轨道尺寸皆几费踌躇也"。所以，"实就地势而寻可用之路线，不得不用此窄轨"成为必然结论。③ 法方始终都认定正太铁路1000毫米窄轨的设计不可更改，也不能更改。如不然双方怎么能够相持达一年之久。面对中方的"迭与辩驳"，法方反复重申："正太铁路中国国家以四千万佛郎克借款造之，则舍一尺（米）窄轨之外，

---

① 凤冈及门弟子谨编印，《三水梁燕孙先生年谱》（上），1939年，第61页。
② 《总署奏报〈柳太铁路借款合同〉折》，宓汝成编，《中国近代铁路史资料》，第2册（1863～1911），中华书局，1963年，第415页。
③ 《埃士巴尼致督办铁路盛大臣信一件》，中共石家庄市委党史征编室，《正太铁路工人斗争史》，1985年，第167～168页。

无可造也"。当然，法方也曾一度开出过苛刻的高价条件，"倘必欲营造宽轨非壹万万佛郎克不可，加以利息，则须壹万贰千万佛郎克之借款也"，"宽轨工程非八年不能蒇事，而窄轨则四年足矣"。①面对成倍增长的工程款项，中方甚感疑惑，也提出过质询，"窄轨与宽轨相较，所差只一尺五寸有奇，即山路施工较难，亦不至顿增钜费"。②埃士巴尼总工程师对建设标准轨需要增加经费两倍之多的缘由，做了比较专业的详细解释。"所有宽轨窄轨应用钢轨道木并车辆机器之不同，暂不计也，只就工程而论，营造窄轨与宽轨同在一方之内，其经费即如以一与二比较，即谓窄轨需一，而宽轨需二也"。原因在于"窄轨则弯曲之处可用法尺一百尺之半径，若宽轨则曲线非三百尺半径不可，盖半径愈小，则路线愈曲，轨大而路曲，则易于出险。譬如，窄轨用一百尺半径，只在山腰，而宽轨至少用三百尺半径，则不知落于何处。在山腰上，窄轨每尺（米）用十五立方之土方，而宽轨则需开山或开山洞，均未可定。或窄轨可环山腰，而宽轨则统须山洞，若然则宽窄之比较，其经费不止十五倍也，此并非过当之语。且有时桥梁涵洞用窄轨均可以免，用宽轨则非桥梁涵洞不可。"③随着争持的拖延，最终由于法方摊牌，拿出"道胜银行不允再加借款"的撒手锏，釜底抽薪，迫使中方最终就范。"不得已遂勉就借款范围采用窄轨筑焉。"④

石家庄铁路枢纽作为不同路轨的铁路交叉点，带来的最大问题是两条铁路相互不能连接。由于京汉路与正太路的机车与车厢等相互不能过轨，给联运造成难以克服的困境，给正太沿线的商家和石家庄本地的行业发展，以及正太铁路局自身管理等都带来了一系列的重大影响。由于石家庄铁路枢纽的这个特点，形成了一个比较独特的经济地理现象，而被写入了民国时期的教科书。由

---

① 《埃士巴尼致督办铁路盛大臣信一件》，中共石家庄市委党史征编室，《正太铁路工人斗争史》，1985年，第169页。
② 交通铁道部交通史编纂委员会编印，《交通史路政编》第12卷，1935年，第4031页。
③ 《埃士巴尼致督办铁路盛大臣信一件》，中共石家庄市委党史征编室，《正太铁路工人斗争史》，1985年，第168页。
④ 正太铁路管理局编，《本路史略》，《正太铁路会计统计报告》，1934年，第2页。

国家编译馆编辑，经教育部审定的中学课本，在介绍横穿太行山脉的正太铁路的时候，认为"可惜路轨系一公尺的窄轨，运输效能较低"，[1]原因在于"而两路的轨宽窄不同，客货必须在此换车"，[2]导致"运输货物必须在石家庄起卸改装，稍感不便"。[3]

要而言之，必须在石家庄重新装卸货物，是由正太线窄轨引发出的第一个问题。对于正太沿线的企业和商家来说，这简直是疾首蹙额的首要大事，特别是在从事矿山开采的商家眼里，"正太铁路车辆过小，每车不过二十吨，运费过贵，因轨道过狭，至石家庄必须换车。实晋直两省矿业发达之大障碍也"。[4]

其次，起卸改装直接导致了运输成本费用随之增加。重新装卸货物完全要由商家自理，运量愈大，耗费人力愈多，且装卸时间紧迫，货车在石家庄枢纽站的道岔占道，超过钟点要被罚款，也是致使运输费用提高的一个缘由。正太路局规定："货物到石家庄时，须改装京汉火车发往他处者，应由寄货或收货之商家自行料理给费。其请给京汉车辆，也应由该商家自行料理，倘因寄货之商家，未曾预先筹备，货车到石家庄时不能于十二点钟以内改装，以至停留车辆者，每车每延十二点钟，罚洋三元；不及十二点钟，亦作十二点钟算。此项罚款交清后方准交付货物。四十八点钟以后，每车每延二十四点钟，罚洋十五元，不及二十四点，亦作二十四点钟算。"[5]对于需要转运的商家而言，既要联系到转运的京汉线车辆，又必须刻不容缓地找人装卸火车，不难想象，当时广大客商"辄受装卸周折运费太昂之累"的无奈心境。

与之相联的第三个问题是经过窄轨向标准轨的起卸改装，货物往往严重受损，其价值大打折扣。"惟两路轨道宽窄悬殊，过递之间，不能衔接，以致该煤矿运煤由正太路至石家庄时，必须改换火车，方可前进。不但装卸周折，

---

[1] 国家编译局编辑，教育部审定，《初中地理》，第3册，1946年，第40页。
[2] 国家编译局编辑，教育部审定，《初中地理》，第3册，1946年，第12页。
[3] 国家编译局编辑，教育部审定，《初中地理》，第3册，1946年，第8页。
[4] 顾琅，《中国十大厂矿记》，《附论正丰公司》，1916年；河北省煤炭志编纂办公室，《河北省煤炭工业志资料汇编》，1989年，第19页。
[5]《本路与京汉铁路互相接运》，交通铁道部交通史编纂委员会编印，《交通史路政编》，1935年，第12册，第4132页。

而煤斤受损，整块半成碎末，利益之亏耗甚多。"①

然而，塞翁失马，焉知非福。虽然，窄轨机车不能与京汉路连接，增添了一道装卸环节，但是，对正太铁路局而言，却由此自成体系，避免了路政管理上的紊乱和会计核算上的纠纷，保证了正太路运营管理的单纯和稳定。正太路在全面抗战爆发前的30年运行实践充分证明，其铁路运务兴盛与其垄断地位不无关系。由于财政收入稳固，按期偿还了外国债款，铁路权收归国有。尽管它的工作效率在国铁路中并不十分突出，盈利能力却十分突出，在国有铁路中名列前茅，每万吨公里平均营业总收入和盈余、人均盈余、每公里最后盈余、人均净产值、成本收益率均名列第一，资产收益率名列第二。②另外，石家庄铁路枢纽的这个特点，恰恰促使石家庄的转运业应运而生，成为石家庄最早出现的产业之一。所以，从城市化的角度看待石家庄铁路枢纽这个特点的得失，又可谓是"楚弓楚得"。

七七事变后，随着大片国土沦丧，华北铁路被日军掌控，为了加紧掠夺山西煤炭资源，从1938年11月到1939年10月，日本人将正太铁路的窄轨改造成标准轨，从而实现了与京汉路的衔接，正太铁路也改名为石太铁路，"自改为广轨后，输送力乃渐增大，沿线产业之开发，颇为进展。"③至此，石家庄铁路枢纽的这个不同轨距的特点才正式消失。

三、枢纽的线路走向呈丁字形交叉连接

石家庄铁路枢纽的另一个特点，是构成枢纽的线路走向和交叉形式的特殊性。石家庄是由南北走向的京汉线与东西走向的正太线两条铁路相交，呈丁

---

① 《井陉矿务局李道德顺汉提督纳根禀拟开通河道便运路文并批》，国家图书馆文献微缩复制中心，《北洋公牍类纂续编》（正续编），第7册，国家图书馆，2004年，第3244页。
② 徐卫国，《1927～1936年中国国有铁路的经营效益和财务状况》，《中国经济史研究》，2003年第4期。
③ 张鹤魂，《石门新指南》，石门新报社，1942年，第21页。

字形相接，直到1940年石德铁路开通之前，石家庄车站没有通往东部的铁路，就这个特征而言，与徐州、郑州等十字交叉的铁路枢纽有着很大的不同。然而，济南与石家庄两个铁路枢纽，如出一辙，都有三个方向的线路，都具有一条南北向动脉干线，且沿线人口稠密，与之横接的铁路都是东西走向线路，都联结着一个省会级的城市，故以类相从。但是，进一步分析两者的线路走向、线路终点、运输结构、规划变动，便可发现两个丁字形枢纽依然存在着不小的差异。

首先，石家庄铁路枢纽三个方向线路的终点，只有京汉线直达南端的汉口是一个沿江的通商口岸城市，京汉线北端的货物要经过丰台，转经京奉路，才能到达通商口岸城市天津；正太线西端终点是内陆省会城市太原，枢纽所在地石家庄是非开商埠。而济南铁路枢纽三个方向线路的终点都是对外开放的沿海沿江的通商口岸城市，津浦线的北端到天津，南端到南京，东端到青岛，三个端点都是水路码头，顺畅地实现着陆路与水路的互补；而且济南铁路枢纽所在地本身就是山东省府，又是开埠通商口岸城市。无论是被迫开放还是自行开放，通商口岸城市都是传统中国联系或接触外部世界的前沿。所以这个不同特点，既反映了铁路枢纽城市与外部世界交通运输的方便程度，又反映出铁路枢纽城市对外开放的程度，从这个角度说，石家庄铁路枢纽的地位要略逊于济南铁路枢纽。

其次，石家庄铁路枢纽横接的正太线，晚于京汉南北干线的施工与通车，它横跨晋直两省，地势险峻，工程甚艰，"维持修养及行车费用均巨，故所定货物运价高出平汉路约百分之三四十"。① 而且因为窄轨不能与京汉线联通，沿途商家叫苦不迭。济南铁路枢纽横接的胶济线，早于津浦南北干线的建成，它横贯山东半岛，全线未出本省地界，地多平原，丘陵较少，工程施工较为简单，全线无一隧道，与津浦线实行联运，业务向称盛旺。

再次，石家庄铁路枢纽的京汉干线北段承载着大量煤炭和农产品的运输

---

① 正太铁路管理局编印，《正太铁路接收周年纪念刊》，1934年，第103页。

业务，整个运输则都以货运为主，货运进款约占百分之六七十，客运进款仅占百分之二三十。① 而济南铁路枢纽的津浦线北段货运长期清淡，往来于天津与上海之间的中外客货轮船已经经营许久，且价格低廉，所以津浦线北端的南运煤炭几乎全部被海路的轮船公司垄断。

最后，石家庄铁路枢纽位于冀西，枢纽连接形式呈"╡"形，缺少一条东向横贯冀中平原的铁路连接津浦线。济南铁路枢纽位于鲁西，枢纽连接形式呈"╞"形，缺少一条西向铁路连接京汉线。两者的不同在于，济南铁路枢纽始终不曾存在开发西向线路的规划，而石家庄铁路枢纽不仅始终有着由丁字交叉变为十字交叉的愿景，还有着实现这一目标的曲折过程。"正太铁路之石家庄距津六百里，其旱路之运往，困难无论矣。即使由水路而来，非仰仗于滏阳、滹沱两河不可，然此两河之水，时有时无，万不可靠。不得已由京汉路运抵京奉路，不能到津，试问如何周转，每吨有 900 余里之运费，其物价之增加应当几何？若成此沧石铁路，由石家庄直抵沧县，挂车抵津，其路程合共不过 600 里，其运输之费，自较由京汉而京抵津减轻不少，是此路告成，不但于民间交通便利，实于国家获利更属无穷。"② 以上充分说明了石家庄枢纽修建东向铁路非常之必要，由于这条铁路连同正太、京汉、津浦三路，存在有目共睹的经济意义，外国势力纷纷试图插手。清廷与德国商订津浦北段借款案中声明，德州至正定铁路除非十五年内中国自行筹办，否则须向德国借款建造；法国人"埃士巴尼在正太久习，知我国情形"，也曾提出"请造石庄东光"铁路；"米洛哈亦有石家庄东光之请"。③1907 年清廷邮传部为弥补正太铁路收入之不足，拟建石家庄至德州的铁路，以此拓展运输范围，进一步完善铁路网的建设，"并派工程司李大受、洋员沙克测勘直隶石家庄至山东德州支路，为交通津镇路线统筹该路全局，总期新添置资本于利息无亏，于干路有益，凡此挹彼

---

① 凌鸿勋，《中国铁路志》，文海出版社，1954 年，第 73 页。
②《直隶省议会议员张照坤提案》，宓汝成编，《中华民国铁路史资料》，社会科学文献出版社，2002 年，第 528 页。
③《正太铁路沿革概略》，《邮传部交通统计表》（上卷），光绪三十三年（1907），第 9 页。

注兹之法，即规划久远之基，举行之日尚需时日也"。①1916年河北商人曹桢祥等根据部颁《民业铁路法》，要集股修建石家庄至沧州的窄轨铁路，并获得交通部批准。后因种种原因，这条石家庄东向铁路被一拖再拖，直到正太铁路1933年被收回国有，铁道部放弃了沧石路修筑计划，历经曲折的石家庄至沧州铁路终成泡影。由此看来，当时用四通八达来形容近代石家庄铁路枢纽的运输功能，当属以偏概全。

不过石家庄铁路枢纽东向铁路的缺失，却给石家庄东向的公路发展提供了巨大的机会。由于公路运输具有投资少，见效快，机动灵活的特点，非常适应中短途的客货运输，又恰恰赶上了清末和北洋政府时期我国公路建设的初创阶段，1928年至1936年公路建设开始被纳入国家建设规划，此间石家庄拥有了石南（南宫）公路、石德公路。到1940年6月至1941年12月，日本殖民者修筑了石家庄至德州铁路，原沧石铁路的前期工程所留下的路基部分便被修成石沧公路。

由此可见，石家庄铁路与公路运输的发展，既存在着木本水源之联系，同时又存在着相互促进之关系。从1907年石家庄丁字形铁路枢纽形成，到1941年十字形铁路枢纽的出现，经历了极其曲折漫长的过程。民国时期丁字形铁路枢纽不仅在相对年头上超过十字形铁路枢纽，而且后者的实际有效通车时间断断续续，在民国并未充分运行到9年的绝对时间。1941年2月15日举行石德铁路正式通车仪式后，又因铁道线路受损等缘由停运多时，特别是1945年日本投降后，石德铁路沿线设备多被破坏，直到1948年7月18日才得以修复通车。在石德线通车后的9年时间内，虽然形成了京汉、石太、石德三条铁路干线组成的十字形交叉枢纽，实现了由丁字形向十字交叉的铁路枢纽的过渡，最终完成了京汉线与津浦线两大主干铁路的贯通，但是，城市的殖民地化以及由军事争夺等因素导致的铁路长期停运等，使得后9年的十字铁路枢

---

① 《奏邮传部折正太铁路明岁入不敷预筹办法由》，光绪三十三年（1907年10月17日），刊载于中共石家庄市委党史征编室，《正太铁路工人斗争史料选》，《正太铁路工人斗争史》，1985年，第173页。

纽对石家庄城市发展的促进作用，与前30余年丁字形铁路枢纽相比，微乎其微，聊胜于无。所以，存在了将近30年时间的丁字形铁路枢纽，对近代石家庄城市化发展产生了深刻的影响，在20世纪40年代以前，石家庄市区的繁华区域主要集中在京汉线以西，正太线以南。尽管如此，这是石家庄铁路枢纽与济南铁路枢纽的一个最大不同之处，因为后者始终不存在由丁字形枢纽向十字交叉形枢纽的转变。

总之，研究石家庄铁路枢纽长期存在的丁字形线路连接与走向特点，不仅可以更加全面地了解枢纽城市的外部联系状况，而且有助于把握城市的吸引力和辐射力范围，认识城区发展格局的变化，甚至对分析石家庄周围中短途公路运输线路的形成都具有一定的联系作用。

四、枢纽空间布局特点对城市发展布局形成切割

从铁路枢纽的空间结构布局看，一个城市因有两条或两条以上铁路交会，可以组成联合枢纽、环形枢纽、三角形枢纽、终端枢纽、延长式枢纽等不同的类型，不同类型的枢纽会有不同类型的车站组合。车站构成的原因比较复杂。例如，拥有一个联合枢纽车站的宝鸡站和皖赣线通车前的鹰潭站；在同一个枢纽城市的不同区域，出现两个或更多车站的情况并不鲜见，近代北京有永定门站、前门站、东便门站、西直门站等；近代天津有天津西站、天津北站、天津东站等；近代郑州有京汉线的车站，也有陇海线的车站等不一而足，它们分别承担着各自的职责。石家庄铁路枢纽客运车站，是建立在同一个地点的宽窄路轨上相互独立、长期并存的两个车站，这与其他枢纽车站迥然不同。

近代石家庄铁路枢纽的空间结构由以下部分组成：京汉线和正太线的南道岔和货运站、京汉线和正太线的客运车站、正太路总机厂、京汉路机务段、正太路机务段、沧石路场子（后为京汉路机务段）、烧油房、停车房、正太路管理局、法籍职员公寓区、京汉线和石德线的北道岔，以及铁路职工宿舍等。

枢纽空间的构成以京汉线为纵轴，所有组成部分相互连接，结构呈长条状，自南向北渐次展开。正太路端点有一段向南延伸的线路与京汉线并行，铁路两侧的占用地由南向北越来越宽。

处于近代石家庄铁路枢纽区域最南端的是货运站和众多条装卸货物的专用道岔，大致位于"南马路以北，旧铁路地洞以南，炼焦厂以东，平汉路以西"。[①] 铁路枢纽站为了调车、装卸货物、检修车辆、解体编组等实际需求，修建配置了一些必要的车站股道。京汉线石家庄车站的股道铺设达到了四种类型："串轨"即两头接通的站线，有10条，共6713米；"道岔"即一段接通其他股道的站线，枢纽区有3条，共2578米；"场厂道岔"即厂内线、货场线等，有12条，共3568米；"实业道岔"实际上是专用线，大部分由转运公司以及矿产公司等租用，有14条，共4879米。[②]

道岔区北面是石家庄客运车站，它基本处于整个长条形铁路枢纽区域的中间部位，在原铁路地洞桥以北，大石桥以南。石家庄客运车站在同一个地点之上，拥有两个相互独立，且长期并存的京汉车站和正太车站。这种极为独特的车站构造设置，固然与相接的两条铁路轨道宽窄不同不无关系，更与两条铁路由不同的外国银行借款建造，长期分别实行独自运行的管理体制有关，当时铁路部门是以铁路线设局，各自为政。从客运车站形式上看，京汉线客运站是通过式车站，早期有三条"到发线"，站舍和站台在铁路的西侧，当时叫枕头火车站，起初仅为三等车站，随着铁路枢纽的形成和客货量的增加，车站规格逐渐提高，改为一等站。石家庄正太线客运车站由于是起始站，一开始就被确定为特级站，站舍共占地约650平方米，建造了"尽头式"车站，有6条"尽头线"，因延伸的尽头线与京汉线并行，站台均在这段南北走向的延伸线东侧，站台长200米。[③] 于是两个客运车站被夹在京汉铁路和正太铁路之间，两个车

---

① 杨俊科，《石家庄早期的转运业》，《石家庄文史资料》，第5辑，政协石家庄市文史委员会，1986年，第92页。
② 刘统畏，《铁路修建史料（1876～1949）》，第1集，中国铁道出版社，1991年，第312页。
③ 交通铁道部交通史编纂委员会编印，《交通史路政编》，第12册，1935年，第4072页。

站处在相距不足百米的同一地点，东西隔马路对峙相望，而且叫着两个不同的车站名称。直到 1918 年，京汉线的"枕头车站"才改名为石家庄车站，但依然是两个相互独立管理的车站。由于两个客运车站的东面是京汉线，客运车站的南面是车站货场和道岔，客运车站西侧是正太线，两个客运车站成为只能由北面的一条东西方向的通道进入的"口袋"，客运站区形成半封闭性的长条状，旅客自北面的通道（大石桥）进入站台很不方便，行走距离较长，出站亦然。在进出车站的东西通道（大石桥）北面，连接的是大片的铁路工场区，其中，京汉路以东先是沧石路场子，后成为京汉铁路机务段，京汉路以西是正太铁路局场。从 1907 年开始，整个石家庄铁路枢纽区域均被用石头砌成围墙圈了起来，自北向南分别设有 12 个门，各门出口有路警弹压把守，各门之间有城墙相接，被当地百姓称为"洋城"，城内圈占了大片土地，"内建办公大楼，各种设施和管理机构一应俱全"[1]，有正太铁路监督局、法国总管处、机务烧油房（车辆段前身）、停车房、机车修理厂、法国高级职员公寓等。

　　石家庄铁路枢纽的这种设计及周围枢纽设施的布局，不仅使上下火车的旅客进出不便，而且造成城市区域的东西向交通阻碍，给往来行人和车辆带来了极大的麻烦。1907 年修建了跨越正太铁路的大石桥，部分地缓解了上下火车旅客和市区内东西向行人及车辆的不便。[2] 石家庄两个客运车站被夹在京汉铁路和正太铁路之间的局面，大约存在了 30 年时间。1939 年日本殖民当局将正太铁路的窄轨改造成了标准轨距，并将京汉路车站、石太路车站合并成为一个车站，取名为石门车站，车站改为向西出口的新局面。同时，正太铁路改称石太铁路。1940 年从石家庄铁路枢纽北面出线，兴建了石德铁路。至此，石门车站形成京汉、石太、石德三条铁路的交会，合并成一个统一管理的车站，1946 年改名为石家庄车站。

---

[1] 石家庄铁路分局志编辑委员会编，《石家庄铁路分局志》，中国铁道出版社，1997 年，第 614 页。
[2] 李惠民，《石家庄大石桥考释》，《文物春秋》，2007 年第 6 期；李惠民，《石家庄大石桥百年来的功能变迁》，《石家庄文化》，2007 年第 5 期；李惠民，《石家庄大石桥续考》，《石家庄铁道学院学报》，2008 年第 1 期。

综上所述，石家庄铁路枢纽区域布局与城市发展的空间结构有着密切联系。由于石家庄城市完全是因铁路枢纽而兴起，城区的发展自然也是以铁路车站为中心，逐步向四周外延拓展的。枢纽与石家庄城市发展都是以发展经济的需求为动力，是一种互为因果和互动共生的关系，铁路愈发达，城市愈发展。同样，城市发展愈快，铁路发达程度愈高。但是，当城市或枢纽发展达到一定程度和规模时，两者又会形成相互制约的关系。作为新式交通枢纽城市的石家庄，实质上还包含着沟通地区或城市间的外部运输和城市内部运输的两套交通系统，近代石家庄城市发展的起步阶段，"完全听其自然发展，殊无整齐划一之规"。[①] 城市缺乏总体规划导致的结果是，一方面城市发展将铁路枢纽团团裹箍，使铁路"安设道岔的地区很少，装卸运输仍感不便"[②]，束缚住了枢纽的进一步发展；另一方面，京汉、石太、石德三条铁路穿越城区，并都在市中心汇集，由一系列的相应建筑、设施等与众多的铁轨联结为整体的铁路枢纽区，构成了市区内一个巨大的相对独立空间，导致了对城市布局的切割。不仅使城市发展严重受到制约，城市环境和交通也都受到不同程度的负面影响。例如，铁路枢纽区占据市中心地位，造成了铁路交通与市内交通的矛盾，能够通过市中心的东西向通道，只有原大石桥和"地洞子"两处可以通行，所以枢纽区对市内交通形成了较为突出的障碍。铁路枢纽所占空间对城市的切割，伴随着城市的日益发展，愈演愈烈。因此研究石家庄长期存在的铁路枢纽布局结构特点，对分析日后的城区发展格局有很大的帮助，特别是对于分析城市功能分区存在着很大的实际意义。

---

① 《石家庄之经济状况》，《中外经济周刊》，第181号，1926年9月25日，第20页。
② 石家庄市城建档案馆藏，《市建设局：石家庄市城市计划草案》(1952年9月)，第17页。

铁路枢纽对近代石家庄城市经济的牵引作用

马克思和恩格斯在谈到19世纪中后期生产力的巨大发展时,曾说:"自然力的征服,机器的采用,化学在工业和农业中的应用,轮船的行驶,铁路的通行,电报的使用,整个大陆的开垦,河川的通航,仿佛用法术从地下呼唤出来的大量人口,过去哪一个世纪能够料想到有这样的生产力潜伏在社会劳动里呢?"[①]正像马克思主义经典作家所说的一样,默默无闻的蕞尔小村石家庄进入20世纪,随着铁路枢纽的建成,催生了先导支柱产业,牵引了城市经济兴起,开始发生了令人意想不到的历史性巨变。

铁路之所以具有这种能量,就在于它是一个特殊的大工业部门,被马克思称为"实业之冠"。马克思说:"铁路首先作为'实业之冠'出现在那些现代工业最发达的国家英国、美国、比利时和法国等。我把它叫作'实业之冠',不仅是因为它终于成了和现代生产资料相适应的交通联络工具,而且也因为它是巨大的股份公司的基础,同时形成了从股份银行开始的其他各种股份公司的一个新的起点。……毫无疑问,铁路的铺设在这些国家里加速了社会的和政治的解体,就像在比较先进的国家中加速了资本主义生产的最终发展,从而加速了资本主义生产的彻底变革一样。"[②]作为"实业之冠"的铁路,在经济上具有两重性,一方面它是社会生产和生活的必要条件,另一方面它也是属于物质生产的社会部门,所以极大地刺激了石家庄城市的兴起,它对石家庄城市化的最初作用和最大作用莫过于对城市经济的推动。铁路枢纽对石家庄城市经济发展的拉动作用,主要表现在以下三个方面:第一,铁路枢纽造就的天时地利条件,首先使得石家庄形成了先导的运输产业,并且迅速扩大完善,进而发展成

---

* 原文发表于《石家庄经济学院学报》,2010年第3期。
① 《马克思恩格斯全集》,第4卷,人民出版社,1972年,第471页。
② 《马克思恩格斯全集》,第34卷,人民出版社,1972年,第347页。

为支柱产业；第二，在铁路枢纽产生的巨大能量推动下，对交通运输产业链的延伸起到极大的带动作用，刺激了商业和服务业的兴起和发展；第三，铁路枢纽实现了对生产要素的地域调配与组合，扩大了资源有效利用的领域，推动了资源和原料的深加工和纺织和炼焦等新产业的出现，从而奠定了石家庄的工业产业基础。

一、形成集散转运支柱，彰显龙头主导地位

石家庄运输业成为先导产业并且迅速扩大完善的标志之一，是伴随着铁路运输业务量的迅猛增加，形成了以铁路运输为龙头的庞大运输企业群体。正太路和京汉路在清末各条主干铁路中，是开办货运较早、货运量较大的铁路枢纽之一。由于所处的内地区域，需要把大量矿产品和农产品外运，由沿海通商口岸将工业产品和生活必需品运入内地，故此，铁路运输多以货运为主，这一点与沿海地区的近代铁路有许多不同之处。沿海地区的货物习惯多走水路，而人烟稠密致使铁路客运发达。例如，广九线客运占总收入85%，货运仅占10%；京沪及沪杭线客运占总收入的68%。[1] 由于石家庄铁路枢纽的特殊地位，具备了巨大的运输功能，货物运输在华北铁路网中发挥着重要作用。京汉路"在中原腹地，沿线物产丰饶，历年输出入货物名目繁多，不胜枚举"。[2] 正太线"自本路通车以来，沿线煤炭矿产，逐渐发展，销路日增，本路之运配营业，递年增加"。[3] 运输数量逐年不断增加，抗战前每年装运约200万吨煤，居全部货运90%。[4]

铁路开通之初，石家庄铁路枢纽的货运收入就远远超过客运收入，铁路

---

[1] 凌鸿勋，《中国铁路志》，文海出版社，1954年，第72～73页。
[2] 《大宗货物运输情况》，《平汉年鉴》，平汉铁路管理委员会，1932年，第184页。
[3] 《正太铁路接受周年纪念刊》，正太铁路管理局，1933年，第102页。
[4] 凌鸿勋，《中国铁路志》，文海出版社，1954年，第194页。

经营收益虽然以货运为主,但当时铁路货场设备却极为简单,货物运输的一切事务均实行货主自理制度。铁路采取的是整车运输和零担货物运输两种方式,整车货运以20吨为单位,或以车辆种类为单位装车,所有货物的发送、装卸、押运、保管等,完全要由货主自理,铁路仅负责提供装载货物的车辆,办理运输的货票,收取运输费款,运送途中发生的所有损失,铁路概不负担赔偿责任。需求产生机会,需求产生动力。石家庄转运业应运而生,不仅大量的矿产开采商们纷纷驻扎石家庄,设立自己的转运公司,投资修建自己的铁路道岔;而且大量承揽托运、中转、保管、暂存、货物的转运公司和货栈也如雨后春笋般地涌现出来。由矿产商们在石家庄开办的运输公司,像井陉矿务局、正丰公司、保晋公司、元和公司、宝昌公司、临城矿务局等转运分销公司,主要运输自己本单位的矿产货物,是用铁路整车运输的大户,所开办公司机构比较完整,职能比较全面。例如,正丰煤矿"在石家庄大同街设立井陉正丰煤矿公司石家庄办事处,处长一人主持一切事务。设有运输处,下有收发和押运股;会计处下有出纳和簿记股;总务处下有庶务和文书股;外有南厂一处专司煤炭收发储存事宜",[①]"南厂"即处于南道岔的转运货场。矿产企业开办的运输公司不仅自装自卸,还要自行押运看管,这种包车式的运输,如果一旦超过车辆额定重量,也会受到铁路部门的罚款或被迫卸下多装部分的货物。铁路开始货运之时,石家庄铁路枢纽即有合装零担、整车零担、沿途零担三种业务。零担货运,包括了整车零担,特别是不足整车的零散货物,基本都是由专门从事转运业的公司和货栈负责积结成整车,然后交给铁路托运,不足整车的少数零散货物,由一辆货车装载,加挂在客货车混合列车上运送。

石家庄货运初始,铁路枢纽站几乎没有任何货运设备,只是在设施上,为了装卸货物修建配置了一些必需的车站股道。石家庄转运公司和货栈的商号所在地,起初大都集中在石家庄火车客运站以南的"南道岔区"。在这里,"京

[①] 陶广仁,《我所了解的井陉正丰煤矿公司》,《河北文史集萃·工商卷》,河北人民出版社,1991年,第36页。

汉、正太两路之道岔，彼此互相串贯，以便货物之过载，各货栈转运公司及井陉、保晋、临城各矿务分局，均居于此"。①南道岔货场的"铁路支线有两股轨道，一条是正太铁路的窄轨，并列另一条是京汉普通铁轨。矿上来煤由正太路火车运来卸下，再倒装到京汉铁路货车外运销售。昼夜不停，装卸车辆"。②除了那些运输自产自销矿产货物的运输公司之外，石家庄主要运输企业就是利用"道岔"进行经营的货栈，到1934年这类聚集在"南道岔"的转运企业达到了29家。到1941年8月，石家庄的运输企业发展到了51家③，运输业的不断扩大，显现了枢纽转运业务量越来越大的发展趋势，印证了该产业的先导地位，正如史籍所载，"石埠赖正太平汉两路交通之便，运输业甚为发达"。④石家庄就是凭借着铁路形成的枢纽优势，成就了以铁路为龙头的交通运输产业，并且顺理成章地成为当地的先导产业，整个行业不仅被银行家们看好，在实际的经济运行中，也的确发挥了重要的先导作用，到1926年前后，石家庄"每年进出口货物价值在五千万元以上"⑤，无论是时人评论还是运输产业的业绩，都已经充分证明了运输产业不容置疑地成为石家庄名副其实的先导产业。

二、带动仓储地产链条，提升核心空间地价

石家庄运输业成为先导产业并且迅速扩大完善的标志之二，是伴随着运输企业各自业务量的迅猛增加，运输企业数量不仅有较大增加，而且自身规模也形成了不断壮大扩展的趋势。运输企业自身规模的扩大主要表现在，运输企业在城市中心地带开创了仓储业和地产业的纵深开发。由于石家庄运输企业

---

① 《石家庄之经济状况》，《中外经济周刊》，第181期，1926年9月25日，第19页。
② 陶广仁，《我所了解的井陉正丰煤矿公司》，《河北文史集萃·工商卷》，河北人民出版社，1991年，第38页。
③ 张鹤魂，《石门新指南》，石门新报社，1942年，第12页。
④ 《石门商业近况》，中国银行总管理处经济研究室编，《中行月刊》，1933年，第6卷第6期，第39页。
⑤ 《石家庄之经济状况》，《中外经济周刊》，第181期，1926年9月25日，第20页。

各自业务量非常迅猛的发展,与铁路沿途的矿业企业增产关系密切,"货运自宣统元年至民国十年,每年均有加增,而最后四年(民国七年、八年、九年、十年)加增尤多,为阳泉、赛鱼一带,各煤矿在此期间内,大加扩张之故"。①运输企业的业务量随之得以扩大,1926年"平均保晋公司每日可到三十车,建昌、广懋两家每日各到十五车(每车二十吨)"②。与此同时,伴随着石家庄铁路枢纽大流量货物的中转、改装和集散以及运输业务项目逐渐完备,特别是铁路的"负责运输"和"联运业务"的出现,促使铁路货场开始租房暂存货物,甚至开始兴建储运周转的货仓,或围墙建库,甚至增设路警,看护货物。1932年国民政府铁道部"整顿路务",推行的一系列严格的货运制度,无疑对石家庄货运仓储的规范化起到一定的推进作用,对货物仓库的货位划分、货物码放、看管巡守、防火等做出了明确而具体的规定。各家转运商的业务发展,使得他们的仓储量一直迅速增加,所以在转运业逐步发展基础上,石家庄仓储业开始萌生,并获得迅速发展。正太路局"在石家庄建棉絮新栈一处,占面积一百二十二平方公尺七十公寸,费洋二千八百八十五元四角三分"。③大部分转运商的业务拓展后,"限于地劳,日某扩展,于是有保晋之开西厂,井陉矿之展地基,正丰、广懋等六七家之租新地,德顺、永阜、达栈、恒记等四家之争空地"。④伴随着石家庄周边矿产企业的产量增加和铁路运量的增加,石家庄转运道岔明显不敷使用,转运商纷纷扩地,以图增加储货周转场地,提高储运能力。例如,正丰公司的储运厂,"场院很大,长期储煤1000多吨。"⑤随着土地需求数量的不断扩大,地价也日益上升,从而拉动石家庄城市经济不断向前发展。1916年以前,"岔道内每号地移转之代价,不过两三千元;租地一亩

---

① 《正太货运》,《交通史路政编》,第12册,交通铁道部交通史编纂委员会,1931年,第4163页。
② 《石家庄之经济状况》,《中外经济周刊》,第181期,1926年9月25日,第21页。
③ 交通铁道部交通史编纂委员会,《交通史路政编》,第12册,1931年,第4074页。
④ 王骥,《开展石家庄商埠计划书》,《河北工商月报》,第1卷第3期,1929年1月15日,第21~22页。
⑤ 陶广仁,《我所了解的井陉正丰煤矿公司》,《河北文史集萃·工商卷》,河北人民出版社,1991年,第38页。

之地租,不过十余元,每亩地价也不过一百元。随着转运量的增加和货栈业利润增长,岔道和货物存放场地的租金也有大幅提升。1924年,每号地移转之代价,涨至两万元;租地一亩之年租,涨至一百数十元,于是石家庄之土地成为无价之宝。"① 由此可见,转运先导产业对石家庄空间拓展和地产市场的拉动作用非常明显。

三、打造装卸搬运队伍,转移农业剩余劳力

石家庄运输业成为先导产业并且迅速扩大完善的标志之三,是伴随着运输企业各自业务量的迅猛增加,促使装卸搬运工人队伍得到壮大扩展。

石家庄铁路枢纽是由两条不同轨距的铁路组成,京汉、正太两路铁轨虽在这个枢纽地交会,但不可相接,两条铁路间相互不可过轨,所以,京汉和正太铁路两个火车站之间的物资转运,成为石家庄最具特色的转运产业。两个车站间物资转运,需要用人力车或者马车搬运,这是一种非常必要的运输,也是相当辛苦的体力劳动,对于那些因失去土地耕作而面临失业的石家庄村民而言,多数人从事的是脚夫一职,当时无疑是最主要的出路之一。在邮传部章程的指导下,根据铁路总局颁发的脚行规矩二十款,经殷实绅商联名公保,由脚行承包人"出具甘结",呈交押款,正式成立了"石家庄车站脚行"。由于占用了石家庄村的土地,石家庄车站装卸货物的活计就交由该村无地农民承担。铁路货运营业之初,邮传部核准抄送章程内,就有"开各站脚夫均归土人承办,其承办之夫头及所雇夫役须土著民人充当,不得越境滥雇等语",装车和卸货基本上是由石家庄村的失地农民承担,采用原始的人工搬运,全部由货主自行雇用当地脚行办理装卸。对从事脚夫者也有严格的职业规定,不准故意为难业主及偷窃货主财产,一切行为不得有害路政,每日的工钱120文。在脚行初办

---

① 王骧,《开展石家庄商埠计划书》,《河北工商月报》,第1卷第3期,1929年1月15日,第21页。

之时，遇到客货不多和其他意外之因，也承担有赔偿风险，因而实行股份制。正常情况下，股东每年能分红利，但是，石家庄村贫苦村民所占股份较少，只占二分六厘股。实际上大股东在操纵着脚行，"脚行夫头虽为于志文出名，其实为姚梦梅主持其事"。①为了赢得利益，开始之时，所选夫役之人，尽本地穷民有力者充当，后来为了提高效益，逐步裁减老弱夫役，并对出工不出力、上班常误点、偷窃货物等人断然开除。例如，于春保曾伙同6人，偷过义盛店数百斤煤，还有李白头因偷晋通栈百余斤的煤，均被开除。此后，脚行雇用外村夫役和吸收异地股份等现象，开始不断变着花样出现。例如，有济南府一位李姓之人，加入京汉路脚夫股份；获鹿方璧村一位富绅，加入正太铁路脚夫股份。由于土地丧失，脚夫之职"被他人搀越，不啻夺半村穷民之生计"。②石家庄村的富绅与贫民之间，很快就由于十分明显的利益关系而迅速分化，分歧越来越大。尽管如此，获鹿县官府每年还要为车站的脚行"照章雇用本村贫民"问题，多次出面与"夫头"调解，以睦乡里，而息讼端。担任正太路脚行"夫头"的本村人于志文，以及担任京汉路脚行"夫头"的本村人殷百鹭，都曾签署过"该脚行均须雇用本庄贫民装卸货物"的甘结。清朝灭亡前的几年里，石家庄村民以各种借口，为争夺脚行而频频发生纠众滋事案件，此起彼伏，连绵不断，有时甚至还需巡警员出面弹压。后因"日久弊生，每因分利不均，迭启争端，或下级站员觊觎余利致生避就，甚至当地劣绅藉词干涉垄断，奸商设法包揽"，随着铁路运输数量的飞速增加，1912年以后，"始将脚夫一律改由铁路雇佣，名曰长夫，穿着号衣，以为识别"。③所有从前地方官保送的"夫头"一律裁撤，不仅打破了由石家庄村民独自包揽脚行的惯例，开始形成了一支依附铁路运输的货物装卸职业大军。如果说1907年铁路初通时脚夫

---

① 河北省档案馆藏，《石家庄从九街赵元泰等禀请脚行夫头赏给贫民承充并据夫头于志文等禀潘得才等争夺脚行互控卷》（1909年），655-1-1289。
② 河北省档案馆藏，《石家庄从九街赵元泰等禀请脚行夫头赏给贫民承充并据夫头于志文等禀潘得才等争夺脚行互控卷》（1909年），655-1-1289。
③《业务——行车管理》，《民国铁路一年史》，1912年8月~1913年8月，京华印书局，1914年，第2页。

行是解决石家庄村民就业出路之一，当时的运输量尚可由石家庄村民独揽装卸的话，那么，随着铁路货运量加大和装卸货物的道岔扩充，正太线和京汉线不能过轨的问题依然没有解决，需要装卸的巨额货物仅靠有限的石家庄失业村民是无法及时完成的。所以，大批周围邻县的外来农民工加入到了石家庄的铁路货物装卸行列，从而加速了人口城市化的进程。脚行这个职业团体是专门从事火车货物装卸与搬运的体力劳动者组成，主要由年轻力壮者充任，劳动强度大，又脏又累，尽管如此，收入并不太高。自脚行从名义上改由铁路负责后，由于职业的特殊性所决定，实质上仍然是将货物装卸业务承包给把头，所有脚夫的工资由承包人分配。在20世纪30年代，石家庄货站的装卸业务由"井阳公司"包揽，抗战胜利后，国民党铁路管理局按运输总段管辖范围，成立装卸事务分所，参加装卸的工人完全由事务所雇用。但是，由于脚行劳动报酬的计件性明显，劳动强度较大决定必须是年轻体壮者，货物装卸任务不同，使得人员组合既有相对的变动性，又有相对的稳定性，长夫雇用则需要有本地铺保方准充当，所以长时间以来这个行当被封建把头控制。总之，装卸搬运工人队伍扩展之后，铁路部门始终未能真正接管车站的装卸工作，近代石家庄车站的货物装卸工作一直沿袭着把头的承包制。

四、推进公路交通建设，扩大集散辐射范围

石家庄运输业成为先导产业并且迅速扩大完善的标志之四，是伴随着运输企业业务向石家庄周边地区迅猛扩展，促使市内外交通道路建设具有了明显进展和改善，加速了石家庄开通周围各县公路运输，特别是东部方向公路建设和运输有了突出业绩。石家庄运输业的中长途运输借助铁路载体，本地及周围地区的中短途运输主要凭借的载体是公路，公路运输具有机动性，运送速度快，能够直接深入企业和农村。公路建立了铁路沿线城市与非铁路沿线城镇之间的交通联系，是铁路运输的必要补充，对整个铁路运输起着集结疏散作用。

所以，在石家庄运输业发展的背景下，逐渐带动形成了与铁路枢纽相配套的公路运输网络。因此，这个时期市区道路发展相对比较快，以转运业部门比较集中的桥西区而言，不仅市区道路发展快，而且道路质量也远远超过其他区域。"桥西较繁荣之地方，均有马路，系用石条铺成，盖本处运煤重载大车最多，石子马路不耐碾压"。①石家庄成立了路工局，专门负责修路和养路，以及筹措车捐等事宜，附属于巡警分所内。市内马路修建过程中，曾得到铁路方面的大力支持，例如，兴修小西街马路时所用五百车石料的运输，都是由正太铁路管理局按照半价拨给车皮。而后，石家庄商会继续兴修阜宁路街马路时，"预计仍须用石料五百车，恳请贵局查照前案，准予仍按半价拨给车皮，以利工程而便交通至纽"。②石家庄及周边公路交通道路发展是整个运输业发展的必然结果，随着石家庄交通枢纽功能的不断完善和发挥，20世纪30年代末，陆续修建了通向石家庄周围各县的交通公路。石家庄铁路枢纽丁字形结构，造成东向铁路运输的缺失，所以，石家庄外通长途公路道路的主要发展方向是东部的公路建设。近代石家庄城市的持续发展，在不断地壮大着石家庄公路交通、水路运输、铁路运输、航空运输等形式的能量，提高着复合型交通枢纽的地位。1928年石家庄飞机场的建设，就已经凸现了石家庄复合型交通枢纽的雏形。虽然航空运输具有快速、机动的特点，但是，载重量远远低于铁路，运输成本也大大高于火车。因此，在铁路、公路、水路、航空等各类交通中，铁路自始至终都发挥着核心作用。

五、刺激餐饮商业服务，促进三产经济增长

随着运输产业自身的逐步扩充和壮大，先导产业进而又形成近代石家庄

---

① 《石家庄之经济状况》，《中外经济周刊》，第181期，1926年9月25日，第19页。
② 《石门商会来函》(1922年1月)，正太铁路管理局编印，《铁路月刊：正太线》，第2卷第1期，1932年1月，第57页。

的一个支柱产业，进而促进了城市产业链的延伸，对城市功能以及城市发展方向产生了极为深远的影响。由于石家庄交通运输业的兴起和发展，形成了空前规模的物与人的空间位移，推进了商品流通和人口流动的扩大，极大地刺激了石家庄相关产业的快速发展，特别是刺激了商业和服务业的发展。

　　石家庄及周边各县的大规模各类货物在此集散，首先引起商业的兴起和迅速扩大。石家庄铁路枢纽货运的最大特点是北煤南运与南粮北调，就正太铁路的货物运输统计而言，"以产煤为大宗，货物进款，煤运占59.6%；其次，为农产品，而农产品尤以粮食较多，占20.58%"。① 这些商人有的是从天津及直隶各地贩运各种杂货，有的是从井陉或山西方面贩运煤炭粮食等。20世纪20年代"石庄一埠，每年可销硬煤二十万吨，可销烟煤十万吨"，② 所以，石家庄商业中"为煤店、粮店等此等商店最多"。③ 铁路货运商品种类繁多，造就了石家庄商业市场上货物极大丰富。在铁路开办营业初期，就可以办理牛、羊、猪、禽、瓜果等鲜活货物运输，还做出规定禽兽、鲜鱼、肉、鲜蛋、奶、瓜果、蔬菜、花草、树苗为鲜活货物，可以优先调拨车辆运送，大大方便了商家，活跃和繁荣了市场。所以说，石家庄的商业兴起是作为交通运输工业的派生物而出现的，此后又在城市经济中占据很大的比重，成为石家庄城市化的重要产业基础。

　　张之洞在开办铁路之初，就认为"铁路之余利，尤在载人，不仅在运货"。④ 石家庄作为铁路枢纽站，客运量逐年稳步上升（见表2-1、表2-2），中转旅客的增加，又为石家庄饮食、旅店等服务业发展提供源源不断的客源，从而出现了新的经济增长点。

---

① 正太铁路管理局编印，《正太铁路接收周年纪念刊》，1933年，第180页。
② 王骧，《开展石家庄商埠计划书》，《河北工商月报》，第1卷第3期，1929年1月15日，第23页。
③ 《石家庄之经济状况》，《中外经济周刊》，第181期，1926年9月25日，第24页。
④ 《致总督（光绪二十一年七月十八日）》，王树楠编，《张文襄公全集·电奏》，海文出版社，1988年，第5436页。

表 2-1　1907 年至 1936 年部分年份京汉铁路客运量表（人）①

年份	1907年	1923年	1924年	1932年	1933年	1934年	1935年	1936年
运量	1600717	4234835	4457068	3026236	4407979	3813987	4626703	5484439

表 2-2　1907 年至 1936 年部分年份正太铁路客运量统计表（人）②

年份	1907年	1909年	1910年	1911年	1912年	1913年	1914年	1915年	1917年
运量	115450	197902	219471	205110	264314	258241	263180	248195	272936
年份	1918年	1919年	1920年	1921年	1922年	1923年	1924年	1925年	1926年
运量	278607	315492	361719	352233	366751	416416	506598	546099	661610
年份	1927年	1928年	1929年	1930年	1931年	1932年	1933年	1934年	1935年
运量	708940	900873	1051561	1299328	977511	1022543	933478	653837	660332

对于运输业发达的铁路枢纽而言，与客运量关联性最密切的就是商业和服务业，出现了人流量，石家庄便有了商机。随着人流量的增大，商机也在不断加大。故此，"石门因交通发达，故商业繁荣"。③ 早在 1902 年，京汉铁路修至石家庄村时，最早的服务行业就开始产生了。当时针对的服务对象主要是大批的筑路人员，为了给工人、监工、工程技术人员、洋人职员提供一些生活便利和日用品，极为简陋的百货店、食品店、饭店应运而生。1903 年京汉铁路通车，此时有了京汉线上下车的乘客，也就有了随车叫卖"售卖零物"的小贩，去山西的旅客要在石家庄下车，"再觅车轿西去"，为了方便西去转车的旅客，以及南来北往的游人，当年石家庄村里也出现了数家旅店。1903 年 10 月正太铁路开始了勘测，翌年 4 月便动工开始建设，石家庄村作为正太铁路的起点站，不仅是施工队伍的大本营，又是施工设备和器材的集中总站，因此服

---

① 《邮传部第一次路政统计表》（下卷），光绪三十三年（1907）；《建国前京汉铁路修建史料》（油印本），郑州铁路局，1967 年，第 68 页；平汉铁路管理局秘书处，《平汉铁路统计撮要（廿二年至廿五年）》，1937 年，第 9 页。表中 1933～1936 年的客运数字只包括了商运人数。
② 1907 年数据来源为《正太铁路运货类别表》，《邮传部第一次路政统计表》（下卷），光绪三十三年（1907）；1909～1924 年数据来源为《交通史路政编》，第 12 册；1925～1935 年数据来源为《客运人数款数表》，《正太铁路接收四周年纪念刊》。
③ 张鹤魂，《石门新指南》，石门新报社，1942 年，第 11 页。

务行业渐多。特别是1907年正太路通车后，中转流动旅客大涨，石家庄人口倍增。铁路运输出现了客流，于是"始渐有商民来往"[①]，"商贾云集，渐形繁华"，[②]是当时的真实写照。在京汉铁路开通的当年，布店"泰和昌"就在石家庄开业。据《石门指南》记载，此时开办的主要旅店有：1904年开店的春元旅馆、1905年开店的大兴栈、1906年开店的晋义栈、广利栈等；1909年晋阳栈、裕隆栈相继开业；1911年晋通栈开业，仅客栈就有17家以上。[③]除上面提到的之外，较为有名的还有谦义栈、泰安栈、永长栈、和兴栈、泰来栈、永成栈、魁盛栈、兴茂栈、大盛栈、润生栈等。由于一批负责铁路修建的洋职员和洋人专家们驻扎在石家庄，他们常用的外国食物等洋货，在中国的店铺里不容易购得，如果寄往天津邮购花费必多，所以，有法国商人"保各拉在获鹿县属石家庄开设洋酒铺生理"[④]，出现了专卖洋货的商店。"石门市之商店，事变前约有二千五百余户，其中大商店四百余"。[⑤]在石家庄所有的产业中商业和服务业发展最快，从业人员最多，数量规模最大，这与石家庄铁路枢纽地位有着直接关系。总之，石家庄近代商业和服务业，是在交通运输业发展带动下逐步兴起的，它既是运输产业发展的一种延伸，又是石家庄城市经济产业链的一个重要环节，在整个城市经济结构中占据了极为重要的地位，是它赋予了这座城市突出的服务功能。

六、变通资源优势转换，催生炼焦纺织工业

石家庄铁路枢纽对城市经济发展的另一个推动作用，是提供了资源优势

---

① 《石家庄之经济状况》，《中外经济周刊》，第181号，1926年9月25日，第18页。
② 石门日报社编印，《石门指南》第一编《地理》，1934年，第2页。
③ 石门日报社编印，《石门指南》第四编《商号及题名录》，1934年，第4～5页。
④ 《直隶总督袁咨行各省会商订立售卖洋人需用食物章程文》，《东方杂志》，第5期，《商务》，光绪三十年（1904年5月25日），第64页。
⑤ 陈佩，《石门市事情》，新民会中央总会，1940年，第39页。

转换的前提条件，通过变物流优势为资源优势和产业结构优势，实现了对生产要素的地域调配与组合，直接带动了煤炭资源和棉花作物的深加工，推动了炼焦和纺织等新产业的出现，奠定了近代石家庄工业产业的基础，并且拉动了农村经济商品化进程，开始逐步向城市经济体系靠拢。

石家庄铁路枢纽是华北最大的煤炭铁路转运枢纽之一，从而具备煤炭资源的集散效益，把握住这种潜能就等于利用优势，就能转换成发展优势。1925年井陉矿务局在石家庄投资建设的炼焦厂建成生产，该厂"初设废热式副产炼焦炉二十座，民国十九年加设蓄热式副产炼焦大炉十座，日产焦炭百余吨，副产物如臭油、汽车油、肥田粉、沥青、防腐油、安母尼亚水、中油、蒸油等，极为科学界所重视焉"[1]，成为"我国新创之一种基本化学工业也"，[2]在中国当属绝无仅有，成为近代石家庄三大工厂之一。

铁路运输的便利条件，极大地促进了农村经济作物种植面积的扩大，特别是促进了棉花生产的商品化，河北省的棉花产量居于全国第一位。河北棉花主要产地分为西河棉、御河棉、东北河棉，其中，西河棉在天津棉花市场份额日益扩大，到30年代已经独占鳌头。西河棉区又分为上西河、下西河两个区，上西河即指大清河流域，下西河即指子牙河、滹沱河流域，下西河是河北产棉最丰富的区域。[3] 于下西河区石家庄附近的正定、获鹿、藁城、无极、栾城、元氏、高邑、赵县产棉县区，其商品棉都是走铁路运输到天津市场的。而且山西的棉花都是先由产地运到石家庄，再转运至天津。鉴于石家庄处于西河棉产区的主要区域中心，又是产棉区的原始市场，还是山西棉的转运市场。大兴纱厂投资200余万两建于此地，成为石家庄最大的纺织业工厂，也是石家庄雇用工人最多的工厂，从此纺织业成为近代石家庄工业的支柱行业。

综上所述，铁路枢纽优势造就了石家庄强大的先导运输产业，先导产业

---

[1] 陈佩，《石门市事情》，新民会中央总会，1940年，第34页。
[2] 石门日报社编印，《石门指南》第一编《地理》，1934年，第7页。
[3] 曲直生，《河北棉花之出产及贩运》，商务印书馆，1931年，第4页；国家编译局编辑，教育部审定，《初中地理》，1946年，第5页。

不仅刺激了石家庄商业、饮食、旅店等服务业兴起，而且实现了石家庄铁路枢纽从运输优势向资源优势的转换，实现了煤炭资源的深加工，形成了产业链的重要环节，使城市总体经济效益有了较大提高。孙中山先生在1912年6月25日与《民立报》记者谈话时，曾针对交通与工商业发展的关系问题，提出过交通为实业之母的名言。他说："请问苟无铁道，转运无术，而工商皆废，复何实业之可图？故交通为实业之母，铁道又为交通之母。"近代石家庄城市化起步发展的事实，为孙中山先生的名言做了翔实具体的注释和佐证。近代石家庄铁路枢纽的确推动了运输优势向资源优势的转换，促进了城市新兴工业的迅速崛起，从而拉动了整个城市经济的发展，使石家庄迅速迈入了近代新兴工商城市的行列。

铁路枢纽对近代石家庄城市中心地位的影响

石家庄铁路枢纽的形成和近代铁路运输的发展，导致了冀中南地区交通运输体系的重大调整，改变了当地以往的商品流通流向，扩大了商品流通的范围。通过铁路交通枢纽功能的发挥，实现了传统区域经济中心向石家庄的迁移，奠定了后来军政中心基础，这是铁路枢纽对近代石家庄城市化产生的一个重大影响。

一、调整流通路径方位，驱动集散中心东移

现代交通运输的发展极大地促进了生产与市场的集中，石家庄作为铁路枢纽，其经济吸引力和辐射力不断地得到增强，不仅迅速完成了区域商品集散地由获鹿向石家庄的东移，而且在区位优势的作用下，石家庄又迅速形成了一个区域性工业产业中心，从而带动了整个区域经济的发展。其实，此前在那些努力推进铁路建设的人群中，有一些别具慧眼的人士已经预见到铁路将对社会进步发挥巨大作用，当时《东方杂志》转载的《论河北铁路以道口为中心点》一文曰："铁路辐辏之地，民口可由寡而众，民产可由贫而富，民俗可由野而文"，"以道口为成效之所"。[①]

铁路枢纽为什么会有如此神奇的力量，马克思在《资本论》早已针对欧洲的情况做了概括性的总结："交通工具的改良，会绝对缩短商品的移动期间……随着交通工具的变化，旧的生产中心衰落了，新的生产中心兴起了。"[②]

---

* 原文发表于《石家庄铁道大学学报》，2010年第3期。
① 《论河北铁路以道口为中心点》，《东方杂志》，1905年第7期，第62～63页。
② 《马克思恩格斯全集》，第24卷，人民出版社，1972年，第277页。

马克思还举例详细说明了什么样的地点开始兴起，什么样的地点开始出现衰落，"一个生产地点，由于处在大路或运河旁边，一度享有特别的地理上的便利，现在却位于一条铁路支线的旁边，这条支线要隔相当长的时间才通车一次。另一个生产地点，原来和交通要道完全隔绝，现在却位于好几条铁路的交叉点。后一个生产地点兴盛起来，前一个生产地点衰落了"。① 石家庄就是属于马克思所说的"后一个生产地点"，虽然铁路开通以前，它只是一个不足百户人家的蕞尔村庄，既不通官道，又远离驿站，但是，火车给予了石家庄意外的垂青，神奇地改变了这个小乡村的历史命运。由于石家庄向北距离滹沱河十五里，向西直接面对通往山西的太行山重要垭口，恰巧形成京汉铁路和正太铁路的交会衔接点，形成铁路重要枢纽，所以，它才能够很快就演变成为区域性经济中心和军事政治中心。

石家庄成为新兴铁路交通枢纽以后，使传统的运输路径、交通运输体系和货物流向都发生了根本性的变化，这些重大的调整，对于该地区的运输路线、运输速度、运输效率产生了决定性影响。"铁路兴后，商运图捷，大都改道"，② 反映的就是原有运输途径出现的调整结果。以往石家庄周围的正定、获鹿等地与华北重要商埠天津进行的货物流通，主要采用以河流为主的运输方式，即先用马车将货物运至滹沱河码头，借助滹沱河与子牙河进行水运，这一航道在丰水期尚能通行载重25～35吨的小型木帆船。石家庄成为铁路枢纽后，物流途径由正太线转京汉线，再由京汉线转北宁线到达天津，昔日的河流航道被铺设的铁轨所取代。之所以会发生这种变更，首先，在于铁路是新式交通运输网的骨干，由于运量大和速度快，铁路运输效率高和成本低，是中长距离的货物和旅客运输首选的最佳工具。

20世纪30年代，经水路运往石家庄的洋杂货和由石家庄运出的煤铁皮毛等，每年有十余万吨，而由石家庄经铁路运出的仅棉花一项，每年就达到五百万吨。由此可见，铁路已经取得了运输至尊霸主地位。其次，滹沱河上游

————————
① 《马克思恩格斯全集》，第24卷，人民出版社，1972年，第278页。
② 凤冈及门弟子谨编印，《三水梁燕孙先生年谱》（上），1939年，第64页。

水量无定，水路运输受到季节的极大限制，雨量不足则无法行船，特别是枯水期只能断航，因此无法保障长期稳定的运输。再次，运输时间相对漫长。"装民船由滹沱河水路运津，需两星期乃至三星期始到"①，而铁路运输则两天即到，即便出现某些不利因素干扰，至多一星期可达天津，而且风雨无阻，每日每班车次运行时间固定。相比之下，火车要稳定可靠得多，"故水路在平时不能与铁路竞争"②，铁路运输取代水陆运输是一个必然。

未通火车之前，获鹿县城是著名的商品集散地，曾被誉为"日进斗金的旱码头"③，"获鹿县工商业比较正定平山发达"④，经济实力不在正定府城以下。署理正定府的李映庚虽然在给天津商会的信中坚持认为，正定府应为"一郡之中心点"，但是，他也承认正定商务发展"涣而不萃"，获鹿则是连接山西通道的天然商埠，"郡城商力"不如获鹿。⑤昔日山西方面运来的货物全部要在获鹿停卸，改装马车，运往周边各地，而由直隶各地运往山西的所有货物，亦必到此停卸，改用牲畜驮运。在获鹿从事贩运货物者络绎不绝，用于运货的骆驼、骡马、毛驴成群结队，县城内栈铺林立，钱庄并行。

火车开通以后，获鹿的晋冀商品集散地的位置开始向东转移至石家庄。石家庄取代获鹿成为大宗客货流的换乘、换装和集散之地，由天津和直隶等地运往山西之货物，要在石家庄枢纽站改装正太铁路；由山西运出的货物，都要在石家庄枢纽集散，或转京汉铁路北上南下，或由石家庄运往周边地区。石家庄俨然成为"晋煤出口之咽喉，且为晋煤极大之销场"，"晋煤尤非由此转运不可"，此时已经实现了区域商品集散地转移的石家庄，成为名副其实的河北山西两省之门户。

石家庄铁路枢纽随着运输货物品种和运输数量的增加，商品中转和集散

---

① 《石家庄之经济状况》，《中外经济周刊》，第181号，1926年9月25日，第22页。
② 曲直生著，《河北棉花之出产及贩运》，商务印书馆，1931年，第142页。
③ 获鹿县交通局编，《获鹿县交通志》，人民日报出版社，1992年，第184页。
④ 陈佩，《获鹿县事情》，新民会中央总会，1940年，第63页。
⑤ 《署理正定府李映庚陈述该府各县商务及开办商会情形》，《天津商会档案汇编1903～1911》（上），天津人民出版社，1989年，第210页。

地功能逐步增强，进出货物的吞吐能力大为提高，所有货物的商品流通速度大为加快。据邮传部第一次路政统计表，1907年正太铁路通车当年运输货物的数量仅为：硬煤40270吨，烟煤47500.610吨，铁货4038.540吨，布匹1169.240吨，盐2720.900吨，煤油898.360吨，石灰765吨，其他41670.450吨，共计139033.100吨。① 此后，正太路的货物运输逐年上升，1935年达到了2332455吨。

随着石家庄商品中转和集散地功能的逐步增强，其经济地位和实力逐步超过获鹿，又超过了正定，遂成为获鹿县境内、正定府境内乃至河北中南部地区的经济发展之冠。昔日当称繁盛的获鹿城关从此风光不再，"各商迁徙者不啻过半"②，迁徙的商人大都转移到石家庄，"前日巨商均在获城，自正太路交通以后，皆聚集于石庄"。③ 由于石家庄城市功能的改变，使本地域的物资集散中心由获鹿县城转移到石家庄。各地的批发和零售商纷纷移居此地，"商贾云集，工业日增，凡以营利为目的之人士，均乐贸易于此地"。④ 尽管获鹿和正定也都分别处在正太和京汉铁路线上，但是，由于交通运输的效益不是均衡分布在铁路线上，而是集中汇聚在交通枢纽点上，大量货物流和高密度人群赐予了石家庄极大的优位经济效益。获鹿被冷落了，"所有粮食均由石家庄过载，城关生意萧条，至多赔累"⑤，使得石家庄迅速超越了交通地理条件已经不如它的获鹿和正定。石家庄枢纽地位使它获得了交通地理优位效益，改变了河北中南部经济中心分布格局。格局变化之所以能够实现，首先是来自铁路运输的拉动。

---

① 《邮传部第一次路政统计表》（下卷），光绪三十三年（1907），第65页。
② 《获鹿县商会沥数该县不宜设统税局四条理由文并省长批驳令》，《天津商会档案汇编1912～1928》，第3册，天津人民出版社，1992年，第3695页。
③ 河北省档案馆藏，《保定道令饬将农业状况、物产种类、工业程度、贸易情形按季造册卷》（1923年），656-2-283。
④ 陈佩，《石门市事情》，新民会中央总会，1940年，第31页。
⑤ 河北省档案馆藏，《石家庄谦义栈等公议行规禀请立案出示晓谕卷》（1909年），655-1-1243。

二、牵引工业经济兴起，催生支柱产业龙头

由于交通地理位置客观上造成资源供给地点的价格差异，井陉矿务局更是利用自身资源优势，"选择交通适中之石家庄"①，把炼焦厂开设在此，进而开发企业的高附加值产品，体现了立足交通枢纽，面向更大市场的发展目标。大兴纱厂也是被地点价格优势所吸引到石家庄来的，他们选址石家庄的主要理由，既是产棉区原棉价格较低，接近产品的销售初级市场，同时又是转运中心，煤炭资源价格低廉。被交通地理优位的"额外"经济效益吸引的，不只大兴纱厂、井陉矿务局炼焦厂这两家大企业，来石家庄设厂的还有榨油厂、面粉加工厂、火柴厂、肥皂厂、铁加工等一些中小型企业。裕田丰和新新两家榨油厂利用棉产区优势和交通运输优势，大量采购棉籽，榨取棉油，推销于山西及邻近各县。裕庆火磨公司（后改组为聚丰机器面粉公司）1920年成立，是专门收购本地和山西粮食进行机器加工面粉的企业。由此可见，石家庄不仅成为一个交通枢纽中心和大宗商品集散中心，而且也初步形成区域性工业中心，具有了一定的经济吸引力和辐射力，对石家庄城市经济发展产生了带动作用。

由于石家庄铁路枢纽的崛起，奠定了新兴工商业城市的基础，从而石家庄逐步具备区域经济中心的功能，实现了近代冀中南地区经济分布格局的一次重大调整，建立起了介于原来的冀中经济区和冀南经济区之间的一个新经济区域。它以石家庄为区域经济中心，逐步向四周辐射扩展，经济影响力甚至逐步部分覆盖和超越了两个传统的冀中和冀南经济区。石家庄能够从小乡村发展成为区域经济中心，不仅是凭借着绝好的偶然机遇，因为区域之间客观上存在着内在的经济联动关系，演变过程受到了区域经济发展规律的支配，所以，演变结果又是一种逻辑的必然。从城市地理学的角度分析，石家庄兴起首先取决于它所处的地理优势，它向西17.5公里直冲太行井陉山口，向北15公里抵达正定，中间跨枕滹沱河流，具备了这两个方向的坐标点，京汉、正太两条铁路

---

① 《井陉矿务局炼焦缘起》，《石家庄炼焦厂炼焦特刊》，第1期，1929年，第1页。

才可能最终交会于石家庄,如不然可能选择的会是正定或是获鹿;由于堪称两条国民经济大动脉的京汉、正太铁路交会于石家庄,才可能使其具备了"绾毂南北,衔接晋燕"的交通枢纽功能,才可能拥有大批量人流和物流在石家庄中转和集散;成为交通要冲的重要商品集散地,才可能拉动石家庄近代工业产业的出现。总之,石家庄由于具有了铁路交通枢纽功能,加上"附近各县公路纵横交错,俨如蛛网,以石门为中心,与各地相互联系"①,具备了巨大的运输能力,形成了区域性重要商品集散地,建成了以纺织和炼焦等支柱产业,奠定了近代石家庄工业产业基础,理所当然地成为区域经济中心,实至名归地具备了城市的经济职能。

在充分肯定铁路枢纽把石家庄打造成一个区域经济中心的同时,也要准确把握其区域经济中心吸引力和辐射力影响范围,如果把石德铁路修建之前的石家庄,说成"实为晋豫直鲁四省商务总汇之区,"②则有失客观公允,尽管石家庄有两条通往东部方向的公路作为运输体系的配套辅助设施,但是,对于缺乏东向铁路干线的石家庄枢纽而言,无疑导致与东部中小城镇及广大腹地间的经济联系的弱化,影响了石家庄区域经济中心对东部地区的集聚和扩散作用。

三、吸引军政中心落户,衍生城市复合功能

石家庄作为一座新兴的经济城市,他的产生与传统城市的产生缘由和途径大相径庭,中国传统城市在它产生之日就与政治军事密切相关,而且其行政地位变化对城市规模变化直接产生影响。与中国传统城市不同,石家庄则先是由交通枢纽功能衍生出经济功能,随着工商业的发展,人口的大量聚集、各种社团的涌现、税收项目的扩大、城区设施的建设、地方治安的管理、行政司法的加强、社会制度的变迁等,才逐步具有了城市的建制,具备了城市的政治

---

① 陈佩,《石门市事情》,新民会中央总会,1940年,第35页。
② 河北省档案馆藏,《饬知城石商会遵照法令改组具报以凭详转卷》(1914年),656-1-280。

功能，具有了行政中心的地位，从而扩大和完善了近代石家庄城市的职能。但是，无论传统城市还是近代新兴城市，她们的产生和发展都有一个共同点，这就是优越的地理交通环境条件。一般传统的省、府、州、县各级政府所在地，需要具备相对优越的交通条件，以便于对该地区下属的政治行为给以调度和指挥，特别是都城与省会均位于交通要道或大河大江的岸边，都拥有当地上佳的交通条件，掌握和控制着最好的交通资源与工具。此外，作为区域政治中心，除了必要的交通条件之外，往往还需要较为雄厚的经济物质基础和较为强大的吸引辐射能力。

石家庄西依太行群山，东临华北平原，南通中原豫鄂，北达京师都城，在石德铁路通车后，真正实现了四通八达，交通便利，运输快捷，不仅具备了成为行政中心需要交通优越的前提条件，而且，经济发达，吞吐如山，工商繁荣，交易旺盛，金融厚实，枢纽畅通，非常便于"联络晋冀两省及保定冀南两道各县有关政治之一切情报"[1]，能够在指挥调度该地区的政治、经济运行中切实发挥重要作用。由于近代石家庄具有了区域经济中心的地位，使其"商贾林立，政务繁增，难同他县可比"[2]，所以，1923年有人提出了由石家庄取代获鹿行政中心地位，将获鹿县署搬迁至石家庄的建议[3]，1925年直隶酝酿自治市制时，中华民国临时政府批准设立石门市，1928年南京政府又取消全国所有市政公所，废除"市自治制"，虽然此时的石门"既不能成市，又不能并县"，但是，"因商务繁盛，或因华洋杂处，职责之重有时超过于县"。而且，石门已经拥有了独立的财政和司法，1927年"石门设立财政委员会自行管理地方款项"，1934年河北全省的统税区重新划定，"石家庄分区统税管理所"管辖正定、获鹿、井陉、深泽、无极、晋县、新乐、行唐、阜平、灵寿、平山、藁城、赵县、元氏、宁晋、高邑、赞皇。[4]1929年根据河北高等法院第288号训令建立

---

[1] 陈佩，《石门市事情》，新民会中央总会，1940年，第3页。
[2] 河北省档案馆藏，《巡按使道尹饬令筹议县佐卷》（1914年），656-1-336。
[3] 河北省档案馆藏，《公民张殿珍等呈请县署迁移石家庄案卷》（1923年），656-2-392。
[4] 《冀全省统税区域重新划定》，《益世报》，1934年2月3日。

了石门地方法院，分别负责处理一审二审案件，第一审案件以石门辖区为限，第二审案件以石门周围的获鹿和正定等20个县为限，石家庄成为冀中南区域的司法中心。

1939年河北省公署批准设石门为省辖市，此时正定道公署同时设驻于石门，石门"市政突飞猛进，俨然华北一大都市矣"。①抗战胜利后，国民政府行政院重新批准河北省增设唐山、石门两市，同时为了便于督导指挥，确定将河北省第十一区专署驻地设在石门市。1947年11月后，建立了石家庄市人民政府。1948年5月中共中央将晋冀鲁豫边区政府和晋察冀边区行政委员会迁到石家庄联合办公，同年8月在石家庄召开临时人民代表大会，选举产生了华北人民政府。

另外，中国传统城市往往都是行政中心与军事中心的结合，拥有相应的政治机构和相当的军事力量。作为军事中心，都具有坚固城墙组成的城池，更需要具备交通要冲和易守难攻的地理优势。

石家庄拥有着燕晋门户地位的铁路枢纽，成为大宗商品货物集散中心和区域性经济中心，自然形成"益扼军事之重心"②的兵家争夺要地，"盖频年以来，受时局影响，军阀辄据此为要津，每值战争，石地位于平汉中心，独当其冲"。③清末"燕晋联军"大都督吴禄贞之所以在石家庄起事，就是为了利用铁路调遣晋兵北上，掌控居于晋冀咽喉的铁路枢纽，并能够有效切断清政府增援袁世凯军火，取得直捣清廷的优越地势。当时，吴大帅干脆就把军事指挥所设在了正太火车站的站长办公室。此后，从军阀混战出入石门，到日军在石门驻扎重兵，大肆扩充军事设施，再到国民党中央军对这座城市的严防死守，以及中国人民解放军把石家庄作为"开创解放大城市"第一战役，都充分说明了石家庄作为军事中心城市拥有举足轻重的军事战略地位。尽管石家庄这座城市

---

① 张鹤魂编，《序言》，《石门新指南》，石门新报社，1942年，第3页。
② 获鹿县志编纂委员会：《石门市概况》，获鹿县志编纂委员会增订本《获鹿县志》，育德印书店，1939年重印本，第3页。
③ 刘哲民，《石门二十年来之回顾》（一），《大公报》，1932年5月3日，第5版。

并非事先刻意作为军事政治中心而出现的,但是,修建铁路本身就已经蕴含了用于快速调兵的目的和意图,1902 年清政府规定,无论何人承办铁路,如有调遣军队或运输军用物资,予以优先载运。1924 年正太铁路运送军队约五万人;1933 年正太铁路运送军队 664722 人;1934 年正太铁路运送军队 408348 人。

显而易见,是铁路枢纽赋予了石家庄这座城市重要的军事战略地位和军事功能。

作为任何一座城市来说,不会只具有某项单一功能,都会具有经济、政治、文化、军事等多方面的功能。然而,作为由铁路枢纽发展而起的新兴城市,石家庄的各种城市功能不是一开始就同时具备的,而是具有从单一到复合的发展过程,以及不同主导功能先后更替和叠加的变化过程。石家庄在区域性经济中心的基础上,逐步成为区域性政治中心和军事中心,在经济功能基础上,逐步增添了政治功能和军事功能,从而具备了复合城市功能。

第三编｜城市行政

近代石家庄城市名称的六次变更始末

　　城市名称符号不能决定或影响其城市的属性和规模，仅是一个符号而已，但每个城市名称往往都有其特定的由来。作为区域性行政中心城市，其名称一般都具有标志性意义，取名或改称，理应极为慎重。伴随着近代石家庄名称历经数度变更，行政区档级地位每次都有陡然地提升。当石家庄由蕞尔村庄变迁为大都市行政中心城市后，其名称又回归到了原点——石家庄。

　　"石家庄"的称谓，原本符合中国传统社会村庄命名的最一般规律，属于典型的以姓氏命名的农村村名。虽然史学工作者尚未解开石家庄村由来的"石姓"与"十姓"之谜，但是，"庄"字作为聚落的通称，泛指村庄无疑。在中国传统社会里，一般以大户姓氏为庄之名的比较多。其最大特点，就是以血缘为纽带的宗法制社会伦理关系体系，在古代社会中发挥着极其重要的作用，从一定意义上讲，中国乡村聚落的形成又是一个个以血缘组织为基础的宗法社会大家庭。

　　石家庄以往又被称为"石庄"，石庄一词在民国后的不少正式文书中频繁使用。例如，石家庄商会常常自称为"石庄商会"。在1914年9月致县知事的呈文中，就有"石庄前由分会建筑马路，设立商团""石庄石灰年销售若干"的表述。石庄的称呼一直在20世纪流行通用，它不属于对石家庄的名称变更，一直是作为石家庄的代名词或简称存在。在1925年正式建立自治市以前，以石家庄车站为中心的新兴城镇初具规模，虽然超出了原石家庄村属的地界，但是，从当时的地域管辖界限来看，当时"石庄自为一区，并无所辖

---

* 原文发表于《燕山大学学报》，2007年第4期。

村镇"。①

  近代石家庄的第一次名称变更之机，发生在1925年建立自治市时。近代石家庄第一次拓展建市，面临的首要问题是石家庄与休门村、栗村合并以及全市人口数量规模问题。在筹备建立石家庄的市自治过程中，唯恐达不到建立自治市人口标准。于是在筹备之始，1923年"集合石家庄、休门本地绅民，共同议决"②，达成合并的意见。1925年6月25日，由北洋政府批准直隶省各地11个城镇实施市自治制时，将施行自治制的石家庄，命名为"石家市"，"自民国十四年七月一日于直隶省所属"。③石家庄改成了"石家市"，以"市"取代了"庄"，而且直接隶属直隶省，这标志着石家庄由农村向城市的转化在制度规格上，迈出了实质性的一步。

  "石家市"名称存在一定的问题，寿命仅有两个月时间，第二次名称变更之机马上就出现了。伴随着石家庄由农村向城市化的加快发展，因市自治的政区实际上早已不再仅限于石家庄村的范围，市区建筑已经扩大至休门村、东北栗村和西北栗村。但其地位在合并中，没有得到实际认可，从而构成一个现实矛盾。一方面批准建立"石家市"已经包含了休门村、东北栗村和西北栗村人口，另一方面市区建筑实际扩展到了休门、栗村地域，但是，合并的新行政单位名称却没有丝毫地反映出它们原有的符号。其实，"石家市"称呼出台后，一直没有得到地方四村乡绅的一致认可。以赵中立、赵文斋等为代表的休门村士绅，对四村合并之后的"石家市"称谓，颇有微词，因而牢骚不断，在研究和协商自治事宜时，屡次对市自治的市名发难。原休门村士绅因为一再反对新城市的市名沿用"石家市"的称谓，执意要求更换名称，当地资深官员不得不出面调解，结果取石家庄和休门村的各一字，改称为"石门市"。这就是两个月内，市名两度更换的根本缘由。1925年8月29日，北洋政府批准，将"石

---

① 河北省档案馆藏，《劝业道令发工商统计调查票簿卷》(1913年)，656-1-176。
② 河北省档案馆藏，《获鹿县呈为呈报事案》(1925年4月6日)，《直隶全省自治筹备处令石家庄商会会长张士才呈请设立市自治会卷》，656-2-132。
③《直隶省属各地施行市自治制日期及区域令》，《政府公报》，第3317号，1925年6月25日。

家市，更名为石门市，以符名实"。① 由此可知，石门市作为新城市名称的产生缘由，纯系协调地方士绅争执相互妥协的产物，反映了农村城市化中原有聚落特有的内在矛盾。其实石门市的命名，并没有从城市标志设计的角度，赋予它更深厚的文化内涵，更没有顾及城市名称必须坚守的唯一特性。石门市的命名，造成了与湖南拥有悠久历史文化的石门县称谓重叠，触犯取名大忌，当属命名不佳，堪称败笔无疑。

近代石家庄的第三次名称变更，发生在1928年南京政府撤销全国所有市政公所之时。石门的称谓是作为石门市形成而出现的，石门市政公所是作为"市自治制"的成果而出现的，市政公所被取消，"市自治制"被废除，石门地名的识别意义成为盲点。此后，石门便陷入名不正言不顺的尴尬语境之中，石家庄和石庄的称谓又开始被重新使用。此时，石门一词并未被明确废止，例如，石门公安局等机构依然沿用此称呼，由此进入了三种称谓并存的阶段。例如，1929年获鹿县建设局、商会、商人总会筹备会联合上呈省政府的公文中，就将石门改称为石庄，行文中多次提及，"在县之石庄""获城之商号多迁至石庄""石庄设立统税局"。② 再如，1929年晋冀察绥财政整理处督办阎财字第二一八号训令中，"兹刊发该属石家庄分局木质钤记一颗，文曰：正太路火车货捐石家庄分局钤记"。③ "石门""石庄""石家庄"三种称谓的共存并用，虽不至于对当地人产生地域上的太大理解误差，但是，行政中心更名造成的一地多称现象，已经形成政区称呼的误读，导致了一定程度的混乱，影响到了外地公众对近代石家庄的认知。在此阶段石家庄知名度有所扩大，其行政地位已经有所提高，在省级派出的各种驻石财税机构之外，还有河北省实业厅驻石办事处。

近代石家庄的第四次名称变更，在1939年10月7日伪华北临时政府行

---

① 《临时执政指令第1027号》，《政府公报》，1925年8月30日，第3381号。
② 河北省档案馆藏，《商会等会呈据商号代表隆泰成等请将获城统税合并石庄卷》，656-3-171。
③ 河北省档案馆藏，《正太火车货捐局局长就职卷》，656-3-304。

政委员会正式批准石门设市之时。"石门准予设市"①，市制正式得以重新确立，市名继续采用此前的石门之称。这次从1938年1月开始筹备"石门市公署"，到正式批准市公署成立的一年九个月时间内，历经多次市政研究会，反复磋商讨论了人口、地域、税收等问题，始终没有涉及市名问题。正是因为在筹备市公署过程中，压根没有提及市名，未能引起各界人士关注，导致1939年10月出台的本市规划大纲，依然使用"石家庄"的称谓，即《石家庄都市计划大纲》。②此次建市后，石门市地位迅速提高。1940年4月24日，伪河北省公署将全省划分为八道，其中，真定道道公署（后又改称真定行政区）也正式落户于石门市的日华大街。伪真定道道公署管辖的区域为：束鹿县、正定县、获鹿县、深县、平山县、藁城县、饶阳县、冀县、赵县、宁晋县、井陉县、栾城县、灵寿县、晋县、无极县、深泽县、武强县、安平县、新河县、高邑县、元氏县、赞皇县、石门市，共计22县1市。1943年1月，石门市改为省辖市，成为冀中南地区名副其实的行政中心。由于石门市军政中心地位的关系所决定，它被确定为华北六大都市之一，行政中心地位有了陡然提升。

近代石家庄的第五次名称变更之机，在抗战胜利后补报设市审批过程之中。国民政府接收日伪时期的真定道公署和石门市公署之后，由于历史上不曾存在过国民政府设置的石门市政府，故无从恢复市府之说。于是开始履行国民政府正式设市的补报审批手续。报批过程中，更改本市的市名问题被反复提及，致使手续延报。1946年5月市政府组建，直到1947年2月，才将有关设市申报材料上报齐全。"本案因更改市名，以致延报，谨将本市市区面积、人口数字、连同区域图说，各四份一并请鉴赐核转。"③从河北省民政厅厅长有关报审文件的批示中，可以发现问题的焦点集中于政区名称的重复。由于石门市

---

① 《行政委员会指令秘字第1027号》，1939年10月7日，《政府公报》，1939年10月16日，第106、107号合刊。
② 石家庄市城建档案馆藏，《石家庄都市计划大纲》（1939年），中日文对照本。
③ 河北省档案馆藏，《为检同本市面积及人口数字区域图说等项暨本市改称一案电请鉴核由》（1947年2月），《省政府、唐山、石门市、唐山市政府及警察局组织规程编制预算表、绘制市区面积、人口、数字图的代电》，615-2-1190。

与湖南石门县同名，此外亦有不益沿用日伪政权市名之含义在内，故中央内政部提出了明确意见，"指示另拟名称"，对于"此案是否依照指示，改称石庄市"①，省民政厅希望市府认真考虑遵办。当时南京国民政府中央确有更换市名之建议，从内政部公函中，可以得到印证。例如，内政部公函批示提及"应另拟名称，以备采择"，"并拟改称石庄市"等②，相当明确地表示出希望市府换名的意图。由于石市政府另有考虑，坚持沿用石门市的称呼，其申述的主要理由有如下五点：第一，认为本市为新兴城市，市域内没有重要的历史名胜遗迹，可供市名借助，要选择一个蕴含深厚历史文化的市名，颇感困难。第二，"石门市"不是由日伪政权创立的市名，它的出现早于抗战以前，命定沿用迄今已逾二十年。第三，石门一词虽与湖南石门县同名，但县与市不同，当冠以省份名称之后，自不易互混。第四，当前形势环境正处于特殊时期，骤然改名，会对当地经济造成严重影响。故此，仍要沿用石门市旧名。但是，也表示如果将来确有改名之必要，亦要待局势稳定后，再专案办理。③最后，省民政厅同意了市府意见，并向内政部陈述了理由，突出强调了该市目前面临局势比较紧张，考虑到"该市四周匪氛未靖，各项措施以不增加困难损失为宜"。最终，获准暂用旧名不改。所以说，这一次完全是形势导致市府无暇顾及更名。当时石门市城防紧张的形势，也进一步佐证了其军政中心的地理位置之重要。随着石门市政府的成立，河北省第十一区专署也设驻本市，所辖地域包括正定县、获鹿县、藁城县、栾城县、高邑县、赵县、柏乡县、灵寿县、平山县、元氏县、井陉县、赞皇县等共计12个县。所以说，石门市在抗战胜利后依然保

---

① 河北省档案馆藏，《民国三十六年五月二十四日河北省政府民政厅厅长批示》，《省政府、唐山、石门市、唐山市政府及警察局组织规程编制预算表、绘制市区面积、人口、数字图的代电》，615-2-1190。
② 河北省档案馆藏，《中华民国三十六年五月十七日内政部公函》，《省政府、唐山、石门市、唐山市政府及警察局组织规程编制预算表、绘制市区面积、人口、数字图的代电》，615-2-1190。
③ 河北省档案馆藏，《河北省石门市政府代电市秘卅六字第015号》(1947年)，《省政府、唐山、石门市、唐山市政府及警察局组织规程编制预算表、绘制市区面积、人口、数字图的代电》，615-2-1190。

持着其军事行政中心的重要地位。

近代石家庄的第六次名称变更，在1947年11月12日之后。两天之后，即1947年11月14日，晋察冀边区行政委员会发布了布告，"委任柯庆施为石门市市长"。① 说明1947年11月初，仍称石门市，当时隶属于晋察冀边区，城市政权名称为"晋察冀边区石门市政府"。但是，石门名称使用并不严格，例如，以市长柯庆施名义发布的《石门市政府布告（工商字第一号）》中，也有"石家庄"的字眼，"为建设人民的石家庄，迅速树立新的社会秩序……"② 1947年12月26日，石家庄市政府发布秘字第一号通知，正式宣布"石门市自即日起改为石家庄市"。③ 石家庄市隶属于晋察冀边区，政权名称为"晋察冀边区石家庄市人民政府"。这次更名与以前五次变更名称都有所不同，以往都是由市级以上的省级政府或中央机关宣布更名，而本次改为石家庄称呼的则是石家庄市政府自身。

1948年5月，中共中央决定将晋冀鲁豫中央局和晋察冀中央局合并，将晋冀鲁豫边区政府和晋察冀边区行政委员会迁至石家庄。1948年8月华北人民政府在石家庄成立，石家庄市改属华北人民政府。据1948年11月2日华北人民政府通知，市政府不再冠以"晋察冀边区"字样。1949年1月19日华北人民政府令，"自即日起，本府直辖之阳泉市，改归石家庄市政府领导"。④ 1949年8月1日，河北省人民政府成立，石家庄市改属河北省人民政府。1949年8月5日，石家庄专员公署也在本市成立，并驻本市。

从20世纪20年代的市自治政府筹备，到1949前夕成为华北人民政府所在地，石家庄作为行政中心城市历经磨难，称谓数度变更，最终复归原称。近代石家庄经过半个世纪的变迁，由蕞尔村庄变为大都市和行政中心城市，成为中国近代农村城市化的典型。

---

① 《1947年11月14日布告》，《新石门日报》，1947年11月18日，第1版。
② 《石门市政府布告：工商字第一号》，1947年11月19日，《新石门日报》，1947年11月20日，第1版。
③ 石家庄市档案馆藏，《石家庄市政府通知》（1947年12月26日）。
④ 河北省档案馆藏，《华北人民政府令：华北人民政府民政字第8号》（1949年1月19日），586-1-229-2。

20世纪20年代围绕获鹿县署搬迁石家庄的博弈

石家庄村从清末兴修铁路开始，发生了巨大变化。大量耕地被占用，农业劳动力转移，外来人口聚集，商业与服务业崛起，空间景观有了较大改观，地理地位有了明显提升。这林林总总的变化拉开了石家庄城市化的序幕。进入民国以后，已经发生了巨变的石家庄，随着工商业的迅猛发展，逐渐形成了区域性经济中心。与此形成鲜明反差的是获鹿县城的经济地位开始出现衰落，其商贸集散地逐渐形成向石家庄迁移之势。于是，从1923年起就不断有人提出由石家庄取代获鹿县级行政中心地位，将获鹿县署搬迁至石家庄的建议。支持与反对县署搬迁的双方博弈持续了约4年之久，直接参加论战者多达数百人，本地知识分子、绅商、官员、议员几乎全部被卷进这场论争之中。90多年前的这场论战早已被今人淡忘，相关内容史学界尚无人论及，本文试图根据历史档案资料，探寻当时围绕县署东移双方展开博弈的历史细节，揭开一些鲜为人知的历史真相。

一、县署搬迁动议的背景

原本属于乡村荒野的石家庄借助铁路意外赐予的机遇，在产生新的社会物质生产部门之后，被迅速地拉入到社会大生产的经济体系之中，开始了从铁路枢纽到商品集散地，从区域经济中心到区域行政中心的发展历程。

石家庄铁路枢纽的形成和近代铁路运输的发展，导致了该地域交通运输体系的重大调整，改变了以往当地的商品流通流向，并扩大了商品流通的范

---

* 原文发表在《石家庄职业技术学院学报》，2014年第1期。

围，通过铁路交通枢纽功能的发挥，实现了传统区域经济中心向石家庄的迁移。此前被誉为"旱码头"的获鹿县城，因为石家庄的崛起日显衰落，"获鹿城内，前数十年，本为繁盛之区，近则商业一落千丈"。①石家庄由于拥有了重要的交通区位优势，逐步形成区域性商贸集散中心。随着经济地位的提高，移民人口的增加，其行政管理地位必将也必将随之获得提升。也就是说，石家庄被设为区别于一般乡村的特殊辖区之可能性自然在明显增大。

1914年8月8日，北洋政府公布了《县佐官制》，命令各地在该县辖境内之要津地方，设置"县佐"一职。获邑"因清初曾驻巡抚于此，地居冲要，故沿旧制列为一等县"②，已经快速崛起的石家庄距获鹿县城35公里，《县佐官制》要求县佐不得与县知事同城，因此，当时石家庄完全具备了设置副县级"县佐"的机会和条件。时任直隶保定道尹的许元震认为，"当以该县石家庄为京汉正太两路交通之处，商贾林立，政务殷繁，难同他县可比"③，需要及时提升石家庄的行政管理地位。所以他曾主张获鹿县申报在石家庄增设"县佐"，并极力推动了此项工作展开。而获鹿县知县曾传谟，唯恐削弱自己的行政权力，一味予以拖延，为此还受到上司批评，"惟该县任催罔应，延不具复，实属玩视要政"。④

获鹿县知事有意压制石家庄，不赞同设置县佐的理由是：第一，虽然石家庄距城有17.5公里，但交通便利，乘车顷刻即达，并非属于鞭长莫及。第二，承认石家庄"商贾辐辏，事务稍繁"，"较之他邑村镇之广土众民，未可同日而语"。但认为石家庄铁路系统设有总办、监督、段长、站长、弹压员、铁路巡警局，地方上设有警察分所巡官、侦察局、游缉队、巡防营马队、禁烟稽查局等，防范不谓不严，并非属于"缺乏处断违警事件"之地。第三，即便石

---

① 张志澄，《获鹿行记略》，《河北月刊》，第1卷第1期，1933年，第19页。
② 蒋锡曾，《河北省"县缺等次"之商榷》，《河北月刊》，第4卷第4期，1936年，第3页。
③ 河北省档案馆藏，《直隶保定道道尹许元震饬》(1915年2月24日)，《巡按使道尹饬令筹议县佐卷》，656-1-336。
④ 河北省档案馆藏，《直隶保定道道尹许元震饬》(1915年2月24日)，《巡按使道尹饬令筹议县佐卷》，656-1-336。

家庄发生民刑诉讼,获鹿县有知事、承审员,或莅临或传讯,风驰电掣,缩地有方,无须担心贻误。第四,石家庄附近素无河道,不存在堤防水利之事;再说铁路涵洞水道事务,也不准地方插手干涉;粮款赋税年清年结,无丝毫亏欠,并不存在"催科"之要务。所以,获鹿县知事认为,以如上诸多机关层层控制石家庄弹丸之地,可谓绰绰有余,石家庄完全应该在获鹿县署操控之下,故强调石家庄"现时实无设置县佐之必要"。①

尽管如此,迫于上级屡次督促,获鹿县还是拟定了一份设县佐的预算和备用方案。根据预案设计,如果设石家庄为获鹿县佐的驻地,其衙署准备建在石家庄村西官田上,"择地租盖一亩大小平房约二十间"。拟划归石家庄行政区管辖的附近村庄有:石家庄、休门村、姚栗村、任栗村、范谈村、花园村、彭村、东里村、东焦村、柏林庄、北焦村、市庄、东岗头村、槐底村、孔家庄村、方北村、尖灵(岭)村、元村、高柱村、党家庄、赵陵铺村等,共计21个村。②

最终因获鹿县知事一直采取抵制石家庄提升为"副县级"的消极态度,坚持"等待将来石家庄事务再增繁再行设置"的立场③,致使设县佐的计划流产。结果直隶保定道道尹也不得不放弃最初的努力,以"据切实查明该县石家庄地方实无设置县佐之必要"为由④,结束了在民国初年这场本无悬念的政区调整,使石家庄失去了其行政地位提升的第一次机会,实在令人扼腕叹息。

在这场变与不变的政区调整中,获鹿县公署官员一直左右着大局,石家庄并不掌握主动权,保定道道尹的建议和努力确属比较客观公正的,只是鉴于中间获鹿县知事作梗,亦无可奈何。显而易见,获鹿县公署官员从本位利权

---

① 河北省档案馆藏,《获鹿县公署详为遵饬复议石家庄毋庸设置县佐事》(1915年2月25日),《巡按使道尹饬令筹议县佐卷》,656-1-336。
② 河北省档案馆藏,《获鹿县石家庄设立县佐预算表》,《巡按使道尹饬令筹议县佐卷》,656-1-336。
③ 河北省档案馆藏,《获鹿县公署详为遵饬复议石家庄毋庸设置县佐事》(1915年2月25日),《巡按使道尹饬令筹议县佐卷》,656-1-336。
④ 河北省档案馆藏,《获鹿县公署详为遵饬复议石家庄毋庸设置县佐事》(1915年2月25日),《巡按使道尹饬令筹议县佐卷》,656-1-336。

出发的立场，反映出了传统乡村管理对新生工商区域兴起的压抑，暴露了地方行政管理中习惯势力对新生环境变化的抵触。获鹿县官员对1907年正太铁路通车后的石家庄兴起不以为然，他们看不到交通环境飞速发生的变化蕴含着什么，根本无法想象社会经济发展的巨大力量会把石家庄的未来推到何种地位。由于他们的意识和态度一直没有改变，当然也就不会把握住历史赐予的机遇。署理正定府正堂的李映庚，作为旁观者，他非常清楚其中的利害关系，当时的一番话确系一语中的："获令老于做官，稚于办事，故石家庄商业不旺。"①

虽然在石家庄设县佐的行政提升计划最终未果，但石家庄飞速发生变化的事实，已经无可争辩地引起社会各界人士和政府官员的广泛关注。

石家庄在形成区域性商品集散中心之后，其交通枢纽的优势地位进一步得到彰显，不仅冀晋两省间以及中原诸省之间传统的交通运输结构得以改变，而且京津冀地区间的人流、物流、资金流、信息流的流动速度得以明显提高，从而改变了经济区域间的运输能量。到20世纪20年代初，石家庄不仅具有直隶之中心和晋冀之咽喉的区位优势，成为"扼数省之咽喉，诚为华北开发之腹心地也"。②随着石家庄商品中转和集散地功能的逐步增强，城市经济吸引力大为提高，其经济地位和实力逐步超过获鹿。石家庄区域性经济中心地位的迅速提升，映衬出获鹿古城传统经济的衰落。昔日堪称繁盛的获鹿城关由此风光不再，"昔日获鹿城关地方尚称繁盛，自正太铁路交通，各商迁徙者不啻过半"③，迁徙的商人大都转移到石家庄。据史料记载，"前日巨商均在获城，自正太路交通以后，皆聚集于石庄"。④由于石家庄城市崛起的现实，使本地域的物资集散中心由获鹿县城转移到石家庄，从而取代了获鹿县的经济地位。特

---

① 天津市档案馆藏，《署理正定府李映庚陈述该府各县商务及开办商会情形》，《天津商会档案汇编（1903~1911）》（上），天津人民出版社，1989年，第210页。
② 陈佩，《石门市事情》，新民会中央总会，1940年，第38页。
③ 天津市档案馆藏，《获鹿县商会沥数该县不宜设统税局四条理由文并省长批驳令》，《天津商会档案汇编1912~1928》第3册，天津人民出版社，1992年，第3656页。
④ 河北省档案馆藏，《保定道令饬将农业状况、物产种类、工业程度、贸易情形按季造册卷》（1923年），656-2-283。

别是1923年石家庄开始申请筹办"市自治"之后，获鹿的有识之士就开始主张在石家庄成为经济增长极的同时应该提升起行政中心地位，呼吁将获鹿县署搬迁至石家庄，提出了由石家庄取代获鹿县级行政中心地位的建议。①

二、围绕搬迁博弈双方的交锋

最早主张获鹿县署迁移石家庄的建议，是1923年9月由张殿珍等新式知识分子在《上获鹿县步知事书》中提出的。但是，以获鹿县商会为主的本地商人以迁移县署有碍商务为由，明确提出了反对意见，而且反对迁移的态度十分坚决。特别是1924年1月，反对派依仗自身势力和在当地的影响，召集全县城镇乡年高德劭之父老，以朱清泉等213人联名方式给县知事上书，对迁移主张进行了逐条辩驳。主迁派曾三度上书陈述县署搬迁石家庄的理由，并且针对搬迁设计的开支问题，积极地为筹集经费出谋划策；反对搬迁一派也接二连三地呈文批驳。于是，围绕着获鹿县署搬迁的问题，引发了社会各界人士一场旷日持久的大争论。主迁派与反迁派双方论辩的焦点集中在以下几个方面：

（一）县署所在地的地理优势何在？

主迁派提出搬迁的首要理由，是"获邑县署地址不适"。"窃以县长之设所以行政也，所以安民守国宁土也"，故县署所在地必须交通便利，"须择一邑形势重要统辖便利之，然后可以驭下民也。"②自从清末修建铁路以后，石家庄的区位优势已非昔比，不仅居京汉铁路之中枢，而且为正太铁路之起点。正太铁路可以"直达太原，则石家庄为交通之要道，而获城已失其要塞之性质"。相比而言，"获城既失形势上之重要，而地址复偏西，鄙对于东南统治有鞭长

---

① 河北省档案馆藏，《抄录公民张殿珍等初次呈文》，《公民张殿珍等呈请县署迁移石家庄案卷》，656-2-392。
② 河北省档案馆藏，《抄录公民张殿珍等初次呈文》，《公民张殿珍等呈请县署迁移石家庄案卷》，656-2-392。

莫及之患"①，石家庄的交通便利条件"为河北冠，获城不能及其万一"。②石家庄不仅是铁路运输的中枢，而且还是军事重镇，"每逢战事则大兵驻扎，军事车辆在所必须，县署自当移至石庄就近照顾"。③所以说，新的迁移地址则"举观获邑全境，非石家庄莫属"。④

反迁派提出的反驳理由，是"获邑县署居合属中心，而环境拱之"。⑤"窃获鹿自汉以来，号称胜邑，历经四千余年，其间因革名称举不胜举，未闻有迁徙县署之议也"。"况获鹿旧属正定府统辖，在府西六十里，广四十三里，袤七十五里，周围距平（山）、元（氏）、栾（城）、灵（寿）、井（陉）各县界或三十四里，或十余里不等，比邻协治，更足征昔者申画郊圻不偏不倚之地址。距料张殿珍等捏词妄禀，谬说县署地址不适，竟请迁移等情在案。闻之不胜惊骇。"⑥反迁派不仅坚持认为，获鹿县署作为首政之区的优势地位没有改变，"南当孔道，北枕太行，西扼陉山之口，东连滹沱水之津，其形势皆天然之险固，非人力所能为，几经变乱秩序如常"。⑦而且认为，石家庄作为铁路枢纽和军事要地并非为县署搬迁的必要理由。首先，如果石家庄遇到军事驻兵之时需要县署出面，县署可以委派人员前往处理，不能因为石家庄成为军事要道，县署就要设立在此。"每逢大军驻扎，则由县署派委协同绅商设局供应，未闻

---

① 河北省档案馆藏，《抄录公民张殿珍等初次呈文》，《公民张殿珍等呈请县署迁移石家庄案卷》，656-2-392。
② 河北省档案馆藏，《抄录公民张殿珍等初次呈文》，《公民张殿珍等呈请县署迁移石家庄案卷》，656-2-392。
③ 河北省档案馆藏，《抄录公民张殿珍等初次呈文》，《公民张殿珍等呈请县署迁移石家庄案卷》，656-2-392。
④ 河北省档案馆藏，《抄录公民张殿珍等初次呈文》，《公民张殿珍等呈请县署迁移石家庄案卷》，656-2-392。
⑤ 河北省档案馆藏，《抄录公民朱清泉等初次呈文》，《公民张殿珍等呈请县署迁移石家庄案卷》，656-2-392。
⑥ 河北省档案馆藏，《抄录公民朱清泉等初次呈文》，《公民张殿珍等呈请县署迁移石家庄案卷》，656-2-392。
⑦ 河北省档案馆藏，《抄录公民朱清泉等初次呈文》，《公民张殿珍等呈请县署迁移石家庄案卷》，656-2-392。

有掣肘之处,于县署之迁移无甚必要。"①其次,石家庄的军事要塞地位并非具有什么优势,并举例说明辛亥年燕晋联军起义之时,由于兵变突起,石家庄商铺被抢劫一空。再次,从城防角度上看,石家庄远不具备获鹿城池坚固的优势。"今石庄谓为铁路中心点处,常自尔便利,突然遇变,一线之铁轨焉能与城池争要隘。"②

在县署地理位置的辩论中,主迁派批判了所谓"分野毕昂,代天宣化,测于日晷,噓与风气,均为腐儒之谈"③,突出强调了交通方便是选择县署所在地的重要前提条件。并且还认为,"获城四围非山即沟,若论交通不便殊甚。石庄地居平坦,既有已成京汉、正太两路之便利,复有未成沧石铁路之设施,兼以国道四通"④,所以应该将获鹿县署搬迁至此。反迁派对此不以为然,他们强调石家庄的地理位置更为偏僻,该地址"迤北偏东二三里许,即属正定县界,其地点不适中明矣"。⑤而且还指出了石家庄在地理上不仅不是居中之地,而且地势低洼,遇水患防不胜防。1917年遇到大雨,"几成泽国,房屋倒塌无算。而获城安然如故,不比石庄之灾情重大也"。⑥

(二)县署搬迁是否有利于县域经济发展

主迁派提出县署搬迁的重要理由之一,是石家庄"因交通便利,商业发达"⑦,而获鹿县城已失其要塞之地位,交通远不及石家庄之便,所以商业日渐

---

① 河北省档案馆藏,《抄录公民朱清泉等初次呈文》,《公民张殿珍等呈请县署迁移石家庄案卷》,656-2-392。
② 河北省档案馆藏,《抄录公民朱清泉等初次呈文》,《公民张殿珍等呈请县署迁移石家庄案卷》,656-2-392。
③ 河北省档案馆藏,《抄录公民张殿珍等三次呈文》,《公民张殿珍等呈请县署迁移石家庄案卷》,656-2-392。
④ 河北省档案馆藏,《抄录公民张殿珍等三次呈文》,《公民张殿珍等呈请县署迁移石家庄案卷》,656-2-392。
⑤ 河北省档案馆藏,《抄录公民朱清泉等初次呈文》,《公民张殿珍等呈请县署迁移石家庄案卷》,656-2-392。
⑥ 河北省档案馆藏,《抄录公民朱清泉等二次呈文》,《公民张殿珍等呈请县署迁移石家庄案卷》,656-2-392。
⑦ 河北省档案馆藏,《抄录公民张殿珍等初次呈文》,《公民张殿珍等呈请县署迁移石家庄案卷》,656-2-392。

萧条。县署机关向工商发达之处迁移，有利于当地经济发展。张殿珍等人在呈文中说："窃以为商埠、行政、司法各机关之设立，与该地形势商工为正比例。天津初兴之时，亦不过县署警察数机关而已，嗣以商工日兴，人烟日密，外人予以日多，实务予以日繁，所以省长也、督军也举迁移于此。石庄在民国初年区区警察分驻所已能镇摄，嗣后商工日兴，人烟日密，各机关亦随之而多。现在石庄有小天津之号，则该地之繁华可想而知。"①其表达的主要意思就是，石家庄工商业发展迅猛，其行政管理地位也应该得以提升，县署搬迁石家庄顺应经济发展的需要。

反迁派提出的反驳理由是：如果获鹿县署搬迁至石家庄，注定其工商业会越来越繁华，但是"获城已残落，而愈见凋零"。②"获城商业房产大半系各村数百家富户组织之建筑，一旦移去，城关立见萧条。其中关数万人性命生死，大有人道之关系。若以少数人之私见破坏全县已成之大局，诚可寒心。"③特别是获鹿商会以公函方式明确表示，随着石家庄的崛起，获鹿已有大批商户迁往，之所以仍有三百余户商家留在此处，就是仰仗县署在此，如果县署搬迁则直接关系到了他们的存亡。"获城商号幸保无虞，一则由地势险要，一则由县署之保护耳。若县署一迁，各商无所依赖，其生命财产不堪设想"，"希将迁移县署一案完全打消，则商人幸甚"。④

主迁派则认为，以获城商业萧条和保护获城商人为由阻止县署搬迁，是"只顾一城之利，不顾全县之害。以全县较一城，孰轻孰重？而犹谓人存私见，此诚不可解之说也"。⑤反迁派则认为，主迁派的主张就是只顾石家庄而不顾

---

① 河北省档案馆藏，《抄录公民张殿珍等三次呈文》，《公民张殿珍等呈请县署迁移石家庄案卷》，656-2-392。
② 河北省档案馆藏，《抄录公民朱清泉等初次呈文》，《公民张殿珍等呈请县署迁移石家庄案卷》，656-2-392。
③ 河北省档案馆藏，《抄录公民朱清泉等初次呈文》，《公民张殿珍等呈请县署迁移石家庄案卷》，656-2-392。
④ 河北省档案馆藏，《1924年获鹿县商会公函呈文》，《公民张殿珍等呈请县署迁移石家庄案卷》，656-2-392。
⑤ 河北省档案馆藏，《抄录公民张殿珍等三次呈文》，《公民张殿珍等呈请县署迁移石家庄案卷》，656-2-392。

全县之大局。"至迁县署原关系全县大局得失,利害亦为全县痛痒所关。近则城关立见萧条,远则全境遽形艰迫。"①因此,"县署地址毫无不适,原非不得已,何如仍旧贯相安无事,此又实无迁移之必要"。②

在搬迁是否有利于经济发展的辩论中,主迁派强调的是,县署应该搬迁至经济繁华之处,县署搬迁有利于石家庄工商业的发展。反迁派则指出:如果获鹿县署搬迁的话,其县城商业注定则会遭受灭顶之灾。而且县署原有的设施被弃之不用,必然会造成经济上的浪费,引得世人诟病。"县署统束仓库、监狱诸要,讵能委而去之,弃如敝屣,在石从新并立,以耗民财民力,而速怨谤。"③

(三)是否需要通过搬迁县署来强化石家庄行政管理和提升市政管理地位

在此前获鹿县政府管理体系中,石家庄仅是一个村落级单位,只是因为商业繁荣和人口激增的缘故,在村内派遣了警士。石家庄为初兴之地,长期无正当机关以统驭,获鹿县的许多士绅在石家庄经商,但是驻石商人团体与在城商人团体分为两派,主迁派认为,"每以利害关系争执甚烈,甚有以党派不同出而破坏新政者,若移县署于石庄,可化党派于乌有,将来事事自然顺利"。④石家庄本来就归属获鹿县管辖,获鹿县署如果能够移设石家庄,"统辖自是便利,无文化不及之患"。⑤所以,"石家庄为县署必设之地,于行政安民守土无不适宜"。⑥

---

① 河北省档案馆藏,《抄录公民朱清泉等二次呈文》,《公民张殿珍等呈请县署迁移石家庄案卷》,656-2-392。
② 河北省档案馆藏,《抄录公民朱清泉等初次呈文》,《公民张殿珍等呈请县署迁移石家庄案卷》,656-2-392。
③ 河北省档案馆藏,《抄录公民朱清泉等初次呈文》,《公民张殿珍等呈请县署迁移石家庄案卷》,656-2-392。
④ 河北省档案馆藏,《抄录公民张殿珍等初次呈文》,《公民张殿珍等呈请县署迁移石家庄案卷》,656-2-392。
⑤ 河北省档案馆藏,《抄录公民张殿珍等初次呈文》,《公民张殿珍等呈请县署迁移石家庄案卷》,656-2-392。
⑥ 河北省档案馆藏,《抄录公民张殿珍等初次呈文》,《公民张殿珍等呈请县署迁移石家庄案卷》,656-2-392。

主迁派极力主张县署搬迁的另一个理由是，石家庄急需加强县署的警权和财权。"石家庄因交通便利，商业发达，条达辐辏，故宵小每易潜踪，昼伏夜出，四乡掠夺，所以每届冬季路案盗案层出不穷。县署若不急速移石，徒恃区区警局诚不足以镇压地面，而驱匪类于远方。"① 据《石门指南》记载，"当时仅有获鹿县警察所派警士数人，住安宁寺内"。1912 年，开始在石家庄设立警察分驻所，1921 年才晋升为警察局。设立警察局以后警务直接归省管，其性质独立，不归县署统制。主迁派认为，对获鹿县而言，"一邑之地，而事权不一"，终归不妥，"故必县署移来，用一警权藉卫地方"。② 再说，石家庄商业日盛，人员渐增，"故民刑案件亦因之而日繁，只恃警察能力诚不足以保治安，若设县署于此地，则消防队、保安队、警备队、清道队等自必立形起色，共维治安。较之徒恃警察胜过万万矣"。③ 在主迁派看来，与县署警权密切相关的是的财权。"石家庄初兴之际，所有一切捐项全归获邑收用，所以获邑财政命脉全在石庄，厥后以警权旁落，获邑似无统制该埠之权。该埠之权以致各项收入除煤捐一宗外全归本埠浪费，将来获邑新政势必废弛，若县署移于此地，则各项收入自能统一。"④

反迁派认为，以石家庄亟须加强县署警权作为主张搬迁的理由不能成立。石家庄"现有新改警察局，盘奸诘究权力胜县知事多矣"，只要两者"各专责成，于县署之迁移无关必要"。⑤ 特别是朱清泉等在呈文中，还驳斥了主迁派所谓迁移县署能够统一警权的论点，指出国家的警察管理体制设置不能成为迁移的理由。"谓石庄警局性质独立，不归县署统制，此不明治体之言也。查国

---

① 河北省档案馆藏，《抄录公民张殿珍等初次呈文》，《公民张殿珍等呈请县署迁移石家庄案卷》，656-2-392。
② 河北省档案馆藏，《抄录公民张殿珍等初次呈文》，《公民张殿珍等呈请县署迁移石家庄案卷》，656-2-392。
③ 河北省档案馆藏，《抄录公民张殿珍等初次呈文》，《公民张殿珍等呈请县署迁移石家庄案卷》，656-2-392。
④ 河北省档案馆藏，《抄录公民张殿珍等初次呈文》，《公民张殿珍等呈请县署迁移石家庄案卷》，656-2-392。
⑤ 河北省档案馆藏，《抄录公民朱清泉等初次呈文》，《公民张殿珍等呈请县署迁移石家庄案卷》，656-2-392。

家设官行政，各有一定权限，原不在距署远近，而分直接、间接。以公事上核职守，丝毫不得逾越，用是侵占，放弃殊属悖谬，于县署之迁移决无必要"。①

反迁派尤其不能容忍的是以石家庄日渐繁华而迁移县署，坚决反对通过搬迁县署的途径来实现强化石家庄行政管理和提升市政管理地位。他们嘲笑主迁派是"不务学业的青年子弟"，"独不思繁华之地岂独石庄一隅哉。汉口之繁华为中国冠，周村之繁华为东省首，不闻有该管之县署因繁华而骤为迁移者"。②

（四）石家庄是否具备接纳县署机关搬迁用地的条件

反迁派以石家庄空间狭小，"今石庄属县治东南隅，譬如蕞尔弹丸，特太仓一粟耳"③，向主迁派发难。

主迁派反驳说，石家庄完全能够解决安置县署机关的土地问题，"石庄西北郊，有我县官地十余亩，以之建筑县署及一切局所，绰绰有余，何谓石庄毫无隙地"。④

反迁派又以地理环境不好、地价昂贵为由，提出石家庄难以满足县署机关搬迁的条件。"现在石庄自南自北自东毗连各村，毫无隙地，中心铁轨纵横，障碍难移。惟庄西略有片土，不但犬牙交错，散漫不堪。且道路叉义，沟而达之。姑勿论势不能容仓库、监狱诸所，即以石庄地价昂贵而论，纵有数十万的款购地建筑，亦猝难办到。"⑤

主迁派为了说明石家庄完全能够安置解决县署机关的问题，专门设计了一个简单的置换安置方案，即将"石庄警局作为县公署，警局居石庄之中央作

---

① 河北省档案馆藏，《抄录公民朱清泉等初次呈文》，《公民张殿珍等呈请县署迁移石家庄案卷》，656-2-392。
② 河北省档案馆藏，《抄录公民朱清泉等二次呈文》，《公民张殿珍等呈请县署迁移石家庄案卷》，656-2-392。
③ 河北省档案馆藏，《抄录公民朱清泉等初次呈文》，《公民张殿珍等呈请县署迁移石家庄案卷》，656-2-392。
④ 河北省档案馆藏，《抄录公民朱清泉等二次呈文》，《公民张殿珍等呈请县署迁移石家庄案卷》，656-2-392。
⑤ 河北省档案馆藏，《抄录公民朱清泉等初次呈文》，《公民张殿珍等呈请县署迁移石家庄案卷》，656-2-392。

为县署殊为便利。警局机关较小，可移于祥隆饭店。如此则工程小而迁移自易矣"。①

（五）县署搬迁费用和建设费用问题

主迁派在提出搬迁建议时，并没有把搬迁所需经费当成一回事，以为集资只要县长下令即可解决。"召集各村村长佐共筹移县之款，则区区小费，不难立集。"②

县署搬迁涉及面广，问题颇大，需款尤多。这便让反迁派抓住了把柄。他们在搬迁经费问题上大做文章，说没有经费，何谈搬迁。"况分文未备，非轻举而何？若谓只请县长徒去，随时办公，置国家要政皆不顾，岂非等诸儿戏，不明大义，其贻害何堪设想。"③以此，讥笑主迁派的主张是"捏词妄动"，"轻举妄动"。

为此，张殿珍等主迁派人士专门针对搬迁经费问题提交了第二次呈文，系统地提出了解决搬迁经费问题的一些建议：第一，发行官款券。"出官款券若干张，每张一元，分派各村富户负担，性同纸币，得自由交易，数年后再由官家备款收回。如此既无害于民，而裨益县款，又非浅显也。"第二，拍卖官产。"县署既经迁移，则城内公署及其余应迁各机关等官产可拍卖之，所得之资作为建筑公署之费，殊为两便。"第三，公署迁移所在地出津贴费。"如果公署不移于石庄，而在附近之村庄时，则可使其村庄出资，津贴建筑公署费用。因县署移在何地，则何地商业当即发达，所以，附近石庄各村争愿将县署移在自己村旁，若令具出资建筑，当所乐从。"第四，采用招投标制。"县长指令县议会会员择适当地点数处，使各该村自行投标，果能得村庄大宗之助款，则迁移更较容易矣。"第五，增加煤捐。"石庄收入当以煤捐为最多，若再增加若

---

① 河北省档案馆藏，《抄录公民张殿珍等二次呈文》，《公民张殿珍等呈请县署迁移石家庄案卷》，656-2-392。
② 河北省档案馆藏，《抄录公民张殿珍等初次呈文》，《公民张殿珍等呈请县署迁移石家庄案卷》，656-2-392。
③ 河北省档案馆藏，《抄录公民朱清泉等初次呈文》，《公民张殿珍等呈请县署迁移石家庄案卷》，656-2-392。

干，将其收入百分之几作为迁移公署之经费，亦无不可。"①

三、博弈的最终结果

从 1923 年 9 月张殿珍等人第一次署名上书开始，一直到 1926 年 11 月 22 日市自治会选举出石门市市长，这场博弈才算有了结果，双方论战持续了近 4 年时间。在此期间，主迁派共提出县署搬迁的呈文 3 次，反迁派共提出反对县署搬迁的呈文 3 次，并以获鹿商会名义向县行政公署递交了反迁公函 1 次。博弈双方直接参加论战的多达数百人，获鹿本地的所有知识分子、绅商、官员、议员几乎全部卷进这场论争之中。通过这场论争，扩大了石家庄新兴城市的舆论影响，提升其行政地位的主张也得到了广泛认同。由于获鹿县政府内部多数官员看好石家庄政治地位的提升，以致后来获鹿县也想将县治迁至石门扩大权势。"县党部及各法团盛倡县府移治石庄之说"。②

由于县署搬迁的争论正处在石家庄筹办"市自治"期间，"石庄亦以商业兴盛人烟稠密之故，已呈准筹备市自治"。③ 客观地分析当时论战形势，应该说县署搬迁石家庄的论战，对筹备"市自治"产生了很大的积极影响。由于当时石家庄推行市自治制的各项环境气氛比较浓郁，地方上搬迁的各项政治经济条件也已经基本具备，如果当时实现了县署东移，提早赋予石家庄行政功能，势必会在人口和城建等方面加快石家庄的发展速度，亦有利于新兴城市的功能完备，促使石家庄政治经济得到平衡推进。

然而，将获鹿县行政中心东移，并不像获鹿的商贸集散地向东迁移那样自然顺畅，人为制约因素依然很多。尽管县署东移的呼声极高，已不再仅仅局限于个别人的倡议，而且形成了一股巨大的舆论力量，但是，博弈双方似乎势

---

① 河北省档案馆藏，《抄录公民张殿珍等二次呈文》，《公民张殿珍等呈请县署迁移石家庄案卷》，656-2-392。
② 河北省档案馆藏，《李尊青为获鹿驻军石庄商会印行角票等事项的密呈》，656-4-802。
③ 河北省档案馆藏，《抄录公民张殿珍等初次呈文》，《公民张殿珍等呈请县署迁移石家庄案卷》，656-2-392。

均力敌，不相上下，历任获鹿县长都不敢贸然决断，无论他们个人有何见解，在公开场合都采取了"实非私人所敢妄加赞否"的态度。① 所以，当张殿珍等第一次提出获鹿县署迁移的主张，获鹿步县长马上便决定"提交县议会核议"。1924年1月新任张县长接到反迁派朱清泉等的呈文后，同样亦交付给县议会审议。与此同时，县议会已就张殿珍等提出的获鹿县署迁移议案进行了讨论，投票表决的方式通过了决议，"并议决以棉花捐作为移公署之款"。② 但是，在同一时间，张县长又连续接到获鹿县商会和朱清泉等人反对搬迁县署的两份议案，只好暂停上报迁移方案，开始应酬双方的争辩。于是，获鹿县长再次将矛盾踢回到县议会。而县议会"时在闭会阴历年关，未便请求开会。一俟常会开会再行议复"。直至1924年4月县议会复会之后，不仅审议了获鹿县商会和朱清泉等人反搬迁的议案，而且又一并讨论了张殿珍等的第二次、第三次主张搬迁的议案。县议会经过审查再次做出决定，1924年4月12日公布了本次审查结果："议员全体一致赞成张殿珍等先后呈文为合理合法，据张殿珍等呈文对于迁移县署一案，仍执前议。"③ 县议会提请县长将呈文和县议会决议案一并转交省长先行立案。至此，主迁派取得了阶段性胜利。

但是，反迁派依然不肯罢休，先是搬出了生员敦万修为代表的联名上书，后又由朱清泉牵头提出了反对搬迁县署的第二次呈文。于是，县长再度将皮球踢到县议会，县议会议长张久钦、路进修在回复县公署公函中，再次表明了议会的坚决态度，"于本通常会又表决，仍执前议，是此案已无再行审议之必要，理合据前案仍执前议函复可也。敝会议员既如是表决，相应函请钧署查照前两次表决之案，依法执行是为至盼"。④ 至此，县议会议员完全站到了主迁派一边，反迁派已经无计可施。时任张县长只好将张殿珍等三次呈文、朱清泉等的

---

① 河北省档案馆藏，《李尊青为获鹿驻军石庄商会印行角票等事项的密呈》，656-4-802。
② 河北省档案馆藏，《抄录公民张殿珍等二次呈文》，《公民张殿珍等呈请县署迁移石家庄案卷》，656-2-392。
③ 河北省档案馆藏，《1924年4月12日获鹿县议事会公函》，《公民张殿珍等呈请县署迁移石家庄案卷》，656-2-392。
④ 河北省档案馆藏，《1924年4月21日获鹿县议事会公函》，《公民张殿珍等呈请县署迁移石家庄案卷》，656-2-392。

两次呈文、获鹿商会公函、敦万修等的呈文以及县议会两次决议案，按前后次序装订成册，上呈直隶省长。眼看大势已去，木将成舟，获鹿商会为阻止搬迁实施最后一搏，竟然向直隶省公署发电文强烈反对迁移意见。1924年5月15日，直隶省长王承斌为了稳定地方舆情，以指令形式正式做出批示："该县迁移县署一案，地方舆论既不一致，自应从缓再议，以维护现状而免纠纷。"① 反迁派竟然起死回生，暂时阻止了搬迁县署的实施。

虽然，县议会对省长指令表示"应遵令缓议"，但县议会关于提升石家庄行政地位的动议并没有就此告终。1925年4月18日，县议会认为，"惟石家庄地属重要，当立县行署，以资维持。仍以从前呈准立案之穰花捐作为设置县行署经费。至议参两会亦当在石庄设立办公处，襄办一切众意"。② 并经过表决，通过了在石家庄设立县行署的决议案，要求县公署立即就此事招集参事会及石庄商会进行积极磋商。但是，因其他缘故该项决议一直未能付诸实施，在石家庄设立县行署的动议始终停留在酝酿阶段，迟迟未能进入决策环节。然而，石家庄日趋明显的发展势头，使得提高石家庄行政地位的呼声已经形成了强大社会舆论和重要社会背景。

1926年5月，议员王世贞在县议会再次当场提议，"石家庄应照前议决之案设立县行政分署"，理由是"石家庄区域现在虽属获鹿境，因警厅独立，以致该地方治理财政各权，每多放弃，长此以往不独影响一邑财政，而该地五方杂处，治权不一"。③ 该议案得到李凤鬈、吴玉仑、高得名等议员的赞同和支持，县议会"遂将此案列入议事程序第十四号，交众讨论。讨论结果金谓此案暂借晋军还款作为县行政分属开办经费实属可行"。④ 县议会再次函请县公署、

---

① 河北省档案馆藏，《1924年5月15日直隶省长公署指令第5593号》，《公民张殿珍等呈请县署迁移石家庄案卷》，656-2-392。
② 河北省档案馆藏，《1925年5月18日获鹿县议事会公函》，《公民张殿珍等呈请县署迁移石家庄案卷》，656-2-392。
③ 河北省档案馆藏，《1926年5月26日获鹿县议事会公函》，《公民张殿珍等呈请县署迁移石家庄案卷》，656-2-392。
④ 河北省档案馆藏，《1926年5月26日获鹿县议事会公函》，《公民张殿珍等呈请县署迁移石家庄案卷》，656-2-392。

参事会立案，着手进行。但是，县公署知难而退，再三拖延。随着1926年11月14日石门市自治会成立，1926年11月22日石门市自治会选举了石门市市长，在石家庄筹办县行政分署一事终成泡影，不免令时人惋惜而无奈。

在石设立县佐、搬迁县署、建立县行政分署之举虽然都未能如愿，但是石家庄作为区域性政治中心崛起的势头已成必然，各类行政机关向此处聚集之趋向已经势不可当。1929年成立的国民党获鹿县党部，于1931年9月实现了搬迁石家庄。随着"县党部、农会以奉军占其公廨，移至石门"①，获鹿县各种税务部门也先后迁至石家庄。例如，获鹿全县油饼花籽牙税征收所、获鹿全县籽花牙税事务所、获鹿全县地方捐务局、获鹿全县兼石门屠宰税征收所、获鹿全县砖捐局等。为工作方便，获鹿县公安队、获鹿第三乡公所、获鹿第四乡公所、获鹿县度量衡检定所、获鹿县电话局等也纷纷迁入石家庄。

在20世纪二三十年代，除获鹿县部分机构迁至石家庄之外，已经拥有将近20个各类大小不同的官府税务稽查机构汇聚于石家庄。例如，1922年2月在石家庄设立的河北省第十六统税局，最初拟设获鹿，后来改为"石庄设统税局，获城仅在车站设一分卡"②，这是石家庄设立的第一个直隶省财政厅管辖的税务征收机构。此外，还有石家庄统税管理所、石门官磺局、石门区税务征收专局、石门屠宰检验税局、西南区矿产税总局、河北第九区烟酒稽征分局、河北第九区石门市烟酒牌照稽征所、河北省硝磺总局正定等九县官磺局、河北印花烟酒税石门花税分局、长芦盐务缉私队第四大队第一分队、晋北芦盐查验所、晋北榷运局石庄芦盐制验局。

到20世纪30年代，石家庄的行政在名义上依然归属获鹿县管辖，一些行政事务仍然需要上报获鹿县转呈，省属行政需要通过获鹿县传达于石家庄。但实质上，石家庄的许多重要政务已直接隶属河北省管辖。获鹿县对石门而言，形成了一种"既管又不能全管"的特殊行政关系。

---

① 获鹿县志编纂委员会，《（民国）鹿泉大事记》，《鹿泉文集》，石家庄市图书馆藏，第18页。
② 河北省档案馆藏，《获鹿县建设局、商会、商人总会筹备会呈》，《商会等会呈据商号代表隆泰成等请将获城统税合并石庄卷》，656-3-171。

石家庄"市自治"新论（1923～1928）

学术界对中国城市史的"建制市"起自何时问题一直众说纷纭。有的学者认为，"1921年，北京政府公布《市自治制》和《市自治制实施细则》，从国家意义上开始了中国的市制"。① 多数学者都认为，北京政府的"市自治"制度并未在全国推广实行。例如，《近代中国城市发展与社会变迁》中说："《市自治制》实际上只在北京和青岛两城市实施。"② 有的学者认为："1921年，北洋政府以教令第16号公布《市自治制》，规定全国开始建立市的行政体制，并将市分为特别市和普通市两种。但因种种原因，这一制度除青岛外并没有实行。"③ 或者认为，北京政府时期的市自治制"只是为了点缀门面，并无实行地方自治的诚意，以及其权威和财力有限，所以仍然是只见条文，不见实行"。④ 然而，也有学者认为："北京政府在1921～1928年间推行的市自治是中国建制市设立的一个前奏。它不仅使广州、上海等大城市的管理体制更趋完备，而且使诸多中小城市获益匪浅。"⑤ 该学者对石家庄"市自治"进行了个案研究，首次梳理了石家庄实施"市自治"的基本线索，简析了"市自治"产生的一些影响，初创了石家庄"市自治"研究的轮廓基础。

本文在此研究的基础上，主要利用河北省档案馆的民国档案，继续对石家庄"市自治"的背景前提、过程阶段、地位作用等问题做进一步探讨，以深

---

* 原文发表于《城市史研究》总30期，中国社会科学出版社，2014年9月。
① 熊月之，《从城乡联系史看中国城镇化愿景》，《城市发展与中华民族复兴学术研讨会暨中国城市史研究会首届年会论文集》上册，中国城市史研究会，2013年，第7页。
② 何一民主编，《近代中国城市发展与社会变迁》，科学出版社，2004年，第288页。
③ 涂文学，《上世纪三十年代的"市政改革"：人文价值与历史启示》，《光明日报》，2009年3月31日。
④ 李国忠，《民国时期中央与地方的关系》，天津人民出版社，2004年，第62页。
⑤ 熊亚平，《石家庄"市自治"述论》，《民国档案》，2008年第3期，第71页。

化对 20 世纪 20 年代石家庄"市自治"的研究，从而寻求近代新兴城市的独特发展途径，进一步丰富中国近代城市发展的不同类型和模式的研究。

一、石家庄"市自治"的前提背景

北京政府时期的石家庄，既不是传统的行政中心城市，也不是传统的工商城镇，更不是开埠通商的口岸大城市，而是因路而兴的一个小城市，属近代中国新兴城市发展形态的典型范例。从 20 世纪初开始，石家庄经过 20 年发展已经基本形成了商贸集散地的雏形，并逐渐形成区域性经济中心。20 世纪 20 年代北京政府推行的"市自治"，是石家庄城市化初期行政中心功能创立的一个起步阶段。从 20 世纪初铁路兴修以来，石家庄这个小村庄在 20 年间发生了翻天覆地的变化，迅速转变为一个重要的交通枢纽。

交通枢纽的地理区位优势是石家庄申请筹办"市自治"的首要前提。1902 年 8 月京汉铁轨铺设[①]，1903 年京汉铁路经石家庄，此地就此建成火车站，1904 年动工兴建正太铁路。1906 年 4 月京汉铁路正式全线通车，1907 年正太铁路全线竣工通车，至此，石家庄成为京汉与正太铁路交会的枢纽。到 20 年代初，石家庄已经成为华北最大的煤炭铁路转运枢纽之一。"石家庄—农田之小庄耳，自京汉路成而变为车站矣，自正太路成而变为要埠矣。"[②]可见，交通基础功能成为 20 年代初期石家庄申请筹备"市自治"最突出的优势条件之一。正如，石家庄市自治筹备处临时会长张士才在申请缘由中所强调的，"石家庄为京汉交通枢纽，近来商业发达，人口增多，有自治之必要"。[③]

---

① 平汉铁路管理委员编，《筑路纪要》，《平汉年鉴》，平汉铁路管委会，1932 年，第 6～8 页；刘统畏，《铁路修建史料 1876~1949》第 1 集，中国铁道出版社，1991 年，第 308 页。
② 王骧，《开展石家庄商埠计划书》，《河北工商月报》，第 1 卷第 3 期，1929 年 1 月，第 21 页。
③ 河北省档案馆藏，《为石家庄市自治筹备处已经成立请予备案转详省宪事》（1925 年），《直隶全省自治筹备处令石家庄商会会长张士才呈请设立市自治会卷》，656-2-132。

自铁路枢纽形成以后，冀晋两省间以及中原诸省之间传统的交通运输结构得以改变，京津冀地区间的人流、物流、资金流、信息流的流动速度得以明显提高，从而改变了经济区域间的运输能量，促进了京汉、正太两条铁路沿线地域的商品流通和经济开发。这就为石家庄形成重要的商贸集散中心创造了良好的条件。交通枢纽优势与商贸集散中心的形成，使得城市的发展如虎添翼，到20年代初期，石家庄不仅具有直隶之中心和晋冀之咽喉的区位优势，并且基本成为区域经济中心。石家庄"商务繁兴，华洋杂处，俨然商埠之地"，①因此，具备了申请筹办"市自治"的客观经济前提。

获得了区域性商品集散中心地位后，石家庄占据了非常有利的区位优势，成为"扼数省之咽喉，诚为华北开发之腹心地也"。②20世纪20年代，随着区域市场之间联系的逐步加强，在市场氛围方面形成了特殊的外部影响力，石家庄迅速将冀中、冀南、晋中、晋西等地纳为自己的基本经济腹地，并仰仗着该地域丰富的棉和煤等重要经济资源，一举创造了石家庄成为区域性现代制造业中心的优势条件。"石家庄四境之外，或富有农产，或富有矿产，且富有劳工，富有水。制造则就地取材，运输则四通八达，销售则客商云集，燃料则所在皆是，此诚制造之宝地，实业之要埠。"③石家庄由于具备了资源优势转换的前提条件，可以通过变物流优势为资源优势和产业结构优势，实现对生产要素的地域调配与组合，直接带动煤炭资源和棉花作物的深加工，推动炼焦和纺织等新产业的出现。20世纪20年代的石家庄，尽管尚属内地新兴小城市，但是冀中南区域的经济活动中心非他莫属，石家庄是当时区域经济发展的"增长极"。地理位置和铁路枢纽丁字形线路连接的特点决定了石家庄成为山西的重要门户，天津成为石家庄最大的贸易城市，可见，石家庄并没有因为地处内陆而隔断或减少其进出口贸易。洋商大多先指定货色价格，再委托收购公司或货

---

① 河北省档案馆藏，《直隶全省自治筹备处训令第13号》（1923年5月22日），《直隶全省自治筹备处令石家庄商会会长张士才呈请设立市自治会卷》，656-2-132。
② 陈佩，《石门市事情》，新民会中央总会，1940年，第38页。
③ 王骧，《开展石家庄商埠计划书》，《河北工商月报》，第1卷第3期，1929年1月15日，第23页。

栈代为收买，外贸棉纱由此转运，络绎不绝。总之，石家庄商贾云集，竞争激烈，进出口贸易业务与日俱增。"虽未列入商埠，然以目下形势而论，实有商埠之资。"①这些经济优势说明石家庄的确具备了申请筹备"特别自治"的基本条件。

随着新兴城市逐步兴起，移民人口、工商税收、基础设施、社会民政等管理问题越来越突出，迫切需要新的行政控制和管理来适应新兴工商城市的发展。故此，石家庄社会各界对"市自治"充满了期待，筹办"市自治"的社会舆论氛围也在日益高涨。此前，在石家庄设置"县佐"的动议和将获鹿县署搬迁石家庄的倡议，都为石家庄筹备"市自治"营造了浓郁的舆论气氛。早在1915年北京政府推行《县佐官制》时，直隶保定道尹（许元震）认为，"石家庄为京汉正太两路交通之处，商贾林立，政务殷繁，难同他县可比"，曾极力推动获鹿县申报在石家庄增设"县佐"。②当时在快速崛起的石家庄设"县佐"，以使其行政地位获得相应的提升，应是一件顺理成章的事情。根据拟订的石家庄设县佐的预算和备用方案，县佐的驻地衙署拟建在石家庄村西，"择地租盖一亩大小平房约二十间"。③该方案拟划归石家庄行政区管辖的附近村庄有石家庄、休门村、姚栗村、任栗村、范谈村、花园村、彭村、东里村、东焦村、柏林庄、北焦村、市庄、东岗头村、槐底村、孔家庄村、方北村、尖灵（岭）村、元村、高柱村、党家庄、赵陵铺村等，共计21个村。④虽然由于种种原因，此次在石家庄设县佐的计划未果，但石家庄飞速发展变化的事实已经引起社会各界人士和政府官员的广泛关注。

"一喜一悲一枯荣"，石家庄区域性经济中心地位的迅速提升，映衬出传

---

① 河北省档案馆藏，《获鹿县知事曾出示晓谕》(1914年)，《饬知城石商会遵照法令改组具报以凭详转卷》，656-1-280。
② 河北省档案馆藏，《直隶保定道道尹许元震饬》(1915年2月24日)，《巡按使道尹饬令筹议县佐卷》，656-1-336。
③ 河北省档案馆藏，《获鹿县石家庄设立县佐预算表》，《巡按使道尹饬令筹议县佐卷》，656-1-336。
④ 河北省档案馆藏，《获鹿县石家庄设立县佐预算表》，《巡按使道尹饬令筹议县佐卷》，656-1-336。

统古城获鹿的衰落。"获鹿城内，前数十年本为繁盛之区，近则商业一落千丈"。① 鉴于石家庄的崛起现实，自1923年有人开始呼吁由石家庄取代获鹿县级行政中心地位后，将获鹿县署搬迁至石家庄的建议一直不绝于耳。主张迁移石家庄的多数为新式知识分子，他们提出的主要理由如下："石家庄居京汉铁路之中枢，为正太铁路之起点，（未来）沧石铁路之终点，交通之便为河北冠"；"石家庄既踞铁路之中枢，则为军事要道"；"交通便利，商业发达，条达辐辏"；"石家庄警局性质独立，不归县署统制……一邑之地而事权不一，不便可知"；"石家庄居获邑之中心，县署移设该地，统辖自是便利，无文化不及之患"；"石家庄方初兴之际，所有一切捐项全归获邑收用，所以获邑财政命脉全在石庄，厥后以警权旁落，获邑似无统制该埠之权……若县署移于此地，则各项收入自能统一"；"石庄亦以商业兴盛、人烟稠密之故，已呈准筹备市自治"；"石庄交通便利，商业兴盛，在邑士绅来此业商者实繁有徒……若移县署于石庄可化党派于乌有，将来做事自然顺利"；"石庄商业日盛，人烟日多，故民刑案件亦因之而日繁，只恃警察能力诚不足以保治安，若设县署于此地，则消防队、保安队、警备队、清洁队等自必立形起色，共维治安"；"石家庄为初兴之地，又无正当机关以统驭……则石家庄为县署必设之地，于行政安民守土无不适宜"。② 虽然获鹿县议会两度表决均赞同了这一提升石家庄行政地位的方案，却因其他缘故致使县署东移终成泡影。③ 然而，这场围绕是否迁移获鹿县署的论争，无疑表明了提升石家庄行政地位的主张得到了广泛认同，扩大了石家庄新兴城市的影响。总之，随着城市化的发展，市民社会主流关于明确地方行政自治名分的呼吁越来越强烈，主张提高石家庄行政地位的强大社会舆论，显然也已经成为影响"市自治"计划的重要社会背景。

---

① 张志澄，《获鹿行记略》，《河北月刊》，第1卷第1期，1933年1月，第19页。
② 河北省档案馆藏，《公民张殿珍等六十人上获鹿县步知事书》（1923年9月），《公民张殿珍等呈请县署迁移石家庄案卷》，656-2-392。
③ 参见拙文《20世纪20年代围绕获鹿县署搬迁石家庄的博弈》，《石家庄职业技术学院学报》，2014年第1期。

在城市社会经济发展的带动下，石家庄原有社会结构发生了深刻的变动，社会阶层发生了剧烈的变化。随着新型市民社会开始孕育和萌芽，商办民间社团享有了越来越多的独立自主权利，城市民间社会拥有了越来越大的自由空间。商会作为近代工商业发展的产物，是新型民间商办社团，石家庄商会在清宣统二年（1910）成立，商会组织的作用在成立之初并不明显。然而，随着石家庄工商业的集聚和发展，经济实力日益强大，商会组织规模进一步壮大，商会宗旨与职权进一步明确，商会地位因此获得显著提升。它构成了跨行业的商人联合团体，属于石家庄工商界系统化的顶级组织。商会以"图谋工商业及对外贸易之发展，增进工商业公共之福利"为宗旨，以推动当地工商业发展为己任。商会所聚拢起来的庞大工商业者队伍正是实行"市自治"的社会基础，由此，石家庄就具备了实施"市自治"的社会主体力量。

石家庄商会以其经济职能为核心，并在此基础上又先后衍生出其他职能，其影响力逐渐向政治、文化、社会各个领域渗透，其作用逐步得到拓展，几乎触及整个社会层面。总之，民族资产阶级的力量壮大，当地社会主体成分的改变，以及商会职能作用的发挥，确立了工商社团的主流地位。当北京政府公布《市自治制》后，在直隶自治筹备处和获鹿县议会、参事会的推动下，石家庄商会采取了积极响应的态度，并快速统一了思想认识，紧紧抓住了历史赐予的机遇，于1923年5月22日之前，正式做出了申办市自治的决议。"兹经石家庄绅商议决，先设市自治筹备会，以为特别自治之基础"。[①] 由此，商会成为推动"市自治"计划展开的核心力量，并以石家庄商会会长张士才呈请设立自治会予以核准和备案为标志，正式揭开了石家庄"市自治"的序幕。

以上所述的前提背景，说明在石家庄成为近代化工商业城市的同时，也基本具备了筹备"市自治"的条件和可能。正如当时研究撰写《石家庄之经济状况》的作者所言，"将来如能产出完善之市自治机关，市政或当有起色。"[②]

---

① 河北省档案馆藏，《直隶全省自治筹备处训令第13号》（1923年5月22日），《直隶全省自治筹备处令石家庄商会会长张士才呈请设立市自治会卷》，656-2-132。
②《石家庄之经济状况》，《中外经济周刊》，第181号，1926年9月25日，第20页。

二、石家庄"市自治"的进程梳理

对筹备石家庄"市自治"的筹备启动时间,学者们的观点不一致,有1921年、1923年、1925年4月1日和1925年5月四种。① 学界对于"市自治"实施时间也不一致。有的论者认为,1925年6月24日北京政府批准"石家市"于1925年7月1日实施,就是石家庄"市自治"开始的主要标志。有的论者认为,1925年8月29日北京政府批准"石家庄、休门合并成石门市",是"市自治"开始实施的主要标志。也有学者认为,历时8年之久的"市自治"过程可划分为三个主要阶段:第一,"石家市"的设立(1921~1925);第二,石门市的成立(1925~1928);第三,石门自治市撤销(1928年7月~12月)。② 总之,对石家庄"市自治"发展阶段的划分,众说纷纭。

要厘清"市自治"的具体进度,必须以原始档案为依据,质疑辨惑,缜密考证。以下笔者将之划分为4个阶段。

第一阶段为"市自治"申请筹备期(1923年5月~1925年7月1日)。1921年7月3日北京政府正式公布的《市自治制》和9月9日公布的《市自治制施行细则》,为"市自治"兴办提供了法律依据。1921年直隶设立全省自治筹备处,以督促各县市的自治事宜,由刘春霖出任该处处长一职,为"市自治"提供了具体的督促引导和筹办指导。但是,目前并没有发现1921年石家庄就开始筹备"市自治"的佐证。1923年获鹿成立了县议会和参事会,特别是此后,"县事无巨细咸得由议会决之","是时县政财务,议会操之,监督之效颇著"。③ 所以,在获鹿县自治的直接影响和推动下,石家庄"市自治"逐步兴起。当年就经石家庄商会召集绅商合议,决定筹备石家庄"市自治","市

---

① 参见熊亚平,《石家庄"市自治"述论(1921~1928)》,《民国档案》,2008年第3期;栗永等著,《石家庄城市发展史》,中国对外翻译出版社,2001年,第115页;石玉新主编,《石家庄通史·近现代卷》,河北人民出版社,2011年,第120页;杨俊科,《石家庄近代史编年》,方志出版社,2004年,第80页。
② 熊亚平,《石家庄"市自治"述论》,《民国档案》,2008年第3期,第71页。
③ 获鹿县志编纂委员会,《(民国)鹿泉文献史志》上册,石家庄市图书馆藏史部112-21/77,第12页。

"自治"筹备工作从此拉开了序幕。张士才以石家庄商会会长身份向获鹿县知事提出筹设石家庄市自治预备会申请,根据目前发现的档案材料可以断定,其时间起码在1923年5月22日之前。

按照1923年8月5日直隶全省自治筹备处第13号指令的具体要求,石家庄商会经过"绅商合议",不仅做出组建石家庄"市自治"预备会的决定,还拟订了预备会简章,并将预备会成立缘由以及当地人口数据等基本条件全部上报了县署和省自治筹备处备案。1924年8月,直隶全省自治筹备处认定,"大名、石门等市十一处,人口、经济合于普通市资格规定",报经内务部后,"蒙批准以十四年四月一日为开办之期"。后来,由于各自治单位在审批过程中出现一些尚未理顺的问题,内务部将批准开办日期延缓至7月1日。①

原定的1925年4月1日批准开办日过后,石家庄"市自治筹备处"在"集合石家庄休门本地绅民共同议决"基础上,于1925年4月6日之前正式宣告成立。1925年5月6日,石家庄"市自治筹备处"上报了更名"石门市自治筹备处"的申请。但是,申报改名的文书经层层转呈,未能赶在内务部审核申报前送达。所以,1925年6月24日北京政府公布了《直隶省属各地实行市自治日期及区域令》中,批准直隶11个"市自治筹备处"的成立,规定了"石家市以石家庄为其区域",它标志着市自治制建设从7月1日开始进入新的实施阶段。

第二阶段为市自治会的产生(1925年7月1日~1926年11月14日)。市筹备处获准进入市自治制实施阶段以后,1925年8月2日启用了"直隶石门市自治筹备处钤记"。近一个月后,1925年8月29日北京政府公布了批准"更名为石门市,以符名实"的指令。此指令主要意义在于对自治市称谓变更的认可,对自治进程并没有产生任何实际影响。②

进入市自治会选举阶段,恰巧"大兵过境",爆发了军阀战争,自治进程"遂致中搁"。直到1926年7月,"大局稳定,恢复原状","市自治会"才恢复

---

① 河北省档案馆藏,《获鹿县呈案事》(1925年4月6日),《直隶全省自治筹备处令石家庄商会会长张士才呈请设立市自治会卷》,656-2-132。
② 参见拙文《石家庄"市自治"若干史实辨析》,《石家庄经济学院学报》,2012年第3期。

选举准备工作。1926年8月20日举行了正式投票,当地选举出10位市自治会会员,以得票顺序排列:张汉三1409票,翟亚卢1402票,王秀山1392票,段世昌1280票,任威荣1274票,赵雨亭1264票,于庆珍1262票,高建中1244票,王克勤1224票,翟殿华1161票。1926年11月14日,举行了石门市自治会成立典礼,即日撤销石门市自治筹备处,筹备处处长张士才也随即解职;此日典礼标志着石门市自治制的议决机关正式产生。

第三阶段为市政公所的产生(1926年11月15日～1927年4月29日)。市自治会成立后,于1926年11月17日举行了第一次市议事会议,选举了自治会会长(市议长),即日启用"直隶石门市自治会钤记"。1926年12月26日市自治会举行了市政公所市长、市董选举。经10名议员投票选举,周维新当选市长,曹致堂、赵宪章、王毅之、杨生池当选市董。1927年4月29日上午11时,在石门同乐戏院举行"市政公所成立暨市长、市董就职典礼"。该典礼标志着石门市自治制的执行机关正式产生。

第四阶段为市政公所的运转与终止(1927年4月29日～1928年11月30日)。1927年4月29日市政公所成立以后,其行政运转和行使权力,一直借用"石门市商会钤记",至1928年4月17日,才正式获准启用"直隶省石门市自治公所钤记"。1928年7月,南京国民政府陆续颁布了《特别市组织法》和《普通市组织法》,重新规定了特别市与普通市设置的新形式和新标准,撤销了此前北京政府的各类各级自治机关。1928年9月18日,河北省民政厅给获鹿县县长发出训令:"现在市组织法已有新章,关于从前各属市政机关名义自应一律取消,听候本厅查酌情形依据新章办理。所有从前各县市自治公所钤记应饬一律缴销。"① 尽管石门市自治会一再强调当地特殊性,强烈要求上级网开一面,但1928年11月13日,河北省民政厅依然给获鹿县县长发出强硬指令,"无论石门市应否成立尚待考虑,而旧设之自治公所应随同县议会一律取消。且事关划一市政,各县均先后遵办有案,该县未便独异。仰仍转饬遵照前

---

① 河北省档案馆藏,《河北省政府民政厅训令警字140号》(1928年9月18日),《直隶全省自治筹备处令石家庄商会会长张士才呈请设立市自治会卷》,656-2-132。

令缴销勿延"。① 由于撤销市自治大势所趋，无可奈何之下，市长周维新遂将自治公所负责的事务分别转交给公安局、商会、财政委员会，并向获鹿县政府上缴了"石门自治公所钤记"，于11月30日最终结束了作为市自治执行机关的短暂使命。石门市自治会也于12月6日前向商会移交了卷宗档案，向获鹿县政府上缴了"石门市自治会钤记"，结束了作为市自治议决机关的使命。

三、石家庄"市自治"的历史影响

20世纪20年代石家庄"市自治"的实施，是其城市发展史上标志性的重要事件。作为中国现代建制市的前奏序曲，"市自治"对石家庄早期城市行政功能的创立起到了重要作用，不仅对石家庄的早期城市行政体制产生了积极影响，而且直接推动了石家庄城市化发展的步伐。

（一）"市自治"促进了石家庄城市行政管理体制的民主化和法制化

20世纪20年代，石门市自治会和市政公所的成立，标志着一种全新的地方城市行政系统形成。"市自治"的城市行政管理系统有别于以往的行政系统，它的新颖性表现在以下三个方面：

其一，它属于地方城市的行政自治社会团体，既独立于国家行政系统之外，也与地方政府行政体系紧密衔接。依照《市自治制》规定，自治地域范围有严格的限制，"市自治团体，以固有之城镇区域为其区域"。现任国家行政系统人员不得在"市自治"团体中兼职，"现任本地方之官吏"和"现任警察官、司法官、征税官"被严格排斥于市自治系统之外，不得拥有被选举为市自治会会员及市自治公所职员之权。"市自治"团体具有相对独立性，但是要接受地方政府的指导和监督。《市自治制》规定，"市为法人，承监督官署之监督，于法令范围内办理自治各项事宜"。"凡市以县知事为直接监督，其上级监督机关

---

① 河北省档案馆藏，《河北省政府民政厅训令警字1510号》(1928年11月13日)，《直隶全省自治筹备处令石家庄商会会长张士才呈请设立市自治会卷》，656-2-132。

依现行官制定之""直接监督官署，因监督之必要，得发命令或处分"。县署官员虽然对市自治团体拥有这种监督权，但是并不能直接干预"市自治"团体的独立执政。对此，获鹿县知事李遵青颇有微词，"石庄自治公所借自治之名，垄断市政，曾改名为市政公所，自举市长周化邦，行使其普通市市长之权，县政府不敢过问"，特别是对于地方自治财政，"实行操纵一市之财政，但便私图，恐非公意，而省政府对此不甚留意，县长之微，又何敢争"。① 由此可见，县知事对"市自治"的监督权所流露出来的感受，并非是自豪，更多是无奈。

其二，它属于具有近代化特征的地方城市行政管理系统，不仅"市自治"采取由市住民选举的方式反映出民主化的趋势，而且市议会与市政公所相互制约的体制也反映出法制化的趋势。石家庄"市自治"的城市行政管理体制产生，不仅具有法律依据，而且完全按照自下而上的民主选举程序，这与民国之前传统的考任和捐纳等方式相比有了根本的改变，也与民国以来国家行政自上而下逐级任命的方式完全不同。"市自治"筹备处申办之初，按照北京政府颁布的《市自治制》通过了石家庄自治经费、人口规模的资格审查。筹备处获得正式批准进入实施阶段，由县公署委任选举投票管理员、投票检察员、开票管理员、开票检察员，并在县知事监督下，经过全市"公民"不记名投票，公开选举城市自治机构。1926年8月20日，按照选举规条确定的全体选民，"亲自投票，计共发出印票一万三千九百三十八张。次日当众开票计入柜者一万三千七百六十四张"②，选举出了得票最多的前十名为市自治会的议员。进而，市自治会的议员通过记名投票方式，选举出市政公所市长和市董。这在石家庄城市历史上是第一次，开创了大规模公开民主选举的先例。

其三，《市自治制》确定了市议会与市政公所相互制约的体制。首先，是市议会对市行政的约束和监督。"市自治会对于市自治公所所定规则及执行事务，视为逾越权限、违背法律，或妨害公益时，得提案决议，开具理由，呈请

---

① 河北省档案馆藏，《李尊青为获鹿驻军石庄商会印行角票等事项的密呈》，656-4-802。
② 河北省档案馆藏，《为呈报市自治投票及开票情形恭请钧鉴事》(1926年8月23日)，《直隶全省自治筹备处令石家庄商会会长张士才呈请设立市自治会卷》，656-2-132。

直接监督官署核准，停止其执行。不服前项之行政处分时，得依法提起诉愿，或陈述于省参事会，请求处理"。其次，是市行政对市议会的约束和牵制。"市长对于市自治会议决议事件，视为逾越权限、违背法律，或妨害公益者，得于五日内申述理由，提交复议。市自治会仍执前议时，得呈请直接监督官署核准撤销之。不服前项之行政处分时，得依法提起诉愿，或陈述于省参事会，请求处理"。最不可思议的是，一般情况下市自治会的会议主要由市长召集，而非由议长召集。《市自治制》第24条规定："市自治会分通常会与临时会。通常会每年两次，以四月、十月为会期，由市长召集。临时会经市长认为有必要之情事，或经会员半数以上之提议，由市长召集之。但涉及市长之事项，由会长召集之。"[1] 尽管说"市自治"的地方城市行政系统不可避免地存在着一些局限和弊端，但是，其民主化和法制化的突出特征无疑代表着一种进步的趋向。

（二）"市自治"实现了警区、新建城区、行政村三者的城市管理整合

筹备"市自治"之前，石家庄地盘上存在三个管理系统，即警察局、商会、村公会，它们分别承担着不同的地方管理职责。警察局是获鹿县知事指挥监督下负责地方司法行政等事务的机构，商会是石家庄工商业者跨行业联合的商务管理机构，村公会是管理石家庄行政村事务的基层组织。20世纪20年代，石家庄产生的市自治会和市政公所，是涵盖整个新建城区的城市管理系统，也是石家庄区域发展史上，第一次产生的地方城市行政管理机构。石门市自治会和石门市自治公所兼容了警察行政管理、商会经济管理、村公会社会管理三个系统的部分职责，整合出了一种全新的城市行政管理模式。

首先，作为城市行政自治管理机构，石门市自治公所和石门警察机关在城市管理职责上有了明确分工，警察机关向市自治团体移交了原来的捐务权。"所有地方建设系就警察厅之捐务股收归市办，以原有收入从事进行。"[2] 警察部门作为地方政府的机关，其经费主要由政府预算解决，"经费除省补助一部

---

[1]《市自治制》，《直隶自治周刊》，第30期，《法规》，第3页。
[2] 石门市救济院基金管理委员会编印，《石门市救济院成立八年之概览》，1934年，第2页。

分外，其不足数地方自筹"。①警察机关对石门地方财政具有某种依赖关系，需要市自治公所予以经费支撑。市自治团体也积极与警察机关取得相互配合，在管辖范围和地域名称上取得了"庶几名实相符"的默契对接。在正式批准实施"市自治"前，警察机关不仅将"石家庄""休门"两警区名称合并为"石门"，而且将合并后的警察机关提升为警察厅，从此脱离了对获鹿县管辖的关系，直属省管。石门警察厅下设两个警察分局，铁路以西属于第一分局管辖（含石家庄村在内），铁路以东属于第二分局管辖（含休门村、栗村在内）。新成立的市自治团体与警察厅协调一致，在管理角色上配合默契，将石家庄"市自治"改为石门"市自治"，在地域称谓上与石门警察厅毫无二致，实现了地域行政区"改名换姓"②，完成了石家庄村、休门村、姚栗村、任栗村的行政合并，从而为"市自治"日后正常运转创造了和谐的管辖环境和条件。

其次，作为城市行政自治管理机构，石门市自治公所与商会关系密切，虽然两者在城市经济发展上均有职能作用，但因性质不同，管理职责有别。商会作为本地工商业团体的集中代表，主要侧重于商务管理；石门市自治公所作为地方行政管理主体，客观上拥有超越商会的更广泛的管理权限。石门市自治公所在法令范围内，具有办理如下各项自治事权："一、教育；二、交通、水利，及其他土木行政；三、劝业及公营事业；四、卫生及救济事业；五、其他依法令属于市自治事务。"③也就是说，除了城市的教育、交通、经济之外，自治公所还有市政设施建设、公共卫生、慈善救济等一系列行政管理职能。市自治公所设置了总务科、工程科、卫生科、警卫室等下属机构，拥有独立的财政来源和法定的征税权，以维持市自治所需要的经费。在市自治实施前，凡商会所从事上述征收的地方公益事项，依照法律规定要交由市自治团体继续办理，所以，商会向市自治公所让出了部分职权。根据《市自治制》第49条规定，市自治经费由本市财产之收入、市自治税，本市公共营业之收入、规费及使用

---

① 白靖安，《简话石门商会》，《石家庄文史资料》，第8辑，政协石家庄市文史委员会，1988年，第3页。
② 参见拙文《1925年石家庄更名石门新释》，《河北广播电视大学学报》，2012年第4期。
③ 《市自治制实施细则》，《直隶自治周刊》，第77期，1924年7月。

费、过息金充之。①

再次,作为城市行政自治管理机构,石门市自治公所与石家庄村公所、休门村公所、姚栗村公所、任栗村公所确立了上下级的行政隶属关系。石家庄村是石家庄城市化发展的原始起点,20世纪20年代实施"市自治",解决了"市乡之协议,订立组合公约"的问题,理顺了村公所在新兴城市中的地位。例如,石家庄村公所的前身称为"公会",亦称"公议会",产生于清代光绪初年。当时因村中一度曾"屡有不法土棍,纵火焚烧柴草,砍伐树木,甚有剪毁田苗。恶风日炽,民不聊生"。②为了恢复村里的正常秩序和村民的安宁生活,经光绪四年(1878)九月间举行的阖乡公议,决定组织村公会,"保守禾稼""整顿乡规""设会防御","由会公议送究"违规者,"以靖恶风"。由于推出的乡约措施成效显著,群力防御,秩序趋于平静,使骚乱风波逐步得以平息,因此村公会得以保留延续,一直沿袭至民国。1921年前后,石家庄"村上设有村公所,设村长一人,村副二人,乡地四人,负责村里行政事务"。③村长是处理村内事务的主持召集人,村副为佐助,成员皆由乡绅公举产生,遇有村里的大事便召开"公会"讨论决定。"村中一切事务由会中邀请众村民议决,由村正副办理"。④随着城市化的发展,村公所职责范围逐渐扩大,但是,其主要职能是管理和协调原住民的土地行政和日常事务。市自治筹备处就曾组织"公会",对地方行政名称做过议决,"兹经石庄休门两村公民会议,佥以石庄休门两村利益共同,有组合之必要"。⑤确切地说,这是为实现"市自治"目标而实施的市乡组合。建立石门市自治制后,石家庄村与休门村、姚

---

① 《市自治制》,《直隶自治周刊》,第15期,《法规》,第3页。
② 河北省档案馆藏,《禀为村混狡乱乡规聚众凌辱绅董恳恩究办以儆刁风而安阖闾事》,《石家庄从九街赵元泰等禀请脚行夫头赏给贫民承充并据夫头于志文等禀潘得才等争夺脚行互控卷》,655-1-1289。
③ 高健,《石家庄的建市经过》,《石家庄文史资料》,第1辑,政协石家庄市文史委员会,1983年,第19页。
④ 河北省档案馆藏,《石家庄各姓代表姚梦兰等公举村副祈赏谕卷》(1919年2月),656-1-1062。
⑤ 河北省档案馆藏,《为更改名称恳祈准予备案并请申详省宪备案事》(1925年5月4日),《直隶全省自治筹备处令石家庄商会会长张士才呈请设立市自治会卷》,656-2-132。

栗村、任栗村一样，皆隶属于石门自治市和石门警察厅的管辖。^①大约在1928年，石家庄村公所和休门村公所，被分别扩大为石门市石家庄镇公所和休门镇公所，其最主要的职责是管理各自的土地行政。

（三）"市自治"提升了商会在城市管理中的地位和作用

《市自治制》颁布后，石家庄商会成为申请筹办"市自治"的主力，曾在民国初年出任国会议员的张士才以商会副会长身份亲自出马，担任了石家庄筹备"市自治"工作组负责人。北京政府批准石家庄筹备"市自治"后，商会又成为实施"市自治"的中坚，张士才不仅出任了石家庄"市自治"筹备处处长，而且考虑到商会"与地方警察一切措施在在相关"，及时将石家庄商会更名为石门商会②，与石门警察厅默契呼应，密切配合。进入市自治实施阶段，商会成员不仅在市议会中占据了垄断位置，而且把持了市政公所的重要大权。由商会新首领周维新担任市长，市政公所下设所有机构都选任了清一色的商会成员，总务科科长由商会事务主任张静安兼任，卫生科科长由商会成员冯卓如出任，工程科科长和警卫科科长由商会成员张世泰出任，市政公所书记长由商会成员刘鸣运出任。从严格意义上说，商会与市自治公所是两个不同属性的系统。从主持人员的属性上看，两个不同属性的系统却是一队人马，两者可谓唇齿相依，荣辱与共。"市自治"的实施使石家庄商会在城市经济领域的地位得到极大的提升，"当时商会和市政公所已成为石门地方商务和行政机构，俨若官府"。③

撤销"市自治"之后，商会成为石门"市自治"最主要的善后接管机构之一，市自治会将全部卷宗移交给石门商会。商会在"市自治"过程中所付出的努力和发挥的作用，为提升商会在城市经济领域的领导地位夯实了基础，使

---

① 严格地说，"将休门并入石家庄""石家庄、休门两村合并""石庄休门两市合并，更名为石门市"的表述都不准确、不严谨。
② 河北省档案馆藏，《石家庄商务会公函》(1925年8月25日)，《石家庄商会函请将该商会改为石门商会转呈颁给官防卷》，656-2-699。
③ 白靖安，《简话石门商会》，《石家庄文史资料》，第8辑，政协石家庄市文史委员会，1988年，第3页。

其管理经验更加丰富，统领地位更加巩固。"商会为法人团体，对于本埠商务应负维持之责"①，"设在石门的中国银行、交通银行、英美烟公司以及私人大兴纱厂等较大企业，也必须听从商会的命令"。②商会甚至对警察厅也具有极大的牵制力，原因就在于石门市的警察薪饷由商会发给，"商会发警饷，无形中左右了警权"。③由于石门商会的地位和作用，没有任何组织可以替代，实际上商会成为后市自治时期"变相"的地方衙门。由于当时所有过往石门的军政委员都要由商会组织迎送招待，商会一度官气充盈，派头十足，出尽风头，甚至不把省里的官员放在眼里。"当时河北省民政厅厅长魏鉴来石视察工作，检查地方财政情况，商会竟以地方自治经费，上级无权过问为由，予以拒绝。魏鉴回到保定，在报纸上发表文章，称石门商会俨然官府派头。"④《石门日报》也发表过评论文章，称商会的首领是石门的土皇帝。

（四）"市自治"推进了石家庄城市化的发展步伐

石家庄实施"市自治"，对城市经济发展、市政设施建设、空间拓展、人口增加、慈善救济事业等方面产生了重要影响，推进了近代城市化的发展。

在筹办和实施"市自治"期间，有一大批现代工业企业建成投产，奠定了近代石家庄工业产业的基础，构成了近代石家庄工商业经济的基本结构。譬如，大兴纱厂于20年代初建成投产。大兴纱厂日用工人三四千名，日出棉纱一百余包，"创办以来，盈利逐年增加，计民国十二年为30万元，十三年40余万元，十四年60余万元"。⑤1923年京汉铁路的机车厂也由正定迁至石家庄，成为京汉铁路最大的一个机车厂。曾因"第一次世界大战"爆发而导致工程停

---

① 河北省档案馆藏，《石家庄商务会公函》（1925年8月25日），《石家庄商会函请将该商会改为石门商会转呈颁给官防卷》，656-2-699。
② 赵育民，《石门商会和市政公所的缘起》，《石家庄文史资料》，第5辑，政协石家庄市文史委员会，1986年，第105页。
③ 刘中五，《我所知道的七七事变前的石门商会》，《石家庄文史资料》，第5辑，政协石家庄市文史委员会，1986年，第80~81页。
④ 白靖安，《简话石门商会》，《石家庄文史资料》，第8辑，政协石家庄市文史委员会，1988年，第3页。
⑤《石家庄之经济状况》，《中外经济周刊》，第181号，1926年9月25日，第27页。

顿的石家庄炼焦厂，1923年也恢复建设，1925年11月建成投产。"井矿炼焦厂，日出焦炭40吨，制造油类数十种"。① 石家庄1924年建立"和庆德"工厂、"育德"铁工厂；1925年建立"俭德"玻璃厂；1926年建成"利田"铁工厂、沈永兴铁工厂；1927年建成了万华制胰厂；1928年建成了"亚兴"制革厂。1927年的电灯公司由商会会长张庸池接手后，改造成了石家庄新记电灯股份公司，进一步加大发电机组设施投资，扩充用电区域，使售电量逐年增长，全市电灯的营业安装量日渐增加。"市自治"期间，石家庄第三产业也获得迅猛发展，已经呈现出"商贾云集，人民辐辏，市面各色商业无不毕具"②的繁华景象，这个时期石家庄工商业进入了快速发展期。

由于工商业的发展和"市自治"的推行，20年代的城市区域得以迅速拓展，城市空间发展面貌一新。正如1925年准备在石家庄开设电话业务的商家所说："石家庄近时，中外商业林立，堪为我国繁盛商埠，各机关、各军队较前加增，而地方屡经中外人士修盖房舍，新添街道宽广数十里之遥。"③ 此后十年，石家庄城市空间便已经突破了获鹿县"正东路"的东南界限，将"东南路"的元村等连为一体，全市面积达到了11平方公里。④

石家庄实施"市自治"期间，还完成了近代历史上的第一个城市规划《开展石家庄商埠计划书》。石家庄城市化初始阶段，城市空间发展所形成的空间规模、空间组合、空间质量带有很大的自发性。这种自发性表现在以时间先后的自然顺序发展，欠缺空间布局规划。"其街市区划，完全听其自然发展，殊无整齐划一之规。"⑤ 而如果城市空间发展继续任其自流，政府再不加约束、引导，那么必然要付出更大的代价。正如有识之士所言："夫石庄岔道，既如

---

① 王骧，《开展石家庄商埠计划书》，《河北工商月报》，第1卷第3期，1929年1月15日，第23页。
② 河北省档案馆藏，《石家庄商会呈请姚梦梅等拟设万华造胰工厂呈请专售年限卷》，656-1-193。
③ 河北省档案馆藏，《实业厅令饬商人徐定欧呈请在石家庄设立电话案卷》（1925年），656-2-548。
④ 石家庄市规划局编，《石家庄市规划志》，新华出版社，1994年，第1页。
⑤《石家庄之经济状况》，《中外经济周刊》，第181号，1926年9月25日，第20页。

上述之狭小，而其旧街市，更系随意建筑。若不制定地方，划定马路，则再过数年，更难改良。徒使金钱掷于虚牝，房屋置于废地耳，诚大可叹惜者也"。① 所以，当时石家庄迫切需要制定一个城市规划，即"故开展本埠之具体计划，为现今之急图"。作为城市规划的制定者王骧非常清楚，"实行此种计划，则须有官厅之主持，有地方之辅助，方易成功。凡久在石家庄之商民人等，无不渴望其成。"② 拟订本规划的过程中，王骧走访了石家庄工商各界首领，不仅在起草初期接触过周维新（后来出任市长），还与石家庄转运业的龙头老大"京正两路矿务转运道岔联合会"马庚芹会长进行了反复会商，与掌握地方实权的石家庄商会会长张庸池等多次协商。1927年这部侧重城市布局的规划《开展石家庄商埠计划书》由山西范华印刷厂出版。它虽是以个人名义发表，但它是"博采众议，许加讨究"的成果，事关城市空间发展的未来，毫无疑义，这是由"市自治"催生出来的规划，它对近代石家庄城市发展产生了深远影响。

  石家庄"市自治"对城市化进程的推进，还表现在拉动了城市人口的快速增加。虽然20世纪20年代石家庄曾"因连年战争，商业不振，人口大减"③，但未能遮挡住自治城市焕发出来的魅力，它对外来移民有强烈的吸引力。实施"市自治"以后的8年间，人口机械增长迅速，市住民总数几乎翻了一番。1925年批准筹备市自治时，登记的市住民为33044人，到1933年7月户口调查时，石门达到了15006户，男40001人，女23155人，共计63156人。④ 由此可见，"市自治"对城市化进程具有明显的提速作用，使城市人口达到了一个新高度。

  市政建设随着"市自治"的推进，亦大有起色。特别是市政公所建立后，"而事无不举。例如，修筑马路、栽植树木、展宽街道、缩减警费、组织卫生

---

① 王骧，《开展石家庄商埠计划书》，《河北工商月报》，第1卷第3期，1929年1月，第24页。
② 王骧，《开展石家庄商埠计划书》，《河北工商月报》，第1卷第3期，1929年1月，第24页。
③ 石门日报社编印，《石门指南》第一编《地理》，1934年，第2页。
④ 石门日报社编印，《石门指南》第一编《地理》，1934年，第3～4页。

清洁、设立民众学校及阅报所、购置义地等项,此其荦荦大者。其他关于兴利除弊,及种种有益于地方、有益于民众之事,不问难易轻重,力之所至,无不期底于成。至今市民,有口皆碑"。①1926年11月,周维新当选石门市政公所市长后,"创办贫民教养院于本市之西北隅,即今之救济院也。购置院址十余亩,建筑房屋一百余间,所需经费除由地方资助外,余惟周市长之劝募而已。凡市内之困苦无告者,不问老幼,皆与收留,为数达五百人。老弱残废者施以养,年富力强者兼以教,院之名盖以此也"。②

综上所述,北京政府时期实施的"市自治",对石家庄城市的发展具有重要意义,成为城市管理体制近代化的一个重要阶段。这个阶段的"市自治"标志着近代石家庄城市行政功能的初创,对后来的城市管理体制产生了积极的促进作用。

---

① 石门市救济院基金管理委员会,《石门市救济院成立八年之概览》,1934年,第2页。
② 石门日报社编印,《石门指南》第一编《地理》,1934年,第24页。

石家庄"市自治"若干史实辨析

20世纪20年代的石家庄已经基本形成了商贸集散地的雏形，并逐渐形成冀中南区域性经济中心，20年代实施的"市自治"是石家庄城市化初期行政中心功能开始显现的一个过程。对实施市自治过程中出现的一些差错和风波，目前尚无专文论述。本文仅对"市自治"中出现的主要纠纷和乱子做些初步探讨，希望通过对若干史实的辨析，透视其属性和成因，以深化对石家庄"市自治"经历的认识。

一、关于伪造"选举监督"委任案

石门市自治筹备处成立后，筹备处负责人张士才于1925年6月初收到一纸委任状，即被获鹿县公署委任为"石门市自治会会员选举监督"。张本人对此倍感"材轻任重，陨越堪虞"，于是一方面向石门警察厅"函报就职"，另一方面向县署备案核查。[①] 结果此事被县公署界定为一起伪造证书委任案件。

作为石门市自治直接监督官的获鹿县孙知事，对此案非常重视，迅速采取了措施应对。6月8日县署给张士才下达指令，"并无委任该会长为市自治会会员选举监督文件"，"速将委任公事送县查阅，以凭究办"。[②] 同时，县署又给石门警察厅吕厅长发去公函，表明"敝署并无委任张士才为石门市自治

---

* 原文发表在《石家庄经济学院学报》，2012年第3期。
① 河北省档案馆藏，《张士才给获鹿县公署函》（1925年6月），《直隶全省自治筹备处令石家庄商会会长张士才呈请设立市自治会卷》，656-2-132。
② 河北省档案馆藏，《获鹿县公署训令》（1925年6月8日），《直隶全省自治筹备处令石家庄商会会长张士才呈请设立市自治会卷》，656-2-132。

会会员选举监督文件,不知何人伪造","如有前项情事,速将委任送县查阅究办"。①

虽然此案件后来查无下文,并未对自治进度产生重大影响,但委任石门市自治筹备处负责人张士才为"石门市自治会会员选举监督"案,无疑是一起莫名其妙的违规事件。1922年公布的《市自治会会员选举规则》第6条规定:"各市设选举监督,以各该市市长任之,监督本市选举事宜。"很显然,这条规定是指已经产生市政公所的自治市换届选举时,由该市市长出任选举监督。1925年6月,石家庄的"市自治"尚属筹备处阶段,还没有产生市自治议会,没有产生市政公所,市长更无从谈起。换言之,张士才作为石门市商会会长、市自治筹备处负责人根本无权出任选举监督一职。《市自治会会员选举规则》第21条规定:"本规则所定属于市长权限之事项,在市自治机关未成立以前,由各该市直接监督长官遴员行之。"另外,《市自治会会员选举规则》第5条规定:"各市设选举总监督,以各该市直接监督长官任之,监督选举事宜。"一言以蔽之,在石门市第一届自治会会员选举时,没有市长做监督,就应该由法定总监督负责,即获鹿县孙知事负责。

如果张士才委任选举监督之事不是工作人员的违规失误,就是一起他人伪造的恶作剧,无论是何种原因都触犯了获鹿县知事的权威,所以孙知事本人大为恼火。幸好选举前出现的这个意外事件被及时发现制止,尚未转化为既成事实。最终缘由不明,不了了之了。

二、关于筹备处呈报石门市人口总量的差错

1925年10月8日,获鹿县长在批阅张士才于10月6日上报选举自治会会员筹备情况时,在《为呈复事》中发现石门市自治筹备处所报人口数量

---

① 河北省档案馆藏,《获鹿县公署致石门市警察厅厅长公函》(1925年6月8日),《直隶全省自治筹备处令石家庄商会会长张士才呈请设立市自治会卷》,656-2-132。

竟然出现重大疏漏。"据报该市人口总数,核与前报在案总数,缺少一万零四百六十二名。"即已转报在案总数为33077人,现在该市呈报总数为22615人。① 自治市人口总数是决定选举议会成员名额的关键因素。《市自治制》第15条规定:凡市设自治会,其会员名额在人口未满五万之市,定为十名;满五万以上者,每增人口一万,递加会员一名。虽然此次差错并不涉及增加议员问题,石门市依然能够保证10名议员指标,但是粗疏漏报10462人的失误,足以可见呈文的马虎程度。幸亏有获鹿县长把关,及时补报了遗漏人口以及登记册,即呈报的石门市住民清册,共计21册,住民33077名。从而避免了向直隶全省自治筹备处申请议会名额时的备案数据的误差,保证了人口数据的前后准确一致。

三、关于状告"包办自治选举违法"案

作为总监督官的获鹿县知事,1926年8月25日刚刚向直隶全省自治筹备处转呈了石门市自治会议员选举投票及开票情形,第二天就收到以石门公民名义状告市自治筹备处"选举违法"的举报。

杨起善、王正鸿、王述鲁等12人在举报状中诉说:"缘获鹿石门商埠得设市政公所,原为创办地方自治,维持商业发达而立。理应尊重民意,秉公选举,方可收自治之效。不意初次选举弊病丛生,议员由商会指定,投票由议员自书。种种黑幕罄笔难尽。公民等于选举期到场投票,而票早被商会会长张某包揽而去。事后详细调查始知,此次选举全系张某一人包办而成。首次选举既不合法,后行补选更属怪事。是以一手而掩尽石埠人民耳目,自治选举岂有是理。公民等因其包办情形,不能认为有效。先事声明,随后另将违法逐条查明

---

① 河北省档案馆藏,《获鹿县署指令第92号》(1925年10月8日),《直隶全省自治筹备处令石家庄商会会长张士才呈请设立市自治会卷》,656-2-132。

再为续禀。为此禀请县长依法取消,是为德便。"① 不仅县公署具体负责此事务的第三科迅速拟定了处理意见,而且获鹿县张知事当即决定将缓办议员证书的颁发事宜,并亲自在颁发证书令上批示:"现有公民起诉,此件从缓,俟调停后再夺。"1926年9月3日,县知事作为选举监督人也给石门警察厅发去公函,"希即查明具禀各该公民杨起善等石门市政选举选册是否有名,并切实住址及年岁、职业等,详细函复,以凭核办"。②

石门警区即刻对石门商会、休门、姚栗村、任栗村、石家庄的选民展开了调查。在调查期间,由休门村代表赵宪章、姚栗村代表姚汉章、任栗村代表任声天、石家庄村代表殷明德4人联名写了《为假冒公民妨害选举恳祈传究以惩奸究而维自治事》的报告。他们在报告中说,"自称公民代表王述鲁、郑有安等到县起诉,意图妨害选举,诬控票选会员由于某方指定。万数千选民闻讯大哗,金谓此届选举领票、投票均极自由,所选之会员胥由个人意思,遴选人品端正名望素孚之人,并未受何方指使"。指出这些人的告状行为,"必有不能当选之人从中唆使,希图妨害已成选举,使市自治会不能成立"。四位代表最后还表示,"情愿出庭与伊等质对"。③ 1926年10月22日,石门警察厅完成各项调查程序后,向获鹿县公署报告了最终调查结论。"诉讼人杨起善十二人,选民册并无其姓氏,其住址、年岁、职业更无从调查。选民名册既无姓氏,诉讼手续更为欠缺,且冠以公民代表,殊属无理取闹。"④ 警察厅得出了否认状告的结论。

获鹿县知事接到警察厅的调查结论后,当即做出批示,马上给当选的石

---

① 河北省档案馆藏,《石门公民代表呈为包办自治违法选举恳请依法取消秉公组织以重市政而维治安事》(1926年8月26日),《直隶全省自治筹备处令石家庄商会会长张士才呈请设立市自治会卷》,656-2-132。
② 河北省档案馆藏,《获鹿县公署致警察厅公函》(1926年9月3日),《直隶全省自治筹备处令石家庄商会会长张士才呈请设立市自治会卷》,656-2-132。
③ 河北省档案馆藏,《为假冒公民妨害选举恳祈传究以惩奸究而维自治事》(1926年9月),《直隶全省自治筹备处令石家庄商会会长张士才呈请设立市自治会卷》,656-2-132。
④ 河北省档案馆藏,《直隶石门警察厅致获鹿县张知事公函》(1926年10月22日),《直隶全省自治筹备处令石家庄商会会长张士才呈请设立市自治会卷》,656-2-132。

门市自治会会员颁发证书。"选举诉讼即证明无效,应发给证书,迅速成立市自治,以重市政。"①1926年10月29日,获鹿县公署向石门市自治会会员正式颁发了证书,11月14日举行了石门市自治会正式成立的庆典。

这场诉讼的起因源于杨起善、王正鸿、王述鲁等人,在选举日前往投票点,未能领到选票,就认为自己的选举权被商会剥夺了,选票被人操控了。其实,按照警察厅的调查结果分析,杨起善等人作为石门市的"市住民",并不知道选举人与被选举人有不同的资格限制,他们事前并未参加选民登记,由于不在正式选民册之列,所以也就不具备参加此次选举的投票权。《市自治制》第9条规定:"市住民内有本国国籍之男子,年满二十岁,并接续住居市内一年以上,合于左列各款之一者,有选举市自治会会员之权。一、年纳直接税一元以上者;二、有动产或不动产三百元以上者;三、曾任或现任公职或教员者;四、曾在国民学校以上学校毕业或有相当之资格者。"由此可知,选举人有性别限制,有财产或职业或学历规定,只有符合上述条件的市住民经过选民登记,才被认为是"公民代表"。被选举人的限定条件更高,除了性别限制外,须年满二十五岁,并接续住居市内二年以上。而且对财产要求更高,年纳直接税二元以上者;有动产或不动产五百元以上者;对所从事的职业时间有具体要求,曾任或现任公职或教员者须一年以上;对学历要求也更高,曾在高等小学以上学校毕业或有相当之资格者。

杨起善等人作为石门市的"市住民",希望行使自己的选举权利,却未能如愿实现,便不惜通过诉讼方式来表达自己争取民主选举权意愿的行为,应该被视为一种社会发展和法制的进步。作为石家庄第一次大规模的市民自治投票选举,开历史之先河,社会各界予以高度重视和期待,无疑具有积极的进步意义。从这场诉讼的诉求看,反映出了市民参与意识的增强,市民法制观念的提高。从实施市自治宗旨目的来说,诉讼并非是一件坏事。而作为组织管理者的筹备处而言,则暴露出其操控经验的不足。首先在1925年9月15日至25日

---

① 河北省档案馆藏,《直隶石门警察厅致获鹿县张知事公函》(1926年10月22日)张知事的批语,《直隶全省自治筹备处令石家庄商会会长张士才呈请设立市自治会卷》,656-2-132。

将选举人名册和被选举人名册"宣示公众"的期间，宣传力度可能不够，未能使大多数市住民知悉自己是否被列为"公民代表"名册。其次，对存在的失误和遗漏，也未能够及时在宣示期内得以更正。再次，由于经历军阀战乱，自治筹备中止一年多。如果重新恢复选举前之时，市自治筹备处采取得当措施，重新对宣示选举人名册再进行一次确认的话，肯定也能减少一些"非公民代表"的过激举动和偏颇言论。

客观全面地分析这场诉讼，杨起善等人把选举说成"全系张某一人包办而成"，有言过其实之嫌。在选举前夕的大量准备工作确实是石家庄筹备处做的，但市自治会会员选举的登记工作，经过了获鹿县公署委任的8名选民资格调查员监督确认，在本市33077人住民中，将14103名符合选民条件者登记在册，占总人口的42.64%。担任此次选举的5名投票管理员、5名投票检查员、5名开票管理员、5名开票检查员都是经审查由获鹿县公署正式委任的。投票所和开票所的设立，都经过了获鹿县公署审批。当时设了两个投票所，也经过县公署备案批准。"惟石门地域辽阔，选民众多，一处投票势必拥挤。经众讨论，佥拟依市自治会会员选举规则第十三条第二项之规定，分为两区投票，设投票所两所，开票所一所。"[①] 在8月20日的选举中，"县长暨警察厅厅长莅场监视"，"选民等自由领票，自由投票，遵照法定手续，依法办理，万数千人众目共睹，并无异词"。[②] 筹备处发出选票13938张，清点入柜票共13764张。[③] 由此可知，本次选举中的选民参与程度非常高，如果把选举结果一味贬低为商会会长张士才"以一手而掩尽石埠人民耳目"，肯定也属告状者攻其一点，不及其余，难免言辞具有夸张的成分。

虽然这场状告舞弊的诉讼没有改变选举结果，但自治会从选举到成立整

---

① 河北省档案馆藏，《石门市自治市长张士才为呈请定期选举事》（1926年7月31日），《直隶全省自治筹备处令石家庄商会会长张士才呈请设立市自治会卷》，656-2-132。
② 河北省档案馆藏，《为假冒公民妨害选举恳祈传究以惩奸究而维自治事》（1926年9月），《直隶全省自治筹备处令石家庄商会会长张士才呈请设立市自治会卷》，656-2-132。
③ 河北省档案馆藏，《市长张士才为呈报市自治投票及开票情形恭请钧鉴事》（1926年8月23日），《直隶全省自治筹备处令石家庄商会会长张士才呈请设立市自治会卷》，656-2-132。

整被拖延了两个多月时间。

四、张士才是石门市第一任市长吗

北京政府批准直隶省11个城镇实施市自治制之后,张士才开始在各种公文中被称为市长,当然张士才本人也开始使用市长的自称。由于原始档案中有选举张士才为自治市市长的真实报告,以及获鹿县公署白纸黑字委任张士才为石门市自治市长的确凿证书,致使张士才的市长称谓持续使用了1年多。于是,一些学者由此就把张士才称之为石门市市长,还有一些论著也由此误以为石门市自治市政机关就是设置于1925年。其实,这是石家庄"市自治"初期所开的一个历史玩笑,这个历史误会完全是由于对市自治制的法律法规不了解,对市自治机构设置以及机构产生程序的误解而造成的。

从1923年5月提出筹备自治开始,在以后的两年多时间里,主持石家庄"市自治"所有筹备事宜的一直是张士才,应该看到他在筹备和实施市自治前期付出了大量心血,做出了许多积极努力,并取得了不少实际成绩。张士才在北京政府公布石家市改为石门市的前五天,"于(5月)本月二十四日,在石门市自治筹备处召集本市绅董开临时会议,议决选举临时市长,以专责成。是日依现行市自治选举市长规则,公推张士才为石门市临时市长"。[①] 对此次选举结果,获鹿县孙知事予以认可,随即做了批示:"该绅既被选为石门市自治市长,核与市自治制章条相符,应予委任。"并于1925年9月11日以总监督身份为张士才颁发了第145号委任状,委任为"石门市自治市长"。此后,张士才便以市长名义开始办公。1925年9月15日,张士才就以市长名义向获鹿县孙知事上报了《呈为恳请择定选举日期并加给办理投票开票管理员及检查员等委令事》。1925年10月,获鹿县新任张县长走马上任,延续前任所为,也

---

① 河北省档案馆藏,《石门市自治筹备处呈为呈请加委临时市长事》(1925年8月25日),《直隶全省自治筹备处令石家庄商会会长张士才呈请设立市自治会卷》,656-2-132。

在往来公文中称张士才为石门市自治市长。1926年10月,获鹿县又换新任的唐县长,依然延续了对张士才市长的称谓。直至1926年11月初,直隶全省自治筹备处处长刘春霖在审查张士才以市长名义上报的《呈送选定石门市自治会会员张汉三等名册》时,才发现张士才市长称谓的使用错误,专门就此颁发一道指令,要求石门市马上修正错误。刘春霖处长指出,"呈内所称报告选举事务之市长张士才,卷查前案,应即系该市自治筹备处之处长张士才。按照市自治制市长应由市自治会选举,该县市自治会会员现在甫经选出,何得遽有市长来呈。称谓错误殊涉混淆,合行更正,令仰知照,册存此令"。①

《市自治制》第36条规定:"凡市设市自治公所,置市长一名,为市之代表,指挥监督所属职员。市长由市自治会就住民中具有市自治会会员被选资格者选举之。"由此得知,张士才的自治市长职务不合法,原因有三:其一,在市议会成立之前选举市长不合程序;其二,选举人是自治筹备会绅商,而非市自治会会员;其三,是"公推"的市长,而非"票举"的市长。

仔细查阅原始档案卷宗,可以发现张士才的称谓的一些变化。1923年5月,他以石家庄商会会长身份提出筹办自治事务,并成为筹备工作的实际负责人。1925年4月以后,称作"石家庄自治筹备处临时会长",1925年9月11日后,开始称作"石门市自治市长"。此后的一年多,其自称偶尔也有变化,譬如,1926年8月8日自称为"石门市自治筹备处处长",1926年8月26日自称为"临时市长",从中略显几丝的不自信。当直隶全省自治筹备处处长刘春霖对市长称谓提出质疑后,张士才便在10日内随着市自治筹备处的取消而迅速解职了。

如果说1925年8月24日张士才召集市自治筹备会"以重职责"为由选举市长,属略带虚荣之心的话,那么批示"核与市自治制章条相符应予委任"的获鹿县孙知事,就确属一个稀里糊涂的监督官。他根本不懂《市自治制》如何规定市长产生的程序,应该承担委任张士才市长这一行政失误行为的主要责

---

① 河北省档案馆藏,《直隶全省自治筹备处指令第93号》(1926年11月5日),《直隶全省自治筹备处令石家庄商会会长张士才呈请设立市自治会卷》,656-2-132。

任。张士才作为所谓第一任市长,是这个历史玩笑的包袱,获鹿县孙知事既参与了玩笑的制造者,也是被嘲笑的对象。

五、周市长和石门市政公所为何被误认"未得上级允许"

如果说张士才曾被误认为是第一任市长的话,那么周维新作为由市议会选举出来的第一任市长,名正言顺,理所当然,为什么还一直有人对周维新市长的正当性满腹狐疑,对市政公所的合法性极不相信?譬如,20 年代曾在石门中学任教的刘普义说:"周市长始终是个虚名",而市政公所"未得上级允准"。① 甚至当时担任石门商会文书的赵育民,也认为"周自称市长"②,言外之意,未经正式批准。《简话石门商会》的作者白靖安记述说,1926 年"成立石门市政公所,推选周维新为市政公所负责人,周自称市长。下设总务、工程、卫生、警卫等科。但由于不具备设市条件,故未获批准,自称市长也是虚名"。③ 周维新的市长头衔难道没有得到上级委任仅仅是个自称的虚名吗?石门市政公所难道果真尚未得到政府批准吗?

长期以来,这些说法成为石家庄近代史上一个难解的悬疑,之所以未能揭开"市自治"这段模糊历史的真相,就在于研究者缺乏相关的确凿史料。要想揭开罩在历史事实上的面纱,还原"市自治"本来面貌,就必须深入发掘原始档案,不断地梳理和解读新发现的档案和文献。唯有如此,才能越来越接近更真实的历史。直到民国获鹿档案《直隶全省自治筹备处令石家庄商会会长张士才呈请设立市自治会卷》的发现,才为我们破解这个悬疑谜案提供了钥匙,

---

① 刘普义,《旧石门历届市长》,《石家庄文史资料》,第 5 辑,政协石家庄市文史委员会,1986 年,第 106 页。
② 赵育民,《石门商会和市政公所的缘起》,《石家庄文史资料》,第 5 辑,政协石家庄市文史委员会,1986 年,第 104 页。
③ 白靖安,《简话石门商会》,《石家庄文史资料》,第 8 辑,政协石家庄市文史委员会,1988 年,第 2 页。

开辟了路径。

　　根据石家庄"市自治"的原始档案记载，1926年12月26日石门市自治会举行了市政公所市长和市董选举。经10名市自治会议员投票选举，周维新以8票当选市长，另有4人当选市董。1927年1月4日，唐知事下达获鹿县公署第三号令，委任周维新为石门市自治会市长。1927年3月14日，褚玉璞省长下达直隶省长公署训令第1167号令，委任周维新为石门市自治公所市长。此后，中央政府内务部下发委令第三号，委任周维新为石门市市长。1927年4月29日，在石门同乐戏院正式举行了市政公所成立暨周市长就职仪式。

　　从上述事实看，周维新并不是没有上级委任，市政公所成立也不是没有得到上级允许。史实恰恰相反，石门市得到了特别市的高规格待遇，周维新享受到了最高督察官署级别的委任，超过了普通市的法律限定。《市自治制》第36条规定："普通市市长被选后，呈请直接监督官署委任之"；"其他特别市市长被选后，呈由请直接监督官署咨请内务部任命之"。不言而喻，普通市与特别市的市长委任程序和方式有着很大差别，周市长不仅没有被虚名化，而且受到了过分的礼遇。后来，直隶省长公署经过"详加究核"，才发现"该市原系普通市，前办手续系属错误"。于是1927年5月14日发布省长训令第2433号，"亟应更正"，"前发部委应即撤销，由县补发委任令，以符法令"。①

　　如果对石门普通市受到特别市待遇的差错原因进行追究的话，应该从法律条文本身查找原因，首屈一指的原因是规定标准有问题。《市自治制》中的特别市概念不清，与普通市之间缺乏明晰的界定，只规定为"由内务部认为必要时，呈请以教令定之"。特别市并没有设定人口、生产总值等客观标准。所以，区分和判定的准则及权限都在内务部。内务部委任周维新市长的事实，自然而然地会被理解为石门市就是特别市。

　　其次，从石门市自治会、获鹿县公署、直隶保定道尹、直隶省长公署、

---

① 河北省档案馆藏，《直隶省长公署训令第2433号》（1927年5月14日），《直隶全省自治筹备处令石家庄商会会长张士才呈请设立市自治会卷》，656-2-132。

内务部民政厅等各级负责人一系列错位委任，系连环的误解所致，由于各级政府官员对特别市标准缺乏的准确理解，结果以讹传讹，众口铄金，积非成是。误导由头源于石门市议长翟殿华的呈文，"敝会援照现行市自治法规第三十六条之赋予选举市自治公所市长，并函请石门警察厅、获鹿县公署莅会参与，以昭郑重。当场开票，计周化邦得八票，当选市长。除通知该当选人外，理合呈请最高级监督官署鉴核加委，以专责成，实为德便"。①该呈文中的关键词语是"呈请最高级监督官署鉴核加委"。该呈文经县知事、道尹逐层咨转，致使直隶省长一时懵懂，也误认为"复核该市系属特别市，市长被选应候咨部核办"，最后转咨内务部。令人匪夷所思的是，北京政府内务部也予以确认，竟然顺利通过审核，"应准任命，相应检同委任令"。②显而易见，各级监管机构都存在审核把关不严的问题，内务部民政司司长、直隶省长褚玉璞、直隶保定道尹柯昌泗、获鹿县唐知事，石门市自治会会长翟殿华，都应对委任失误承担责任，尤其是负责最高行政监管的内政部对特别市的任命拥有关键性的决定权，其责任最大。

除上述各级官员疏忽因素外，石门市对自身特殊地位的曲解虽然事出有因，但也难脱干系。石门市确有一些自治特殊性，其特殊性不仅表现在区域优势特殊，"交通枢纽，商务繁兴，华洋杂处，俨然商埠气象"，而且地理位置也比较特殊，"以地界论则处直隶之中心，以省界论则为入晋之要塞"。在北京政府公布批准的直隶十一个"市自治筹备处"中，石家庄与众不同，独树一帜。其他十个筹备处皆以县城城厢或城镇为区域，多属于固有的传统地盘，唯有石家庄属新兴工商业城市，市自治以形成中的新建城区为区域，省政府承认只有石门属于真正意义上的市自治，"其市自治则只成立石门市一处"。③石门市也

---

① 河北省档案馆藏，《直隶省长公署训令第406号》(1927年1月21日)，《直隶全省自治筹备处令石家庄商会会长张士才呈请设立市自治会卷》，656-2-132。
② 河北省档案馆藏，《直隶省长公署训令第1167号》(1927年3月14日)，《直隶全省自治筹备处令石家庄商会会长张士才呈请设立市自治会卷》，656-2-132。
③《提议取消自治筹备处及各县议参会另设各县财政机关案》，《河北民政汇刊》第一编《议案》，1928年12月，第4页。

是因实施市自治经中央政府批准更换区域名称的孤例。在申办自治之初,石家庄商会就定位在"筹备石家庄特别自治"①,由于孤芳自赏,顾影自怜,最后竟然与特别市相提并论。所以,在得到内务部委任后,迅速搭建了特别市的结构框架,"遵照按特别市程序组织参事会","且所拟市公约及应办各事手续,均已遵照特别市办理"。

在以上三个原因影响下,石门市竟然登上了特别市的台阶,当直隶省长公署察觉有误时,木已成舟。1927年5月14日,省长在第2433号训令中,要求"亟应更正"的不只是撤销给周维新的"前发部委",还包括了超越普通市的所有待遇。俗话说,上山容易下山难。由特别市改回普通市,让石门市自治会和市政公所极为难堪,无比尴尬。"现若骤复改为普通市,未免使热心办事之人为之短气","一时更改,头绪纷繁,殊难着手"。②骑虎难下的不只是石门市自治会和市政公所,各级官员都异常纠结。面对错综其数的复杂局势,获鹿县公署也不得不补偏救弊,出面向省长呈求,"本届市政公所暂行作为试办,俟下届改选之时,察看情形,再斟酌规定。且石门铁路交横,商贾辐辏,市廛栉比,华洋杂处,揆之户口之增加,商工之发达,即将来亦必须按特别市组织,方足以增进自治事务之发达"③,拟请准予变通办理。由于省长公署已经找到了起初呈请咨部案卷的依据,省长褚玉璞认为各种拒绝更正要求变通处理的思路均属一错再错,其办法"系欲将错就错,殊非核实之道。且市政之善否,在实事不在空名"。下定决心,拨乱反正,正本清源,故再度颁令指示,"前照特别市发给委任系属错误,既经核明,自应亟予更正,以符通案","以特别市转行试办等此办法,所请不准"。④直接驳回所有变通请求。

---

① 河北省档案馆藏,《获鹿县署致石家庄自治预备会公函》(1923年5月27日),《直隶全省自治筹备处令石家庄商会会长张士才呈请设立市自治会卷》,656-2-132。
② 河北省档案馆藏,《获鹿县为转呈事呈直隶褚省长》(1927年5月22日),《直隶全省自治筹备处令石家庄商会会长张士才呈请设立市自治会卷》,656-2-132。
③ 河北省档案馆藏,《获鹿县为转呈事呈直隶褚省长》(1927年5月22日),《直隶全省自治筹备处令石家庄商会会长张士才呈请设立市自治会卷》,656-2-132。
④ 河北省档案馆藏,《直隶省长公署训令第7355号》(1927年5月28日),《直隶全省自治筹备处令石家庄商会会长张士才呈请设立市自治会卷》,656-2-132。

综上所述,"市政公所未得上级允准"和"周市长始终是个虚名"的由来,并非向壁虚构,应该是指石门期望保留的"特别市"待遇最终未被允准,周维新的特别市长头衔也未能保住。但是,纠正石门市作为特别市的错误,以及撤销内务部和直隶省长公署此前的委任,并没有否认石门市作为普通市的正当性,没有否认周维新作为普通市市长的合法性。所以,石门市自治期间成立的市政公所是正当的,周维新的市长是合法的。

石家庄"后市自治时期"城市管理体制述评（1928～1937）

"市自治"结束后，从1928年至1937年石家庄进入了"后市自治时期"。这个阶段可以称为石家庄酝酿区域性政治中心的历史时期。所谓区域性政治中心，是指由各级政府依法设置的管理某一区域的地方政府或集中管理部分区域某些行政事务机关的所在地，对其所辖地域的综合治理就是该政治中心最基本的功能。传统农业社会的城市往往都是政治中心和军事中心，均有行政功能和设防的军事功能，属于有计划建造的城市。近代石家庄城市的兴起，并不是作为防御目的出现的，是自然发展而成的。石家庄农村城市化的过程，不仅是石家庄城市行政区域不断扩展的过程，也是逐渐形成行政中心以及行政中心地位不断提升的过程。与传统农业社会的城市起源不同，它是先成为商贸集散中心和工业制造中心，而后才逐步成为政治中心的，而且这种区域性政治中心的属性是逐步累积叠加上去的。从石家庄"市自治"开始的这种叠加进程，在1929年至1937年的"后市自治时期"得到了进一步发酵累积，所以说，"后市自治时期"是石家庄区域性政治中心的酝酿时期，它构成了石家庄城市行政功能初创阶段的重要内容。

目前学界尚未有专文对此进行研究。本文拟对石家庄由"市自治"向"后市自治时期"过渡问题，后市自治时期的市财政委员会、市特别公安局、市商会，以及驻石的司法机关和税务机关等做一些初步探讨，并试图通过分析这些机构设置在城市管理上的作用和影响，深化对石家庄"后市自治时期"城市管理体制的认识，从而探寻近代新兴城市独特的发展道路和途径，进一步丰富中国近代城市发展的不同类型和模式的研究。

---

* 原文发表于《石家庄职业技术学院学报》，2013年第1期。

一、石家庄"撤市"的平稳过渡

南京国民政府取代北洋政府之后,决定撤销全国所有市政公所。石家庄的"撤市"基本实现了平稳过渡,没有出现大的动荡,城市化进程并未由此受到重创。

石门市自治公所最早听到的撤市消息,来自1928年9月28日获鹿县政府通过公函转发的《河北省政府民政厅训令警字140号》。该训令即针对河北永年县市自治公所祁荣怀呈请改换永年市长名称并颁发铃记之时宣布:"现在市组织法已有新章,关于从前各属市政机关名义自应一律取消,听候本厅查酌情形依据新章办理。所有从前各县市自治公所铃记应饬一律缴销,以昭划一。"[1]

石门市各界闻此撤市决定,大惑不解,引起比较强烈的反应。"全埠民众闻之,无不惊骇。"[2]作为被撤销的市长周维新,尽管口口声声遵令取消市公所,缴销铃记"固为适当",但是内心充满了疑惑和极不情愿。他在代表石门市政公所发出的申辩公函中,一方面表示服从南京政府撤销普通市的决定,另一方面也强调了石门市的特殊性,"石门市政决非永年县可比。……该县既有县政府,原无成(城)市之必要,况人口不过四五万,又无特别情形之可言,明令取消势所必至。而我石门地处汉平、正太两路之交,华洋杂处,良莠不齐,潮流所迫,又有成立市政之必要";[3]而且,市公所成立后,"为地方造福,所有全埠民众早已信仰","请俯顺舆情,暂维现状。"[4]希望政府主管部门能够区别不同情况,采取差异化的处理方式,暂时维持石门自治市现状。与此同

---

[1] 河北省档案馆藏,《河北省政府民政厅训令警字140号》(1928年9月18日),《直隶全省自治筹备处令石家庄商会会长张士才呈请设立市自治会卷》,656-2-132。
[2] 河北省档案馆藏,《石门市公所公函》(1928年10月10日),《直隶全省自治筹备处令石家庄商会会长张士才呈请设立市自治会卷》,656-2-132。
[3] 河北省档案馆藏,《石门市政公所公函》(1928年10月10日),《直隶全省自治筹备处令石家庄商会会长张士才呈请设立市自治会卷》,656-2-132。
[4] 河北省档案馆藏,《石门市政公所公函》(1928年10月10日),《直隶全省自治筹备处令石家庄商会会长张士才呈请设立市自治会卷》,656-2-132。

时，石门商会也出面力挺市政公所，为其求情。"呈报石门自治成绩，并请从暂成立石门市"①；也有市民上书强烈呼吁暂时保留市政公所，主张维持目前现状。对于石门市各界"公民挽留，暂维现状"②的呼声，获鹿县在任李县长如实将此情况呈报了河北省政府民政厅孙厅长。

1928年11月13日，河北省民政厅再次给获鹿县县长发出强硬指令，"无论石门市应否成立尚待考虑，而旧设之自治公所应随同县议会一律取消。且事关划一市政，各县均先后遵办有案，该县未便独异。仰仍转饬遵照前令缴销勿延"。③当市长周维新最终意识到此次中央政府通令全国，所有市政公所一律结束，并非省政府可以左右之后，只得遵照政府命令，把石门市自治公所的所有名目取消，将所有市政公所应办的遗留事务分别交付给公安局、商会、财政委员会。当把各项接收事宜交代完毕，便向获鹿县政府上缴了石门市自治公所钤记，于11月30日正式结束了作为市自治执行机关的使命。石门市自治会也将全部卷宗档案移交给了石门商会保存，并向获鹿县政府上缴了石门市自治会钤记，于1928年12月6日正式结束了作为市自治议决机关的使命。

虽然自实施市自治以来，石门市卓有成效，功德斐然，在河北省政府批准的11个筹备自治市中成为唯一建立市政公所的"市自治"典范。"本省自民国十年设立自治筹备处督促各县自治事宜，办理数年计组成议参会者九十五县，未能组成议参会者尚有二十四县，其市自治则只成立石门市一处。"④石门市作为河北省"市自治"的仅存硕果，省政府何尝不想扶持一把，怎奈全国通令难违，实属无计可施。由于当时南京国民政府的自治法尚未颁布，"本省自

---

① 河北省档案馆藏，《河北省政府民政厅指令警字11510号》(1928年11月13日)，《直隶全省自治筹备处令石家庄商会会长张士才呈请设立市自治会卷》，656-2-132。
② 河北省档案馆藏，《石门市政公所公函》(1928年12月1日)，《直隶全省自治筹备处令石家庄商会会长张士才呈请设立市自治会卷》，656-2-132。
③ 河北省档案馆藏，《河北省政府民政厅训令警字1510号》(1928年11月13日)，《直隶全省自治筹备处令石家庄商会会长张士才呈请设立市自治会卷》，656-2-132。
④ 《提议取消自治筹备处及各县议参会另设各县财政机关案》(1928年7月27日)，《河北民政汇刊》第一编《议案》，1928年，第4页。

治筹备处及各县议参会均无根据"①，1928年7月27日，河北省政府委员会第六次会议通过了《提议取消自治筹备处及各县议参会另设各县财政机关案》。

总之，在南京政府"改朝换代"后，出现了全国一律取消自治的大背景，尽管石门的"撤市"一度引起了各界的牢骚和不满，但是社会秩序并未出现大的动荡，所以基本实现了逐步平稳过渡。

1928年7月至1930年，南京国民政府陆续颁布了《特别市组织法》《市组织法》，重新规定了特别市与普通市设置的新形式和新标准，从而统一了城市地方政府的设置。根据《市组织法》，普通市的概念已经与北京政府时期有了很大变化，普通市改名为省辖市。省辖市的地位等同于县，设置条件需要具备的条件是人口在30万以上者。此时石家庄虽然已经发展成为一座明显区别于"县"的工商业城市，但是，与南京国民政府普通市的建市新指标差距甚大，根本无法言及建市，城市建制问题一直陷入困顿状态，所以，形成了既不能成市，又不能并县的尴尬状况。1928年至1937年的石家庄，进入了"后市自治时期"，城市管理处于一种极为特殊的状态。客观地说，"后市自治时期"城市管理模式的形成，与"撤市"有着十分直接的关联，换言之，这种尴尬状况就是市自治留下的最大后遗症。

二、"后市自治时期"的城市管理机构

（一）"后市自治时期"石家庄的财政委员会

1928年10月新设立的石门财政委员会，接替了石门市政公所的财权，成为城市财政的专门管理机构。

1928年7月27日，河北省政府委员会第六次会议通过了取消自治议案，决定在取消各县议参会的同时，成立县财政局。由于"参事会为管理地方财政机关，未便中断，拟按照内务部提出已付审查之县组织法草案第十九条，令饬

---

① 《提议取消自治筹备处及各县议参会另设各县财政机关案》（1928年7月27日），《河北民政汇刊》第一编《议案》，1928年，第4页。

各县即时暂设财务局,以资接替,而便管理。"① 于是1928年8月21日由民政厅发布训令,强调"参事会裁撤后,应另设财政局接管地方公款所有;……查照财务局暂行规程,赶速组织财务局"。② 获鹿县遵照指令,当年就成立了财务局,曹日新被选为局长。石门并非县级政府机构,故未成立财政局,而组建了财政委员会,"自行管理地方款项"。关于石门财政委员会成立的时间,笔者曾在拙著《近代石家庄城市化研究》中采用过1927年的说法,当时主要依据的是石门财政委员会会计主任赵育民回忆录的说法:"为了筹措地方财政经费,一九二七年设立了石门地方临时财政委员会,委员十一人。"③ 现在看来,1927年成立的这个说法有误。因为在《获鹿县十七年九、十月重要工作汇报》中,"石门设立财政委员会自行管理地方款项一案,已呈请财政厅核办"。参照1928年8月21日河北省民政厅发布"设财政局接管地方公款"训令的背景,获鹿县汇报石门设立财政委员会成立时间的记载,应该更具有可靠性。④ 所以说,1928年10月成立应该更为准确。

经全市各界选举产生的15位委员,组成了石门财政委员会。"计公安局一人,商会一人,为当然委员;石家庄、休门、栗村每村公举二人,共六人;运输业公举一人,特别商户公举二人,各同业会公举四人;共计委员十五人,再由十五人公举常务委员五人。"⑤ 其15位委员中,公安局和商会是会员单位。起初,委员任期均为一年,期满得连任,但以两任为限。后来,委员任期改为三年。从严格意义上看,石门财政委员会属于城市多元主体管理前提下的一个协作性机构。

财政委员会下设地方公款局、捐务处、会计主任等。捐务员和自治警察

---

① 《提议取消自治筹备处及各县议参会另设各县财政机关案》,1928年7月27日,《河北民政汇刊》第一编《议案》,1928年,第4页。
② 《训令各县县长转行省政府令取消自治筹备处及各县议参会由》,1928年8月21日,《河北民政汇刊》第一编《公牍·自治》,1928年,第9页。
③ 赵育民,《石门商会和市政公所的缘起》,《石家庄文史资料》,第5辑,政协石家庄市文史委员会,1986年,第104页。
④ 《获鹿县十七年九、十月份重要工作报告》,《河北民政汇刊》第二编《附录》,河北省政府民政厅编印,1929年2月,第14页。
⑤ 石门日报社编印,《石门指南》第三编《机关及团体》,1934年,第9页。

主要负责征收地方捐税，所征捐税名目繁多，譬如，商捐、妓捐、车捐、娱乐捐、路灯捐、清洁卫生费、牌照税等。地方财政委员会的经费用途去向，主要是公款局的经费和公安局经费。①

石门市政公所将其财权移交给了该委员会之后，便由石门财政委员会掌控本市之财政，实现了城市财政独立。石门财政委员会不同于各县财务局，具有相对独立性。例如，有一次，"河北省政府民政厅厅长魏鉴来石门视察工作，检查地方财政情况，遭到拒绝。理由是地方自治经费，上级无权过问"。②

（二）"后市自治时期"石家庄的警察机关

1928年7月27日，河北省政府委员会第六次会议通过了取消自治议案的同时，还一并做出了《提议改组县公安局决定》。1928年7月31日，河北省政府民政厅在发布的训令中指出："查革命政府组织所有警察机关皆改用公安局名义，本省旧有各警察局自应划一名称，以符现制。"③在此次全省改组中，石门警察厅改为公安局。此时石门公安局不仅是改变名称的问题，而且机构设置的隶属关系也非常复杂，其原因在于石门公安局"所管事项及区域皆具有特殊情形，事实上既不便移属于县，又与普通市制未符，处此状况之下，于推行新政每因权限不明发生窒碍，似宜参照向例，在未设普通市以前，仍由民政厅直辖，即名为河北省政府民政厅直辖公安局"。④1929年石门公安局下设4个科和6个附属机关，警官和警员合计达到了416人，枪支总数达到了162支，经费共计81927元。⑤

到1930年12月2日，石门公安局又改为石门特种公安局，直接隶属于

---

① 赵育民，《石门商会和市政公所的缘起》，《石家庄文史资料》，第5辑，政协石家庄市文史委员会，1986年，第104页；石门日报社编印，《石门指南》，《第三编机关及团体》，1934年，第9页。
② 白靖安，《简话石门商会》，《石家庄文史资料》，第8辑，政协石家庄市文史委员会，1988年，第3页。
③ 《训令各警察厅局一律改称公安局名称以符现制由》，《河北民政汇刊》第一编《公牍·警政》，河北省政府民政厅编印，1928年，第3页。
④ 《提议河北省政府民政厅直辖公安局组织暂行条例案》，《河北民政汇刊》第二编《议案》，河北省政府民政厅编印，1929年，第2页。
⑤ 《视察石门公安局概况表》，《视察特刊》，第2号，河北省民政厅编印，1929年，第62页。

河北省公安管理局。"以旧有区域为管辖区域","特种公安局设局长一人,荐任职,承河北省公安管理局局长之指挥监督,处理该管区域内公安事务"。①根据1930年12月2日河北省政府委员会第二零六次会议通过的《河北省石门特种公安局组织暂行章程》规定,其承担的城市管理的主要职责有：人口普查与户籍管理、城市设施建设与交通维护、民事调解与社会治安、城市消防与危险品监管、刑事案件侦办与搜查逮捕案犯、嫌疑人关押解送与案件预审、社团活动审批与结社集会监管、公共卫生与防疫、灾变救护与社会救济、出版传媒监管与社会风化净化、宗教事务管理与医师考核等。

根据1934年《修正河北省特种公安局组织章程》第十三条之规定,"特种公安局应就辖境划分为若干区,区设公安分局,分局下得设分驻所、派出所若干处"。②石门特种公安局依然将市区辖境划分为桥西区和桥东区。两区以平汉铁路为界,铁路以西为桥西区,属于第一公安分局管辖；铁路以东为桥东区,属于第二公安分局管辖。石门特种公安局下设第一科、第二科、第三科、督察长、第一公安分局、第二公安分局、公安队、公安分队、卫生队、卫生分队、消防队、看守所、济良所、警察教练所等。第一公安分局下设南大街分驻所、同乐街分驻所、大桥街分驻所；第二公安分局下设阜宁路分驻所、煤市街分驻所、休门分驻所、栗村分驻所。③1935年石门特种公安局拥有官警528人,枪械225支,子弹11901发,经费数量达到93034元。④

总之,石门特种公安局是城市管理的政治性主体,属于代表政府而行使城市行政管理和治安管理的司法机构。就石门特种公安局的行政地位而言,大致相当于县级,由于在管理职能上具有其独立性,与获鹿县级地方行政保持着距离,而且根本不受获鹿县级地方行政部门的控制。正如20世纪30年代一篇

---

① 《河北省石门特种公安局组织暂行章程》(1930年12月2日),石门日报社编,《石门指南》第二编《规划及章程》,1934年,第1页。
② 《修正河北省特种公安局组织章程》(1934年12月14日),河北省地方志编纂委员会办公室整理校点,《民国河北通志稿(三)》,北京燕山出版社,1993年,第2913页。
③ 石门日报社编印,《石门指南》第三编《规划及章程》,1934年,第1~2页。
④ 河北省民政厅警务处编印,《河北省各级公安局官警枪弹经费数目表》,《警务旬报》,第90期,《调查》,1935年4月1日,第100页。

评论获鹿县政的文章所说："石家庄另设有荐任阶级之特种公安局，管理其事，县府对商埠公安局等行政向不过问，是职务未增，而责任减轻。"① 当然，有些调查统计事项按照惯例依然划归获鹿县，例如，全省各县户口统计汇编，就是将石门户口划入获鹿县一并统计。根据《河北省各县户口调查统计办事细则》规定，获鹿县政府会同石门公安局饬"由各区转饬各村街分别调查，但编成区统计表后，仍由公安局转送县政府，汇编入县统计表内，以昭一律"。② 此外，石门特种公安局也有一些职权已经凌驾于地方县级行政之上，俨然成为掌管石家庄区域内各项市政事务的官方最高管理机关。正如《石门新指南》所言，"石门之行政，在划市以前，以原有特种公安局为最高机关"。③

（三）"后市自治时期"石家庄的法院和检察官

市自治时期，在国家司法诉讼机构设置方面，石家庄一直处于缺失状态。"查石家庄自改石门市以来，百政维新，唯司法一项向归石门警察厅司法科监理。获鹿县与石门市之司法，时起争端，人民之诉讼往往均感不便。"④ 后市自治时期，石家庄所拥有的法院和检察官是代表国家行使审判权以及检察权的机关，其审判权和检察权的级别已经远远超越了获鹿县司法权。

1928 年 7 月 4 日，河北省国民政府在天津成立，直隶省改称为河北省。此时各级审判厅均改为相应法院，检察机关被裁撤，改为首席检察官，配置于各级法院之中。根据 1928 年河北省高等法院《关于法院改组及筹备事项》的规定，河北省高等法院设在天津，另设北平和大名两个高等法院分院；在天津、北平、保定、石门分设四个地方法院。在未设地方法院的县份暂设立承审处，以承审员专理司法，县长办理检察事务。而获鹿县属一等县，设承审员二人。

据《石门指南》记载，石门地方法院当时设在阜康路，院长是熊兆周。

---

① 蒋锡曾，《河北省"县缺等次"之商榷》，《河北月刊》，第 4 卷第 4 期，1936 年，第 3 页。
② 《河北省各县户口调查统计办事细则》，1928 年，河北省地方志编纂委员会办公室整理校点，《民国河北通志稿（三）》，北京燕山出版社，1993 年，第 2904 页。
③ 张鹤魂，《石门新指南》，石门新报社，1942 年，第 27 页。
④ 河北省档案馆藏，《关于拟请主席俯允设立石门司法院一事给商震主席的信》（1928 年 7 月 17 日），614-2-431。

石门地方检察处也一并设在阜康路，首席检察官是陈国钧。石门地方法院管辖范围为：石门、休门和栗村的民事、刑事第一审诉讼案件和非诉讼案件，以及正定、井陉、获鹿、元氏、灵寿、栾城、平山、阜平、行唐、晋县、赞皇、无极、藁城、新乐、深县、武强、饶阳、安平、深泽、曲阳等20个县的二审诉讼案件。①其内部机构为：民事庭、刑事庭（且又分为合议庭、简易庭）、民事执行处、登记处。1934年石门地方法院共受理第一审刑事案件407件，受理二审刑事案件80件；1936年石门地方法院执行上年度未执行刑事案件2件，执行本年度应执行刑事案件71件；执行有期徒刑的65人，拘役6人。②

1935年南京国民政府修改后的《法院组织法》规定："省或特别区域，各设高等法院。但其区域辽阔者，应设高等法院分院。"据此，河北省在石门、保定、唐山各增设高等法院分院一所，于是石门河北省高等法院第五分院成立了。石门高等法院分院的管辖区域为：石门、正定、获鹿、栾城、藁城、元氏、灵寿、平山、束鹿、深泽、安平、深县、阜平、饶阳、武强、井陉、行唐、晋县、赞皇、无极。③此时石家庄不仅拥有了石门地方法院，还拥有了河北高等法院第五分院，所以在司法机关设置上已经远远超越了获鹿县的地位，而且成为河北中南部地区名副其实的司法中心。

（四）"后市自治时期"石家庄的税收机关

在石家庄"后市自治时期"，随着城市经济的进一步发展，促进了石家庄财政管理机构的增加。税收机构在为国家和地方筹集财政资金方面发挥着重要作用，履行着城市经济管理职能。伴随着石家庄区域性经济中心的形成，石家庄税收的总体特征出现三个方面的变化：其一，农业的田赋、亩捐等各项杂税，在赋税总额中随地域扩大有所扩增，但是，农业税收在城市的整个财政收入中的比例明显下降；其二，工业的矿产税、营业税以及各式各样的商捐，在

---

① 《河北省高等法院第2881号训令》（1929年7月11日），《河北省政府公报》，1929年7月。
② 河北省地方志编纂委员会编，《国民政府时期的审判活动》，《河北省志·审判志》，河北人民出版社，1994年，第131～132页。
③ 《冀省司法区域》，《益世报》，1935年11月13日。

整个财政收入中的比例日趋上升，但是经济结构体系基本稳定之后，其所占税收比重相对稳定；其三，商业和服务业的各种税收和商捐，在财政收入中的比重趋于上升。随着税收扩大和收入提高，进一步提升和完善了城市政治中心的地位，促进了城市化建设的步伐。

石家庄凭借交通运输枢纽的优势，轻易地取代了获鹿的商品集散地地位。"自正太铁路交通以来，与京汉路接轨之中心点，原在获鹿之石家庄，举凡货物均汇至该庄落地，互装火车，而石庄亦非实销之地，是过往之货大多数均不到获鹿改运。"①石家庄在税收地位上也很快取代了获鹿，形成了区域性火车货捐税行政的中心。京汉铁路的"直豫货捐局"，早在清光绪三十年（1904）就设立在枕头分局（石家庄车站）；1921年10月"直豫货捐局"分割以后，"保大火车货捐专局"依然设在石家庄。1930年10月2日，平汉路"火车货捐总局"搬迁至石家庄。据平汉路"火车货捐总局"寄给获鹿县长的公函记载，"移局来石，即日办公"。②1930年6月28日，正太路的"火车货捐石家庄分局"也在石家庄成立。③

除上述铁路货捐税收机构之外，在20世纪二三十年代，已经拥有将近20个各类大小不同的税务稽查机构汇聚于石家庄。例如，1922年2月在石家庄设立的河北省第十六统税局，最初拟设获鹿，因"获城之商号多迁至石庄，贸易所余者寥寥无几"，于是"石庄设统税局，获城仅在车站设一分卡"。④这是石家庄设立的第一个直隶省财政厅管辖的税务征收机构。

在石家庄曾设立的税务稽查机构还有："石家庄统税管理所"，设于石家庄

---

① 天津市档案馆藏，《获鹿县商会沥数该县不宜设统税局四条理由文并省长批驳令》（1922年3月），《天津商会档案汇编1912～1928》，第3册，天津人民出版社，1992年，第3696页。
② 河北省档案馆藏，《平汉路火车货捐总局公函总字第60号》（1930年10月6日），《平汉路火车货捐总局人事及办公地点卷》，656-3-224。
③ 河北省档案馆藏，《正太路火车货捐石家庄分局公函石字第2号》（1930年6月28日），《正太火车货捐局局长就职卷》，656-3-304。
④ 河北省档案馆藏，《获鹿县建设局、商会、商人总会筹备会呈》（1929年10月），《商会等会呈据商号代表隆泰成等请将获城统税合并石庄卷》，656-3-171。

的公兴存街；"石门官磺局"，设于石家庄的电报局街；"石门区税务征收专局"，设于石家庄的王字胡同；"石门屠宰检验税局"，设于石家庄的大桥街；"西南区矿产税总局"，设于石家庄的通衢街；"河北第九区烟酒稽征分局"，设于石家庄的王字胡同；"河北第九区石门市烟酒牌照稽征所"，设于石家庄的西裕里；"河北省硝磺总局正定等九县官磺局"，设于石家庄的市场街；"河北印花烟酒税石门花税分局"，设于石家庄的南大街；"长芦盐务缉私队第四大队第一分队"，设于石家庄的八条胡同；"晋北芦盐查验所"，设于石家庄的吉祥胡同；"晋北榷运局石庄芦盐制验局"，设于石家庄的阜康路；"获鹿全县油饼花籽牙税征收所"，设于石家庄的永庆街；"获鹿全县籽花牙税事务所"，设于石家庄的永庆街；"获鹿全县地方捐务局"，设于石家庄的永庆街；"获鹿全县兼石门屠宰税征收所"，设于石家庄的通裕胡同；"获鹿全县砖捐局及附设河北省洋酒入境税费稽征所"，设于石家庄的丁字斜街。①

到1936年，河北省再次改革各项税的征收制度，在石门等地设税务征收局，实行自征，不再像以前那样"明征暗包"，而且石门税务征收局负责管辖获鹿全县及石门市。为了保障杜绝偷漏，"酌拟石门添设员巡九员，每月追加经费三百五十元"。②到1937年全面抗战爆发前，石家庄的财政税收管理体制渐趋完善，所以，"后市自治时期"石家庄的税收行政中心地位得以迅速提升。

（五）"后市自治时期"石家庄的商会

"后市自治时期"的石门商会是接管石门市政公所的最主要机构之一。随着工商业实力日益强大，商会组织规模也进一步壮大，除其核心的经济职能外，又先后衍生出其他职能，社团作用得到极大拓展，其影响逐渐渗透到政治、文化、社会各个领域。如果说"后市自治时期"的特种公安局掌管着石门的刑事、民事和获鹿县政府掌管着石门教育、地丁的话，那么，也可以说商会的职掌几乎涉及整个石门的经济社会，俨然成为地方政府衙门机关。虽然"石

---

① 石门日报社编印，《石门指南》第三编《机关及团体》，1934年，第4～5页。
②《关于税务征收局追加经费事项》，《河北月刊》，第5卷第2期，《大事记》，1937年2月，第5页。

门仍属获鹿县一个区,而经济大权则操于商会之手。……石市商会却成了一个商人政府,总揽一切"。①

"后市自治时期",尽管在商会内部权力博弈中,经过机构改选和办事人员调整,原属"南山怪"派的势力逐渐削弱淡出。②"一九三一年商会改选,新派占了上风,选举了程荫南为会长。"③但是,石家庄商会的职能和权势并未因为人事变动受到丝毫削弱。"后市自治时期"商会作用的发挥,进一步扩大了城市自治的领域,促进了市民社会的萌芽发酵。总之,石家庄商会在"后市自治时期"拓展的各项职能主要表现在以下四个方面:

第一,深入参与工商经济管理,执掌地方对内对外联络,维护地方市场信息畅通。根据新修订的《石门商会简章》规定,商会实质上成为承上启下的中间一级自治管理机关,要负责"筹议工商业之改良及发展事项""工商业之征询及通报事项""国际贸易之介绍及指导事项""工商之调处及公断事项""工商业之证明及鉴定事项""工商业统计之调查编纂事项""市面金融恐慌等事有协助维持之责"等。商会要对"当事人之请求或地方政局之委任,办理商业清理事项",也要"对于发展工商之事项得建议中央或地方行政官署"。"商会还出名招股,成立电灯公司,张庸池(商会会长)为经理。"④

在城市经济的市场建设中,石家庄商会进一步发挥了基本职能作用,将本地各个行业的市场容量调查以及营业统计作为一项基础性工作。商会要在掌握本地商业行情的基础上,解决当时企业发展的困难,研究当地工商业长远的发展;向政府汇报商情以及与政府进行政策沟通;与其他城市进行信息沟通,向其他城市学习管理经验,讨求城市经济发展中棘手难题的处理方法。例如,

---

① 刘普义,《石家庄第一所中学河北省私立石门初级中学》,《石家庄文史资料》,第1辑,政协石家庄市文史委员会,1983年,第102页。
② 此前在石门商会的管理层和办事人员中,有一批来自获鹿县西南乡即封龙山周边村庄的商人,被石门商界称为"南山怪"派。
③ 赵育民,《石门商会和市政公所的缘起》,《石家庄文史资料》,第5辑,政协石家庄市文史委员会,1986年,第105页。
④ 刘中五,《我所知道的七七事变前的石门商会》,《石家庄文史资料》,第5辑,政协石家庄市文史委员会,1986年,第80页。

电灯公司在石家庄架设电力线路,"而于地方生命财产尤有危险,以致阖庄惊惧,群相来会质询",石家庄商会"以事关重大未便漠视",函询天津商会以便据此交涉。当得知"天津电灯及通街安设之大线皆系明线,小巷及马路通衢燃户皆用包线,津埠所设置明线异常坚固,向无危险"①,从而使得纠纷自然获以平息。以上说明,石家庄商会不再是一般性地参与经济管理,已经成为掌管地方社会经济事务的实际主宰。

  第二,主持社会慈善募捐,关心教育扶植学校;筹设救灾巨额款项,扶植受灾企业复生。石家庄商会不仅是地方商务的管理机构,还扮演着关心教育、救济百姓的角色。商会不仅大力兴办学校,创办了石家庄第一所初级中学,而且继续以维护地方治安为由,大力兴办慈善事业,进一步扩大了"石门救济院"的规模。在商会大力扶持下,1930年石门初级中学创立招生,商会会长担任了校董事会的董事长,在"后市自治时期"商会每年拨付2000元作为学校正常经费,而扩建等临时性费用,再由商会另行筹措。②商会设立的石门贫民救济院,在处理大量东北难民和河南灾民途经石家庄过程中,发挥了重要的救济作用。例如,1931年10月,有成百上千名东北难民逃难抵石,石家庄商会的救济院"随时派人到站安插,现在平汉车站迤西场内,搭盖席棚一所,备难民于晚间临时安息"③,并修建火台,安置大铁锅,"每日施食二次,尽量管饱"。④由于提供了取暖和饭食的救济活动,保证了过往难民不致冻饿而死。商会还负责向平汉、正太两个铁路管理局交涉,安排难民乘车送回晋豫及冀南原籍,不仅稳定了城市社会秩序,也为石家庄新兴城市赢得了难能可贵的美誉度。由此可见,商会的救灾之举,实际上就是商会维护治理地方经济秩序和社会安定以及振兴扶植实业发展的根本职能的具体体现。

---

① 《石家庄商会禀控中国内地电灯公司石家庄电灯厂架设明线有害公安函并杜克臣复函》,1921年,《天津商会档案汇编1912~1928》,第3册,天津人民出版社,1992年,第2861~2862页。
② 刘普义,《石家庄第一所中学河北省私立石门初级中学》,《石家庄文史资料》,第1辑,政协石家庄市文史委员会,1983年,第101页。
③ 《石门收容难民甚多》,《石门难民回籍》,《大公报》,1931年10月25日,第5版。
④ 《石门收容难民甚多》,《石门难民回籍》,《大公报》,1931年10月29日,第5版。

第三，执掌城市社会管理，主持市政设施建设，制订城市发展规划。石家庄城市社会管理和基础设施建设，都是商会广泛关注并积极投身参与和主持管理的事项。在处理城市建设工程问题上，商会也完成了一些重要建设项目。例如，由于平汉铁路切割市区，导致了东西方向车辆的交通不畅，1929年在商会主持下，由大兴纱厂出资"壹千玖佰陆拾两正"①，修建了石家庄第一座"地道桥"。

第四，实施城市自治管理，组建商团治安武装；筹措地方财政经费，发行货币操控金融，自收自支独掌财权。"后市自治时期"，商会不仅积极参政的意识明显增强，而且商会还有自编商团武装共百余人，用来维持市面治安。既有武装，又有财权。为了增加期货交易的流动性，促进地方金融市场交易活跃，石门商会开办了期货市场。"石门市还成立了交易市场，专作买空卖空定期交货的事情。"②为了加强地方财政的筹措和管理，1932年石门商会曾成立毛票委员会，发行"毛票"，即发行了九十万元面额为一角的钞票，在石门的市面上流通，以调节市面金融。这种由商会组织发行的救济金融兑换券，除铁路不予收受以外，在市场交易上拥有其信用。

后市自治时期，石门商会作为石家庄实施城市自治管理的民间社团组织，在城市行政功能的初创阶段的表现和历史贡献是可圈可点的，对城市化发展过程中所起的作用是值得称道的。

（六）"后市自治时期"驻石家庄的其他管理机构

如前所述，从20世纪20年代初至石门市自治时期，呼吁由石家庄取代获鹿县级行政中心地位的建议一直不绝于耳，虽然最终获鹿县议会关于将县署搬迁至石家庄的决议未能付诸实施，但是，在"后市自治时期"，石家庄作为区域性政治中心崛起的势头，已成必然，势不可挡。

在省级派出的各种驻石财税机构之外，还有河北省实业厅驻石办事处。

---

① 武汉市档案馆藏，《大兴纺织股份有限公司营业报告》，第8期，1929年。
② 刘中五，《我所知道的七七事变前的石门商会》，《石家庄文史资料》，第5辑，政协石家庄市文史委员会，1986年，第81页。

随着省级各式各类管理机构进驻石家庄，其区域行政中心地位发展的动向日益明显。1929年成立的国民党获鹿县党部，于1931年9月也搬迁至石家庄。随着"县党部、农会以奉军占其公廨，移至石门"①，获鹿县部分机关也纷纷迁入石家庄。除获鹿县各种税务部门先后迁至石家庄外，还有获鹿县公安队、获鹿第三乡公所、获鹿第四乡公所、获鹿县度量衡检定所、获鹿县电话局等，为工作方便也入驻了石家庄。

三、余论

众所周知，城市与建制市在行政管理上并非同一个概念。近代城市是社会经济发展到一定程度的产物，并非由行政手段人为设置的；而建制市则是由国家为管理城市区域而设置的一级城市政权机构。后市自治时期的石家庄，既不属于城市建制，却又因为属于工商繁盛之地，且具有一定自治权，与省级政府具有某种纵向隶属权力关系，而不等同于传统的县乡管理体制。获鹿县对石门而言，形成了一种既管又不能全管的特殊行政关系。石家庄的行政事务需要上报获鹿县转呈，省属行政需要通过获鹿县传达至石家庄；而石门特种公安局直接隶属省民政厅，根本无须获鹿县过问。所以，在名义上石家庄行政依然归属获鹿县管辖，但是，实质上石家庄的许多重要政务已直接隶属河北省管辖。"后市自治时期"石家庄出现的这种畸形政体状况，或许正是中小城市经济和政治功能叠加的典型过程。虽然石家庄的警察局、税务机关、法院机构早已存在，但是事权不一，管理权限极其分散，市区长时间没有形成统一的行政管理体制，这个功能叠加过程的尴尬也无可讳言，其行政管理状态的弊病也是显而易见。正如《石门市事情》记述的这样："石门以往行政一部分由特种公安局主持，一部分仍归获鹿县处理，不特事权不一，抑且迟滞误事，故造成一种畸形政治，文化落后，自治阙如，凡百事业效率未著。又因冀南各县远在南僻，

---

① 获鹿县志编纂委员会，《（民国）河北鹿泉文献》，上册，第18页。

声息阻隔，风化闭塞，皆因本市无适当行政机关，加以调整而资联络。"①

由于近代石家庄城市化的发展道路，不同于其他一般城市的发展规律，因此，近代石家庄行政中心的形成过程，还是带有一些与众不同的自身特征。中国传统城市发展规律是政治中心城市优先发展，中国近代城市发展规律是工商大城市优先发展，特别是开埠通商口岸城市优先发展。近代石家庄作为快速崛起的中小城市，显然不同于开埠通商口岸城市和一般内陆传统城市转型的发展形态。近代石家庄区域性工商业中心的存在和发展，对区域性行政中心的形成和发展产生了重要影响。经过城市功能叠加的历程，石家庄一旦完成由新城市向建制市的过渡，跃然成为区域性的政治中心，就会极大地促进其各项城市事业的发展，以及人口迅速增加、交通状况改善、工商业繁荣、城建设施兴修等，并为以后继续扩大城市功能奠定更为扎实的前提基础。由于经济和政治功能叠加产生出的倍增效应，城市化的发展会迅速加快。近代石家庄就是这种发展模式的典型，所以学界应该重新认识和评价近代石家庄城市化的模式。

---

① 陈佩，《石门市事情》，新民会中央总会，1940年，第3页。

1925 年石家庄更名石门原因新解

近代石家庄是农村城市化的一个缩影，实属中国城市化第三种发展形态的典型范例。从 20 世纪初开始，经过 20 年发展，石家庄已经基本形成了商贸集散地的雏形，并逐渐形成区域性经济中心，20 年代出现的"市自治"是石家庄城市化初期行政中心功能初步显现的一个特定经历过程。本文特对"市自治"期间石家庄改名石门市的史实问题做进一步探讨，以深化对石家庄"市自治"阶段行政地位的认识。

一、改名由头的误读

1925 年 6 月 25 日，北京政府批准直隶省 11 个城镇实施市自治制时，将筹备"市自治"的石家庄，命名为"石家市"。但两个月后，1925 年 8 月 29 日，北京政府又将"石家市"更名为"石门市"。目前大多数论者都以为，这是因石家庄尚未达到"市自治"规定的人口数量，所以将周边的休门村合并在内，于是各取石家庄、休门村名的一个字，改称石门。也就是说，改名石门的缘由是村庄合并，而村庄合并又缘于石家庄人口未达到"市自治"规定的数量标准。例如，《石家庄市民政志》说："限于户口不够，乃将休门、栗村划入，方称为石门。"[①] 现有的两部地方通史著作《石家庄城市发展史》《石家庄通史》对此的看法也高度一致，认为在直隶同时施行"市自治"的 11 个市镇中，只有石家庄人口尚未达到数量标准，经多方协商后，遂将铁路以东的休门、栗村

---

* 原文发表于《河北广播电视大学学报》，2012 年第 4 期。
① 石家庄市民政志编纂委员会，《石家庄市民政志》，中国社会出版社，1993 年，第 60 页。

合并在内，名称取石家庄、休门各一个字，称石门市。①笔者在拙著《近代石家庄城市化研究》中也曾认为，更名石门与周边村庄合并，是担心达不到建立市自治人口标准所致。②

上述观点的主要依据，是1934年出版的《石门指南》和1940年出版的《石门市事情》。《石门指南》曰："只以户口不多，遂将休门、栗村等划并，方称石门。"③《石门市事情》曰："惟该市以人口过少之故，遂将附近之休门、栗村等地，划归区内，改石家庄之旧称而为石门。"④其实，重新仔细推敲原文可以发现，《石门指南》和《石门市事情》所说的"户口不多""人口过少"的表述，虽然似是而非，但并没有交代申办"市自治"的人口数量标准是多少，因此并不能与人口未达"市自治"规定标准画等号。随着相关档案资料的新发现，证明了上述看法是对石家庄改名由头的误读。人们之所以将实施村庄合并原因，归结为人口数量未到规定标准，真实原因在于占有的史料有限，论者望文生义，做出了错误解释。

根据目前新发现的原始档案记载，1923年石家庄商会为筹办"市自治"，曾专函请石家庄警察局对当地进行了人口调查。石家庄警察局经过调查后，在给商会的复函中正式公布了实际结果，"石庄人口总数为三万三千零七十七名"。⑤那么，北京政府规定的"市自治"人口数量标准是多少呢？1921年7月3日，北京政府颁布的《市自治制》第一条规定："市自治团体以固有之城镇区域为其区域，但人口不满一万者，得依乡自治制办理。"

由上可知，能否申办普通市自治的标准是1万人。毫无疑问，当时石家庄申办"市自治"完全符合相关的人口数量条件，否则1925年6月25日怎会被批准为"石家市"呢。既然作如是观的话，石家庄人口规模符合普通市自

---

① 栗永等，《石家庄城市发展史》，中国对外翻译出版社，2001年，第116页；石玉新主编，《石家庄通史·近现代卷》，河北人民出版社，2011年，第120页。
② 李惠民，《近代石家庄城市化研究》，中华书局，2010年，第231页。
③ 石门日报社编印，《石门指南》第一编《地理》，1934年，第2页。
④ 陈佩，《石门市事情》，新民会中央总会，1940年，第1页。
⑤ 河北省档案馆藏，《石家庄商务会公函》（1923年9月15日），《直隶全省自治筹备处令石家庄商会会长张士才呈请设立市自治会卷》，656-2-132。

治的标准，又何必更改"石家市"为"石门市"呢？改名的缘由到底是为什么呢？

二、改名缘由的剖析

按照1925年4月18日直隶全省自治筹备处第63号指令要求，石家庄市须呈报石家庄"市自治筹备处"成立缘由，这触及"市自治"区域的实际范围问题。此时"市自治"筹备处的改名动议，其实就在于"以石家庄为其区域"的"市自治"与石家庄城市发展的实际范围名不副实有直接关系。

石家庄自铁路兴修20年以来，城市化进程启动迅速，新兴城市空间发展以车站为中心，向四周快速自然蔓延。新建城区不仅将石家庄村的聚落建筑与铁路枢纽区连成了一片，而且如雨后春笋般涌现的各类新建筑实际已经扩展至铁路东侧的休门村、栗村。从当时地域的管辖范围来看，已经远远超越了石家庄自然村的地界范围。以石家庄与休门、栗村之间的铁路东侧地带为例，新建筑群得以迅速拓展，这一带除了煤店与电报局等建筑之外，还出现了规模不等的现代工厂和手工工场，基本形成了煤市街、公兴存街、电报局街、纱厂街（大兴街）、大经路、休门北道、栗村道等基本格局。实际上新建区的东端，与休门村、栗村已经连成一片，尤其是众多的煤店，"与彭村道、元村道、姚家栗村道、任家栗村道、石家庄道煤商住居毗连"[1]，"所占休门地基，至马路二三里，中有京汉铁路，界若鸿沟，绝非石庄范围所能及"[2]。所以说，新兴城区早在实施"市自治"前，就将石家庄与休门、栗村连接在一起了。1923年石家庄"市自治"预备处成立的决定，就是由商会会长张士才"集合石家庄、休门本地绅民共同议决"的，当时这个新兴的城市区域虽然扩张到了休

---

[1] 河北省档案馆藏，《石庄商会为呈请事》，《石家庄商会警区呈请建筑马路案卷》（1916年3月），656-1-320。
[2] 河北省档案馆藏，《休门道46家煤商具禀》，《石家庄商会警区呈请建筑马路案卷》（1915年），656-1-320。

门、栗村的地界,"市自治"预备处依然使用的是石家庄的称谓。

石家庄警察机关属于获鹿县警察局的派出机构。早在清末光绪三十三年（1907），获鹿县警察局就已经派遣若干警士在石家庄驻守。地方警察管辖的各个警区与地方乡社的划分不尽一致。1912年获鹿全县的警察派出机构，共分为土门、李村、于底、石家庄、休门、方村、振头、塔谈、永壁、铜冶十个警区，石家庄警察分驻所是其中之一。1921年石家庄警察所改为警察局，直接隶属于省民政厅警务处，脱离了获鹿县警察局的管辖。1925年初，石家庄警区与休门警区事务合并，警察局进一步提升为警察厅。实际上，石家庄警察局之所以能够很快提升为石门警察厅，就是基于管辖地域扩大变更的事实，根本原因取决于城市化的迅速发展。

此时，即将组建的"市自治"机构，如果继续冠名为石家庄的话，不仅实际管辖的地域范围与"以石家庄为其区域"不符，也与官方派驻的警察机关称谓不合。作为"市自治"的称谓，如果与官方警区称谓不一致，在行政事务处置上注定是存在缺陷或不足的。

根据《市自治制》第三条规定："市之区域若境界不明，由直接监督官署斟酌地方情形定之";《市自治制》第六十五条规定："市与乡有彼此利益相关事项，必须连合办理者，得依市乡之协议，呈经直接监督官署核准，设立市乡组合。"实际上，石家庄、休门、任栗村、姚栗村在城市化进程中，已经实现了地域上的合并，这种合并是自然而然地实现的，是在十数年快速发展中逐步完成的。因此，在"市自治筹备处"成立之际，一方面为了弥合城市化中产生的矛盾，另一方面也为"市自治"冠名的方便起见，模仿警察厅的"组合之名称"的方案就成为决策的首选。

最后，"市自治"筹备处把"石门"的称谓方案，交由公民会议讨论，经过全体公民会议决定：采用当地警区使用的称谓，使"市自治"名称与地方警察厅名称保持一致，达到了"庶几名实相符"的目的。①

---

① 《呈临时执政准直隶省长咨请改石家市为石门市请鉴核令准文》（1925年8月22日），内务部总务厅，《内务公报》，第144期，第18页。

三、因地制宜的改名

因石家庄人口尚未达到市自治规定标准，便与周边休门等村合并，此后各取村名一字，改称石门的传统说法，除杜撰了人数限制标准的前提外，还存在着一个难以自圆其说的矛盾。即"石门"平息了休门村的不满，又如何面对其他村的诉求。既然石家庄和休门，各取其村名一字，改称石门，使得石家庄、休门的符号元素得到了体现，那么，一起合并的还有任栗村、姚栗村，他们的符号元素如何体现，任栗村、姚栗村的乡绅心理又该如何平衡。

综上所述，石家庄"市自治"筹备处改称石门"市自治"筹备处，不是按照村庄名称合并的套路简单操作的，而是按照市自治筹备处改名遵从官府警区称谓，并与之保持一致的规则来行事的。石门警察厅是由石家庄警区与休门警区合并而来，不涉及其他村的问题。

石家庄"市自治"筹备处更改的称谓，是照搬了石门警察厅的称谓。石门警察厅的名称产生在前，石门"市自治"筹备委员会的名称效仿在后。石门警察厅属地方官府机构，石门"市自治"筹备委员会属地方社团机构，后者遵从前者符合常理。

因此，改名是因地制宜的，"将石家市改为石门市，系为因地制宜，循名核实起见"。① 正如，市自治筹备处临时会会长张士才在《为更改名称恳祈准予备案并请申详省宪备案事》中所说："现警察既将两村名称合并，改成石门警察厅，市自治与警察有密切之关系，亦应改石庄市自治筹备处为石门市自治筹备处，庶名实相符。所有更改名称缘由理合呈请县署准予备案，并请申详省宪备案。"②

最终，市自治筹备处采用当地警区称谓的更名方案，不仅经过"公民会议"通过，并于5月9日由获鹿县知事以"发第343号"转呈直隶全省自治筹

---

① 《呈临时执政准直隶省长咨请改石家市为石门市请鉴核令准文》（1925年8月22日），内务部总务厅，《内务公报》，第144期，第18页。
② 河北省档案馆藏，《为更改名称恳祈准予备案并请申详省宪备案事》（1925年5月4日），《直隶全省自治筹备处令石家庄商会会长张士才呈请设立市自治会卷》，656-2-132。

备处，再由直隶省长呈报内务部审核批准。由于公文上报的层层周转，未能及时赶在北京政府公布《直隶省市自治制施行区域暨日期》之前予以更正，所以在1925年6月25日北京政府公布批准直隶省11个城镇实施市自治制时，依然被命名为"石家市"。其实，市自治筹备处在被命名"石家市"前，已经改称石门市自治筹备处。直到1925年8月29日，"更名为石门市，以符名实"的批示公布，才算得到北京政府的正式承认。

需要特别强调的是，起初市自治筹备处写给获鹿县公署的《为更改名称恳祈准予备案并请申详省宪备案事》决定，是在1925年北京政府签发的《直隶省属各地实行市自治日期及区域令》批准设置"石家市"之前做出的，并非是批准设置"石家市"之后才动议改名的。

长期以来，由于更名"石门市"的申报早于批准设立"石家市"的史实被忽略了，所以行政审核顺序上的时间差，无形中改变了论者推理的逻辑前提，这就使"人口不达标准"成为人们推论石家市更名的重要原因。

第四编｜文教娱乐

近代石家庄传统戏剧的转型

一、近代石家庄传统戏剧艺术的主要形式

在近代石家庄城市大众娱乐文化发展中，戏曲文化堪称独领风骚。活跃在近代石家庄文艺舞台上的各种剧种，之所以能够形成百花盛开、竞相争艳的局面，既与剧种本身的形成历史以及地域文化息息相关，又与城市移民地域构成存在着必然联系，来自各地的移民一般都对来自家乡的地域文化具有比较强烈的认同感。在近代石家庄的文化舞台上，最能吸引消费者的戏剧艺术形式主要有如下几种：

（1）昆曲，亦称"昆山腔"，简称"昆腔"，是一个古老的戏曲声腔和剧种，属于是近代石家庄舞台艺术中的"阳春白雪"。昆曲是进入近代石家庄戏曲舞台最早的剧种之一，20世纪二三十年代经常在演出的昆曲班社有祥庆社、丰翠和、宝山和等社团。[①]

（2）京剧，是近代石家庄舞台艺术中影响面最大的剧种之一。京剧流派纷呈，名家辈出，艺术水平在中国戏曲中名列前茅，被视为中国国粹，所以，京剧的地域受众面最宽，成为石家庄大多数市民最容易接受的剧种之一。于是，早期有一些戏院专门演出京剧，例如，"专演皮黄戏剧"的同乐园，"专演

---

* 原文发表于《石家庄职业技术学院学报》，2011年第1期。
① 田桂成，《旧石门的戏院和戏班》，《艺苑漫忆》，政协石家庄市文史委员会，1997年，第29页。

皮黄"的劝业剧场。甚至有人把某些剧场经营不善的原因也归结为不演出京剧，例如，《石门指南》批评石家庄最新最大的剧院"第一舞台"，因为专演蹦蹦戏，"致将大好舞台，无人问津，良可惜也"，并建议"将来改演皮黄，定可发达也"。①

（3）山西梆子，亦称中路梆子，其源自蒲州梆子，清道光至咸丰年间盛行开来，发展过程中吸收了晋中地区民歌、秧歌等民间艺术韵调，别具风格。流传外地后，被称为山西梆子，后又改称晋剧。山西梆子能成为石家庄戏剧舞台上的重要剧种，一则在于石家庄紧邻山西，处于通衢要道，燕晋咽喉，山西梆子剧团每次到京津演戏后，返归至此，"多为挽留月余，始行回乡"；另则在石家庄经商的山西人颇多，有特定的观众欣赏群。"顾曲者多为三晋人士，他省人亦喜其连台本戏"。②

（4）河北梆子，曾称为直隶梆子、梆子腔，由传入直隶的山陕梆子演化而成。清道光年间直隶梆子流传开来，到光绪年间已传播至直隶全省，因在京城获得了一定地位，外省人也称之为京梆。1928年直隶省改称谓为河北省，故此，京梆改称河北梆子。在民国之前，梆子腔曾一度在北京、上海、天津等大城市与京剧形成了争衡的局面。20世纪30年代以后，河北梆子在平津等大城市开始走向衰落，但是在石家庄尚能站稳脚跟，一直支撑下来。正如《石门新指南》的记载所言，"梆子之在古都，今已衰微，而本地则常有之，以为皮黄之附庸，久相合奏，至今悠然"。③而且，石家庄还拥有它的专门演出场地，例如，"专演梆戏"的陶园，"专演高腔梆戏"的第一茶园等。

（5）评剧，曾称蹦蹦戏、落子戏，亦称平腔梆子。它是在民间说唱莲花落和民间歌舞蹦蹦的基础上衍生而来，大约在清末形成于唐山。在发展过程中，它不断从河北梆子、皮影、乐亭大鼓、京剧中广泛吸收，遂成为在华北、东北及其他一些地区流行广泛的剧种。评剧大多剧目因为通俗，在近代石家庄

---

① 石门日报社编印，《石门指南》第五编《街巷及游览》，第21页，1934年。
② 张鹤魂，《石门新指南》，石门新报社，1942年，第71页。
③ 张鹤魂，《石门新指南》，石门新报社，1942年，第71页。

广受欢迎。"所演亦多民间故事，故为妇孺之所欢迎。在其盛时，曾居正式之戏院，皮黄反而退居于大棚，亦足自豪。"①

（6）丝弦，又称为弦腔、弦索腔、弦子腔、女儿腔等，它是古老的地方剧种之一，也是全国稀有的一个地方戏曲声腔剧种之一。丝弦流行于河北省中南部的广大农村，其"中路丝弦"以石家庄、获鹿、正定一带为中心。石家庄成为铁路枢纽以后，丝弦戏的演出逐步进入城市，成为戏剧舞台艺术中最受本地观众欢迎的地方大戏班之一。当时有流传说，"不论任何剧种和名角来石家庄，都影响不了老丝弦的上座率"；"舍了喝酒吃肉，也要看刘魁显的调寇"。②

此外，活跃在石家庄城市舞台上的剧种，还有乱弹、大锣腔、秧歌、老调等一些在河北流行的地方剧种。也有的资料记载，大锣腔作为地方戏曲就是秧歌。秧歌俗称大锣腔，它演唱伴奏的乐器简单，曲韵简朴，表演粗犷，乡土气息极为浓郁。秧歌发源于河北隆平县，因为"唱时不用管弦，只击木以为节奏，但动作亦有锣鼓，彼中人以秧歌之名不雅，故改名大锣腔焉。"③总之，地方戏曲丰富多彩，可以说传统戏剧成为近代石家庄文化舞台的主流。传统戏剧之所以能够在城市舞台独占鳌头，主要在于戏剧文化有着悠久传统，它是社会历史文化交织融合的一种艺术表现，传统戏剧形式、风格和内容所折射出的文化内涵，涉及历史宗教、风土人情、道德伦理、审美情趣等诸多方面，不同于主要反映外国文化的洋娱乐方式电影，戏剧反映着近代石家庄多数观众的本能需求和心灵期盼。

二、传统戏剧的交汇融合与发展

各种传统戏曲剧种进入石家庄后，为适应观众的需要而逐渐"近代化"。

---

① 张鹤魂，《石门新指南》，石门新报社，1942年，第71页。
② 刘砚芳，《丝弦艺术家刘魁显》，《艺苑漫忆》，政协石家庄市文史委员会，1997年，第55～56页。
③ 张鹤魂，《石门新指南》，石门新报社，1942年，第72页。

在逐步实现由传统戏剧向近代戏剧转变过程中，不同剧种之间存在着广泛的互相交流、吸收。不同剧种之间的最直接交流莫过于搭班同台演出，即石家庄戏剧舞台上出现不同剧种的演员同演一出戏的普遍现象。由两个剧种组成一个戏班同台演出，称为"两下锅"，例如，石家庄有陈元瑞（艺名顺天红）领衔的京剧与河北梆子组合的"两下锅"，常演的主要剧目有《捉放曹》《古城会》《杜十娘》《算粮登殿》等。再如，京剧与山西梆子组合的"两下锅"，在一些山西梆子演出中出现，"而皮黄角色如懿万春、杨彩霞等，亦间有加入者焉"。① 还有评剧与京剧的"两下锅"演出；京剧与山西梆子、河北梆子同台"三下锅"的演出；以及既唱丝弦，又唱老调、河北梆子的"三合班"；甚至还有五个剧种合班唱戏的"五腔"，即艺人白长久领衔的丝弦、老调、昆曲、皮黄、河北梆子，常演剧目有《扇火炉》《冯茂变狗》《金玉坠》《金玉素》《湖心寺》《尼姑思春》《雁翅关》《反西凉》等。"杂然并奏，故以五腔为名。其文场音乐以胡胡、二胡、横笛为主；锣鼓所击之'家伙点'及'吹排子'等，与京班大略相同，间有一二差异。而所演则多为本戏，均系采取民间故事、朝代历史，每剧均有其终始，使人明了其后果与前因，非若京班之只演其片段也。又五腔与'丝弦''乱弹''大锣腔'其演出均大略相同，净丑亦行勾脸，并咸着重于武，剑戟刀枪，起打紧凑，特各班之唱调各异耳。"②

近代石家庄出现不同剧种互相搭班同台演出的现象非常普遍，除了叫作"两下锅""五腔"之外，还有"半台班""两合水""三下锅""三合班""三大块"等称谓。合作形式多种多样，有的保持各自艺术表演的基本原状，虽然同台演出，但各演各的剧目，并不相混合；也有的是在同演的一剧目里用"两下锅"或"三下锅"的演法，即一本大戏兼演两种腔调，一半皮黄，一半梆子，或三种腔调；还有的是在同一个剧目里按照不同角色，各唱各自剧种的调，即在一本戏中或一折戏中用三种腔调演唱。这种不同剧种互相搭班同台演出的现象，一方面体现了艺人之间相互密切配合，谋求共赢的良好合作方式；另一方

---

① 张鹤魂，《石门新指南》，石门新报社，1942年，第71页。
② 张鹤魂，《石门新指南》，石门新报社，1942年，第72页。

面也集中反映了戏剧在近代石家庄的一种特殊生存状态。近代石家庄文化舞台上之所以出现这种不同剧种互相搭班同台演出的现象，绝不是一个偶然现象，它有着一定的历史必然性。

第一，近代是戏剧舞台发生巨大变化的时期，纷纷涌入大城市的各个剧种班社和艺人们，为了谋生和迅速提高艺术水平，往往会进行各种组合的同台演出，这并不是近代石家庄独有的现象。不仅北京有京剧梆子"两下锅"，而且上海也有京剧与评剧、京剧与沪剧、京剧与徽剧的"两下锅"。清末活跃在石家庄周边的"白花丝弦戏班"，就是常以河北梆子唱开场，以丝弦演正戏，老调则以武戏压后，故此，曾一度改名为"三合班"。①其实，全国各地的地方戏在近代变革过程中也都不同程度地存在此类现象。只不过互相搭班同台演出的现象，在石家庄出现的剧种更多、更普遍，表现的搭班特征更突出而已。

第二，近代石家庄是一个新生的内陆中小城市，由于市民整体的文化消费水平较低，尚未构成像平津沪等大城市那么高档的娱乐消费层次，缺乏名家大腕挂帅的常驻戏曲大班。"本市前虽有媚艳苓、杨小霞等著名坤角，但惜继起乏人，殊有才难之叹。"②活跃在石家庄戏剧舞台上的多数戏班的规模比较小，一般的戏班子组织形式比较分散。以丝弦剧种戏班的行当为例，从来就处于"紧七松八六胡抓"状况，即七个人演出人手有点紧张，八个人演出就宽松一些，六个人演出就只能临时乱抓的现象。③由于驻石的各剧种艺人与大城市比较相对凋零，常驻本地剧团的自身行当绝大多数不全，演出大戏自然会出现困难，于是便逐渐形成各种腔调联合演出的石家庄戏曲特色。

第三，与传统乡村演出相比，城市文化消费主体发生了变化，观众群体的构成尤为复杂。城市观众群的多元地域文化背景和多样化的欣赏嗜好，决定了商业化的运作机制必然会推动各剧种不同因子的融汇组合。为了吸引观众，艺人们只好使出浑身解数，寻找多方讨好之策，以满足市民阶层中各个不同区

---

① 徐佩，《白花丝弦班》，《艺苑漫忆》，政协石家庄市文史委员会，1997年，第267页。
② 张鹤魂，《石门新指南》，石门新报社，1942年，第70页。
③ 刘砚芳，《我的舞台生涯》，《艺苑漫忆》，政协石家庄市文史委员会，1997年，第72页。

域文化背景的观众群需要。譬如，有的戏班为了招揽观众想排演多剧种联袂的连台本戏，于是不同剧种互相搭班同台演出便应运而生，它迎合了石家庄大部分观众的多种复杂爱好，因而受到格外欢迎，致使后来许多班社纷纷效仿。

第四，近代社会的急剧变革，使得传统文化体系发生了巨大变化。近代戏剧打破了传统戏剧固有的封闭局面，开始逐步走向开放的社会，各剧种之间相互渗透，初步形成了兼容并蓄的局面。近代异质剧种和谐相处的局面，使伶人涉猎广泛，不会被剧种的藩篱隔离开来，多面手演员在激烈的竞争中更能胜人一筹，艺不压身。正是由于广大艺人具备广泛的戏曲基础，技能比较全面，既能在合作中取长补短，又能妥善处理剧种间的异质衔接，珠联璧合，才最终使不同剧种同台演出变为现实。

近代石家庄戏曲舞台上不同剧种搭班同台演出的实践活动，不仅极大地丰富了各种戏剧剧目的内容和数量，扩大了各种戏曲的社会影响；而且加强了各剧种之间的艺术交流，丰富了不同剧种的演唱方法和技巧，促进了各个剧种自身的日臻完善。通过各剧种之间的艺术交流，产生了一批戏曲名伶，各剧种之间相互移植并改编了大量剧目，从而极大地丰富了各个剧种演出的剧目内容和数量。例如，石家庄的雪艳琴，又名"金小仙"，原本是唱河北梆子出身，后来改唱皮黄，成为"执近数年坤伶盟坛上的花旦青衣一行之牛耳"的名角。[1] 再如，丝弦戏班在刘魁显的主持下，从各个剧种移植了大量剧目，其中有些经过反复改编，甚至成为丝弦戏的"看家戏"，例如，《斩徐梦》《赶女婿》《白玉杯》《八郎刺银宗》《审老虎》等。[2] 据剧目资料统计，近代石家庄丝弦戏的常演剧目已经达到165部之多。

话剧是20世纪初的舶来品。据《石门新指南》记载，"话剧之在石门，殊为少见"。[3] 虽然"石门话剧受了京沪等地剧运影响，渐次趋向蓬勃"[4]，但毕

---

[1]《几个与石门有关的坤伶》，《商报》，1935年8月25日，第2版。
[2] 刘砚芳，《丝弦艺术家刘魁显》，《艺苑漫忆》，政协石家庄市文史委员会，1997年，第57页。
[3] 张鹤魂，《石门新指南》，石门新报社，1942年，第72页。
[4] 汀鹤，《几年来的石门话剧》，《石门月刊》，第1期，1945年7月15日，第13页。

竟是到20世纪30年代中期之后才开始在石家庄文化舞台上出现，"石门市最初一次正式营业话剧的演出，是民国廿五年夏，中旅唐若青一行来石，在正太俱乐部演戏。当时的剧有'少奶奶的扇子''梅萝香''女店员'等之戏，深受各方面的欢迎"。① 从时间上说，话剧在石家庄的出现比其他所有剧种都要晚；从演出剧目上说，在近代石家庄舞台上先后演出过的话剧，均为近代新戏。除上述剧目外，还演出过《谁杀死她》《白家庄》《母归》《南洋之春》《新婚之夜》《终身大事》《私生子》《迷眼的沙子》《求婚》《临时太太》《秋海棠》《四千金》《雷雨》《烈焰情丝》《女店主》《南归恨》《男婚女嫁》《湖畔悲剧》《掌上明珠》《红粉骷髅盗》《毛老二》《和平之路》《宣传剧》等。话剧作为文明戏，在石家庄更主要是为了启发民智、唤起民众，作为一种表达政治意愿、民众诉求和政治宣传的工具而存在。在石家庄先后演出过话剧的剧团有：石门市的"兴亚妇女会"话剧团、河北省公署组织的宣传话剧团、石门市新闻界组织的石新剧团、石门市各机关公务员组织的石门剧团、新国民业余话剧团、上海影人剧团、上海艺术剧团、山西兴亚话剧团、石门市话剧团等。本地剧团大多数属于非专业剧团。"在演员方面，更是良莠不齐，程度太差……以为出风头者多，认识何谓剧艺者少。有的连剧本上的字尚不能多认，在台上要饰一大学生，致笑话百出。"② 大部分话剧演出皆为义务演出，带有某种特定的公益性。所以，话剧一直没有被石家庄文化消费市场所接受，商业化演出则少之又少。

三、传统丝弦向近代戏剧的转型

在近代石家庄城市化和文化市场化的推动下，当地的传统戏曲自身也发生着巨变，它们追随着移民从农村转入城市，由分散的小戏班逐步发展成为大戏班。以地方戏丝弦为例，一方面文化娱乐的商业化为乡土传统戏曲的丝弦从

---

① 汀鹤，《几年来的石门话剧》，《石门月刊》，第1期，1945年7月15日，第13页。
② 汀鹤，《几年来的石门话剧》，《石门月刊》，第1期，1945年7月15日，第14页。

农村走向了城市并扎根城市提供了一个难得的历史机遇；另一方面文化娱乐业的商业化也促使丝弦在与百戏技艺的竞争中逐步走向成熟。

丝弦在入城前，戏班在农村日常谋生演出的主要来源是依靠殷富人家老者过寿、婴幼过满月周岁，以及大户的红白喜事，或参加当地打醮过庙，还有一些立碑挂匾之事。所以在农村的各种演出场次总归非常有限，即史书记载的"初则多唱野台，参加庙会"。① 私人请戏班属于不固定演出，演出时间无法预料，演出场次完全取决于东家的需要，戏班几乎处于完全被动状态。凡属村社举办节庆活动演出请戏班都带有季节性，时间相对集中，"每年分三季：农历正月初八至四月十五；五月初至七月三十；八月十五至十一月十五"。② 此外，丝弦的班社则只好处于无奈的闲散状态，所以说，入城前丝弦戏纯属"庄稼戏，穷。人们编了歌谣挖苦丝弦艺人，'住的是破寺破庙，吃的是萝卜山药'；'铺的是破席片，枕着半截砖'"。③ 另外，丝弦入城前，只有男旦，没有女演员，在这方面已经落后于京剧和河北梆子的改革，所以很难与之抗衡。

石家庄开始城市化进程以后，乡村丝弦专业班社在季节性的各种节庆庙会演出之余，开始了入城演出。丝弦戏能够进城演出，又与石家庄农村城市化类型有关，城区空间的迅速扩张并没有使乡村立即消失，于是形成了市域内的二元结构。城中村都保留了庙会，每年各个庙会越办越大，每逢庙会都会搭台唱戏。所以，入城后相当一段时间内，丝弦仍然算作是游离于城乡之间，尚未改变以农村演出为主的状态。在登上石家庄的城市舞台之始，丝弦与其他地方性剧种一样，艺人们也没敢有什么奢望，只为挣些生活补贴。"近岁始入戏园，博取戏资，以为挹注。观者亦以村汉乡姑为多，以出廉价，而能消遣半日也。"④ 入城演出伊始，同其他地方戏剧一样，有着浓郁的地方特色，唱腔和念白皆以方言为吐字归音的标准，即"唱白均用土音"。⑤ 丝弦班社的行头及家

---

① 张鹤魂，《石门新指南》，石门新报社，1942年，第71页。
② 石家庄市文化局编，《石家庄市文化志》，1992年，第145页。
③ 刘砚芳，《我的舞台生涯》，《艺苑漫忆》，政协石家庄市文史委员会，1997年，第72页。
④ 张鹤魂，《石门新指南》，石门新报社，1942年，第71页。
⑤ 张鹤魂，《石门新指南》，石门新报社，1942年，第71页。

当极其简陋，根本无法与实力强的大戏班相提并论。据老艺人回忆，老丝弦当时行头破旧不堪，实在不敢跟人家比，当时"人们挖苦丝弦的盔头是，'又没龙来又没虎'，服装是'麻绳缝来补丁补'，乐器是'破锣破镲破大鼓'。西花园人常说的'破丝弦''烂丝弦'就是指这些"。①

丝弦真正在石家庄城市舞台扎根的标志，是1938年春石门丝弦"玉顺班"的成立。自七七事变后，石家庄周围广大农村地区由于日军一次又一次的围剿而失去太平，变得动荡不安，民不聊生，逢年过节也很少有人赶庙，更没有哪个村组织搭台请戏班唱戏了，于是，以农民为主要观众群的丝弦失去了流动的农村舞台。为了保留住老丝弦剧种，不使现有丝弦艺人散伙，丝弦须生演员刘魁显卖掉了农村一亩半的地，与老艺人王振全、奚德义、卢保群等人创办了石门丝弦班社——"玉顺班"。这是丝弦戏常年职业班社的开端，从此揭开了丝弦剧种由农村正式转入城市扎根的序幕。

入城后的丝弦发生了不少新变化，也可以说是城市文化对传统地方丝弦戏的重新改造。丝弦玉顺戏班当时在西花园的和平戏院扎下营盘，1938年又改称为"隆顺合"班。戏班在剧院演出不同于农村露天演出，可以定时清场更换观众，晚上可以在舞台上点汽灯演夜场，增加演出场次，从而增加票房收入。为了吸引城市固定观众，丝弦戏班也改变了昔日农村演出的戏路，开始了以连台本戏为主的排演，例如，《飞龙传》《封神演义》《金镯玉环记》《呼延庆打擂》等大戏。②

为了适应城市剧院档次提升的需要，石家庄各个常住"戏班纷纷出重金从京津聘请灯光布景专家，争排彩头戏"③，丝弦戏班也破天荒地开始在置买行头上加大投入，几年下来服装道具有了很大改善，使以往丝弦戏班极不体面的状态发生了不少的改变。石家庄丝弦伴奏的打击乐也有了发展，"除承袭木偶戏与说唱鼓点外，又从高腔、昆曲、梆子、京剧吸收了大量营养充实自己，

---

① 刘砚芳，《我的舞台生涯》，《艺苑漫忆》，政协石家庄市文史委员会，1997年，第72页。
② 田桂成，《旧石门的戏院和戏班》，《艺苑漫忆》，政协石家庄市文史委员会，1997年，第30页。
③ 刘砚芳，《我的舞台生涯》，《艺苑漫忆》，政协石家庄市文史委员会，1997年，第71页。

'京家伙''苏家伙'并用"。①

由于入城后丝弦艺人们在石家庄激烈的演艺竞争中，精诚团结，顾全大局，班社艺人同行比较注重取长补短，也非常注重借鉴不同剧种的演唱方法和技巧来丰富丝弦的演唱。例如，石家庄丝弦戏的著名艺术家刘魁显，为了丰富和发展丝弦戏的唱腔和唱法，在与其他艺术形式的交流中，"把东路丝弦的曲牌、西河大鼓的腔韵、木板快书的板式与石家庄一带的中路丝弦巧妙地熔为一炉，唱出来更是腔调清新，悦耳动听"。②再如，石家庄丝弦戏的著名表演艺术家封广亭，在与各剧种之间的艺术交流中，广泛地学习了昆曲、梆子、京剧等唱腔，极大地丰富了自己的演唱方法和技巧。除当家戏丝弦外，"他还兼唱二黄戏，如《古城会》《白马坡》等红净戏，兼唱河北梆子折子戏，如《斩郑文》《斩黄袍》《三疑记》《走雪山》等老生戏。他的戏路之广，令人惊叹"。③演艺界都称赞他是京剧、河北梆子、昆曲、丝弦、老调的精通者，"由于他掌握了诸多唱腔的唱法，因此对丝弦老生唱腔的继承和发展有了探索性的掘进和改革，逐步形成了封广亭自己的演唱特点和风格，在唱腔的革新方面贡献颇大。他的唱腔特点是：刚柔相济，高亢奔放，堪称'真假衔接云遮月，上下贯通有余音'，观众听后有绕梁三日之美感"。④被后人称为丝弦的"封派始人"。

由于封广亭的贡献，丝弦这一传统戏曲在进入城市舞台后声望大振，获得较大发展。不仅部分丝弦精品剧目堪与京剧、河北梆子大唱"对台戏"，而且经过城市舞台的锤炼，涌现出了一批演技娴熟、造诣颇深的著名丝弦艺人，诸如，被内行誉为丝弦一代宗师的刘魁显以及由四位丝弦艺人明星的籍贯命名的"四红"，即正定红——刘魁显、赵州红——何凤祥、获鹿红——王振全、平山红——封广亭。丝弦剧种"四红"的形成，一方面对丝弦剧种的进一步发

---

① 石家庄市文化局编，《石家庄市文化志》，1992年，第149页。
② 刘砚芳，《丝弦艺术家刘魁显》，《艺苑漫忆》，政协石家庄市文史委员会，1997年，第55页。
③ 刘砚芳，《丝弦"封派始人"封广亭》，《艺苑漫忆》，政协石家庄市文史委员会，1997年，第60页。
④ 刘砚芳，《丝弦"封派始人"封广亭》，《艺苑漫忆》，政协石家庄市文史委员会，1997年，第61页。

展起到了巨大促进作用,另一方面也显现了城市舞台环境远比农村流动戏台更具有造星能量。这一批艺人自身奋力拼搏,主动适应新环境,使得丝弦这一传统剧种抓住了城市化提供的历史机遇,进入了更高的崭新发展阶段。丝弦剧种的发展经历具有城市化的典型意义,以致后来进京演出之时,总理都知道了石家庄"丝弦艺人大部分是农民出身,旧社会赶庙会唱高台戏,1938年才进入城市"的特点。[①] 而当地传统的秧歌等一类其他剧种形式则没有如此的幸运,尚未顺利实现城市化带来的戏曲转型。

  总之,丝弦扎根城市后获得了极大发展,迅速地完成了农村传统戏剧表演模式向近代城市戏剧表演模式的转变过程,不仅创造了剧种发展史上的辉煌,而且培养和造就了一批出类拔萃的后起之秀,例如,刘砚芳、王永春、张永甲、徐英芳、聂占元、李兰英、石连秀等,为后来迎接丝弦的黄金时期到来做好准备,为后来到达的丝弦繁荣高峰奠定了坚实基础。

---

① 刘砚芳,《我的舞台生涯》,《艺苑漫忆》,政协石家庄市文史委员会,1997年,第81页。

民国时期石家庄电影业的特点与地位

一

近代电影虽然作为新式娱乐方式，带有传统舞台戏剧形式所不具备的现代技术优势，但是传统戏剧在近代石家庄文化舞台上始终占据主导地位，一直超越了电影等其他文化艺术形式，这与近代沿海大城市中电影艺术占据市民娱乐生活最高位置的状况有所不同。虽然石家庄是一座后起的新兴城市，近代出现电影的时间与上海、天津、武汉、北京等大城市相比，也仅晚15年至20年，总体上相差不算太多。

国外学者认为，具有现代放映机性能的卢米尔电影机最早问世于法国，以1895年12月28日在巴黎卡普辛路14号咖啡馆的公开放映为标志，正式宣告了现代黑白电影的诞生。此后仅仅8个月时间电影就经香港传入上海，由西方商人携带放映机和影片于1896年8月在沪徐园"又一村"放映了西洋影戏，由此上海成为中国最早经营电影业的城市。[①]1902年北京开始电影放映，所有放映设备皆由外国人带来。1905年北京丰泰照相馆老板任庆泰拍摄了中国第一部电影《定军山》，当年由京剧老生表演艺术家谭鑫培担纲，在照相馆里诞生了这部无声京剧影像。1906年北京城开始出现商业性电影放映。20世纪初电影传入武汉，1903年5月外国商人在汉口老跑马厅放映了西洋影戏。

---

* 原文发表于《河北广播电视大学学报》，2010年第4期。
① 楼嘉军，《上海城市娱乐研究（1930～1939）》，上海文汇出版社，2008年，第18页。

20世纪20年代以前,由于石家庄尚无专门放映电影的建筑场所,电影尚不能作为一种商业化娱乐形式单独存在。"本市之有电影,盖始于同乐街之同乐园"①,同乐戏院本来是模仿北京门框胡同之同乐戏院的建筑而建造的一座戏院,主要用于京剧戏班演出的,后来开始兼营放映无声电影,直到1938年底,同乐戏院才正式改名"永安电影院",主要从事电影放映,1940年又改称"华北电影院"。到目前为止,有资料证明石家庄最早放映电影的确切时间是1919年,刘普义先生在回忆录中谈到儿时在升平戏院看过电影,"我记得在一九一九年春节期间,我十二岁,随着家人去看电影,那时的电影是黑白无声的简短片段"。②因升平剧院始建于1916年,所以,石家庄最早出现电影不可能在1916年之前。

二

电影业在近代石家庄出现后,并没有改变本地文化娱乐市场的整体竞争态势,电影未能像大城市一样占据大众文化娱乐市场的头把交椅。

首先,石家庄拥有的正式电影放映场所和设施配备极少。1930年前后石家庄出现了第一个专营电影的场所,叫作"石门声光影院","在公兴存街中间路北,专演电影,系股份公司性质,为石门最早之电影院,经理葛鉴堂"。③该影院分楼上楼下,有池厢雅座,座位达千余。但是,经营时间不长,即告倒闭。20世纪30年代初建造的劝业场,"本专门演唱旧剧,事变前,亦曾一度映电影"。④早年兴建的升平戏院1931年被石友三炸毁后,由大兴纱厂出资重新修建,新升平戏院于1935年后,也开始放映电影,"其放映机与劝业场相

---

① 张鹤魂,《石门新指南》,石门新报社,1942年,第74页。
② 刘普义,《石家庄第一家照相馆、戏园、医院和电影院》,《石家庄文史资料》,第5辑,政协石家庄市文史委员会,1986年,第224页。
③ 石门日报社编印,《石门指南》第五编《街巷及游览》,1934年,第22页。
④ 张鹤魂,《石门新指南》,石门新报社,1942年,第74页。

同，亦新式者也"。① 还有的戏院也开始兼营放映，例如，陶园也曾一度改演过电影。七七事变后，日军占领石家庄，1940年初驻石日本人神林马之助在朝阳路南侧96号修建了以放映电影为主的石门剧场。据《石门月刊》记载，1945年的石家庄只有三家影院。② 在日本战败投降前，神林马之助将石门剧场出售给韩国人张喜成，后由国民党军队接管。③ 1947年后，石门剧场改为"人民礼堂"。30年代兴建的"第一舞台"，1949年也改名为"新中国电影院"。由此可见，近代石家庄投资经营电影的很少，30年代只有一家专业影院，而且很快破产倒闭；40年代依然只有一家专业影院。由于近代石家庄电影场所十分有限，业内不存在激烈市场竞争，电影在石家庄文化娱乐业中未能占据最重要的地位。

其次，近代石家庄作为非对外开放的内地商埠，没有租界和太多的洋人观众，更没有外资介入电影业。近代石家庄影院硬件等级较低，放映机器设备极为简陋，或仰仗进口，或为二手旧货。加之维修人员技术落后，无形之中加大了维护保养成本，阻碍了电影业在石家庄的顺利发展。石门最早的声光电影院"票价楼下二毛，楼上三毛，包厢二元"。④ 由于设备缘故，声光效果不佳，严重影响观看，导致上座率大幅下降，致使影院难以维持生计。所以说，近代石家庄电影场所十分有限，主要是由于成本投入过大，承担风险过大，而盈利率偏低，故此私人资本不敢轻易向此行业涉足。

再次，近代石家庄的影片来源匮乏，缺少吸引人们走进影院的电影产品，所以电影市场始终未能培育成熟，影院业发展受到严重制约。像其他大城市一样，近代石家庄电影业发展走过了一个从无声到有声的经历，30年代以前石家庄上映的电影均为无声片、新闻片、情节简短的故事片断等，当时唯一能放映的同乐园，所上映影片"多为《济公活佛》《火烧红莲寺》《关东女侠》等

---

① 张鹤魂，《石门新指南》，石门新报社，1942年，第74页。
② 郭瑛，《跃进的石门文化》，《石门月刊》，第2期，1945年8月15日，第8页。
③ 河北省档案馆藏，《呈为石门剧场并非敌产恳请准予发还由》(1946年)，615-2-1441。
④ 石门日报社编印，《石门指南》第五编《街巷及游览》，1934年，第22页。

国产无声之影片。"① 30 年代初，石家庄出现了专营电影的声光影院后，"始映有声，如《国色天香》《人间仙子》等国产影片"。② 但是，有声影片佳作数量极其有限，日常依然放映无声影片。当时该影院"剧片三日更换一次，以中国无声片为主"。③ 石家庄电影业真正进入有声时代是在 30 年代中期以后，1935 年后，新升平戏院放映了《海棠红》《斩经堂》《姊妹花》等影片，40 年代在石家庄曾放映的电影主要有：《梦难成》《四姊妹》《春江遗恨》《秋海棠》《名伶之死》《啼笑因缘》《夜半歌声》《人猿泰山》《八千里路云和月》《一江春水向东流》等。当时上映影片较少，缺乏影片类型对比调查的数据，所以很难说明观众对影片类型喜好程度。而当时有的报刊评论根据直觉认为，在国产影片中石家庄观众最欢迎的仿佛是"歌剧"④，它应该是泛指戏曲片或带有演唱类的片子。

最后，石家庄作为新兴中小城市，在接受吸纳电影这种现代综合艺术的新娱乐文化的能力上，与大城市相比存在明显差距。大城市人口众多，近代教育普及率远高于中小城市，从市民阶层形成了大批新型知识分子群体，对综合艺术的电影接受认同率相对较高，用于电影消费程度大大高于中小城市。例如，30 年代汉口放映《出水芙蓉》时，达到 200 多场次，上座人数达到 20 余万之多。由于新娱乐方式的票房收入能够保证影院盈利或维持良性运营，从而影院业得以迅速发展。20 年代末 30 年代初，汉口拥有电影院 20 家；⑤ 30 年代末，天津的电影院达到了 50 家左右；⑥ 30 年代末，上海的电影院总数超过了 80 家。⑦ 大城市不仅各类影院众多，而且电影制作、发行、租赁、放映等各项

---

① 张鹤魂，《石门新指南》，石门新报社，1942 年，第 74 页。
② 张鹤魂，《石门新指南》，石门新报社，1942 年，第 74 页。
③ 石门日报社编印，《石门指南》第五编《街巷及游览》，1934 年，第 22 页。
④ 郭瑛，《跃进的石门文化》，《石门月刊》，第 2 期，1945 年 8 月 15 日，第 8 页。
⑤ 傅才武，《近代化进程中的汉口文化娱乐业（1861～1949）》，湖北教育出版社，2005 年，第 166 页。
⑥ 天津市文化局文化史志编修委员会编印，《天津文化简志稿》，1988 年，第 81 页。
⑦ 娄嘉军，《上海城市娱乐研究（1930～1939）》，上海文汇出版社，2008 年，第 87 页。

业务发达程度远远高于中小城市。1925年上海就拥有141家制片公司，大城市影院之间的激烈竞争也极大地促进了电影业的发展。而石家庄不仅在1947年以前没有制片厂，而且片源极为短缺，加之租赁发行不甚畅通，影院自主经营受到一定程度的制约。从业者不仅需要具有固定的建筑营业场所和放映机器设备等产权，还需要努力争取具备"指定之影片配给权"。[1] 根据《石门市戏园电影院营业管理规则》规定，欲开设戏园电影院营业者，须填具呈请书保证书，营业建筑构造设备图各一份，呈请警察官署查检合格后发给许可，方准开演。放映经营单位即便拿到了影片，经过审查后才可上映，未能通过审查的影片便被禁映。根据《石门市戏园电影院营业管理规则》第三条规定，电影院营业者于映演时须先期呈报所演之节目剧情，及角色姓名，并须于登记期前呈送查核。第十八条规定，呈报的映演节目，不得临时变更。掌管影片生杀大权的并非是全国统一的影片审查机构，而是由石门市教育科"社教股"负责，石家庄作为内陆中小城市开放程度较低，对新娱乐方式的管理控制比较严格，对部分影片的社会影响有所顾忌。故此，近代石家庄电影以国产片为主，"西洋片亦偶有之"[2]，与上海、天津、武汉、北京等大城市外国影片一统天下的局面截然相反。例如，1929年7月至1930年3月，汉口审查获准放映的国产影片32部，进口影片则为200部，是国产片的6.21倍；1946年放映的美国影片与国产影片的比例达到27∶1。[3] 天津亦然，外国影片几乎垄断电影市场，抗战胜利后，天津上映的电影只有20%为国产片，80%为美国进口影片。[4] 近代石家庄影剧院偶尔上映进口影片的状况，既反映出了中小城市与大城市在开放程度和文化环境上的差异，当然也与石家庄市民的文化意识、开放观念、审美情趣、对异域语言理解等多种因素有关系。

---

[1] 河北省档案馆藏，《呈为石门剧场并非敌产恳请准予发还由》(1946年)，615-2-1441。
[2] 张鹤魂，《石门新指南》，石门新报社，1942年，第74页。
[3] 傅才武，《近代化进程中的汉口文化娱乐业（1861～1949）》，湖北教育出版社，2005年，第168～172页。
[4] 天津市文化局文化史志编修委员会编印，《天津文化简志稿》，1988年，第82页。

三

在近代石家庄城市大众娱乐文化发展中，电影作为新式的洋娱乐未能占领主流地位，而首当其冲的是戏曲文化。活跃在近代石家庄文艺舞台上的各种剧种，之所以能够形成百花盛开竞相争艳的局面，既与剧种本身的形成历史以及地域文化息息相关，又与城市移民地域构成存在着必然联系，来自各地的移民一般都对来自家乡的地域文化具有比较强烈的认同感。在近代石家庄的文化舞台上，最能吸引消费者的戏剧艺术形式主要有昆曲、京剧、山西梆子、河北梆子、评剧、丝弦、话剧等。此外，活跃在石家庄城市舞台上的剧种，还有乱弹、大锣腔、秧歌、老调等一些在河北流行的地方剧种。也有的资料记载说，大锣腔作为地方戏曲，就是秧歌。总之，地方戏曲丰富多彩，可以说传统戏剧是石家庄文化舞台的主流。传统戏剧之所以能够在城市舞台独占鳌头，高出一筹，主要在于戏剧文化有着悠久传统，是社会历史文化交织融合的一种艺术表现，它的形式、风格和内容所折射出的文化内涵，涉及历史宗教、风土人情、道德伦理、审美情趣等诸多方面。不同于主要反映外国文化的洋娱乐方式——电影，戏剧反映着近代石家庄多数观众的本能需求和心灵企盼。总之，电影在石家庄登场后，并未出现大城市那样趋之若鹜的火爆场面，银幕呈现的近乎是惨淡和萧疏，它在近代石家庄文化娱乐业未能占据最重要的地位。

民国时期石家庄报刊刍论

民国时期石家庄新式传媒是伴随着城市化进程而诞生并逐步发展的，新式传媒对城市化进程中的文化事业发展做出了不可磨灭的贡献。笔者目前尚未发现有专文系统论述，因此，本文将综合利用各种类型的有关史料，仅就民国时期石家庄的报刊创办进程与规模特点、竞争形式与生存特点以及业务内容与功能发挥等问题进行一些初步探讨，不当指处，请方家指正。

一、报刊创办进程与规模特点

"石门市自形成华北内地都市以来，文化虽称落后，但亦有'新闻'之新事业。"[①] 在民国时期石家庄城市大众传媒发展中，报刊出现不仅早于电台，而且受众面远远超过电台，报刊传播对社会的影响愈来愈大，故此，在民国时期石家庄传媒文化中独占鳌头的非报刊莫属。报刊在石家庄的出现，是城市化发展的产物，也是城市化发展的需要，它满足了新市民普遍"要求了解时局形势，要求传递信息，要求长点文化，要求娱乐享受"等各种需求。[②] 所以说，报刊不仅是城市化发展的一个标志，它对城市化的直接或间接推动作用也越来越不可小视。

石家庄作为一个新兴的中小城市，报刊文化发展状况与上海、武汉、广州、北京、天津等大城市比较而言，确实有着一些自身的特点。

---

* 原文发表于《河北经贸大学学报》，2010年第1期。
① 张鹤魂，《石门新指南》，石门新报社，1942年，第78页。
② 何平，《解放前石家庄新闻史料》，《石家庄文史资料》，第11辑，政协石家庄市文史委员会，1990年，第183页。

石家庄作为一个后起的内陆城市，报刊出现的时间比较晚。20世纪初兴修铁路前的石家庄还只是一个拥有532人的蕞尔小村，其城市化进程随着正太铁路的修建才开始启动。到1925年8月北洋政府批准石门市公所时，石家庄当地居民共计33077人，小城镇的雏形刚刚形成，其区域性工商业中心地位刚刚显现，此时还没有出现本地的报刊，只有外地报刊在石家庄发行，新闻纸被视为稀缺的信息资源。新城市里有识字能力的人希望及时知道天下大事的变化，不识字的人也想了解时事变化和新闻动态，于是，二三十年代石家庄出现了一批在其他大城市并不曾见的讲报职业人，"讲报"成为近代石家庄大众文化传播发展史上一个比较独特的现象。"石家庄之特奇，有讲报者十余处。讲报者何？为闲散半通文字之人，如平津之说评书者，购报纸数份，一茶馆之中，或席棚之下，标题大演讲。……饶有趣味，每讲数分钟，则持钵索钱，听众深入脑海，咸乐予之。"①讲报人的出现源于听报需求的出现。据民国时期在石家庄旧报社做过多年校对和编辑工作的何平先生回忆，他在少年时曾亲眼见到在西花园一带，常有讲报人拿着报纸按照自己的理解和认识，向周围一大群听众讲报的场景。②1938年以前石家庄并没有当地的广播，多数市民了解新闻，是通过街头讲报摊获得的。

"石庄市面繁盛，报业亦日见发达。"③二三十年代已经有不少外地报纸在石家庄代销发售，例如，本地从事报刊代售发行的有段家湾的天盛派报社、大桥街的五洲派报社、同乐街的同友派报社、九条胡同的和合派报社、段家湾的俊旗派报社等。派报社是近代新兴的一种以经营报纸发行为业的商业性组织，负责本地报纸的批发业务，也承揽外地报纸的经销代销。天津《大公报》、保定《河北新报》、北京《实报》等各种报纸都相继来到石门，当时经"五洲报社"推销的报纸有10余种，收入相当丰厚。随后外地来石家庄代售的报纸逐

---

① 刘哲民，《石门二十年来之回顾》（二），《大公报》，1932年5月4日，第5版。
② 何平，《解放前石家庄新闻史料》，《石家庄文史资料》，第11辑，政协石家庄市文史委员会，1990年，第184页。
③《石庄销报发达》，《大公报》，1931年4月17日，第5版。

渐增多,而且在石市增加了记者通讯站,以便有针对性地增加对石家庄的关注和报道。30年代末至40年代初,"北京之新民报、晨报、实报、新北京报,天津之庸报、新天津报,保定之河北日报等,已在石门设有支社及分销处。北京、保定之报,皆当日可达"。①

为了适应石家庄大众文化发展的需要,本地报刊在20年代后期终于应运而生,"石门新闻纸之发端,系于民国十七年,最初刊行者为《石门日报》,创办人系基督教徒李亚夫氏"。②1928年标志着石家庄大众传媒文化从此掀开了新的一页。

作为刚刚从农村脱胎而来的小城市,石家庄城市文化积淀相对浅薄,城市人口较少,市民识字率较低,加之各报社间竞争激烈,以及时局不稳、社会动荡等各种缘故,本地各家报刊时兴时消,此起彼伏,从创刊到停刊的生存周期都比较短暂。

1928年由李亚夫在石家庄创办的第一份报纸《石门日报》,"惜出版未久,即告停刊"。继之,由任国忠创办的非日报性质的《实业公报》,"出版未久,亦告停刊"。1933年由赵润身、陆直民、孟霭言三人联手创办的《石门日报》,创办后不久,赵、陆二人相继退出合作,虽然孟氏一人仍独立坚守,但仅存四年,"该报至事变时,始行停刊"。1933年夏天出版的《晓报》,"惟编排欠精",到1936年停刊。1934年石门中学创办的《冰冰周刊》和《文培周刊》,仅出版数期就停刊了。1935年创刊的《商报》,也是"惟出版年余,即行停刊"。1936年4月由《商报》改刊的《正言报》,到1937年7月停刊。1936年创刊的《星期日》周报,也仅出版五期就停刊。1933年3月创刊的《正太日刊》,1933年5月创刊的《救国日报》,1936年2月创刊的《小石报》,1936年夏天创刊的《燕风报》,以及后来创刊的《石市晓报》《当天报》《华北晚报》等,到七七事变都被迫停刊。1937年11月石门人士陈毅创办的《正报》,到1939年11月"而告解消,即易名为石门新报"。《石门新报》到1944年秋,改

---

① 张鹤魂,《石门新指南》,石门新报社,1942年,第18页。
② 张鹤魂,《石门新指南》,石门新报社,1942年,第16页。

为《石门华北新报》。1945 年 7 月创办的《石门月刊》,仅出版两期就停刊了。抗战胜利后,1945 年 9 月国民党将接收的《石门华北新报》改为《石门日报》,到 1947 年 9 月停刊。抗战胜利后创办的《大同晚报》,于 1946 年 3 月停刊。1945 年 11 月创刊的《醒民日报》,1946 年 5 月创办的《前锋报》,1947 年 7 月创办的《新生日报》,以及《黑白画报》等都在 1947 年 11 月石家庄解放前夕停刊。① 1947 年 11 月 12 日石家庄解放,新生的人民政府于 11 月 18 日创办了《新石门日报》,到 1948 年元旦,改称为《石家庄日报》。由此可见,整个民国时期,石家庄没有一份连续经营超过五年以上的报刊。除上述提及的原因外,与石家庄新闻界办报人宗旨不清,读者群定位不准等自身业务水平较低也不无关系。

  报纸规模状况首先与报社体制密切相关,当时石家庄的一般报社,皆为民间私人投资,办报资金一般都比较少。例如,1928 年李亚夫首创的《石门日报》,其内容与印刷质量较差,报纸整体水平不高,直接缘由都是在于资金和新闻从业技能水平问题。再如,1936 年由部分青年创办的《小石报》《华北晚报》,与其他报纸一样,皆存在着"经费没着落",难以为继的问题。② 抗战胜利后创办的《大同晚报》,一直感到"经营不景气",资金原因致使不得不草草应付,"他们三四个人,仅仅是剪剪其他报,弄几条社会新闻,拼凑四个版,交文德书局承印"③,而如此办报的后果是形成恶性循环,导致其经营状况不景气进一步加剧。有些报社没有资金保障,缺乏固定经费来源,例如,1933 年 5 月创刊的《救国日报》,经费"由抗日会所罚贩运日货之存款项下拨支"④,除

---

① 以上关于石家庄报刊创办与停刊情况,参见张鹤魂,《石门新指南》,石门新报社,1942 年,第 16～18 页;《石门新报四周年特刊》,《沿革》,石门新报社,1943 年,第 1 页;《解放前石家庄新闻史料》,《石家庄文史资料》,第 11 辑,政协石家庄市文史委员会,1990 年,第 183～194 页;《石门指南》第三编《机关及团体》,1934 年,第 14～15 页。
② 殷良夫,《七七事变前石家庄的报刊》,《石家庄文史资料》,第 5 辑,政协石家庄市文史委员会,1990 年,第 152 页。
③ 何平,《解放前石家庄新闻史料》,《石家庄文史资料》,第 11 辑,政协石家庄市文史委员会,1990 年,第 189 页。
④ 陈佩,《石门市事情》,新民会中央总会,1940 年,第 78 页。

此之外，则需要依靠各界抗日人士的捐助来支撑。如果全面考察分析近代石家庄城市化进程中的报刊发展，不难发现报社之间水平参差不齐，各个媒体随着经营经验的不断积累，发行数量逐渐有所扩大，相互间的实力差距也在逐步拉大。1933 年由民间私人联合兴办的《石门日报》创刊时，孟霭言自置了铅石印机，发行四开四版报纸一千份。随着经营业务的拓展和经验的逐步积累，报纸辐射力有所增强，印量"旋即增至二千余份，发行地域以石门市为主，其他如市周各县，及沿正太京汉两路各站，均有分销处"①，1934 年报社资本达到一万元。1935 年创刊的《商报》，由于有商会做后盾，资金相对雄厚，加之聘请了北京的专业报人做主编，故此，该报"编辑印刷皆较他报为良"。②近代石家庄实力强大的企业所办报刊，资金来源也均无忧。例如，1933 年创办的《正太日刊》，"每日出一小张"，由正太路局秘书处主编，全部经费"纯由路局补助"。③井陉矿务局在石家庄编印的《石家庄炼焦厂炼焦特刊》《井矿月刊》，其经费问题不成大碍，保障条件应该与《正太日刊》相差无几。政府机关报或大企业所办报纸，则资金比较雄厚。例如，1941 年的《石门新报》，报社规模和发行量创造了近代石家庄的最高纪录。报社不仅添置了马达印刷机、纸板机、裁纸机等，印刷能力"每日可出报万余份"；而且"其发行区域以市内及南至新乡之沿线车站为主，正太线现已销至阳泉"，"现在销量已达六千余份，遍及冀南各县，为华北有数之权威报纸"，发行范围甚至"已达到冀、晋、鲁、豫四省地区"。④ 经营方面，已经完全能够自给自足。到 1947 年 11 月之前，没有任何一家报纸能够再超越这个纪录了。1945 年下半年国民党接收报社以后，"当时《石门日报》是石门市政府拨款支持的，是机关报"⑤，经营两

---

① 陈佩，《石门市事情》，新民会中央总会，1940 年，第 78 页。
② 张鹤魂，《石门新指南》，石门新报社，1942 年，第 17 页。
③ 石门日报社编印，《石门指南》第三编《机关及团体》，1934 年，第 14 页。
④ 陈佩，《石门市事情》，第 79 页；张鹤魂，《石门新指南》，第 18、113 页；《石门新报四周年特刊》，《沿革》，第 2 页，《工作》，第 22 页，石门新报社，1943 年。
⑤ 赵士恒，《解放前石家庄的报刊》，《石家庄文史资料》，第 5 辑，政协石家庄市文史委员会，1990 年，第 109 页。

年没有增添设备,每天发行量约三千份。由河北省十一区公署行政专员高挺秀题写报头,并且受到专员本人予以重点扶持的《大同晚报》,每天发行量也仅在二三千份。以驻石国民党第3军32师师长刘英为后台的杜振江及其子所办的《醒民日报》,日发行量也仅为二三千份。后来,随着石家庄周边地区的解放,通往石家庄的各条铁路被切断,"报纸发行只限于市区,发行份数更是锐减"。①

二、报刊竞争形式与生存特点

石家庄是京津的腹地,新闻界受到京津报界影响很大,特别是新闻纸的激烈竞争对石家庄报界构成了巨大压力。30年代初,外地报社在石家庄的派驻机构已经达到了9家,外地报纸在石的销售量也日渐增长。"销量最多,即天津大公报,日销量二百数十份;庸报十余份;东方日报三十余份;上海申报三十余份;新闻报十余份;北京(应为天津)益世报七十份;白话报五十份;小小日报四十份;其余华北日报、世界日报、群强日报、京报、晨报、晓报、实报、品报,共销五十余份。此后当更有蒸蒸日上之势云"。②

本地报纸面对大量外来代售报纸的挤压,从刊载内容、发行渠道、销售价格上,与外来报纸展开了实力悬殊的竞争,同时本地几家报社之间也存在着竞争。每当哪家编排印刷质量占据头筹,都会引起其他一些报社的不满和紧张。可以说,整个新闻纸都在竭尽全力求生存,千方百计谋发展。

从整体报纸内容上看,本地报道的消息来源单一,特别是国内外新闻报道和评论方面,根本无法与大城市的报纸相抗衡。七七事变前所有本地报社的国际国内重要新闻以及评论稿的来源,均出自中央通讯社;石家庄沦陷后,报

---

① 迪中,《解放前石家庄市的新闻界》,《河北文史资料》,第21辑,河北政协文史委员会,1987年,第54页。
②《石庄销报发达》,《大公报》,1931年4月17日,第5版。

社能够采用的国际国内重要新闻以及评论稿,绝大多数出自日本"同盟社"的电讯稿;抗战胜利后各家报纸的国际国内重要新闻以及评论稿内容,主要是用收音机抄收国民党"中央通讯社"的记录新闻。当时石家庄已经具备用电报与外地记者派发新闻的条件,中文电报稿每字收费为银圆二分五厘,外文新闻电报每字银圆五分[①],但是,本地报社的使用率不高,使用者多数为外地报社的派驻记者。后来各报都有了自己的收报机,可以随时收译电讯稿。1946年《石门日报》常常以"本报第一收音室报告"的名义,刊发各种国内外的新闻。各地新闻一般由本地各家报社驻外地的特派记者供稿,部分小报的大量消息则依靠剪辑大报新闻,编辑进行加工处理,以上海讯、广州讯、南京讯等为名,充当要闻来源。也不排除当时一些报社与外地报社存在协作关系,可以互派访员,信息互用,代为发行等。例如,《石门日报》就曾"与天津庸报为联销报"。

在报纸内容竞争上,石家庄报纸只能体现在当地新闻上,针对地方当局通告、社会各界动态、商业起伏盈亏、盗抢打劫案件、演艺名伶趣闻、民间冲突诉讼等大做文章。各家报社一般都有"访员",大部分访员从商会、警察局、各同业行会等部门或机关获取信息材料。民国时期在石家庄几家报社当过记者和编辑的迪中先生在回忆录中说,他当年采访的主要机关单位是石门市政府的社会科、教育科、市警察局的行政科、法院、第十一专员公署的宣传科,以及市商会、银行、银号、大兴纱厂等。30年代的《商报》比较系统地报道石门商会和同业行会的历次会议内容,事无巨细地跟踪报道警察局的各种通告和案件侦破情况。当时,各报雇员人数普遍偏少,往往是一人身兼数职,既当记者,又从事编辑,甚至要负责校对。国民党接手后的《石门日报》,"记者只一二人,每天要交七八篇稿"[②],因此,转载其他报纸内容或简单编辑加工本市一些机关提供的现成稿件的现象极其普遍。由于外采记者不足,新闻稿源不

---

① 石门日报社编印,《石门指南》第一编《地理》,1934年,第21页。
② 何平,《解放前石家庄新闻史料》,《石家庄文史资料》,第11辑,政协石家庄市文史委员会,1990年,第187页。

足,以及记者专业素质和社会责任感不强,对有些道听途说的消息不经任何调查核实,源源不断地向报社编发"据悉"稿件,导致报社稿件质量大多不高,新闻失实现象时常发生。之所以产生这类问题,其根源正如近代石家庄报人所分析的一样,它不是石家庄独有的现象,"中国报纸的最大遗憾,便是除有政治的背景,便是秘密接受津贴,很少有以营业维持着,所以经济不能独立,报纸便不得不违背自己的意见"。①

报纸内容竞争的另一种手段是依靠奇闻轶事吸引读者,对从警察局、法院或社会上联系的耳目那里采访的凶杀、失火、大盗窃、大诈骗等事件,"详细描写,突出发表,以便耸人听闻,从而吸引读者,扩大报纸发行"。② 为了增加报纸吸引力,甚至不惜以失真为代价,当时报界人士片面认为,越惊险离奇越具新闻价值。所以,民国时期石家庄报纸上标新立异的社会新闻报道题目屡见不鲜,有的就是为了单纯迎合一般市民阶层人士的猎奇阅读喜好,有的还刊登一些"吹捧名伶或妓女的文章"。1933年《石门日报》为了吸引市民的关注,举办了石门市首届著名妓女评选,选出了花国大总统、花国副总统、花魁、宝星、金星、银星、红星、黄星、蓝星、白星、紫星、亚星等12位石门妓女名花。在报纸刊载的新闻中,为数不少的报道是关于城市社会发生的偷盗、流氓、吸毒、赌博、暗杀等案件材料。例如,在30年代的《商报》上,可以经常看到像《为何再打妇人脸》《儿子诬母有奸》《一位少女的奇态轰动游人观感》《何来疯妇大闹吴公祠》《煤黑串演男女大武剧》等社会纠纷和诉讼案件的报道。报纸为了追逐新闻吸引力,难免泥沙俱下,鱼龙混杂,严重污染社会文化空气。所以,当时的各种报纸普遍存在着"除夸大、歪曲之外,就是炫奇"的特点。③

在报纸版面编排上,石家庄各家报纸的内容也逐渐丰富起来,视角涉猎

---

① 刘豁轩,《明日的中国报纸》,《石门月刊》,第1辑,石门月刊社,1945年,第3页。
② 何平,《解放前石家庄新闻史料》,《石家庄文史资料》,第11辑,政协石家庄市文史委员会,1990年,第187页。
③ 何平,《解放前石家庄新闻史料》,《石家庄文史资料》,第11辑,政协石家庄市文史委员会,1990年,第187页。

更加广泛，以吸引不同层面的读者。30年代初的《石门日报》，为四开四版，第一版为要闻，第二版是小说连载，第三版是副刊，第四版是社会新闻。30年代初的《正言报》，也为四开四版，第一版是要闻，第二版是副刊，第三版是特种副刊，第四版是社会新闻。30年代末40年代初的《石门新报》，每日出版对开一张，后来纸张来源稍感拮据，于是改为每周二、四、六各出对开一张，而周一、三、五、日则各出四开一张。内容上第一版为要闻，第二版是本市新闻，第三版是各地新闻，第四版是副刊。抗战胜利后的《石门日报》，第一版是国内外新闻和社论，第二版是本市社会新闻，第三版是副刊，第四版是广告。创刊于1945年的《醒民日报》，也是四开四版小报，没有自己的特色。国民政府于1928年规定统一使用标点符号，石家庄报刊创办均在此后，并且都是用普通白话文，所以阅读断句并不困难。但是，一般的报纸标点使用往往是一逗到底整段全用逗号，或者是一句到底整段全用句号。从版面编排设计方面看，大报一版为14栏，每栏宽为新五号字120行，每行排10个字；大多数报纸一直都比较机械，缺乏艺术性，文字皆为自右向左竖排的形式。当时报纸都是活字印刷，没有纸型，当铅字连续磨损后，字迹往往模糊不清，印刷质量相对较差。30年代有的小报社因字号不全，经常存在使用不同字号混排现象。譬如，《商报》时常出现字号大小不一的标题，致使版面美观效果受到严重影响。40年代以后，特别是一些较大的报社，在版数、开张、版面安排、版组设计、标题制作等方面有了明显的改观。

  从发行渠道上看，基本属于单纯的两大类：其一，固定订户。大部分是机关、军队、学校、厂矿、商号等，也有极少部分的个人订户。对固定订户，各家报社派遣雇用的投递员，每天出报后及时向订户分送；其二，零售。零售是本地报纸销售的主体部分，即"大部分是靠发给报贩在市面零售"。[①] 零售工作由报社发行部门负责，一般都集中到街头、车站等人口密集区，或剧院等文化场所附近叫卖。石家庄能够向外地辐射的报刊，发行也都借助于铁路的便

---

① 迪中，《解放前石家庄市的新闻界》，《河北文史资料》，第21辑，河北政协文史委员会，1987年，第54页。

利,例如,《石门新报》驻外地有5个支社,每日当报纸印完之后,凡能有火车送达之分社,及时由专人负责送往车站,随最早车次送达各地。其他不经铁路的各分社,亦于当日早晨由专人送于邮局发送。在沦陷时期和国民党接管报社时期,存在着强迫订阅的情况。本地报纸竞争的主要手段是采用低价销售策略,30年代初,《石门日报》"报价本是每月三毛,外埠每月四毛五分,直接订户每年尚有赠品"。① 石家庄各报普遍"报费不高,广告费是主要收入"。② 例如,1936年创办的《星期日》周报,不但内容充实,而且定价低廉。再如,《实业公报》亦是如此。总之,办报不挣钱,办报靠广告,通过让商民认识报纸,感知广告,最终"渐知报纸之效用,遂相继刊登广告,并纷纷订阅"。③

近代石家庄整体报纸广告的收费亦不高,普遍低于京津。之所以如此原因有二:其一,正如本地最大的报纸《石门新报》经理部的总结一样,"广告收费较京津报纸低廉",就在于报业对广告市场培育的战略考虑,即"为求商业广告之普遍化,并辟商业小广告栏,收费低微"。④ 作为区域性经济中心,工商广告占到广告总量的80%以上,这充分说明了报纸广告与地域经济发展程度的关系,也证明了报业谋求拉动当地商业广告业务量长期增长的思路和举措的远见性。其二,广告对石家庄本地报纸生存而言,不可或缺。但是,长期的广告低价状况,与本地报纸自身销量有着至关重要的关系。由于销量少,发行面窄,广告产生的影响力就小,对推销效益产生的作用不大,这才导致商家"主动刊登广告的也不多",于是,报社只能"费尽心思,到市区内商号、买卖铺等挨门挨户地说尽好话,求登广告"。⑤ 这才是报纸广告收费低于京津的最真实、最直接的原因。

---

① 石门日报社编印,《石门指南》第三编《机关及团体》,1934年,第14页。
② 何平,《解放前石家庄新闻史料》,《石家庄文史资料》,第11辑,政协石家庄市文史委员会,1990年,第184页。
③ 张鹤魂,《石门新指南》,石门新报社,1942年,第17页。
④ 《石门新报四周年特刊》,《工作》,石门新报社,1943年,第23页。
⑤ 迪中,《解放前石家庄市的新闻界》,《河北文史资料》,第21辑,河北政协文史委员会,1987年,第54页。

三、报刊业务内容与功能发挥

尽管石家庄的报社创刊有先有后,规模大小不同,业务水平参差不齐,但是新闻界整体在近代是逐渐进步发展的。业务发展很大程度上也受到北京、天津报界样板作用的巨大影响,报社的设备质量和报人的整体水平均在逐渐提高,特别是报业内部机构设置和业务发展,在逐步适应专业化的要求,报刊媒体的各项传播功能在逐步实现。

近代石家庄绝大多数的报社都有自己的印刷机和印刷厂,一般也都具备了数量不等的字架,以及记者、编辑、校对、排字、印刷、刻字等数量不等的工作人员。30年代石家庄报社内部分工已经比较精细,以当时最大的报纸《石门日报》机构设置为例,有编辑部(内含编辑、译电、校对)、发行部、广告部、印刷部(内含排字、铅印、石印、铸字、装订等)、营业部(内含书籍、药品等代售部、会计、司账等)。30年代末期,改弦更张的《正报》,曾模仿京津报社的机构,"改革社内机构,设理事制,由北京新民报兼营,社长还转勤至北京新报社服务"。①再如,1939年由张鹤魂担任《石门新报》社长后,"锐意整顿",厘定各种规则,成立了董事会,组织制定了社务会议制,调整人事机构,设立编辑部、经理部、社长办公室。董事会负责报社经费之筹划,预决算之审查,所有重要社务方案之决策。报社在外地设保定、顺德、邯郸、彰德、德县(州)5个支社,另设分社30余处,全社职工达到70余人。②可以概言,近代石家庄的报社机构设置在逐步适应专业化的要求,采编业务水平也在不断改进提高。

在近代石家庄城市文化建设中,新型的新闻业知识分子队伍发挥着先锋作用。《石门新指南》曾指出:"至于文化,因为石门教育不发达,故学术团体更难谈到,即有亦不过为带职业性之组织,如国医研究会、西医研究会等,较

---

① 《石门新报四周年特刊》,《沿革》,石门新报社,1943年,第1页。
② 《石门新报四周年特刊》,《规程》,石门新报社,1943年,第4~7页。

有价值者则不能不推新闻纸"。①《石门市事情》也认为,"石门市之文化团体寥若晨星,此据调查事变前之文化团体,仅有石门学联会、正太同人会、石门日报、华北日报社等"。②在近代石家庄少之又少的新型知识分子队伍中,新闻界人士充当着城市新文化弄潮儿的角色,新闻界是新型知识分子高度集中的部门,他们在石家庄城市化过程中传播新思想、新知识,所发挥的作用绝不可小视和低估。而且石家庄的新闻从业者领袖人物在新闻界的学术研究中也开始崭露头角,1944年石门新报社分别出版了张鹤魂所著的《新闻纸的几个问题》、吴宪增所著的《中国新闻教育史》,这些学术成果在一定程度上丰富了中国新闻史研究的内容,当时在学术界产生了一定影响,而且至今对新闻史研究仍有参考价值。

随着近代石家庄新闻纸业务的不断拓展,其大众传播功能也逐步扩大。

首先,报刊将大量新鲜的经济、军事、社会、文化等各种新闻信息,迅速传播给不同阶层的广大市民,传播信息应该是当时报纸最本质的属性功能。诸如,时局的动态、商会的通知、商品的广告、物价的变动、经营的启事、法院的告示、军队的调防、案件的侦破、社情的民意、灾情的救济、事故的报道、娱乐的消遣、名人的到访、天气的预报等,无所不有,极大地丰富了市民的资讯,其丰富程度可谓前所未有。尽管那时的新闻导向受到军政当局的极大影响,统治当局垄断了主要新闻来源,把持着新闻发布的审查大权,尽管报纸自身也存在着时代和政治等多方面的局限性,但是,它毕竟及时地发布了与城市公众生活密切相关的大量消息,在不同程度上满足了近代社会多阶层多方位的信息需求。

其次,由于报刊引导着社会舆论并影响着各阶层人士的社会认识,近代石家庄报刊媒体监管社会环境的功能逐渐显现。石门学联会在九一八事变后创办的《救国日报》,在宣传抗日和声援东北义勇军方面发挥了重要的舆论影响

---

① 张鹤魂,《石门新指南》,石门新报社,1942年,第16页。
② 陈佩,《石门市事情》,新民会中央总会,1940年,第78页。

作用。后来"新民会"对该报的总体评价是:"高揭抗日救国之宗旨,煽动民众盲目抗日,流毒之深,无以复加。"① 这个评价从反面更加证实了报刊对城市民众做的深入人心的正面传播作用。30 年代早期的石家庄报纸,一般都奉行着所谓客观主义报道信条,即便曝光一些城市社会丑闻和阴暗面,也是缺乏深刻批评。例如,30 年代的《商报》所写的"是谁黑心"报道,只讲了一名妓女租赁箱子后发生的纠纷过程,不辨是非曲直,最后以"经人排解了事"。30 年代的《正言报》所写的"三男一女一场揪打"报道,也是只记述了打架的经历,最后以"幸经房东解劝,一场风波始作罢论"结束。到 40 年代,石家庄报界人士受新闻界自由主义理论影响,报刊社会责任论的意识逐渐有所反映。《石门新报》社长张鹤魂在《新闻纸的几个问题》一书中表示,"新闻纸在民众方面被称为'舆论权威''民众喉舌',这在过去已为一般人所认识,现在新闻纸是代表政府监督官员与把握民心的独立出版物,这尚未一般人所注意,在此应该特别提出"。②《石门新报》率先垂范,专门开辟了"微言"一栏,社长张鹤魂用"何辉"的笔名,编辑长赵幻云用"吴悠"的笔名,在微言栏目上发表了大量批评社会丑恶现象和抨击时弊的文章,以及分析社会现象的杂文。譬如,何辉在《拿架子要不得》一文中,批评了石门市当局中许多腐败官僚普遍存在摆官架子的"三不见主义";在《娱乐与风化》中,批评了石门市疏于对文化市场的管理;在《取缔不良医院》中,批评了石门市见利忘义的医生和管理部门的不负责任,并认为"石门市的一切平均向上发展,许多人都认为是环境特殊,像这种以人命为儿戏的事情,也是特殊现象之一吧"。③ 此外,何辉还先后发表了《操纵与取缔》《用人与行政》《风化问题》《办税难》《改造环境》《师资问题》《为死人请命》《严禁敲诈》《批评与真理》《慈善话剧》《做人》《谁吸毒》《正气》《社会问题》《恶势力》《麦价问题》《思想和私想》等。吴悠先后发表了《替孩子们想想》《对于私立学校》《拿什么教育孩子》《孩子

---

① 陈佩,《石门市事情》,新民会中央总会,1940 年,第 78 页。
② 张鹤魂,《新闻纸的几个问题》,石门新报社,1944 年,第 33 页。
③ 吴悠、何辉,《微言集》,石门新报社,1944 年,第 14 页。

是没罪的》《请君自重》《别忘了艺术》《负起责任来》《认识与反省》《告小学教师》《死不足惧》《哭什么呢》等。这些报刊文字的传播，将石家庄城市社会的各种违规偏差予以公开曝光，强化了社会责任和规范意识，通过社会舆论监督了部分政府官员行为，从而初步体现出了媒体监管社会环境的功能。尽管抗战胜利后，《醒民日报》《新生日报》受到军政当局的严格控制，但是，一些有正义感的记者和编辑仍然能够"发表一些抨击时弊的文章及讽刺小品"[1]，例如，《新生日报》设有"桥头堡"的短评栏目，"不断针对当时国民党统治下石家庄市的社会现象，撰写一些'短评'，予以映射或不同程度的揭露"。[2]《前锋报》的副刊上，有时也会出现"讽刺文字揭露当时社会的黑暗"。[3] 但是，必须明确指出，报社的"正直"，也仅是局限在只揭露贪官污吏，不揭露殖民政府；只抨击腐败现象，不抨击腐败政权，从根本上还是服务于军政当局的"正直"。虽然对于民国时期石家庄报刊监管社会环境的功能，还不能做过高的评价，但是，"以上报纸，在过去虽由于各种目的而发刊，但在石门之文化史上，实有不能磨灭者"。[4]

再次，扮演着传承文化和传播新知识桥梁的角色，所以说，传承社会文化是近代石家庄报刊媒体的第三个功能。近代石家庄的各种报刊普遍设有副刊，刊载小说、散文、诗歌、戏剧评论、连环画等各类文学作品，还有系列的卫生健康知识讲座，传统经典解读，历史文化讲座，世界文化珍闻等。譬如，30年代的《商报》第二版"副页"，由平夫担任主编时以戏剧评论和演员介绍为多。30年代的《正言报》第二版"副刊"，除了诗歌、杂谈以外，则是连载"游记""老经常话""时代人物""报刊史话"等。30年代《石门日报》的

---

[1] 赵士恒，《解放前石家庄的报刊》，《石家庄文史资料》，第5辑，政协石家庄市文史委员会，1990年，第109页。
[2] 迪中，《解放前石家庄市的新闻界》，《河北文史资料》，第21辑，河北政协文史委员会，1987年，第61页。
[3] 何平，《解放前石家庄新闻史料》，《石家庄文史资料》，第11辑，政协石家庄市文史委员会，1990年，第184页。
[4] 张鹤魂，《石门新指南》，石门新报社，1942年，第17页。

"副刊"，曾连载《朱八爷游石记》连环画。抗战胜利后的《石门日报》第三版"麦克风"改为综合性的"副刊"，有杂谈、诗歌、散文、科普知识、妇女与儿童、各地风光等。《石门月刊》创办后，所设栏目主要有："论文""文艺""杂谈""电影戏剧评论""小说"等，曾发表了《建设大石门市》《旅石随感》《几年来的石门话剧》《跃进的石门文化》《石剧群像》等文章。《黑白画报》既有文学作品，也有美术摄影等作品，例如，该刊的第三期就刊登了青勒伍戈夫的诗歌，以及沙风的素描等。报刊成为文化传承的载体，满足了近代化和城市化给人们带来的精神文化需求，副刊已经成为石家庄报纸的重要组成部分，为人们提供了一种新式消遣阅读方式。有些报纸之所以在石家庄大受欢迎，就是"因为这一些报纸上，都有很合读者口味而荒诞不经的小说"。① 近代石家庄城市文学艺术的开拓，主要仰仗的载体就是报刊，一些文化团体借助报刊而兴起，因此报刊对石家庄文学发展产生了很大的影响作用。譬如，近代石家庄出现的春秋文艺社、文艺研究会、三余文艺社等团体都是如此。这些文化团体有的还出版了自己的文学刊物，"除于报端附出周刊外，并出版有《凄凉的梦》及《民歌集》两种。对于石门新文化之推动，不无功绩。1934年，石门中学有《冰冰周刊》及《文培周刊》出版"。② 在外地的刊物中，北京出版的《逸文月刊》《读书青年》，曾在石门很为流行。《石门月刊》创刊后，才算有了当地正式出版的规范刊物。30年代的《石门日报》充分利用报社的媒体影响作用，编辑发行了《石门指南》，该书既为本市社会指南之工具书，又为分门别类记述石家庄城市形态的第一本系统的珍贵史料。《石门日报》当时还陆续在报纸副刊上编辑了《朱八爷游石记》连环漫画，这类通俗读物受到了城市一般中下阶层人士垂青，后来专门结集出版了漫画册。40年代的《石门新报》，曾将副刊优秀散文结集出版，为近代石家庄城市文学发展史留下了《海浪集》和《野草集》两部散文集。

---

① 郭瑛，《跃进的石门文化》，《石门月刊》，第2期，1945年8月15日，第8页。
② 张鹤魂，《石门新指南》，石门新报社，1942年，第17页。

正如著名传播学者拉斯韦尔和赖特所认为的一样，大众传媒具有监视周围环境，联系社会各部分以使之适应周围环境，传承社会文化和娱乐等主要功能。① 近代石家庄报刊基本发挥了上述功能，对城市化中的文化事业发展做出了创举性的贡献。

---

① 〔美〕沃纳·塞佛林、小詹姆斯·坦卡德，《传播理论：起源、方法与应用》，华夏出版社，2000年，第347～349页。

近代石家庄城市大众文化的变迁

每一个社会都有与其相适应的文化，这种社会文化定会随着社会经济的发展而发展。近代石家庄随着工业化与城市化的发展，经济结构的转型为文化形态的转型奠定了基础，市民阶层的形成城市文化形成提供了前提。于是，近代石家庄产生出了有别于传统农业乡土文化的都市大众文化，它不仅综合了艺术文化、娱乐消遣、大众传媒等文化内涵，而且具有了公共性、商业性、多元性、通俗性等最突出特征。

一、传统农业社会的庙会文化盛事

在城市化前的传统农业社会，石家庄最典型的文化盛事是流传已久的庙会活动。早期庙会是在古代农村举行的一种隆重的宗教祭祀活动，随着历史发展和人们经济文化交流的需要，庙会在保持原有祭祀活动的同时，又逐步融入农贸集市交易活动以及娱乐性活动。作为一种伴随民间信仰活动而演化和普及起来的农村乡土风俗，庙会既是传统社会流传下来的一个隆重的文化节日，也是各种民间传统娱乐活动最重要的载体之一。据《石门指南》记载，石家庄的庙会主要有："吕祖祠，在寺后街东头，每逢农历月初一、十五两日，善男信女前往焚香致签者不绝。阎王庙，在七里湾，每年农历正月初八阎王生日、四月初八开庙，均有演戏酬神，极为热闹。奶奶庙，在休门东首，每年四月四日开庙演戏，以木商为最多。观音庙，在菜市街，每月朔望妇女焚香者甚多，每年二月十九日开庙演戏，各商云集。弥陀寺，在休门，每年九月十五日开庙演

---

* 原文发表于《石家庄历史文化影像志》，中国书籍出版社，2010年，第185～205页。

戏，自十五至月底，各商云集，极为热闹，尤以卖皮货者为多，故俗称冬庙会也。关帝庙，在栗村西大街，每十二年开一次，演戏数台，其间临时规定之。"① 清末民初的庙会实际已经成了以祭祀鬼神为缘由，以演示和沿袭传统娱乐活动为号召，进行农贸交易的商业性活动。因此，庙会起初的演戏敬神活动，逐渐演化成了活跃庙会节庆娱乐气氛，吸引买卖商客数量和增加人气的重要手段。

"石家庄的寺庙较少，全市不过数处，以七里湾娘娘庙及西花园古佛寺两处香火为盛。"② "七里湾娘娘庙"又称苍岩山圣母庙，传说建于隋朝，明朝万历年间曾由石家庄、东焦、袁营三村联手牵头组织拆旧建新，到清康熙年间又经历了一次大庙重修。圣母庙主要建筑自东向西排列，有正楼、正殿、钟鼓楼、山门，当时整个庙宇占地面积十多亩。因为设在正殿两侧的南北廊房里有塑像组成的"唐王游地狱"神话故事，当地人又称"七里湾庙"为"阎王庙"。大庙前建有砖木结构的戏楼，伸出形的戏台式样三面透空，均可以站人观看，后墙壁为舞台背景，台基高约1米。戏台前的左右明柱写有楹联："台上人台下人台上台下人看人，将今人比古人今人古人人比人"，横匾为"粉墨登场"。③ 由于传统习惯的缘故，当地大型民间花会和娱乐活动多在此处聚集，届时总会组织一些演艺活动供人们娱乐欣赏，戏楼成为农村文化娱乐活动的中心场所。虽然庙会的正日子是四月初八，但是会期一般为四天，从四月初六到初九戏楼要唱四天大戏，少的时候有一二台戏，多的时候有四五台戏，故能吸引周边十里八乡的众多赶庙者前来参加，庙会文化适应和满足了村民的农贸交易和娱乐休闲的需求。这种庙戏的演出剧目一般以神戏为主，如《大香山》《古城会》等。除庙会以外，组织其他的大型传统民俗活动一般也会演戏，如祈雨以及龙王显灵后的谢雨，也要唱祈雨和谢雨戏，剧目一般多是《蝴蝶杯》《铡美案》《柜中缘》《翠屏山》《三疑计》《花田错》等。庙会戏和谢雨戏以皮

---

① 石门日报社编印，《石门指南》第五编《街巷及游览》，1934年，第29页。
② 张鹤魂，《石门新指南》，石门新报社，1942年，第56页。
③ 石家庄新华区政协文史委，《七里湾庙（苍岩山圣母庙）》，《石家庄市新华区文史资料》，第1辑，1997年，第20~22页。

黄、河北梆子、丝弦为主。除戏班演出之外，戏台周围还有商贩摊点，以及说书的、卖唱的、马戏团等也都在会场上演出。①在庙会和许多当地民间花会上，还有高跷、旱船、敲大鼓、战鼓、抬花杠、耍狮子、拉花等民间娱乐活动。当然，每年在"七里湾娘娘庙"举办的庙会活动最为热闹，四月初八庙会当属石家庄本地规模最为盛大的综合性活动之一。"参加者甚众，因时值初夏，商摊栉比，多售夏货，如竹帘、折扇、凉席、蝇拍等，（其）他如妇女用之花样子（即妇女描花之样本）、布摊、儿童玩具、家庭用品及农具等，无一不备。饭棚、茶摊、相声、大鼓等，亦杂列其间，俨然一小市场也。"②由于参加庙会的村民络绎不绝，买卖各种农产品和日用杂货用品的人群，在庙前能摆出一二里之长。可以说这类大型民间传统花会、庙会等汇集多种功能为一体，是典型的文化搭台，经济唱戏。

二、城市大众文化兴起与基础硬件设施建设

从20世纪初京汉铁路和正太铁路的修建到40年代末期，经历了将近半个世纪的城市化发展，城市人口的跳跃性增长以及区域性经济中心、军政中心的形成，为石家庄城市大众文化的产生和发展提供了经济前提，奠定了社会基础。换言之，是近代交通枢纽地位和工商业迅猛发展孕育了石家庄的城市大众文化。诚如《艺苑漫忆》一书的序文所言，石家庄"经济的繁荣使得舞榭歌台拔地而起，木架席棚觅缝而建。好事者征伶选艺，争奇斗胜。一时间名角大班纷至沓来，草台魁首联袂登场，于是乎南腔北调，回荡起伏，蔚成大观"。③标志近代石家庄都市大众文化兴起的主要表现，有以下几个方面：

随着城市化发展，大量移民涌入石家庄，为适应城市民众娱乐消遣市场

---

① 殷良夫，《石家庄庙会》，《石家庄文史资料》，第2辑，政协石家庄市文史委员会，1984年，第118~119页。
② 张鹤魂，《石门新指南》，石门新报社，1942年，第56页。
③ 张辰来，《艺苑漫忆》，政协石家庄市文史委员会，1997年，第1页。

容量迅速增大的实际商机，本地一些工商者开始投资文化娱乐业，凭借文化的休闲和娱乐功能打造市场，兴建了一批新式戏院建筑等城市公共文化的硬件设施，初步奠定了城市娱乐文化发展的先决基础，提供了锻造本地文化艺术特色的平台。

欣赏戏曲历来是中国广大民众一个传统的娱乐项目，昔日乡村庙会"都要搭台唱戏……露天看戏自带坐机，带坐机的前面就座，没带坐机的后面站着观看。这种戏台，每逢庙会都要临时搭建，庙会结束或结束不久，便行拆除，因此不能满足人们的日常需要"。① 在新城市中出现的一大批正式公共演出硬件设施，为当地居民和外来移民提供了专门看剧听戏的公共场所。不仅告别了昔日乡土性的临时搭台，诞生了一种长久化和正规化公共娱乐建筑，还使人们不再为数量有限的节庆娱乐抱怨，使得固定化娱乐真正转化为日常性娱乐变成了现实。

石家庄最早建设的正式演出场所是升平戏院，1916年建在桥西升平街路西，坐南朝北。戏院为砖木结构，戏台为伸出式扇面，中间是池座，两侧为廊座，并设有楼座和包厢，共有五六百席位。1920年建成的同乐戏院，位于桥西同乐街东头路南，也是一个坐南朝北的砖木结构戏院，设有池座、廊座、楼座、包厢以及长靠背椅，共计九百多个席位。1930年建成的劝业剧场，位于桥西大桥街，也是一个坐南朝北的砖木结构戏院，它式样较新，"较为精良而宽大"，设有池座、廊座、长靠背椅，可容观众七百余位。1932年建成的民生戏院，位于花园街，同样是一个坐南朝北的砖木结构戏院，设有池座、廊座、长靠背椅，可容纳观众七百余位。1934年建成的"第一舞台"，位于同乐街西头路南，也是一个坐南朝北的砖木结构戏院，它是当时"为石门最新最大之剧院"，楼下设有池座、廊座、后面设若干散座，楼上设有正、侧两种包厢，可容纳观众九百余位。1940年建成的石门剧场，位于当时的朝阳路西头，也是

---

① 田桂成，《旧石门的戏院和戏班》，《艺苑漫忆》，政协石家庄市文史委员会，1997年，第26页。

一个坐南朝北的砖木结构演出场所,剧场可容纳上千名观众。1942年建成的新华戏院,位于桥西新华市场,也是一个坐南朝北的砖木结构戏院,有池座、楼座,全部为长条靠背椅,戏院能容纳七百余名观众。[1]这些比较正规化的戏院和剧场建筑,为公共娱乐活动的日常化提供了场地保证,既避免了露天演出时常会遇到的天气干扰问题,又能够实施夜场演出,延长了演出时间,增加了演出场次,故此,外地巡回演出的"所谓大班常演于此"。[2]

除上述比较正规化的戏院和剧场建筑以外,近代石家庄还出现了一大批比较简陋的戏院场所。这类建筑设计都不太讲究,演出场地标准要求不高,许多舞台的台板高低不平,其顶棚一般都是用芦席遮盖,座位均为长条式板凳,建筑成本和投资较少。由于"设备因陋就简,票价亦廉"[3],满足了部分城市底层民众看剧听戏的文化娱乐需求。但是,这些场所要受气候条件的左右,演出中遇到雨雪,只能听任暂停辍演,当地观众将这类戏院称之为"雨来散"。关于这类席棚式戏院的具体名称、负责经理、地址、兴建时间、设备状况请参见表4-1。

表4-1 近代石家庄席棚式简陋戏院场所一览表[4]

戏院名称	位置	负责经理	兴建年代	设备状况
新业戏院	东华路	池华亭	1930年	席棚、木板长条凳
东华戏院	石桥街	赵玉如	1930年	席棚、木板长条凳
新世界剧场	花园街	王光如	1939年	席棚、木板长条凳
天泉戏院	兴艺街	陈根	1930年	席棚、木板长条凳
和平戏院	花园东街	田桂成	1940年	席棚、木板长条凳

---

[1] 上述戏院和剧场建设概况,参见石门日报社编印,《石门指南》第五编《街巷及游览》,第20～21页,1934年;张鹤魂,《石门新指南》,石门新报社,1942年,第70页;石家庄市文化局编印,《石家庄市文化志》,1992年,第273～274页;《艺苑漫忆》,石家庄政协文史委员会,1997年7月,第26～28页。
[2] 张鹤魂,《石门新指南》,石门新报社,1942年,第70页。
[3] 张鹤魂,《石门新指南》,石门新报社,1942年,第70页。
[4] 田桂成,《旧石门的戏院和戏班》,《艺苑漫忆》,政协石家庄市文史委员会,1997年7月,第26页。

（续表）

戏院名称	位置	负责经理	兴建年代	设备状况
海市戏院	花园东街	刘锡臣	1941年	席棚、木板长条凳
胜利戏院	南马路	赵世增	1942年	席棚、木板长条凳
义友戏院	花园东街	纪明喜	40年代	席棚、木板长条凳
新新戏院	四义街	武书江	40年代初	席棚、木板长条凳
安东戏院	栗村	任谦德	40年代初	席棚、木板长条凳
真光戏院	真光街	宋贵林	40年代初	席棚、木板长条凳
新华舞台	民生街	赵彤	不详	席棚、木板长条凳

除戏院以外，近代石家庄还出现了一批放映电影的场所。其中部分放映场所由戏院剧场改造而成，戏剧和电影可以兼而并用，例如，同乐戏院早在1920年开始放映电影。石家庄专门电影院是建于1930年前后的声光影剧院，它位于"公兴存街中间路南，专演电影……为石门最早之电影院"。[①]

在近代石家庄文化娱乐设施建设上，大部分属于个体私营商人的投资，也有的是股份公司投资建设的，例如，声光影剧院系股份公司性质。1931年升平戏院被飞机炸毁后，由大兴纱厂出钱在升平路东予以重建，新升平戏院是一个坐东朝西的砖木结构建筑，有池座、楼座、包厢的专门演剧的高档场所。沦陷时期曾一度改称新民戏院，1947年11月后由人民政府接管，改名民主剧场。另外，因近代石家庄文化娱乐场所的迅猛发展有利于市政税收的增加，为谋充实市库收入，扶助地方经费，借以提倡公益，推行市政起见，捐税得到了当局大加赞许。据民国政府印花税暂行条例规定，20世纪二三十年代戏院券资每位在五毛以上者，贴印花二分，不满五毛者，贴印花一分。[②]40年代初颁布的《石门市公署游兴捐征收章程》规定，凡在市内各戏院、电影院等娱乐场所之游客，均要按照票价加缴一成的游兴捐。

总之，正规化或相对固定化的戏院、剧场、电影院等建筑在石家庄的出

[①] 石门报社编印，《石门指南》第五编《街巷及游览》，1934年，第23页。
[②] 石门报社编印，《石门指南》第二编《规则及章程》，1934年，第35页。

现，建起了推广城市公共娱乐活动的硬件设施，为各类戏曲艺人们提供了展示才华的舞台，具备了促使各类文化专业的团体和艺人在石家庄落户扎根的基本前提。与以往乡土文化的环境条件相比，发生了翻天覆地的改变。

三、文化娱乐的商业化与文化产业的市场化

伴随着城市化的发展历程，走上市场化道路的近代石家庄大众文化从无到有，实现了文化娱乐与商业、服务业的联姻。乡土文化向城市大众文化蜕变转型的标志，就是商业色彩的日益浓厚，产生了一批崭新的城市公共文化娱乐产业实体。投资者从文化娱乐市场获取赢利的商业目的非常明确，文化消费者被细分为不同层次的等级类型，文化娱乐团体内部机制相当灵活，但是一般管理都会遵循双方的契约合同。文化娱乐业的经营采用了市场化运作方式，文化娱乐的商业性竞争日趋白热化。

从近代石家庄文化娱乐场所的地理分布看，戏院剧场几乎都开办在商业比较集中的区域，形成了娱乐场地与商场扎堆聚集的格局。因为剧院上座率与演出场所的周边商业环境有着密切关系，作为吸引票房的诀窍曾屡试不爽，所以主要的文化艺术活动确立了与各类繁华商业场所一体化的联手经营方式。例如，劝业剧场坐落在石家庄最著名的劝业场内，这是一座综合性商场，"内有各项商店，以洋广杂货摊为最多，分东西南街，因地点适中，游人极多，又附设剧场、鼓书场，为石门第一商场"。[①] 当时石门最大最新剧院的第一舞台，坐落在同乐街的游艺场内，这个合股开办的综合性商务园区"街道清洁宽阔，并筑第一舞台及澡堂等"。[②] 还有许多娱乐演出活动干脆与茶园联手，两者合二并存，相得益彰。例如，升平戏院与生平茶园合二为一。再如，位于新华街独一处的"丹独茶园"，位于法院前街路东的"农工茶园"，位于石门商场内的

---

① 石门日报社编印，《石门指南》第五编《街巷及游览》，1934年，第19～20页。
② 石门日报社编印，《石门指南》第五编《街巷及游览》，1934年，第20页。

"中华茶园",位于游艺场内的"第一茶园",位于花园中部的"陶园"等,都是一举两得的休闲娱乐场所。"观众可以一面喝茶聊天,一面看戏。各路客商常将茶园作为洽谈生意和交际场所,从中包桌甚至包场款待对方。"① 艺术演出的娱乐性被放大,演出场所的随意性得到扩充。总之,商娱合一牵手的发展模式,使娱乐业、百货商场、澡堂和饭店等服务业相互交织在一起,实现了购物与吃喝玩乐一条龙。商娱联手的营业场所竞争力迅速提升,其他商场则大为逊色,甚者直接倒闭。例如,"民生市场"为石家庄最早的商场之一,终因规模甚小,场地狭小,特别是"花园及石门商场开办后,遂一蹶不振,今竟荒凉不堪矣"。②

　　以往乡村所有民间花会和庙会唱大戏之类的文化娱乐活动,并不卖票,都是可以免费享受的,"观众看戏自由出入",一切花费开支均由会头或村长负责募集。③ 走上商业化经营的石家庄各家戏院和剧场,将观众群做了高中低档的消费分层定位,一方面娱乐欣赏的舒适度决定票价高低,另一方面艺人演出水平和知名度理所当然也成为影响票价的重要因素。例如,二三十年代同乐戏院"晚间票价普通两廊一角五分,池子四角,楼上四角五分,包厢四元。遇有名角,临时加价"。④ 以后市场化程度逐步加深,40年代票价略有上升。"石门在昔观剧之票价,只需三、四、五角,现今只(之)新式戏院一处,在常立恒、鲜蕊芳出演,池座须七、八角;白牡丹、小麒麟童等来,乃售一元五角,打破此前记录,为本市戏价之最高昂者。"⑤ 演戏成为一种文化经营方式,看戏成为一种文化消费行为。正如《石门月刊》刊登的评论文章所说,"演方是供人娱乐,观众是购买娱乐,各地大皆如此,石门犹然"。⑥ 在石家庄农村城市

---

① 田桂成,《旧石门的戏院和戏班》,《艺苑漫忆》,政协石家庄市文史委员会,1997年,第26~27页。
② 石门日报社编印,《石门指南》第五编《街巷及游览》,1934年,第20页。
③ 田桂成,《旧石门的戏院和戏班》,《艺苑漫忆》,政协石家庄市文史委员会,1997年,第26页。
④ 石门日报社编印,《石门指南》第五编《街巷及游览》,1934年,第21页。
⑤ 张鹤魂,《石门新指南》,石门新报社,1942年,第74页。
⑥ 郭瑛,《跃进的石门文化》,《石门月刊》,第2期,1945年8月15日,第8页。

化的浪潮中,被商业化的不只是戏剧、曲艺、杂技等表演艺术形式,被时人视为"雅人深致,笔亦清高"的书画界,也开始依靠自己的字画技艺挣钱。石家庄为数不多的知名书画艺术家们,除了为商店铺面写牌匾,亦出卖个人创作的艺术作品,于是石家庄文化市场上出现了经销名人字画和文房四宝的店铺,为了满足人们对书画艺术作品价值日益增长的重视心理和讲究妥善保存珍藏的需要,于是出现了一批专门从事字画装裱的商店。譬如,二三十年代有位于大同街的"三义斋",有位于余家街的"文林裱画铺",有位于南大街的"文林铺",有位于民生街的"协隆斋",有位于三条胡同的"会文斋",有位于南大街的"宝文斋"等。①

民国时期石家庄艺人群体的结构极其复杂,技艺门类异彩纷呈。除部分街头撂地摊单独卖艺的之外,许多艺术形式需要艺人之间相互配合,多数则为临时搭建的草台班子。特别是那些传统戏剧类的艺术,剧目都有人物情节和矛盾冲突,组合有演员和伴奏乐队,表演有服装和道具,整个演出有许多基本程式和固定规矩,属于较为综合的艺术门类,所以需要组成相对稳定的专业班子。于是石家庄文化娱乐领域的一批专兼职班头应运而生,他们有的本身就是艺人,有的看好演艺行业依此经营牟利。领班者一般都被称呼为经理、董事长或者老板。在石家庄著名的戏班班头中,不仅有组建了"玉顺班"的丝弦艺人刘魁显;还有出资建筑了豪华的"第一舞台",并于1935年创办"福庆和"科班的李荣发,他是一位靠开办"福恒裕"肉店发迹的老戏迷。戏曲科班都要从童子功练起,戏班培养徒弟,需要"订立合同,教以梆黄戏剧。班中饮食起居亦有规律,出入亦均整队而行"。②在石家庄"福庆和"出科的艺人中,以盖月樵、宋艳秋等最有名气,后来都搭入了一些戏剧大班成为名演员和台柱子。在文化娱乐市场的竞争中,名角与一般演员发挥的作用明显不同,所以取酬方式亦有很大差异。"至伶人搭班,有取包银,有收戏份,是在先时约定。而每月多以三十六日计算。组班者且须为角色预备伙食,并其住房。由他处聘来

---

① 石门日报社编印,《石门指南》第四编《商号及题名录》,1934年,第51~52页。
② 张鹤魂,《石门新指南》,石门新报社,1942年,第73页。

者，且须包接包送。"①对于那些约期已满的艺人，如果双方合作愉快并且演出效益尤佳，班主有时会额外派发红包作为临别纪念，为以后再度合作奠定基础。而一般的民间艺人没有正规组织，很少有专门的班子，于是"自发聚集一起，自愿结合，三五成群沿街卖艺"。②主要以口头约定来维护之间分配关系，约束力仅仅依赖着共同的谋生利益和传统艺德习惯，这种草台班子的组合稳定性极其缺乏保障。一部分单独卖艺者能够在茶园演出的艺术节目，通常是评书、大鼓、相声、戏法等，根据与艺人合作的程度和方式不同，其收益分配方式有所差异。主要存在两种类型：其一，按照事先约定，按收入比例分成；其二，茶园借助演艺活动招徕客人光顾，艺人借助茶园场地卖艺，彼此获利，各收各的钱，双方互不相干，但是双方互相利用，相互依托。

娱乐与商业合一，联手交办，在增大吸引娱乐消费数量的同时，也加剧了文化娱乐场所的高密度集中，推动了石家庄城市房地产业的新一轮建筑扩张。例如，房产商李汉卿在开发西花园时，"用尽了全副力量，经过了数年经营，消耗了如许的心血，才开辟一个西花园，房屋街道渐臻完善"。③他在此"先后改建了龙泉池，建起了古佛寺，石门商场、戏院等文化娱乐和服务设施，仅戏院就多达十余处"。④娱乐业的集中建设造就了南花园的戏院林立，当时就有新新、和平、海市、义友、同庆、新世界、中华、天泉、胜利、兴隆等戏院。戏院和剧场等文化娱乐设施是城市文化娱乐发展的有形载体，其分布状况极不均衡，它在20世纪30年代的城市空间分布显示，已经形成了数个竞争激烈的娱乐中心。最主要的有李汉卿经营的西花园，以休门赵焕成为首的股东们开辟的东花园，以及李荣发经营的第一舞台和游乐场等。

文化娱乐业的推进，加剧了城市不同商圈之间的竞争。城市商战的展开，也加剧了文化娱乐业各类艺人之间的竞争。戏院和娱乐场所的老板、经纪人的营销策略五花八门，在竞争中低价手段是普遍采用的策略之一。例如，劝业剧

---

① 张鹤魂，《石门新指南》，石门新报社，1942年6月，第74页。
② 石家庄桥西区政协文史委编印，《南花园史料专辑》，1990年，第11页。
③《东西花园争胜》，《商报》，1935年10月14日，第4版。
④ 石家庄桥西区政协文史委编印，《南花园史料专辑》，1990年，第54页。

场"建筑较同乐园稍新,专演皮黄,伶人与同乐互相竞争,票价并与同乐相等"。① 如果说降低票价的实惠做法确实有助于争夺观众的话,那么采用买戏票与卖彩票挂钩的策略,就更加有助于拉拢观众走进戏院了,因为让观众有了碰运气中奖的幻想就更容易引导他步入剧场。例如,首先由新世界戏院别出心裁地推出了看戏彩票,"每四十张戏票出一个中奖号,有时买票的人多了,即一百张戏票出一个中奖号",以中奖为诱饵的营销举措效果明显,卖出的戏票大大超出实际座位数,彩票收入最多一天可达二百元。② 该项举措一经推出,如愿以偿地赚得盆满钵溢,其他戏院蜂拥跟随纷纷效仿,于是戏曲彩票在石家庄娱乐界曾盛行一时。为了增加吸引观众的优势以及竞争需要,一些剧院便从外地请来艺人和戏曲名角,开始把招聘视野瞄向了北平和天津等大城市。经营第一舞台的李荣发以及经营游乐场的当地合伙人,在与李汉卿经营的南花园娱乐中心的商战中,"不惜花费了大量的钱财,从外地请来杂技团、马戏团及各种民间艺人到他的游乐场里演出"。③ 以赵焕成为首的合伙股东们开辟和布置了东花园,修改了东华剧场,而且为了在竞争中占优势,"聘了几部京戏演唱,降低票价,每位不过二十五枚铜元"。并且此后不断加强竞争措施,"又聘来五腔戏秧歌,露天演唱,不取分文,任人游观",终于取得了"西花园游人却大见减少"④ 的效果。在竞争中成为筹码的艺人,在相互之间展开惨烈的竞争方式就是唱对台戏,演技和叫座率成为演员获取报酬的基本依据。激烈竞争迫使演员们要把看家的本事都施展出来,于是乎八仙过海,各显其能,优胜劣汰,适者生存。结果是花开花落,此消彼长,总有一些艺人会在残酷的演艺竞争中败下阵来,迫不得已离开石家庄另谋出路。

  近代石家庄文化娱乐领域的竞争推动着城市文化的交流和文人的流动,塑造着城市文化的技艺和娱乐的品位,激励着城市文化的不断创新和逐步升华,调整着城市文化的市场分布和等级格局。所以说,到 20 世纪二三十年代,

---

① 石门日报社编印,《石门指南》第五编《街巷及游览》,1934 年,第 21 页。
② 石家庄桥西区政协文史委编印,《南花园史料专辑》,1990 年,第 154~156 页。
③ 石家庄桥西区政协文史委编印,《南花园史料专辑》,1990 年,第 56 页。
④《东西花园争胜》,《商报》,1935 年 10 月 14 日,第 4 版。

近代石家庄大众文化的商业化态势已经基本形成，正像20世纪30年代出版的《石门新指南》一书所述，"石门事事既迈入都市，而娱乐之场，在昔亦颇称盛，弦索檀板，以歌舞升平"。①

四、城市大众文化的多元化与发展不平衡性

近代石家庄是一座新兴的移民城市，城市现实社会的多元化造就了城市文化的多元化，多元化的城市文化适应了多元化社会阶层的需求。它的特征既表现为文化渊源上的多元化和文化地域上的多元化，又表现为文化层次上的多元化和文化门类上的多元化，是一种汇聚了古今中外多种元素集成的新生城市文化。

毫无疑问，随着铁路交通业的发展，石家庄掀开了城市化的序幕，城市文化由此萌芽。但是，此前当地长期流传着的乡土民间文化、庙会娱乐文化，并没有因那些传统旧式庙宇建筑随着城市空间的拓展逐渐被拆毁，而即刻就烟消云散。由农村城市化的类型所决定，形成中的近代城市呈二元状态，依然保持着相当程度的农业生产结构，所以说，它是一座传统乡土气息浓郁的过渡性城市。当地的一些传统民间艺术形式和庙会娱乐文化，伴随着半城半村的过渡形态以及城中村的空间存在，被一并裹挟在新兴城市文化之内。"每年四月初八的湾里庙会也一年更比一年热闹。"②当地的传统民间文化娱乐形式被兼容并存下来，构成近代石家庄城市文化的有机组成部分。其中源远流长的传统艺术形式，诸如戏剧、曲艺、杂技、国画、武术、书法等，无论风格和内容都具有自己地方的艺术特色，都能够自成体系。例如，在近代石家庄戏剧舞台上散发着乡土气息的丝弦，是具有约500年历史的古老地方剧种，它作为石家庄地方

---

① 张鹤魂,《石门新指南》,石门新报社,1942年,第69页。
② 田桂成,《旧石门的戏院和戏班》,《艺苑漫忆》,政协石家庄市文史委员会,1997年,第26页。

戏目前已被列入了第一批国家级非物质文化遗产名录。从这种角度不难发现，在石家庄城市文化的渊源中，许多传统文化艺术元素来自历史悠久的燕赵地方文化，而且在整个文化领域中占据着相当大的艺术份额，拥有着相当重要的价值地位。

虽然近代石家庄是一座非对外开放的商埠城市，但是在修建铁路初期就有洋人来到这里从事勘探、设计、施工，还有的洋人在石家庄开始从事最早的零售业和服务业。此后又有几批洋人陆续前来传教，又有属于洋艺术、洋娱乐范畴的现代艺术传入，所以在近代石家庄城市文化的渊源中，也有洋文化和现代艺术的元素。既有正太公寓和正太饭店等法式洋建筑文化，亦有基督教和天主教等洋宗教文化，既有综合艺术的洋娱乐电影，亦有讲究焦点透视和写实主义的西洋油画艺术。[1]

由于近代石家庄是一个后起的内陆移民城市，绝大部分城市文化构成元素是由外地直接移植而来的。与城市移民地域结构的多元性一样，城市文化移植来源的地域性也极为广泛。有苏沪昆曲、山西梆子、河南豫剧、安徽渔鼓道情、直隶梆子、冀东评剧、保定老调、顺德乱弹、乐亭大鼓、吴桥杂技、上海魔术、天津戏法等。城市移民中戏迷票友的籍贯地域性也极为广泛，以20世纪30年代被列入史册的14名石家庄著名戏迷票友的籍贯为证，除一人籍贯不详外，本地籍2名，河北籍2名，北京籍2名，山东籍3名，湖北籍2名，福建籍1名，江苏籍1名。[2] 近代石家庄文化艺术形式的地域多元化特点形成，受移民成分和地缘因素影响较大，其主要成分一般均来自北京、天津等大城市和山西、保定以及附近周边地区的各种强势文化。例如，石家庄的戏院剧场建筑多仿效北京，即石家庄同乐戏院，"式亦仿效北京之同乐戏院"；石家庄劝业剧场，"规模颇仿北京之吉祥戏院"；石家庄新民戏院，"为本处唯一之新式

---

[1] 据《石门新指南》记载，孙本利为本市的西法新画艺人，他"于透视写生，油画水彩，亦可备一格耳"。参见该书第18页。
[2] 石门日报社编印，《石门指南》第四编《商号及题名录》，1934年，第62～63页。

戏院，略似北京之中和"。①石家庄邀请演出的国剧和曲艺名角大多来自北京、天津，据记载最早的戏院升平戏院在20世纪20年代就"约请京津男女名角，如芙蓉鞏、一斛珠等，早晚演唱"。②20世纪三四十年代，"若从京津而来者，似彼李万春、梁韵秋、郝文蔚、刘兰芬之伦，后均自挑大梁，大红大紫。其余如马德成、时慧宝、朱琴心、常立恒，以及鲜芯芳、徐绣雯等，亦多来此"。③据老艺人刘砚芳回忆，石家庄的京剧观众群的层次略高，为了打开竞争局面增加票房收入，戏院就不断地从京、津、沪等大城市邀名角大腕来石演出。其中就有"活颜良"之称的赵松樵、女老生魏少辰、高派老生靳佩亭、梅派花旦魏莲芳、荀派传人孙丽荣、金派花脸吴松岩，还有著名武生姜铁麟、刘麟童、彭英杰、刘英垄，长考短打武生解炳南，红生白玉昆，以及著名老旦郝雁声等。当时和平戏院经理田桂成，在口述资料中提及曾在石门演出过的名角，还有京剧文武老生孙盛普，花旦李世芳，花旦、青衣、刀马旦张菊仙，花脸陈立岐、苏月楼、秦月楼、何月楼等。另外，北京著名曲艺家"小彩舞"骆玉笙也曾来过石家庄演出。如前所述，在当时市域范围内，本土特色最突出的文化形式是丝弦戏。近代石家庄城市文化来源的地域多元化，不仅极大地丰富了文化的艺术内容，也使得石家庄文化来源的地域版图大大超越了石家庄城市行政的地理版图。

　　文化的形态多样化与地域多元化互为依存，形态多样化的特征随着城市化的深入发展和农村结构的渐次解体而变得越来越明显，越来越丰富多彩。近代石家庄在吸纳着多元地域的文化同时，也迅速扩展了各式各样的城市文化艺术门类的涵盖面，文化多元化特征体现了石家庄的兼容并包。随着城市移民的增加和土著居民的逐渐分化，社会各阶层民众的审美情趣和审美能力存在着客观差异，文化的形态存在着高雅与通俗的较大差别。在高雅书画艺术方面，近代石家庄"亦间有书画名家"，既有擅长爪甲兼施的指画特技，也有擅长透视

---

① 张鹤魂，《石门新指南》，石门新报社，1942年，第70页。
② 张鹤魂，《石门新指南》，石门新报社，1942年，第70页。
③ 张鹤魂，《石门新指南》，石门新报社，1942年，第71页。

写实的肖像技艺；既有擅画山水和花鸟鱼虫的移民画家江宿光，也有擅书擘窠大字的休门土著书法家赵育民、赵士恒叔侄。① 在通俗的电影娱乐方面，近代石家庄既放映过无声片和有声片，也放映过国产片和外国片。在文学方面，随着报纸、杂志、出版等传媒业在石家庄的出现和发展，既有出版少量阳春白雪的学术著作和散文专集，例如，赵幻云的《学术演讲集》、张鹤魂的《新闻纸的几个问题》、吴宪增的《中国新闻教育史》、吴悠与何辉的《微言集》、何辉的《海浪集》、石门新报社编辑的《野草集》、高尔志与蔡生太的《波涛集》等；也有发表了大量下里巴人的街头趣闻和连环画。在音乐方面，随着西洋音乐唱片传入近代石家庄，小提琴和管乐等西洋乐器也在乐器行出现，20世纪30年代的升平街上已有了正音斋和新韵斋两家乐器店。在全市举办的各式联欢会上，除了有胡琴、琵琶、笛子、唢呐等民间乐器演奏，也有了小提琴、管乐等新式乐器演奏会。在各类迎宾和庆典仪式上，既有使用洋式军乐队的演奏，也有使用乡土吹鼓手的演奏。在杂技魔术方面，既有本土的杂耍，也有外埠的马戏；既有传统古彩戏法，又有现代魔术。在新新戏院北侧，曾开设一家"明星魔术研究社"，不仅表演技术精妙的中西魔术，还对爱好者有偿传授相关技艺。② 在体育运动方面，既有了篮球、足球等现代运动项目，也有广泛群众基础的武术和摔跤等传统运动，还有硬气功等一些特殊项目。

曲艺是各种说唱艺术的统称，表演比之戏剧则具有简便易行的特点，故而成为近代石家庄各种娱乐场所、大小茶馆以及街头地摊的最主要表演艺术形式之一。据各种文史资料记述，在近代石家庄的曲艺百花园中，演出的主要曲种有评书、相声、快板书、山东快书、京韵大鼓、京东大鼓、木板大鼓、西河大鼓、唐山皮影、乐亭大鼓、梅花大鼓、河南坠子、天津时调、渔鼓道情、单弦等。③ 如果论及石家庄各类文化艺术形式的规模和阵容，戏剧肯定首当其冲。

---

① 张鹤魂，《石门新指南》，石门新报社，1942年，第18～19页。
② 张鹤魂，《石门新指南》，石门新报社，1942年，第331页。
③ 资料来源有：《艺苑漫忆》，政协石家庄市文史委员会，1997年；《石门新指南》，石门新报社编，1942年；《南花园史料专辑》，石家庄桥西区政协文史委，1990年；石家庄市文化局编，《石家庄市文化志》，1992年。

近代石家庄文化舞台上有被誉为国剧的京戏,有典雅华美的昆曲,有唱腔高亢激昂的河北梆子,有唱腔变化多端的山西梆子,有表演生活气息浓厚的评剧,有唱腔朴实、激越、刚健的南路老调,有乡土气息浓厚的豫剧,有唱腔真假声交替运用的石家庄丝弦,还有被称为文明戏的话剧。近代石家庄的戏剧舞台十分活跃,可谓各类剧种同城争辉,异彩纷呈。

此前被社会上层垄断和独享的文化状态,在城市化的浪潮和大众传媒的冲击下逐渐被打破,开始传播至平民知晓,最终至大众分享。昔日远离平民大众的高雅或精英文化,伴随着新市民阶层的崛起,经历商业化的洗礼,也逐渐开始脱离象牙塔走向通俗化和世俗化。因此说,近代石家庄城市文化具有大众化的明显特征,文化属性出现了由高层向平民化、高端向普及化转变的发展趋势。

在传统社会统治阶层愚民政策指导下,传统的"敬字惜纸"则是普通百姓难以接触承载知识文化书籍的一种变相写照。在商业化和大众化的推动下,用于表达思想、积累经验、保存知识与传播知识的图书,作为一种商品开始走进千家万户。20世纪30年代石家庄出现了专门经销图书的商铺,譬如,在大桥街有中华书局、文德书局、博雅书局,同乐街有文华书局、石门日报社图书部,在五条胡同有聚盛书局以及会文堂等7家书店。[1] 除了书籍,报刊也为石家庄读者开辟了一扇文化窗口,"外埠报纸以前在石家庄很为活跃","现在北京出版的'逸文月刊''读书青年',正在石门很流行"。[2]

石家庄城市化造就了大批脱离农业社会生活方式的新市民,现代工厂生产制度又给市民提供了一定的闲暇时间,大众享受文化成为可能。在此前提下,不少市民出于追求精神文化的需要,参与到大众文化消费之中。例如,石家庄曾自发成立了一个口琴会,该会拥有在本市各机关工作的青年男女会员20余人,以提倡正当娱乐和培养情操为宗旨。平时该会员之间相互切磋技艺,还公开举办过5次演奏会,并在石门广播电台进行过4次演播。再如,石家庄

---

[1] 石门日报社编印,《石门指南》第四编《商号及题名录》,1934年,第13～14页。
[2] 郭瑛,《跃进的石门文化》,《石门月刊》,第2期,1945年8月15日,第8页。

铁路总机厂、京汉铁路局、正太铁路局、大兴纱厂等较大型的工厂，为活跃职工业余生活，经常举办一些足球、篮球、排球、乒乓球、田径、武术、摔跤等体育活动，从而开启了石家庄近代体育运动的先河。早在1925年，平汉铁路俱乐部就修建了一个篮球场和两个乒乓球台；同年正太铁路管理局也修建了一个水泥篮球场、四个网球场、一个排球场、六个室内外乒乓球台。工人之间开展的体育活动影响带动了各类学校的学生，在平汉铁路扶轮学校和正太铁路扶轮学校，也都修建了篮球场、排球场、乒乓球台，以及体育活动的操场。[1] 大兴纱厂则在厂门外修建足球场，大兴职工子弟学校也建立了小足球场。石家庄最早的足球活动，是在大兴纱厂职工和铁路职工之间兴起的。1933年春举行了石家庄第一场足球比赛，由大兴工人队和平汉铁路工人子弟队在大兴纱厂门外足球场进行比赛。1933年秋举行了石家庄联队与山西省足球队的比赛。1934年和1935年，正太铁路还举办了本单位秋季和春季运动会。总之，近代石家庄由大工厂首先开展的体育活动，带动了各级学生、驻石军队、报社记者、部分机关职员等的广泛参与，成为开辟石家庄城市文体活动的主力和先锋。

戏曲是石家庄最主要的一种传统娱乐方式，随着近代石家庄京剧舞台的繁荣，在市民中培养了一批酷爱京剧的戏迷，京剧成为他们最感兴趣的文化消费形式，不但爱看戏，而且学戏、唱戏，还自己登场演出。"石门前此市中，既有戏园，男女合演，均为人所乐观。但观之，则又学之，而以自演为消遣，于是票房乃如林立。"[2] 当时石家庄大兴纱厂、京汉铁路局、正太铁路局、井陉矿务局等大型厂矿企业的票友自己组织成立了票房俱乐部，此外，税务机关和银行职员中，"亦有人出面玩票"，参加票房成为部分业余戏迷主要的娱乐消遣方式之一。有的票房俱乐部人才济济，"生、旦、净、末、丑，角色（行当）较为齐全"。每当城市有慈善义务活动时，这些票友们都会先行排练数日，积极参与义演。为了追求演出效果，票房一般还要配置些必需的道具，但是，

---

[1] 石家庄铁路分局编，《石家庄铁路分局志》，中国铁道出版社，1997年，第549～551页。
[2] 张鹤魂，《石门新指南》，石门新报社，1942年，第73页。

"所用行头，亦多自置"。① 全市各界的京剧爱好者联合在同乐街 39 号组建了石门国剧研究社。该社以提倡艺术研究京剧为宗旨，网罗全市的名票，相互切磋唱腔，并聘请职业教习指导。石门国剧研究社不仅购置服装和道具，印刷剧本，发行戏剧周刊等，并在平时排练了部分折子戏。② 京剧票房俱乐部和研究社的出现，标志着京剧成为石家庄最具大众化特征的市民艺术。20 世纪 30 年代初的石家庄票友大赛曾产生了 14 名当地名票，1942 年 10 月，石门广播电台和石门新报曾联合举办过京剧票友清唱比赛大会。话剧作为一种以对话为主的戏剧形式，被引入石家庄以后，也产生了一批业余爱好者。他们对学戏、排戏产生了极大兴趣，不少人直接投身到了业余话剧活动之中。例如，看过中国旅行剧团在石家庄演出的《茶花女》等话剧之后，"乃引起正太俱乐部同人等爱好之心，于是职员偕其眷属，亦从事于练习，读剧本，制布景，聘导演，日遂乐而不疲"。③

当然，近代石家庄城市文化发展是极不平衡的，影响城市文化发展的因素很多，并且错综复杂。诸如从零起步的农村城市化类型，长期城市建制的缺失，城市移民来源结构和审美情趣等。这些错综复杂因素导致出现的不平衡性，主要表现有七：其一，城市文化中传统乡土文化转型与近代新文化导入的发展不平衡，近代新文化发展比较滞后；其二，城市文化前后进程阶段的发展不平衡，城市化前期发展相对滞后，七七事变后，殖民文化曾一度打断了正常的发展进程，而根据地的红色文化入城较晚，1947 年 11 月至 1949 年中华人民共和国成立，形成文化高潮和文化中心；其三，移植外地文化与形成本地文化特色的发展不平衡，本地特色文化品牌比较少；其四，各种文化形式的发展是不平衡的，传统戏剧相对而言占主导地位，电影、文学小说作品等文化艺术形式的市场份额比较小，通俗性作品比较少；其五，戏剧中传统剧种相对而言占主导地位，话剧等新式文明戏比较少；其六，大众传媒影响的受众群体也不

---

① 张鹤魂，《石门新指南》，石门新报社，1942 年，第 73 页。
② 石门日报社编印，《石门指南》第二编《规则及章程》，1934 年，第 74～75 页。
③ 张鹤魂，《石门新指南》，石门新报社，1942 年，第 72 页。

平衡，市民整体文化消费水平尚低，传播的公众面并不大，订阅报刊和收听广播的中下层市民比较少。其七，大众文化消费具有商业消费和精神享受双重特性，过分的商业化和娱乐性导致了文化消费流于低俗，审美关照被边缘化，近代城市大众文化消费实质上处于失衡状态。

总之，近代石家庄文化已经发生了农村城市化的质变，但是量变的程度与其他城市相比，尚逊色不小。正如，当时《石门月刊》文化评论员所断言的一样，"石门的文化事业，故远不如上海、北京那样发达，其文化水准亦是相当的低下"[①]，主要原因在于石家庄缺乏城市文化积淀，城市大众文化根基较浅，虽然初步形成了一定规模的文化娱乐消费市场，实现了初步的文化聚集功能，但是在近代尚不具备城市文化的辐射力。简而言之，近代石家庄的城市文化功能的发展，同经济、政治、军事功能的快速发展相比明显滞后，切不可与近代石家庄交通枢纽、区域经济中心、军政中心的地位相提并论，如果将其也称之为区域文化中心，实在是盛名难副，有些名不副实。

---

① 郭瑛，《跃进的石门文化》，《石门月刊》，第 2 期，1945 年 8 月 15 日，第 8 页。

略论近代石家庄的公立新式学堂（1901年～1937年7月）

一

近代石家庄学校教育变迁的最大特点，就是随着城市化进程，长期以来的传统教育模式得到了改变。中国传统教育基本上是为维护和巩固封建统治阶级利益服务的，是以满足封建统治阶级的政治需要为首要目的的。清代州县一级的官办教育组织为书院。获鹿县当时在县城东关设有鹿泉书院，其主要培养目标是为县试、府试、院试或乡试培养应试的生童。据口述史资料回顾，晚清时石家庄村里曾出过两个秀才，"一个叫殷书义，一个叫于凤书"。[①] 清代州县以下的教育组织为义学。义学名义上由官府倡导，实质上是由各方面会合的"捐办"而成。据光绪朝获鹿县志记载，晚清的鹿泉书院"每年所出，甚属寥寥，除山长修仪支送外，肄业生童不堪培养"。[②] 此外，"各村义学俱由各村绅士经理"[③]，大部分的乡村义学都名存实亡，广大乡村并没有完整的公共教育体系，教育的功能基本上是由家庭或家族在承担。清季获鹿县农村普遍存在的是"蒙学化"的私学，蒙学教材主要是宋元以后出现的《三字经》《百家姓》《千字文》《千家诗》等。获鹿县的私学差异比较大，"在富厚之家，延师甚易，而寒微之士，从学甚难"。[④] 20世纪前的石家庄村没有任何学堂，"谈不上文化

---

* 原文发表于《石家庄职业技术学院学报》，2010年第1期。
① 殷良夫、张平夫，《石家庄第一所小学》，《石家庄新华区文史资料》，第1辑，1997年，第55页。
② 俞锡纲、曹荣，《获鹿县志》卷八《学校》，光绪四年（1878）刻印。
③ 俞锡纲、曹荣，《获鹿县志》卷八《学校》，光绪四年（1878）刻印。
④ 俞锡纲、曹荣，《获鹿县志》卷八《学校》，光绪四年（1878）刻印。

教育。当时孩子上学，每天要到五六里地以外的振头镇去"。① 在振头村的关帝庙，曾有过一所用庙产办起的义学，可以收容附近农家子弟在农闲时入学，属短期"义学"学馆。据光绪四年（1878）《获鹿县志》记载："同治十年，因该村争控义学旧地，断令复设。"② 戊戌维新运动以后，义务教育思想作为西方教育思想的重要内容传入中国，普及教育成为维新派推进近代教育变革的理想目标。八国联军侵华后，因获鹿县兴办义和团之故，在外国列强的重压之下，清政府对获鹿县做出了从1901年始停止科考5年的处罚。

清末新政之初，清政府谕令各省书院改设学堂。"各省书院于省城改设大学堂，各府厅、直隶州均设中学堂，各州县均设小学堂。"③ 于是，获鹿县改鹿泉书院为新式学堂，即获鹿县第一高级小学校。"第一高级小学校于清光绪二十七年成立，为新文化发轫之源。"④1905年清政府宣布废除科举，要"广兴学校"。1906年获鹿县成立劝学所，"划全县为四学区，区设劝学员，司设立村镇蒙学事宜"，⑤ 由此揭开了获鹿县广大乡村新式教育的序幕。与此同时，从1902年勘测石家庄村边的京汉铁道路线走向，到1907年建成正太铁路并全线通车，昔日的小村庄已经开始聚集众多的外来人口，即为石家庄农村城市化之滥觞。作为获鹿县蕞尔小村石家庄的一切都开始逐渐发生变化。

在1901年至1912年的石家庄城市化启动时期，由于"风气未开，村中成立私塾甚多"，正式新式学堂尚未出现。此时，石家庄大量地出现私塾，无疑与当地商业贸易的迅速兴起有着直接联系。1907年石家庄铁路枢纽形成以后，吸引了大批生意人开始向此地聚集，随着学龄生源日益增长，产生了对教育的需求，塾师纷纷拥至。例如，塾师高用观"因石家庄殷秉仁、殷洛新于三月间，托大郭村张印荣生族叔高建中向生说，愿请生在石家庄设立识字学

---

① 殷良夫、张平夫，《石家庄第一所小学》，《石家庄新华区文史资料》，第1辑，1997年，第55页。
② 俞锡纲、曹荣，《获鹿县志》卷八《学校》，光绪四年（1878）刻印。
③ 朱有瓛，《中国近代学制史料》（上），第2辑，华东师范大学出版社，1987年，第520页。
④ 佚名，《鹿泉文献》（上册），石家庄市图书馆收藏本史部112-21/77，第34页。
⑤ 佚名，《鹿泉文献》（上册），石家庄市图书馆收藏本史部112-21/77，第34页。

馆，言童蒙类多，生意中人有事在铺中贸易，无事入学中识字。即于是月请生入馆"。①

1912年以后，当局加大了督办各地兴学的力度。石家庄村正姚梦荣，"热心教育，受一乡老幼之托"，对村民反复苦口劝导，"说明学校教学法如何有利于学生，私塾不改良如何误人子弟"。②他通过极力宣传新式学校教育之好处，细陈私塾之弊端，终于将本村"私塾五六处解散"。③1913年，在村东利用大佛寺的寺院房产和场地，成立了石家庄村新式学堂——初等小学。作为村正的姚梦荣，在创办学校时即认识到，"石家庄铁路交通人烟辐辏，石家庄学校成立不好，他乡亦何有望，石庄之学校关系甚大"。④他本人不仅兼任了学校的校长，并且大力整顿本村私塾，使得"学校乃大有起色"。⑤当时"本村学生入学不拿学费，外地人则要拿学费"。⑥据《鹿泉文献》记载，这所"以私款创立"的石家庄第一所初等小学，一直到1921年才正式被确立为获鹿县第四高级小学，是石家庄第一所县立公办学校。

二

众所周知，义务教育就是教育普及化，公立学校教育的出现，体现了近代教育大众化的开始，反映了时代的进步。新式学校教育的规格，远远超过

---

① 河北省档案馆藏，《石家庄校长姚梦荣禀殷保保等毁谤学校案》，656-1-309。
② 河北省档案馆藏，《石家庄校长姚梦荣禀殷保保等毁谤学校案》，656-1-309。
③ 河北省档案馆藏，《石家庄校长姚梦荣禀殷保保等毁谤学校案》，656-1-309。
④ 河北省档案馆藏，《石家庄校长姚梦荣禀殷保保等毁谤学校案》，656-1-309。
⑤ 关于石家庄最早的学校产生于何时的问题，殷良夫、张平夫撰写的《石家庄第一所小学》一文认为，由石家庄乡绅姚梦梅发起成立的一个新学校，在1910年前后，并由姚梦梅担任该校校董。根据档案《石家庄校长姚梦荣禀殷保保等毁谤学校案》记载，姚梦荣本人曾在民国三年七月十四日所写的诉状里称："村学校成立业已有年"，故此，应该可以推定石家庄最早的一所学校产生于1913年。该档案现藏于河北省档案馆，档案编号为656-1-309。
⑥ 殷良夫、张平夫，《石家庄第一所小学》，《石家庄新华区文史资料》，第1辑，1997年，第55页。

昔日塾馆。以往传统社会存在的塾馆，之所以称之为私塾，是相对于清末或民国以后公立的学堂和官办的学校而言的。私塾属于私人事业，不仅规模小，而且延聘塾师等所需费用全部由私人负担或部分分担；而官办公立学堂，则改由"公款"承担。石家庄公立学校所需的"公款"，虽由官方或集体筹集，但并非由官方全部包揽。例如，1930年，石家庄的县立第四高级小学的经费，始终是"粮捐四成，余由石门筹"。①尽管如此，公立学校还是凤毛麟角，屈指可数。近代石家庄新式公立学校发展主要体现在以普及文化为主的小学教育，因为本地缺乏学校教育基础，基础教育与新城市普通民众的生活实际联系更为密切。在1935年河北省教育厅推行义务教育试验区之前，石门辖区内县立学校仅有获鹿县第四高级小学一所，石门救济院附设贫民两级小学一所。河北省教育厅鉴于石家庄城市化的飞速发展，认为有必要在工商业经济中心设立一所工业学校，于是才在市区西部动工新建"河北省立石门工业学校"，1936年开始招生，第二年就因七七事变爆发而停办。

当时在石家庄除了极少数比较稳固的公立学校之外，办学规模颇小的私立学校，也开始大量出现。尽管大多数私立学校都缺乏雄厚的资本，普遍存在着诸多办学困难，但是在不断增长的教育需求下，依然是你方唱罢我登场。例如，石家庄第一所私立初级中学——石门鹿泉中学，创立于1925年，筹办者在"本市东北隅，置土地建校居"，当石家庄这所最高学府的校舍"规模粗具"，开学不到半年，就因为"经济拮据，中途失败，校舍沦于废址焉"。②1929年在旧址上，又开始筹建私立石门初级中学，到1931年河北省政府才正式批准，予以备案，此时有学生166人，教职员12人。③20世纪30年代，石家庄新生私立小学的数量与日俱增。1935年教育厅的教育现状调查报告说，"在石门教育上有一种畸形的现象，即是一二年以来，大批的私塾如雨后春笋般的加增。第一，显示石门一般民众感觉识学的需要；第二，显示石门

---

① 《获鹿县各种高级小学校沿革表》，《鹿泉文献》（上册），石家庄市图书馆收藏本史部112-21/77。
② 石门日报社编印，《石门指南》第一编《地理》，1934年，第5页。
③ 石家庄市教育志编纂委员会，《石家庄市教育志》，河北教育出版社，1992年，第94页。

文化程度的低落，仍旧具有数十年前的私塾信心，这些私塾教师所授课程及教学方法，多是陈腐不堪。"①

自从石家庄"受交通便利之影响，顿变为工业商业之市区"之后，城市人口呈跳跃式增长，城市化发展进程明显加速。伴随着城市化的发展，教育理应出现与之相应的均衡发展，近代城市应该是新式学堂的集中地，应该是区域教育快速变革的中心或领跑者，从而成为近代新思想文化的传播中心。然而，近代石家庄教育发展的实际状况却一直异常缓慢，并不像人口聚集那样迅速，更没有出现跳跃式增长，人口与教育两者未形成"齐头并进"的局面。特别是在七七事变以前，石家庄学校教育规模甚小，特别是公立学校极度匮乏，教育普及的广泛程度长期落伍，令人匪夷所思。

20世纪20年代中期，北洋政府批准石门市之时，确认的人口数量为33077人。②此时，石家庄有的学校在读"中小学生一千余人"。③20世纪30年代中期，石家庄总人口达到63156人，市区"六足岁至十六岁之儿童约七千名"，六足岁至九足岁儿童共计3590人，"除已入学者外，六足岁至十足岁之失学儿童，尚有3405名"。④学校主要分布状况是，"除私立石门中学、石中附小、铁道部立第一第二扶轮小学、县立第四高小，及平汉路局、大兴纱厂员工子弟小学等校而外，其余均系私塾，据去年调查此地私塾有三十七处之多。"⑤据1939年出版的《石门市概况》记载，"石门之教育尚在萌芽时期，中等学校仅石门中学及河北省立职业学校。然事变后，二校尚未恢复。小学校现已开校者，仅市立三校（男校二、女校一），私塾十四处。学生共一千四百余

---

① 井守文、孙长元，《河北省石门义务教育进行现况》，《河北月刊》，第4卷第7期，1936年7月，第12页。
② 河北省档案馆藏，《直隶全省自治筹备处令石家庄商会会长张士才呈请设立市自治会卷》，1925年9月，656-2-132。
③ 《石家庄之经济状况》，《中外经济周刊》，第181号，1926年9月25日，第20页。
④ 井守文、孙长元，《河北省石门义务教育进行现况》，《河北月刊》，第4卷第7期，1936年，第5页。
⑤ 井守文、孙长元，《河北省石门义务教育进行现况》，《河北月刊》，第4卷第7期，1936年，第1页。

人，教育可谓落后矣。"①

由上可见，当地教育存在着明显的滞后，教育普及率与城市化发展严重脱节，形成了"石家庄铁路交通万商云集，青年子弟率多废学"的离奇现象。②即便是1935年在石门市推行义务教育实验区之后，依然有众多城市失学儿童被拒之门外。"据石门实验区最近之调查，男女自六足岁至十二足岁之失学儿童，仍有二千左右，其年长失学儿童尚有二千人以上。此四千以上之失学儿童，应如何设法救济呢？"③近代石家庄出现的这种城市化非均衡发展状态，令时人非常不满。1934年出版的《石门指南》认为，"石门之教育极不发达"。④1940年出版的《石门市事情》曾评价说，"石门之教育状况，因文化落后关系，与其他各县相同，一般水准，比较低下"。⑤那么，导致近代石家庄学校教育"规模不宏"和教学质量"成绩未彰"⑥的最主要原因何在？

三

有时人认为，"石门之教育极不发达，实缘本市除商人外，居民甚少"。⑦言外之意是，由于城市流民多，定居市民少，造成学龄儿童群体规模小，从而影响到石家庄学校的数量发展。毋庸置疑，作为一座新兴工商业城市，在外来移民中工商者肯定占据多数，而且城市中存在大量流动性客居人口，这是不争的客观事实。但是，除个别只身进城的短期打工者之外，大凡拉家带口进城

---

① 获鹿县志编纂委员会，《石门市概况》，获鹿县编纂委员会增订本《获鹿县志》，育德印书店，1939年重印本，第7页。
② 河北省档案馆藏，《获鹿县知事谨将办理教育、实业、词讼、辑捕四项实在情形开折呈请鉴核》（1919年3月4日），656-1-1135。
③ 井守文、孙长元，《河北省石门义务教育进行现况》，《河北月刊》，第4卷第7期，1936年，第11页。
④ 石门日报社编印，《石门指南》第一编《地理》，1934年，第5页。
⑤ 陈佩，《石门市事情》，新民会中央总会，1940年，第65页。
⑥ 陈佩，《石门市事情》，新民会中央总会，1940年，第65页。
⑦ 石门日报社编印，《石门指南》第一编《地理》，1934年，第5页。

的移民，一旦拥有基本生活保障，多数便会在石家庄实现落户定居。据调查统计，在20世纪30年代中期石家庄的学龄儿童家庭中，从事工商职业的家庭人数大约已经占到市内全部儿童的64%（见表4-2）。显然，将石家庄学校教育落后的原因归咎于外来学龄儿童群体规模小，求学需求不足的观点，并不能成立。或者说城市里低层工商职业家庭的经济收入不高，无法满足子女入学读书条件，可能会成为影响入学率的一个因素的话，那么，将石家庄公立学校短缺和地方政府义务教育不足的缘由，完全归罪于这些适龄儿童家长，显然也是张冠李戴，扣盘扪烛，并未抓住教育问题的根本所在。

表4-2 1935年石家庄学龄儿童家庭职业分布状况统计表[①]

家庭职业类型	6足岁~9足岁		10足岁~16足岁		合计	
	人数	百分比	人数	百分比	人数	百分比
士（含公务员子弟）	113	3.15%	118	3.41%	231	3.28%
农	1063	29.61%	1062	30.75%	2125	30.17%
工	1345	37.47%	1216	35.2%	2561	36.36%
商	982	27.35%	956	27.68%	1938	27.51%
兵	87	2.42%	102	2.95%	189	2.68%
总计	3590		3454		7044	

其实，近代石家庄城市化进程中贻误教育发展的关键，在于应该政府做的事情却没有做，或者说没有做好，这充分反映了石家庄城市化从零起步的艰难和尴尬。七七事变以前，由于石家庄长期以来，没有形成统一的城市管理体制，畸形政体造成百弊丛生，使得社会综合管理严重缺失。一方面市制不成，石家庄未能脱离县属管辖，名义上行政管理工作仍然隶属获鹿，"教育行政虽属于获鹿县政府，而大有尾大不掉之势"。[②]另一方面，石家庄城市管理工作又处在一种半独立运行状态，地方治安由直接隶属于省府的石门特种公安

---

① 《河北省石门义务教育进行现况》，《河北月刊》，第4卷第7期，1936年，第5页。
② 井守文、孙长元，《河北省石门义务教育进行现况》，《河北月刊》，第4卷第7期，1936年，第1页。

局负责主持，城市经济运行大权掌握在石门商会手里，获鹿县对其城市发展又不得插手，导致整体发展事权不一。尤其石家庄的教育发展缺乏规划，地方政府长期无人负责过问，这是造成石家庄城市教育滞后的最重要原因之一。正如《石门指南》一书的分析，"以隶属分歧，向无集中之统制，故教育发展诸多掣肘"。[1] 1935年河北省教育厅之所以决定在石门市进行"义务教育实验"，很大程度上是考虑到上述问题已经相当严重，"本省鉴于石门之交通便利，工商业之发达，教育之散漫紊乱，与失学儿童之众多，且为各地示范参考，俾得借鉴起见，故决定在此地设立城市义务教育试验区。"[2]

另外，由于石门城市建制的缘故，波及教育经费拨付机制，"省县隔绝，均感鞭长莫及"[3]，直接影响到石家庄新式学校数量的发展。石家庄作为新兴区域经济中心城市，拥有大量的政府税收机构，而政府却根本没有直接用于石家庄教育的预算。获鹿县教育局只负责拨给石门市第四高小的经费，甚至在很长时段内，"经费暂由该庄自行担任，俟筹有款，再行补助"。[4] 城市缺乏政府的教育投入，发展新式学校教育完全依赖自筹，成为这座新兴区域经济中心城市教育症结的根本所在。正如《石门市事情》一书所分析评论的一样，"经费咸归地方自筹，竭蹶困窘，举措为艰，职教员待遇微薄，校务自难进展"。[5]

总之，近代石家庄作为迅速崛起的新兴城市，未能确立其区域教育文化中心的地位，当然也就未能担负起区域教育文化中心的职能。

---

[1] 石门日报社编印，《石门指南》第一编《地理》，1934年，第5页。
[2] 井守文、孙长元，《河北省石门义务教育进行现况》，《河北月刊》，第4卷第7期，1936年7月，第1页。
[3] 陈佩，《石门市事情》，新民会中央总会，1940年，第65页。
[4] 河北省档案馆藏，《获鹿县知事谨将办理教育、实业、词讼、辑捕四项实在情形开折呈请鉴核》（1919年3月4日），656-1-1135。
[5] 陈佩，《石门市事情》，新民会中央总会，1940年，第65页。

略论近代石家庄的企业办学

一

从学校管理体制考察，近代石家庄城市学校属性主要有以下三种类型：其一，官办学校。由当局任命领导。例如，石家庄县立第四高级小学的校长，直接由获鹿县教育局委任。虽然石家庄官办公立学校甚少，但是在当地起着示范学校的作用，其教育质量和学习成绩得到了社会普遍认可，县立第四高级小学被誉为"成绩最佳之高小"①。其二，私立民办学校。由于规模类型不等，分为合伙集股和个人投资等不同情况。例如，石门救济院所设的贫民小学、石门初级中学、明达初级小学等都是由学校董事会管理或任命校长以及教务长。个人投资办学或私塾，即投资者本人担任校长。例如，正太饭店职员任国忠会说法语，因故被辞以后，在桥西新开街开办私立法文学校，自任校长。1935年私立民办学校和私塾达46所（见表4-3）。私立学校在中国不是新生事物，古代私立教育源远流长。到20世纪二三十年代，伴随着近代城市化进程，石家庄的私立学校步入了一个快速发展期，尽管鱼龙混杂，但在适应城市大量低收入家庭学龄儿童求学需要方面，发挥了不可或缺的重要作用。其三，大型厂矿企业办学。这是近代石家庄学校教育的重要组成部分，在工商业城市兴起之时，弥补了当地学校不足的部分缺憾。厂商兴办学校拉动教育，带有企业办社会的味道，但对石家庄城市教育发展做出的贡献是不可磨灭的。

---

* 原文发表于《中共石家庄市委党校学报》，2009年第12期。
① 石门日报社编印，《石门指南》第一编《地理》，1935年，第6页。

表 4-3　1935 年石家庄民办学校及私塾基本情况统计表①

序号	学校名称	校址	负责人	学生数量	建校时间
1	私立石门初级中学	休门	周慎之	310	1930 年
2	总领法文学校	新开街	任国忠	43	1923 年
3	成美职业学校	阜康路	李树春	30	
4	北辰法文学校	正东街	尉蕴山	15	
5	石中附属小学	学堂街	周慎之	209	
6	石门救济院两级小学	普济胡同	周化邦	250	1925 年
7	休门女子初级小学	西大街三条	周慎之	43	
8	明达初级小学	西阁街	刘文鉴	45	
9	中山民众学堂	中山街	刘云路	100	
10	培英学校	西裕里	李养斋	33	1932 年
11	自新学校	同义街	张尽善	11	1934 年
12	平等学校	花园南街	张文善	10	1934 年
13	育华学校	西裕里	王殿元	13	1934 年
14	民学学校	南小街	谷春亭	22	1932 年
15	文华学校	安平街	翟凤藻	60	1926 年
16	崇德学校	市场街	刘学洲	40	1933 年
17	普育学校	市场街	牛子英	50	1934 年
18	育民学校	丁字斜街	于锡岭	31	1934 年
19	毓英学校	西阁街	于文祯	12	1925 年
20	明华学校	隆盛胡同	温廷贞	15	1934 年
21	文熙学校	永兴里	陈文熙	30	1932 年
22	首善保守学校	公平里	白如玉	20	
23	海蒙学校	署南胡同	王荣璋	8	1925 年
24	儿童学校	卢家大院	张庆隆	14	1933 年
25	启颖学校	殷家大院	赵宝珍	38	1931 年
26	立达女学校	声远里	米淑琛	7	1930 年

①《河北省石门义务教育进行现况》,《河北月刊》,第 4 卷第 7 期,1936 年 7 月,第 2～3 页。

（续表）

序号	学校名称	校址	负责人	学生数量	建校时间
27	乐善小学校	寺后街	郭霁峰	26	1932年
28	荫棠小学校	电报局街	高炳琳	11	1926年
29	启蒙小学校	阜宁路	田棣卿	10	
30	明星小学	阜康路	张明星	40	
31	修业小学	阜宁路	王舒荫	6	
32	乐三小学	栗村小南街	赵抚琴	35	1934年
33	尚古小学	栗村东北	傅治九	15	
34	高文小学	五条胡同	王琳	18	1928年
35	映雪小学	鲜鱼市	孙亭午	30	1934年
36	培英小学	电报局街	梁翰章	14	1930年
37	育英小学	阜宁路	王荫迟	23	1931年
38	培德小学	阜康路	马增祥	36	
39	私塾	阜宁路	牛孔宪	3	1934年
40	私塾	大经路	徐待曾	6	
41	私塾	休门道	王金知	15	
42	私塾	栗村北二条	王雨亭	16	
43	私塾	平安里	赵肃贞	8	
44	私塾	大同里	赵续贞	12	
45	私塾	大中街	刘裕珍	21	
46	私塾	大兴里	张雨霖	20	1934年
	总计			1801	

二

近代石家庄兴办学校的企业，主要集中在工业领域，商业企业参与办学极少，这与近代石家庄工商业经济结构的特点有直接关系。当时石家庄的任何一家商业企业都没有兴办新式学校的经济实力,几家具备办学实力的近代企业主要是京汉铁路局、正太铁路局、井陉矿务局炼焦厂、大兴纱厂等大型的现代工厂。

铁路部门是当时石家庄最大的近代企业,随着铁路职工人数的增加和子女就学难等问题的日益突出,企业自行开办普通学校的问题逐渐提上了日程。"鉴于路务人员之子弟,无相当教育,恝然忧之,故民十前,于此间设京汉扶轮第一学校,正太继之,又设正太第二扶轮学校。路务人员男女子弟皆得入学。"① 即1918年5月,京汉铁路局在石家庄桥东民生街建立了"京汉扶轮小学",后改称为铁道部部属石家庄第一扶轮小学。1923年12月,正太铁路局在石家庄桥西宁安街建立了"正太扶轮小学",后改称为铁道部部属石家庄第二扶轮小学。近代石家庄铁路系统兴办的部属学校,主要用于解决本企业内部员工子弟就学问题,起初"外界不得插入,嗣取开放办法,亦准外界插入"。但是非铁路职工子弟学生比例,最多时亦未超过30%。1934年石家庄扶轮第一小学,拥有6个教学年级;在职教员11人;高小毕业生63人,初小毕业生80人,在校生共计283人。其中,铁路职工子弟203人,占71.73%;非铁路职工子弟80人,占28.27%。1934年石家庄扶轮第二小学,拥有12个教学年级;在职教员22人;高小毕业生72人,初小毕业生158人,在校生共计581人。其中,铁路职工子弟550人,占94.66%;非铁路职工子弟31人,占5.34%。②

除了铁道部部属的"扶轮学校"之外,京(平)汉铁路局还在石家庄设立了一所"员工子弟学校"。1930年7月,平汉铁路"工会则以部立扶轮小学为数甚少,亟谋子弟教育之扩充,遂有员工子弟学校之设,收容员工子弟甚多。其开办费大都私人捐助,或工会补助,其经常费则由工会与路局双方供给"。③ 平汉铁路教育委员会成立后,其员工子弟学校统一收归路局教委管理。

---

① 刘哲民,《石门廿年来之回顾:人口渐增多 教育颇落后》,《大公报》,1932年5月5日,第5版。
② 铁道部秘书厅编,《铁道年鉴》,第三卷,商务印书馆,1936年,第1005~1008页。
③ 平汉铁路管理委员会编,《平汉年鉴》,1932年,第125页。

据1934年平汉铁路局调查资料记载，石家庄平汉铁路员工子弟学校，校址位于平汉铁路石家庄车站火车房内；校舍面积40275平方米，共计房屋15间；教职员工7人，男生171名，女生40名，共计211名。高小和初小的年级编制分为：高级五、六年级合为一班，系复式教授；初级一、二、三、四年级各一班，均系单式教授。①据1935年获鹿县督学、教育科长、公安局协同进行的调查报告显示，京（平）汉铁路工会所设的员工子弟学校，当年在校生为150名，其分校位于阜康路，在校生40名，校长为田春林。

大兴纱厂是除近代铁路系统之外石家庄工人数量最多的一个现代工厂。1925年石家庄大兴纱厂在工厂生活区内，开办了该厂的职工子弟学校。据1935年获鹿县督学、教育科长、公安局协同进行的调查报告显示，大兴纱厂所设的职工子弟学校当年在校生达到了152名，校长为石志学。②

1933年井陉矿务局石家庄炼焦厂，在电报局街开办了一所"煤行公立初小"，校长由杨凤楼担任，1935年在校生18名。

石家庄商会作为跨行业的工商联合组织，也介入了近代石家庄的办学活动。从1930年起，石家庄商会每年拨款2000元，用于赞助新办"石门中学"的经费，该校成为石门的最高学府。石门商会主席张庸池担任了学校董事长，大兴纱厂厂长石凤翔担任了副董事长。1934年石门中学在校生达到400余人，"创办诸君之有造于教育，有甚于后学之人，是不徒地方之幸也"。③到1937年该校停办。

三

从根本上看，办学校兴教育与企业自身利益有着直接关系，企业持续发

---

① 铁道部平汉铁路管理局编印，《本路教育调查》，《平汉铁路月刊》，第50期，1934年，第16～22页。
② 井守文、孙长元，《河北省石门义务教育进行现况》，《河北月刊》，第4卷第7期，1936年7月，第3页。
③ 石门日报社编印，《石门指南》第一编《地理》，1934年，第6页。

展离不开职工素质的不断提升,所以说,提高员工文化基本素养亦为近代企业自身的内在要求。从另一方面看,工商企业办学虽属商家的明举和善行,但也意味着厂商在经营生产的同时又要投资于教育,从而加大了企业经济负担。办学初始可能并非是完全出自厂商的心甘情愿,而是企业工人经过争取合法权益的长期斗争才取得的。例如,通过正太铁路工人10余日的罢工斗争,1922年12月26日正太铁路局才答应工人提出的条件,表示"工人子弟学校,照京汉、京丰各路,呈由交通部办理"。[①] 同样,经过大兴纱厂工人不断罢工斗争,以及河北省政府工商厅代表、市公安局等多方调解,厂方谈判代表才答应"原有职工子弟学校酌量扩充"。[②] 尽管企业办学局面来得如此不易,毕竟石家庄工商界能够关注教育开办学校了。正像报界评论所说,"不独石门之幸,亦国家前途之大幸也"。

  教育是市民进步的阶梯,学校教育是提高市民文化基础的现实途径。近代石家庄工商企业关注教育,兴办学校,无论是基础教育或在职教育,都提升了石家庄企业职工及其子女的文化水平和素养,不仅为全面提高本行业管理水平奠定了基础,也体现出企业的社会责任和社会功能。据1935年省教育厅的调查,企业办学吸纳了城市在读学生1281名(见表4-4)。纵观石家庄近代企业办学的基本状况,其发展的特点在普及新式学堂为主的小学教育,这与石家庄城市化的进程有很大关系。石家庄城市化起步较晚,起点极低,学校教育几乎是从零开始。创办基础性小学教育,与企业职工、普通市民的子女教育实际有着紧密的联系,体现了企业职工的利益。再者,创办新式小学堂,相对于创办职业技校或中学层次的学堂而言,企业所需投资经费略少。鉴于近代石家庄企业经济实力条件,没有一家企业能够独立举办起中等教育层次的学堂。

---

① 石家庄市教育志编纂委员会,《石家庄市教育志》,河北教育出版社,1992年,第13~14页。
② 《调解石门市大兴纱厂劳资争议联席会议决定书》(1929年),河北省档案馆藏《工商月报》,第58页,F72-55。

表 4-4　1935 年石家庄工商企业兴办学校基本情况一览表①

学校名称	校址	负责人	学生数目
第一扶轮小学（铁道部立，平汉路）	延闿街	马宏德	295
第二扶轮小学（铁道部立，正太路）	正太工厂	武灵初	595
职工学校员工子弟辅导班（铁道部立，正太路）	正太工厂	魏海明	31
煤行公立初小（煤行工会所设煤业学校）	电报局街	杨凤楼	18
平汉铁路员工子弟学校	正东街	田春林	150
大兴纱厂小学	大兴里	石志学	152
平汉铁路员工子弟分校	阜康路	田春林	40

尽管如此，随着近代石家庄区域性经济中心的形成，工商业在拉动地方经济发展的同时，亦拉动了当地的教育发展，推进了石家庄当地学校教育范围的扩大，提高了适龄儿童入学率，对提升整个城市文化素养做了一些基础性的积极努力，其贡献亦可谓名垂青史。

---

① 《河北省石门义务教育进行现况》，《河北月刊》，第 4 卷第 7 期，1936 年 7 月，第 2～3 页。

沦陷时期石门市竞马大会述论

1937年10月10日，日军攻占了石家庄。鉴于石家庄军事战略地位十分重要，侵华日军将石家庄作为侵略华北乃至全中国的后方基地和大本营，并准备将其建成华北六大都市之一。此后石家庄一直被侵华日军视为整个华北地区重要的战略堡垒基地，开始在此大肆扩充军事设施，安置了重要军事机构，驻扎了大批重兵。郑维山在《解放大城市的首创》一文中所说："七七事变后，日军曾将其侵占华北三分之一的兵力及大量伪军部署于石家庄及正太路寿阳以东地段，并构筑了大量工事，使石家庄成了一个大兵营。"[①]1939年10月7日，伪华北临时政府行政委员会正式批准石门设市后，日伪市公署以"本市拟视为军事上之要地"为原则，对石门市进行了城市规划，并在1939年出台的《石家庄都市计划大纲》中提出跑马场的规划项目。关于石门市的跑马场，仅《石门新指南》以寥寥数语做了简短记述，对于跑马场修建之后的使用情况及其举办的竞马大会等则更是鲜为人知，目前学界也尚无任何研究成果。本文根据1939年至1945年的《石门新报》刊发的近百篇有关竞马大会的报道和广告，拟对沦陷时期石门市举办的竞马大会做一些初步梳理和评论。

一、跑马场的修建及其马匹和骑手的选拔

石门市是一个近代后起的中小城市。在沦陷时期出台的《石家庄都市计划大纲》里，首次提出"跑马场设于街市东南隅"的规划项目。[②]这座跑马场

---

* 原文发表于《城市史研究》总33期，社会科学文献出版社，2015年9月。
① 郑维山，《解放大城市的首创》，《石家庄党史资料》，第3辑，1985年，第32页。
② 石家庄市城建档案馆藏，《石家庄都市计划大纲》（1939年），中日文对照本。

位于当时石门市休门村东南,在提出规划的1939年秋便开工兴建。

1939年石门市成立了"竞马会"的官方机构,竞马委员会的委员长由市长马鹤俦担任,执行委员会委员长由日本人林亲时担任,竞马会办事处设在石门市公署院内。跑马场就是在石门竞马会积极筹备并主持下兴建的。

据《石门新指南》记载,跑马场在修建当年就初具规模,"略具形势,周围数百亩"。[①]这说明跑马场的工程进展非常顺利。伪市公署为了将竞马活动办成石门市每年固定举行的一个活动项目,不惜血本,倾注全力建设。1940年4月竞马会逐渐完善了其下属的运作机构,成立了竞马会下属的6个部门,即总务部、经理部、宣传部、竞赛部、纠察部、救护部。[②]1941年夏天,伪石门市公署增加资金投入,拆除了初建跑马场时搭设的简陋席棚等,再度扩建了跑马场的房舍、望远台、看台等水泥建筑,使其基础设施得到最终完善。[③]1941年10月14日下午2时,伪市公署举行了跑马场扩建翻修工程的竣工仪式,邀请当地各主要相关部门团体负责人出席了典礼。[④]当年石门的百姓和记者,将"跑马场"称之为"竞马场",亦有人称"赛马场"。

尽管赛马在中国有着悠久的历史,春秋战国时期,就已经形成了"田忌赛马""驰逐重射"等成语,而且清朝时北方各地受满族、蒙古族赛马习惯的影响,亦举办一些赛马活动,但是近现代沿海各大城市兴起的赛马活动,是由西方引入的。中国的西式赛马活动始于19世纪60年代,到了20世纪30年代,香港、上海、武汉、青岛、天津等大城市中的赛马和博彩活动也极为盛行,陆续产生了一些赛马组织和博彩机构。譬如,上海跑马总会、万国体育会、中国赛马总会、上海跑马同仁俱乐部等。由于赛马竞技活动能给政府带来可观的税收,从而获得各个城市地方当局的大力支持,30年代全国的赛马场达到了20多个。但是,在沦陷时期像石门市这样修建跑马场并能够举办竞马大会的中小城市,在全国并不多见。

---

① 张鹤魂,《石门新指南》,石门新报社,1942年,第67页。
②《春季赛马会将于月杪开始》,《石门新报》,1940年4月13日。
③ 张鹤魂,《石门新指南》,石门新报社,1942年,第67页。
④《休门镇马场房舍今日行竣工式》,《石门新报》,1941年10月14日。

既然现代的赛马是一种比赛骑马速度的运动项目,那么竞赛使用的马匹必然会成为比赛的一个主要角色。据《石门新指南》记述,参赛的马匹"约数十头,皆遴选于附近各县"。① 在筹备举办竞马大会之初,市政当局曾向附近周边各县及各村发布通知,征集参赛马匹。应征参赛的马匹所有者,要先来市区检验马匹,经检验合格的马匹,方可参赛。② 凡获准参赛的马匹,"给予证明",比赛获胜的马匹,其所有者可得到一定奖励。据口述史资料反映,石门市周边各村就有人骑自家马匹参加过比赛。③ 当时在石门赛马场参赛的马匹,每次参加比赛都有一个专用名称。例如,1940年春季竞马大会上,参赛的马匹被命名了各自的比赛名称,它们是旭光、黑光、初风、朝风、东风、北风、海风、鞍风、松风、华山、山吹、东光、光明、秋月、阳炎、出云、朝曦、星流、白云、白里、白宫、白洋、白岭、白沙、白羽、白鹤、白鹭、云雀、黑龙、大黑、猛虎、伯驹、神力、万里、千里、一力、八郎、和平、一粟、梅香、花车、花束、君国、太和、金洋、花车、新姬、富士等。

赛马既是一种马匹奔跑速度竞争的活动,也是骑手驾驭能力和技巧的一种竞技运动,赛马离不了驾驭马匹的骑手。石门赛马之初,组委会专门在报纸上登广告征召骑手。例如,1940年4月,竞马会通过广告征召6名身体强壮、善骑术的骑手,要求应征者在20岁以上30岁以下。④ 组委会给每位骑手开出的待遇,是每日发给津贴五元加奖金,获得头等奖的骑手可以分得该项总奖金的1/5。⑤ 1940年春季竞马大会聘用的参赛骑手,既有华人,也有日本人。其中,日本骑手藤岛的骑术自开赛以来表现尤为突出,据记者报道,他"更形超群,其骑术之神速,洵出乎意料,鹤立鸡群"。在1940年春季竞马大会上,骑手藤岛将所得奖金50元,捐献给伪市公署作为"国防金"。⑥

----

① 张鹤魂,《石门新指南》,石门新报社,1942年,第68页。
②《春季赛马会将于月杪开始》,《石门新报》,1940年4月13日。
③ 据原石家庄市城乡建设局退休干部朱振中回忆说,当年石门市近郊党家庄村就有几位饲养大牲口的人家曾参加过石门市的最初举行的几届竞马大会。
④《春季竞马大会仍在积极筹备》,《石门新报》,1940年4月21日。
⑤《石门市春季竞马大会征求骑手广告》,《石门新报》,1940年4月19日。
⑥《竞马骑手藤岛君慨献国防金》,《石门新报》,1940年6月4日。

二、竞马大会的举行及其竞赛形式与成绩

关于石门市赛马场建成之后的使用问题，至今，几乎所有论著皆语焉不详。唯一记述的史料仅见于《石门指新南》中，即"每年春秋两季举办两次"。①那么，到底赛马活动从哪年开始举行的？赛马场使用到哪年？该场地举行赛马活动的起止时间以及举办过多少届竞马大会皆不得而知。

笔者根据沦陷时期《石门新报》所做的新闻报道资料，条分缕析，确定在石门市赛马场上累计先后举办过12届竞马大会：即1939年秋季一届；1940年春、秋两届；1941年春、秋两届；1942年春、夏（临时加赛）、秋三届；1943年春、夏（临时加赛）、秋三届；1944年春季一届。

1939年秋，赛马场开工兴建后，工程进展非常顺利。而且，在初步建成之后，就投入使用，在当年秋季便举办了石门市第一届竞马大会。1939年11月16日，为了庆祝首届竞马大会取得所谓的良好成绩，伪石门市公署专门慰劳了全体工作人员，每人赠送了一支刻有"竞马会纪念"字样的钢笔，以志纪念。②1940年2月，又以石门市竞马会委员会委员长马鹤俦、执行委员会委员长日本人林亲时的名义，向参与创办石门第一届竞马会的所有工作人员颁发了奖状，以资鼓励。该奖状说："为颁发奖状事，当兹本会创办之际，能使获得超特惊人之特殊成绩，匪赖先生之昼夜工作，襄助一切，曷克臻此，是本会此次获得无上荣誉者，均先生之所赐也，特颁给奖状，藉伸本会感谢之意。"③

1940年春季，从5月17日到6月2日，石门市举办了第二届竞马大会。市长蒋静轩与日军驻石特务机关长等出席首日比赛的揭幕仪式，并观看了当天的比赛。④这届比赛分为三期，第一期比赛从5月17日至5月20日；第二期比赛从5月24日至5月26日；第三期比赛从5月31日至6月2日。比赛活动从比赛日当天上午10时30分正式开始。

---

① 张鹤魂，《石门新指南》，石门新报社，1942年，第67页。
② 《竞马大会成绩良好，市署赠各员钢笔》，《石门新报》，1939年11月16日。
③ 《竞马会出力人员颁给奖状》，《石门新报》，1940年2月4日。
④ 《竞马会昨日揭幕》，《石门新报》，1940年5月18日。

1940年秋季，石门市举办了第三届竞马大会。据当年10月4日《石门新报》的《本市第三次竞马明日开始举行》报道，比赛日为10月5日、6日、10日、12日、13日、17日、19日、20日、26日、27日，共计10天。民国时期的影星马陋芬，当时到石门观看了此次赛马，而且还购买了彩票。马陋芬曾参演过《七朵鲜玫瑰》《续七朵鲜玫瑰》《舞台春色》《女财神》《三星伴月》《神秘之花》《人间仙子》《孽海双鸳》《飘零》《追求》《真爱》等电影。他光临石门市赛马场，曾引起了当地观众的极大关注和兴趣，正如记者报道说，影星到现场看赛马，"给马场上多增一段笑话也"。①

　　1941年春季，从4月3日到4月27日，举办了第四届竞马大会，伪市公署蒋静轩市长出席开幕式并发表致辞。②本次春季赛马的比赛日为4月3日、5日、6日、12日、13日、19日、20日、25日、27日，共计9天。

　　1941年秋季，从10月17日到11月9日，举办了第五届竞马大会。为了筹备好此次秋季赛马，伪市公署将原来由芦席搭建的临时性看台、售票处等全部改成水泥砖瓦建筑。③具体比赛日为10月17日、18日、19日、24日、25日、26日、11月1日、2日、3日、7日、8日、9日，共计12天。市长出席了开幕式和闭幕式，皆发表了致辞。④

　　1942年春季，从4月11日到5月23日，举办了第六届竞马大会。为了方便市民到场观看比赛，大会专门安排了市内临时公交汽车，以新兴路、朝阳路为起点，载客往返于赛马场与市区之间，车票每人三角。具体比赛日为4月11日、12日、18日、19日、24日、25日、26日、29日、5月2日、3日，共计10天。⑤

　　第七届竞马大会是竞马会专门增加的一次临时性比赛，从1942年6月18日到7月5日。组织者曾料不到此次夏季比赛盛况空前，在通往休门赛马场的

---

① 《影星马陋芳出现竞马场引起众人议论纷纷》，《石门新报》，1940年10月6日。
② 《本市春季竞马大会昨在休门盛大开幕》，《石门新报》，1941年4月4日。
③ 《休门镇马场房舍今日行竣工式》，《石门新报》，1941年10月14日。
④ 《秋季赛马于日前开始，两日来成绩均极良好》，《石门新报》，1941年10月19日。
⑤ 《本市春季赛马会今晨盛大揭幕》，《石门新报》，1942年4月11日。

大路上，"车水马龙，络绎不绝。昨日（5日）为最末一日，又值星期日，中日人士前往参加者异常踊跃，马场上大有人满之患，盛况空前"。① 具体比赛日分别是6月18日、19日、20日、21日、26日、27日、28日，7月4日、5日，共计9天。每日午后14时开始比赛。

1942年秋季，从10月17日到11月29日，举办了第八届竞马大会。② 比赛日增加到了15天，具体比赛日期是10月17日、18日、24日、25日、31日，11月1日、3日、7日、8日、14日、15日、21日、22日、28日、29日。每日午后14时开始比赛。

1943年春季，从3月27日到4月25日，举办了第九届竞马大会。③ 具体比赛日期是3月27日、28日，4月3日、4日、10日、11日、17日、18日、24日、25日。每日11时起，18时30分结束。

第十届竞马大会也属于石门竞马会专门增加的一次临时性比赛，从1943年8月22日到9月26日，共计10天。根据《石门新报》刊载的《1943年夏季临时赛马启事》得知，具体比赛日是8月22日、28日、29日，9月4日、5日、11日、12日、24日、25日、26日。每日午后14时开始比赛。

1943年秋季，从10月16日到11月28日，举办了第十一届竞马大会。每日12时开始比赛，下午18时30分比赛结束。据1943年11月4日《石门新报》报道，3日进行了12场比赛，赛场"益形热烈"，观众更为踊跃，极度兴奋。此次竞马大会所设奖项有所增加，获胜马匹奖励幅度亦大为提升，"马票种类除独赢马位、摇彩票外，并增添预猜。闻本次为鼓励马匹增产计，胜马赏金增至十万元云"。④ 因本届资料短缺，具体比赛日不详，累计比赛天数亦无法统计。

第十二届竞马大会，从1944年3月25日起，到7月23日止。伪市长韩

---

① 《夏季临时赛马昨晚已圆满闭幕》，《石门新报》，1942年7月6日。
② 《赛马大会闭幕》，《石门新报》，1942年12月2日。
③ 《石门市春季赛马大会启事》，《石门新报》，1943年3月28日。
④ 《秋季赛马定十六日起开始》，《石门新报》，1943年10月12日。

亚援出席本次大会的开幕式并发表致辞。① 这次比赛历时 4 个月，比赛日共计 30 天，是石门竞马会举办赛马会以来时间最长的一届比赛，也是石门赛马场举办的最后一次比赛。

石门竞马大会的比赛形式，只有平地赛马，没有其他诸如障碍赛、越野赛、轻驾车赛等。平地赛马即在跑马场内所设的跑道上进行，比赛种类分为 600 米、800 米、1000 米、1200 米、1400 米、1600 米、1800 米、2000 米等。

速度赛马项目的最佳成绩，因场地、风向、计时工具精密程度等因素影响，不可能形成一种可对比的准确记录，每场比赛结果只是一个相对成绩记录。以下根据当地诸年报刊公布的获奖比赛成绩，分别整理出 8 个项目的相对最佳成绩：

600 米最佳成绩是 1940 年 5 月 26 日第 2 次比赛时，赛马大黑创造的 54 秒。

800 米最佳成绩是 1940 年 5 月 18 日第 9 次比赛时，赛马一粟创造的 1 分 02 秒。

1000 米最佳成绩是 1942 年 10 月 24 日第 4 次比赛时，赛马水帘创造的 1 分 27 秒。

1200 米最佳成绩是 1941 年 4 月 13 日第 8 次比赛时，赛马青山创造的 1 分 34 秒。

1400 米最佳成绩是 1942 年 10 月 24 日第 12 次比赛时，赛马雷击创造的 1 分 58 秒。

1600 米最佳成绩是 1942 年 10 月 24 日第 13 次比赛时，赛马南风创造的 2 分 13 秒。

1800 米最佳成绩是 1942 年 10 月 24 日第 14 次比赛时，赛马福光创造的 2 分 33 秒。

2000 米最佳成绩是 1941 年 11 月 9 日第 15 次比赛时，赛马南风创造的 2 分 53 秒。

---

① 《石门春季献机赛马今日开始》，《石门新报》，1944 年 3 月 25 日。

三、竞马大会的营销宣传方式

为了强化竞马大会的宣传力度，历任伪石门市长都会亲自出马助阵。每届竞马大会的营销宣传亦会有一些新举措，制作了许多标语和广告牌。譬如，1941年10月秋季赛事之前，伪石门市公署为了使市民明白竞马大会之意义，制作了大量布幕标语和多个街头宣传广告牌。将标语布幕悬挂于各通衢之处，广告牌分别放置在市公署门口、大石桥头、新兴路金森药房门前、新开路东段十字路口、花园东街南口、休门寺门口、正东街西口、道岔街宪兵队附近、朝阳路大成茶庄门前、同乐街口、共兴存街兴亚会馆门口等15个主要通衢要道。① 竞马会通过这些营销宣传手段，把竞马大会渲染成本市的一项盛大赛事活动，营造出举办竞马赛事的热烈气氛。"大多数市民于睹此布幕之余，除对竞马会举办意义明了外，且相约联袂前往，或参观，或投票，极为多数。"②

伪石门市公署组织竞马大会，将其作为创收的主要手段。营销方式有二：其一，发行马票和摇奖彩票；其二，出租赛场商店。竞马大会主办者充分利用媒体宣传功能，一方面赛前大张旗鼓地报道消息，炒作每季竞马大会的开幕式，并及时报道每天比赛进展和骑手成绩等；另一方面频繁刊登广告，大造声势。根据竞马大会期间的《石门新报》可知，主办者基本做到了赛前、赛中、赛后都有报道跟进，广告的形式和内容亦各有特色。例如，赛前石门市竞马会刊发的启事，不仅通报了赛马地址和比赛具体时间，而且特别强调了竞马大会"入场无费，希望市民踊跃参加为盼"。③ 1941年春季举办竞马大会时，4月20日到赛马场观看比赛的观众逾万人。

竞马大会主办者除了刊发征召赛马和骑手的广告外，发布的招商广告主要是招揽彩票承销商以及在赛场内外从事各种营业的商贩。譬如，在1940年石门市竞马会连日发布的招商承销"优骏竞走"彩票启事说："本届竞马之香

---

① 《石门秋季竞马定于十七日开始》，《石门新报》，1941年10月12日。
② 《秋季竞马大会今日开始举行》，《石门新报》，1940年10月5日。
③ 《石门市竞马会启事》，《石门新报》，1940年5月25日。

槟赛（优骏竞走），定于六月二日举行，本会订有发行彩票简章，兹招商承销，本市日华商店有愿承销者，可于三日内（自五月十二日起），前来市公署财政科取阅简章、接洽承销手续为妥。"①伪市公署给承销商的提成比例是，销售100张彩票提5元；销售600张至1000张者，每百张提成10元；销售1600张至2500张者，每百张提成15元。每户承销商最低承销彩票数目为100张，最高数额为2500张。承销商需要有两家殷实店铺作保，并须缴纳销售彩票金额的20%作为保证金。

1940年5月，以伪石门市公署名义发布的《竞马场卖店广告》说，"于本月十五日起，开始石门市竞马大会，关于在竞马场内卖店开设之事，各希望者可前往市公署韩秘书处报名约定可也"。在赛场有大批需要观众购物，如开办饮食店能够拥有极大的销量，如卖冰棍等冷饮。据当时《石门新报》的现场报道说，"冰棍因时制宜，每根一角，仍行供不应求"。②其实，早在1940年4月21日，竞马组委会已经发布竞马场饮食类部分招商工作，确定了中方4家店铺，日方6家店铺为竞马会的合作伙伴，只是尚未最后落实。③

《石门新指南》一书在介绍石门赛马彩票时说，"马票分为一元、五元、十元三种。摇彩票一元，购者毫无吝色（啬），有如赌博然，胜者喜，负者怨"。④根据1939年至1945年《石门新报》记载，竞马会设计的彩票分为三类：

其一，香槟彩票，即竞马大会上的大奖，每届竞马大会闭幕式上，在参会官员监督下由市长亲自摇出得奖号码。前三届赛马会上销售香槟彩票，一元一张，全部发售数额为4125张，分设一、二、三等奖。其中，一等一名，奖金2000元；副奖两名（头等两袖），奖金各100元。二等奖一名，奖金500元；副奖两名（二奖两袖），奖金各50元。三等奖五名，奖金各100元。1941年之后，香槟票头等大奖为3000元。1943年夏季竞马大会，又调整了一、

---

① 《石门市竞马会招商承销香槟票（优骏竞走彩票）启事》，《石门新报》，1940年5月13日。
② 《竞马会昨日揭幕，竞马成绩良好》，《石门新报》，1940年5月18日。
③ 《春季竞马大会仍在积极筹备》，《石门新报》，1940年5月21日。
④ 张鹤魂，《石门新指南》，石门新报社，1942年，第68页。

二、三等奖的获奖比例，即一等奖一名，二等奖两名，三等奖十名，取消了以前设立的两名副奖（两袖）。1940年春季竞马大会的香槟彩票头等大奖号码是3643。1941年秋季竞马大会的香槟彩票头等大奖号码是2791。1942年春季竞马大会的香槟彩票头等大奖号码是4706。1943年夏季竞马大会的香槟彩票头等大奖号码是700。1942年秋季竞马大会的香槟彩票头等大奖号码是1746。1941年秋季赛马会的香槟彩票头等大奖被当地商人王汉卿获得，他领取了3000元奖金后，当即拿出600元捐助给了本地的公益事业。①

其二，竞马彩票，即单胜式赌注彩票，分为1元和5元两种。观众押宝于某一马匹获胜，一旦猜中头马，凭购买的马票可能会获得数倍于此的赌金。相对而言，压输赢的马票要比香槟彩票的中奖金数额低，但是，中奖率高，如果每局三匹赛马比赛，赌获第一名的马匹，即有1/3的中奖概率，当然中奖数额又与实际赔率有关。以1940年5月18日比赛为例，第一回600米赛事中，参赛的有白宫、大和、神力三匹马，只要猜对了赛马白宫获胜者，购买1元马票者，可得1.5元，购5元马票者，可得7.5元。第二回600米赛事中，参赛的有一力、黑龙、花车三匹马，猜对赛马一力获胜者，购买1元马票者，可得5.2元，购5元马票者，可得26元。第三回赛事，成绩无效，奖项被取消。第四回800米赛事中，参赛的有白鹤、陆奥、星流三匹马，猜对赛马白鹤获胜者，购买1元马票者，可得7.8元；购五元马票者，可得39元。第五回800米赛事中，参赛的有旭光、鞍凤、东风三匹马，猜对赛马旭光获胜者，购买1元马票者，可得12.3元，购5元马票者，可得61.5元。②

其三，摇奖彩票，即广告中所说的"摇彩票"。所谓的"摇彩票"，可以在本市各代售点购买，摇奖号码公布后，7日内获奖者到市公署领取。1941年秋季竞马大会期间，每天大约卖出3000张。据记者报道，摇彩票与马票和香槟彩票销售情况略有差异，"香槟彩票遂全部售罄，摇彩票每次亦约三千张之

---

①《竞马香槟头奖王汉卿君独得》，《石门新报》，1941年11月13日。
②《竞马会昨日揭幕，竞马成绩良好》，《石门新报》，1940年5月18日。

谱"。① 此外，从1942年夏季比赛之后，发行的彩票种类和价格略有变动。譬如，1942年6月举办的夏季比赛彩票分为三种：单胜票1.5元、复胜票2元、摇彩票1元。1942年秋季和1943年春季竞马大会的彩票分为四种：即独胜券1.5元、马位券（复胜）2元、摇彩票1元、香槟票1元。②1943年夏季举行临时竞马大会时，马位票（复胜）的价格调整为5元，独赢票（单胜）分为了1元和10元两种。1943年秋季的竞马大会上，又增添了新的预猜奖项，而且把总奖金数额提高到了10万元。

市民们的兴趣一般都被当时的赛马动态所激发，许多在现场观赛的市民都被激烈的比赛和诱人的彩票奖金所吸引，"购马票者既多，参观者尤众"。③赛场气氛非常热烈，"骑手各显身手，观众欢声雷动，热烈非常"。④ "今天一定发财"，成了当时人们在大街上相互恭维的口头禅。1940年秋季竞马大会时，接连数日观众人山人海。有时曾出现因观众过多，购买彩票处拥挤不堪，赛场门前秩序一片混乱，巡警挥舞警鞭也难以制止，甚至出动了日本宪兵队前来维护秩序。⑤ 一般而论，到现场观看比赛的人越多，购买马票的人越多；马票销售得越多，主办者的收入就越多。主办者为了方便观众前往赛场观赛，还动用交通公司，安排了从市中心到赛马场的临时公交车，由市中心的大石桥到赛马场，每次车费1.5角。"自市内开往竞马场之公共汽车，乘客极多，大有供不应求之势。在此情形之下，洋车乃亦大发称市。"⑥ 所以，每次遇到赛马之日，"于赛马时，市民参加者络绎于途"，⑦到赛场观看比赛的观众非常踊跃，1941年春季竞马大会之时，观众逾万。据记者观察，"第四次春季竞马大

---

① 《秋季竞马大会昨日圆满闭幕》，《石门新报》，1941年11月10日。
② 《石门市秋季竞马大会广告》，《石门新报》，1942年10月19日；《石门市春季竞马大会广告》，《石门新报》，1943年3月28日。
③ 《昨日赛马场中情况极为热烈，购马票者既多参观者尤众》，《石门新报》，1940年10月14日。
④ 《马场欢声雷动，情况热烈非常》，《石门新报》，1941年4月14日。
⑤ 《竞马场人多拥挤，警察力维秩序，希望入场者自肃自戒》，《石门新报》，1940年10月16日。
⑥ 《昨日竞马情形因值星期日参加者极众》，《石门新报》，1940年10月7日。
⑦ 张鹤魂，《石门新指南》，石门新报社，1942年，第68页。

会,已连续竞赛五次,每日观众之多,均不下数万人,沿途络绎不绝,熙熙攘攘"。①1941年4月20日,尽管天气不好,黄沙飞扬,但前往赛场观看比赛观众仍然超过万人。当天"购票者仍属极众,约略统计,总在万人以上"。②

四、竞马大会目的与竞马大会终止

伪石门市公署能够"热力筹划"竞马大会,就在于它是竞马大会的最大东家,举办竞马大会期间的历任市长,几乎都亲自担任了竞马会会长一职,无一例外地参加了各届竞马大会的开幕式和闭幕式,并发表致辞,为竞马大会造势。

伪市公署之所以如此不遗余力地先后举办了12届竞马大会,虽然打出的口号是"提倡高尚娱乐"③,以经营娱乐活动的形式展开,但追根究底则与驻石日军的文化侵略策略不无瓜葛。石门市举办的竞马大会,与驻石日军设立的"爱马日"以及每年举办的"军马祭"等活动一样,当时都受到驻石日军界高层人物军马文化意识的深刻影响。在石门市沦陷期间,驻石日军每年都会在阜康路观音寺举行"爱马纪念日"活动,以纪念战殁的军马之灵。驻石日军还举办了很多诸如此类的活动,如军马奉赞会、军马祭等。40年代初,石门有"日本及朝鲜人约一万三千人",驻石日军特务机关长及军部官宪兵都是每一届竞马大会的座上宾。譬如,1942年夏季临时竞马大会,驻石日军"部队长及伤病兵士俱莅临参观,由市公署派员招待"。④举办竞马大会的各项原则均体现着驻石日军长官的意图。竞马大会名义上由伪市公署主办,实际上石门市竞马会组织唯日本人马首是瞻。竞马会执行委员会大权实际上掌握在日本人林亲时手里,从竞马会组织到竞马大会活动,无一不是由驻石日军顾问"以华治华"

---

① 《春风扑人面野草飘馨香,马场途中游人熙攘》,《石门新报》,1941年4月20日。
② 《昨日马场观众逾万》,《石门新报》,1941年4月21日。
③ 《本市春季竞马会今晨盛大揭幕》,《石门新报》,1942年4月11日。
④ 《夏季临时赛马今日为最后一日》,《石门新报》,1942年7月5日。

的操控工具，各项赛事活动都需要竞马会执行委员会委员长林亲时的默许或受其指挥。

伪市公署举办竞马大会有经济目的，正如当年报纸报道所说，"石门市赛马会为其搜集流动资金，俾使物资得以平衡交易计，于每年春秋二季举行赛马一期。"① 很显然，竞马大会在经济效益方面"乃收得极良好成绩也"，有效地增加了市财政的收入。正如《石门新指南》所说，"每季结果，售票最多时可达数十万元，除去开销，尚有盈余也"。② 据 1942 年 4 月 26 日《石门新报》报道，该年度春季竞马大会，赛马收入"比之去年要增多一二十万"。③ 据 1942 年 12 月 2 日《石门新报》报道，此次秋季竞马大会于 11 月 19 日闭幕，创收"成绩甚为良好，该会共卖一百二十万元，较本年度春季竞马大会增三十万元"。④

伪石门市公署如此大力组织举办赛马活动，其中还有一个非常直接的目的，就是经过比赛挑选军马，以满足侵华战争的需要。伪市长蒋静轩在 1940 年春季竞马大会开幕式的致辞中说，"盖马匹之关系农耕，此尽人皆知者也，况军事国防利用马匹之处，尤甚重要，如骑兵之编练，军器之运输，皆赖于此"。⑤ 市公署很快制订出购马登记章程，"每购马一匹，由本署奖励国币一百元"。凡在署登记"三年以外者，得无条件将马售出，惟亦须来署登记，以便由本署照章发与新购主以辅助金"。禁止私自转卖马匹，如发现"私行转卖不报者，经本署察觉后，除将购马辅助金追缴外，并将私售马价全部没收充公"。⑥

竞马大会在为挑选军马服务的同时，还有一个"改良马种及增殖马匹而谋产业之开发"的目的。伪市公署意识到不能竭泽而渔，因而竞马大会还要为"改良马种及增殖马匹"服务，通过石门市竞马大会选育马匹良种，将周边广

---

① 《本市春季赛马全部结束》，《石门新报》，1944 年 7 月 23 日。
② 张鹤魂，《石门新指南》，石门新报社，1942 年，第 68 页。
③ 《赛马场风景线》，《石门新报》，1942 年 4 月 26 日。
④ 《赛马大会闭幕并当众摇香槟彩票》，《石门新报》，1942 年 12 月 2 日。
⑤ 《蒋市长开会词》，《石门新报》，1940 年 5 月 18 日。
⑥ 《市署奖励购马》，《石门新报》，1940 年 12 月 20 日。

大农村变成马匹养殖场。故此，每届竞马大会的开篇语都是"为提倡市民爱马思想，践行马匹改良和增产起见"而举办云云。选拔良马参赛的过程，就是选种马和改良本地大牲畜品种的重要手段。"若不提倡改良，不独于农耕上效率日微，而更于军事影响至钜。"①比赛之后，在获胜的马匹中，有的或被选为种马，有的或被圈养为繁殖之用的雌马。伪市长蒋静轩曾在 1940 年春季竞马大会的开幕式上公开宣布，竞马会"所有收入，除开支奖金经费外，其盈余之款当如数拨于改良马种及增产之需，不作别项用途"。②

总之，竞马大会的目的就是满足驻石日军侵华战争的需要，到竞马大会的后期，随着军事态势的发展，这种目的就更加直接、明显。譬如，为了适应"决战体制之需要"，将赛马收入直接与捐献飞机挂钩，以此号召市民观看比赛。1944 年春季的竞马大会，就以"石门春季献机赛马"的主题，组委会决定"为适应决战体制之需要，决定首先举行献机赛马十日，以期对于飞机献纳运动，薄献绵力"。③

据《石家庄市市政建设史略》记载，"日本投降后，此赛马场即废除"。④经笔者考证，随着抗日战争后期军事形势的发展变化，日伪石门市当局已经再也无力举办竞马大会。到竞马大会后期，彩票收入骤降。例如，1944 年春季赛马虽然将比赛拉长到了 4 个月，比赛日增加到了 30 天，但收入依然寥寥。"本年春季赛马收款成绩，较去年相差甚远云。"⑤由于没有彩票收入，1944 年下半年起，只好终止了赛马活动。1944 年 8 月之后，便没有再举行过竞马大会，跑马场即废弃不用。

1945 年 3 月 4 日，伪市长管锡山对记者发表谈话时曾表示，在今日大东亚战争进入决战阶段之际，"应当把国家人民所有的力量集中在一起，以应付战争"，"石门既为后方基地，亦为决战期间对于增产利用实施，现在市府曾于

---

① 《蒋市长开会词》，《石门新报》，1940 年 5 月 18 日。
② 《蒋市长开会词》，《石门新报》，1940 年 5 月 18 日。
③ 《石门春季献机赛马今日开始》，《石门新报》，1944 年 3 月 25 日。
④ 石家庄市城乡建设局编写组，《石家庄市市政建设史略》，1991 年，第 23 页。
⑤ 《本市春季赛马全部结束》，《石门新报》，1944 年 7 月 23 日。

日前举行增产座谈会,将本市新市区内隙地全部利用实行增产,并将各地主召集决定开始耕种。及运河两岸本市各干路、赛马场等空地,栽种蔬菜、蓖麻等类,以期达成石门市之增产使命"。① 在此背景下,日伪当局才将赛马场占用休门村南的 70 余亩民用土地,临时发还给了原地所有者,"籍资生产,以苏民生"。休门镇伪镇长赵了空为此曾代表全体土地所有者,专门在报纸上刊登广告,极力颂扬所谓"德政",并简略地介绍了退还的缘由。"以休门村南旧有石门市政府竞马场占用民地七十余亩,兹缘大东亚战争决战之期,我石门正当兵站基地,更宜提倡增产。而我市座体念民艰,竟将马场占地临时发还原主,使其自耕自种"。② 石门市赛马场的历史,至此便彻底终结。

---

① 《管市长昨对记者谈决意》,《华北新报》,1945 年 3 月 4 日。
② 《颂扬石门市市长管公锡山德政》,《华北新报》,1945 年 3 月 4 日。

第五编 | 衣食住行

近代石家庄城市居民衣饰穿着的变迁

在城市居民日常生活中，服装穿着不仅具有御寒防晒的重要功能，而且还能反映着不同地域、不同时代的习俗文化和审美价值观，也能反映出生产力发展水平和生活环境等因素的客观水平和程度。近代石家庄不同于所有开埠通商城市和传统转型城市，其城市化类型比较特殊，堪称中国近代农村城市化的典型个案。因此，分析近代石家庄城市居民日常服装穿着的变化特征，不仅能够认识新兴中小城市石家庄市民的真实生活质量，也有助于全面了解石家庄城市化的实际发展程度，还有助于认清中小城市与开埠通商大城市社会生活的实在差距，有益于认识近代石家庄城市化进程中居民服装穿着变迁的大致轨迹。笔者认为近代石家庄城市居民日常服装穿着的变化，有如下四点最主要的特征。

一、服饰式样和衣料质地的多样化

在近代石家庄农村城市化进程中，随着城市人口的迅速增加，人口的异质性增大，原来世代相处的单纯乡里，转眼变为五方杂处的城镇，石家庄很快就形成了一个移民社会。石家庄"为五方杂处，侨居者甚多，本地人在昔不过十分之一"。[①]所以服装穿着明显比以前要庞杂得多，衣料五花八门，式样千

---

* 原文发表于《河北省社会主义学院学报》，2008年第4期。
① 张鹤魂，《石门新指南》，石门新报社，1942年，第45页。

姿百态，图案五颜六色。于是人们服饰式样和衣料质地的多样化，就成为石家庄城市居民服装穿着方面表现出来的第一个特征。

20世纪40年代，《华北新报》曾发文指出："石门因为是交通中心，各都市来的人也不在少，故在服饰方面，也不无讲求之处。所谓有外洋输入进来的料子，其中也有中国造的，但是为数较少。其制作的原料也各有不同，如毛织品、丝织品、半丝半麻品、纯麻制品、棉织品等。上等人家不用说，在冬天时候所穿的都是毛织品，夏天是丝织品，中下等人家也就是随着自己的身份力量而穿着各异了。尤其是妇女们对于穿衣问题，讲求尤甚。"① 石家庄虽为新兴城市，也与其他所有城市一样，有加工制造企业，有发达的信息传递系统，有比农村更为开放的社会生活，有比农村社会生活变迁更快的速度。北洋政府时期的石家庄，已经出现西化的服装，"那时一般青年学子们，差不多都在外洋服饰上着眼"。② 奇装异服虽然不比天津等开埠通商大城市里那样司空见惯，但是男子穿西装和中山装已经基本得到了大多数市民的认同。居住在石家庄的少数女子服装更加新潮，就像石家庄的一位记者在文章中所记述的那样，她们甚至把追风完全当成时髦，"以前富家少奶奶、小姐们所着的服装，都是长袍、长裤子，什么都是长的。自欧风东渐以后，慢慢地就短起来了，一直短到膝盖，足下则为丝袜子、高跟鞋，中部是短裤衩。不这样不算维新，不算美观。冬天不管寒风如何凛冽，也非如此不可。有钱的人家，出门坐汽车，进门大洋火，还有的可说。最苦的就是往上上不去，而又不甘落伍的小姐们，虽然是天冷，仍要挣扎着挺起胸脯来奋斗，有苦也只好存在心里。至于春夏天呢，那就不用说了，这正是她们活跃的时期，什么奇装异服也都由此而出现"。③

近代石家庄作为交通枢纽，城市移民的来源地极为分散，四面八方，成分复杂。所以，人们的穿着非常混杂，既有土布便衣、长袍马褂，也有中山正

---

① 《石门之衣极整肃》，《华北新报》，1945年8月5日，第2版。
② 《石门之衣极整肃》，《华北新报》，1945年8月5日，第2版。
③ 《石门之衣极整肃》，《华北新报》，1945年8月5日，第2版。

装和西服革履，还有的中西混穿。一般而言，石家庄居民的服饰穿着受平津等华北大城市的影响最大，当时在石家庄见到的"摩登妇女，不问可知，多来自京津沪各大城市"。①在20世纪20年代，虽然在中国各大城市刚刚开始流行中西结合产生的女服旗袍，而在石家庄已经有许多妇女"多喜着旗袍"了。由于交通的便利，外地流行的服饰很快就会传到石家庄，这说明服饰穿着的潮流，对于民国时期各类城市的市民都会产生影响，只是影响大小而已。伴随着外地大城市人口进入石家庄，他们对本地人的穿着起着很大的引导示范作用，使本地一些初步具有经济实力的市民们，也曾一度"对于土布衣服，不仅不耐穿，而且连看也不曾看，而尤其是智识阶级者认为，穿用土布衣服仿佛就'增加憨气，减低身份'"。②从服饰的品种和类型看，石家庄无论如何也无法与平津等大城市的穿着新潮相提并论，但是，这个新兴城市在服装穿着方面的确已经出现了新潮化、多样化的发展特点。

二、剪裁加工和成批制作的商品化

在近代石家庄农村城市化进程中，随着城市工商业的发展，各种织花线毯厂、毛线毯厂、机织布厂以及民间改良机织土布厂比比皆是。到20世纪20年代，石家庄已经建立起了大型的纺织厂，出现了众多手工服装生产厂。于是服装加工成批制作的商品化，成为石家庄城市居民服装穿着方面的第二个变化特征。

到20世纪30年代，石家庄大兴纱厂已经拥有细纱机30144锭、500台织布机、8台织毯机和4台漂染机，年产达到棉纱23740件，棉布1058.7万米，棉毯227024条。大兴纱厂开创了石家庄现代机器纺纱、织布、漂染的历史，成为华北较大的棉纺织厂之一。还有坐落在升平街的亚立编织厂，"专织各种

---

①《市上流行土布服装》，《华北新报》，1945年8月5日，第2版。
②《市上流行土布服装》，《华北新报》，1945年8月5日，第2版。

毛丝线男女名袜、围巾、背心、卫生衣、手套、毛巾等物"。①这些纺织企业的发展，都在促使着石家庄普通城市居民，开始结束以往那种完全依靠自种棉花、自织土布、自缝衣裳的生活状态。为了追求服装新式样，满足爱美心愿和便利需要，居民可以在石家庄的各种布店中，购买物美价廉的机制布，并将布料拿到市面觅人去做成服装。20世纪30年代，近代石家庄的绸缎布店约有30余家，到40年代初，达到74家，此外，市区还有经营贩布生意的分散布摊60余家。

居民在本市也可以买到外地生产的各种各样的衣料，也可以购买免去了运费的本地产品。例如，可以在本地购买大兴纱厂的自纺、自织、自染的布料。20世纪30年代，居民已经开始到成衣店去制作自己喜欢的各种衣服，这些都体现出了社会分工和服装生产的商业化趋势。"现在的石门市也有不少成衣铺的存在，不仅承做中服，就是制服、防空服等也一样来承做"。②据《石门指南》记载，20世纪30年代，石家庄已经拥有了21家从事服装加工的正规成衣店（见表5-1）。

表5-1　20世纪30年代石家庄的成衣店名称、地址一览表③

序号	商店名	所在地址	序号	商店名	所在地址
1	三和顺	大桥街	12	文忠	升平街
2	中华成	同乐街	13	同义恒	安平街
3	协盛	公兴存街	14	省春	新华街
4	复顺兴	安平街	15	裕兴成	大桥街
5	万和顺	西口街	16	福成	阜康路
6	广兴	通裕胡同	17	庆永顺	升平街
7	庆义	升平街	18	宝义	公兴存街
8	丽春	新华街	19	新华	南大街
9	万顺和	西小街	20	德义	大同街

① 石门日报社编印，《石门指南》第一编《地理》，1934年，第12页。
② 石门日报社编印，《石门指南》第一编《地理》，1934年，第12页。
③ 石门日报社编印，《石门指南》，1934年，第178～179页。

（续表）

序号	商店名	所在地址	序号	商店名	所在地址
10	庆兴成	通裕胡同	21	庆义兴	估衣街
11	双盛成	升平街			

  与成衣铺不同的是新衣庄，这是石家庄专门经营现成新服装的商店。由于经营者们看到了服装制作的专门化批量生产，能够节省大量的工时和布料，存在一定的经济利润空间，便通过购买批发的各种各样的衣料，大批雇用制衣工人，从事生产成批的各种服装。他们生产"或中服、或制服，做成以后，拿到铺上售卖。价值较比自己做的便宜，一般贪图便利而又经济的人们，多在此处光顾，所以生意也很旺盛"。① 20 世纪 30 年代，近代石家庄从事制作销售服装的新衣庄有 9 家，到 40 年代初，发展到了 26 家。

表 5-2 20 世纪 40 年代初石家庄新衣庄名称、经理、地址一览表②

序号	商店名	经理	所在地址	序号	商店名	经理	所在地址
1	华丰号	连庆怀	南大街	14	锦章号	曹承章	大桥街
2	晋昌东号	吴增兴	新兴路	15	永泰和	王新顺	大桥街
3	华兴号	王魁森	五条胡同	16	恒信德	高玉珍	花园东街
4	义盛德	张耀庭	大同街	17	广和永	刘鉴庭	大同街
5	同心茂	李永祥	新兴路	18	瑞源祥	不详	中华胡同
6	蚨聚隆	张存源	同乐街	19	文山号	刘文山	三条胡同
7	东方	王绍范	新兴路	20	宝聚兴	霍节义	四条胡同
8	和顺成	石恒斌	四条胡同	21	新记兴	张凤桐	姚家街
9	德聚成	黄凤琴	花园西街	22	天祥成	陈润生	新华市场
10	晋昌号	邹祖兴	中华胡同	23	同兴号	张鸿宾	花园东街
11	新兴号	苏瑞卿	花园东街	24	同信斋	周信斋	花园东街
12	志兴号	魏志明	花园东街	25	秋林号	邬斌贵	朝阳路
13	廉泰号	高和太	升平街	26	同义厚	杜庆水	同乐街

① 《市上流行土布服装》，《华北新报》，1945 年 8 月 5 日，第 2 版。
② 张鹤魂，《石门新指南》，石门新报社，1942 年，第 282～283 页。

除了衣裳加工制作以外，20世纪30年代，石家庄还出现了8家专门的洗衣店，7家专门的服装洗染店，5家销售首饰的专门商店，28家销售鞋帽的专门商店。到40年代，首饰专业商店发展到了10家，鞋帽专业商店发展到了53家。① 由于石家庄是军事要地，驻防和往来的军队较多，当时也有人曾开设军衣庄，"以开军衣庄投机牟利，相继增设十余处"。② 当然，从整体的产业化规模看，石家庄在服装加工制作方面，还处在手工生产的阶段，这个中小城市无论如何也无法与平津等大城市的服装商品化程度相提并论，但是，在农村城市化进程中，服装生产加工的商品化发展也已经成为石家庄的一个新特点。

三、职业制服和装束式样的同一化

石家庄在兴修铁路之前，村民全部为清一色的纯粹农民，随着铁路的开通和石家庄工商业的发展，城市的劳动分工和社会分工的门类逐渐扩展，城市中行业特征和职业标志在服饰方面也开始日见鲜明起来。因此，职业着装得到广泛推广和行业内装束式样的同一化，就成为石家庄城市居民服装穿着方面表现的第三个变化特点。

民国时期，石家庄的大小衙门与河北省各级政府部门一样，都曾存在一个改装的"新政"，要求"全体工作人员，须一律改穿制服"。③ 石门新生活运动促进会曾就制服与西装的穿着礼仪进行专门指导，强调普通西服上身纽扣可以不扣，制服上衣必须扣纽扣，才合乎制服式样。当时的制服式样不一，多数都类似于学生装和中山装，但是穿制服的工作人员要比穿长袍马褂更显得时尚和维新。当时在石家庄大街上穿制服者，一般为学生、公务员、大型企业职工。石家庄是铁路枢纽，又是正太铁路管理局所在地，市区穿着铁路员工服装

---

① 以上根据1934年《石门指南》和1942年《石门新指南》统计。
② 刘哲民，《石门二十年来之回顾》(二)，《大公报》，1932年5月4日，第5版。
③《谈及制服》，《河北民国日报副刊》，第25号，1928年12月29日，第200页。

的俯拾皆是,更仆难数。按照《铁路员工服制规则》的规定,员工执行职务或受训练时,应一律穿着制服。铁路制服往往都是配套的,即帽、上衣、裤子、鞋、大衣、雨衣等,且包含福利因素在内。其男性员工制服,采用中山装式样,员司的冬季服装为藏青色,夏季为淡黄色;工匠的冬装为黑色,夏季为深蓝色。女性员司制服为短衫配裙,衣长齐臀,袖长齐腕,裙长过膝;女性工匠制服与女性员司同,质料颜色与男性员工同。①1937年5月,河北省主席到井陉矿厂视察,拟发给全体员司制服一套,该局局长指示,"员司制服,于朴素之中,仍应完备"。各位员司的制服,设计成黄咖叽布制服,同时有帽子和皮鞋,小学女教员制服设计为白维也纳布褂,青府绸裙,无帽子。② 推行制服导致了上下级穿着一致的客观效果,"现在一般公务员,均以之作制服或西服,就是最高长官也是如此。……所以无论贫富,以及人之地位、阶级,从外表上看来难以分出"。③ 其实,这是一种以偏概全的片面说法,当时不愿意穿制服的官僚大有人在。按照当时的风气,不穿制服的领导也会遭到严厉的批评。评论者认为,限令穿着制服的只能限于下级全体工作人员,上级官员却不与民同穿,他们虽然共同出入一个衙门口,高级官员却可以少穿或不穿制服,以示身份的高贵。讽刺推行制服之举,"此系上级老爷之所以为上级老爷也,亦体恤下级工作人员不易置办长袍马褂或西装,而代其节省经费也"。④ 无论怎样评说官吏的态度,制服的确在石家庄曾经风靡一时。

四、着装节俭和朴素布衣的普遍化

石家庄城市居民服装穿着虽然与农民的服饰有了较大改变,但是,由于

---

① 《铁路员工服制规定》,《铁路月刊——平汉线》,第83期,1937年,第1~2页。
② 《呈河北省政府为主席奖赏矿厂员司制服查明应发人数暨需费数目请鉴核》,《井矿月刊》,第8期,1937年5月27日,第3~4页。
③ 《市上流行土布服装》,《华北新报》,1945年8月5日,第2版。
④ 《谈及制服》,《河北民国日报副刊》,第25号,1928年12月29日,第200页。

城市化历程的短暂，城市经济的总体发展水平不高，城市居民收入水准提高较慢，故此城市居民生活的整体消费水平较低，穿着中低档服装的人数占据绝大多数。因此，广大市民穿着带有当地乡土特色，是石家庄城市居民着装方面表现出的第四个特点。

近代石家庄市民着装普遍趋同中低档化，正如当地报纸所说："就现在的石门市民来说，无论男女老幼对于服饰不尚华贵，差不多布衣的居多，尤其是土布。……至于商人以及市民，也是多着布衣短装。仅有少数大掌柜，或银行银号老板们着西服或绸制大褂。"①20 世纪40 年代，在石家庄城市居民中出现了所谓土布服装"流行潮"，当时的一般城市妇女，"均兴改着防空服。就是当地妇女，也多着短褂长裤，或短裤。其衣料仍以布制者居多。更有为节约起见，以日本之和服改做者，为数亦不再少。并且花样鲜美，在观瞻方面，也不算难看"。②虽然这与城市统治当局的战时倡导有关，但是，从根本上说这种"流行潮"的形成，与大部分城市居民的消费水平偏低有直接关系。一般中小商人即便略有积蓄，也是从勤俭持家节约考虑，在穿着上能省则省，穿着中低档的服装，也受从众心理所支使。由于当时"一切棉织物都是军用品"，土布的价格也随着高涨，市民们的穿着低档化特征更加明显。一般市民都有拆洗或改穿过去存衣的习惯，石家庄的"估衣盛旺"，就是广大百姓平时节衣缩食习惯的表现之一。石家庄旧衣买卖有很大市场，先是在大桥街西头有许多估衣摊位，物以类聚，越聚越多，后来逐渐形成一条专门买卖旧衣裳的街道，便以"估衣街"命名了此街道。此外，从事旧衣买卖的摊位，在"本市西花园一带，比比皆是。他们采购估衣的来源，多数来自外县，就是市内人民有穿不了的旧衣服，也都在此出现，价钱很是低廉，交易很是盛旺"。③特别是在20 世纪40 年代中后期，就连有钱富人也不敢显富，多事之秋，深恐多藏厚亡，故"有衣也不敢穿"，"大商人和资本家则买些精致的粗布穿"，④以防招惹特务或土匪找

---

① 《市上流行土布服装》，《华北新报》，1945 年 8 月 5 日，第 2 版。
② 《市上流行土布服装》，《华北新报》，1945 年 8 月 5 日，第 2 版。
③ 《市上流行土布服装》，《华北新报》，1945 年 8 月 5 日，第 2 版。
④ 石家庄市档案馆藏，《中共六地委：石门工作概况》(1945 年 4 月 20 日)，第 8 页,1-1-4。

事，以各式各样的理由敲诈或绑架。

从近代石家庄城市居民的整体服装穿着情况看，广大市民的服饰表现得非常朴素，土布质料的服装占大多数，与周边农村居民穿着极为接近。据《获鹿县事情》记载，当地"乡民之衣服，均极朴素，恒常服用者多为土布及洋布，第自该县交通便利后，富有之家，亦有服用绢丝绸缎者，惟土布棉纺质坚延年，裁制低廉，是故服用土布者最多"。① 这说明了石家庄城市居民整体穿着消费水平还比较低，尽管与城市化之前已经产生许多新的变化，但是，大多数居民穿着式样和色调的乡土特征依然非常明显。

总之，石家庄是20世纪的一座新兴城市，是由农村而城市化的一个年幼的城市。虽然在城市人口和城市空间的规模上发展比较迅猛，但是，从成长的历程和成熟的程度看，总归是一座比较年幼的城市。与大城市相比，许多处在市民化过程中的农民工，依然保留着自己原本的农民生活观念和生活习惯，石家庄农村城市化的历史极为短暂，它还尚未彻底摆脱农村的印记，城市生活中还保留着许许多多农村生活的痕迹。正如中国共产党城市地下工作者在1947年前后进行的调查结果一样，"石家庄是贫民特别多的城市"。② 就城市中大多数居民的生活习惯而言，"生活朴素，基本上未脱离农村味道"。他们"吃饭、穿衣、住房多为农村习惯"；就城市日用工具看，石家庄"除部分近代化之火车、电灯、电话、自来水、电动机以外，一般手工业之生产工具，远落后于老根据地之后"。因此说，石家庄既是一个工商业快速发展的近代化城市，也是一个社会生活方面"乡村味道正相当浓厚"的农村城市化的年幼城市。③

---

① 陈佩，《获鹿县事情》，新民会中央总会，1940年，第8页。
② 石家庄市档案馆藏，《石家庄市一区第四组工作报告》（1947年11月29日），1-1-8。
③ 石家庄市档案馆藏，《晋察冀边区石家庄市政府工商局：石家庄解放后关于工商业政策的执行》（1947年），1-1-1。

近代石家庄城市居民饮食就餐的变迁

在城市居民的社会生活中，饮食就餐状况不仅是生活方式和生活质量的客观体现，而且也反映着不同地域的习俗文化。近代石家庄不同于所有开埠通商城市和传统转型城市，其城市化类型比较特殊，堪称中国近代农村城市化的典型个案。因此，了解和分析近代石家庄城市居民日常饮食就餐的变化特征，不仅能够认识新兴中小城市石家庄市民的真实生活质量，也有助于全面了解石家庄城市化的实际发展程度，还有助于认清中小城市与开埠通商大城市社会生活的实在差距。考察近代石家庄城市居民的社会生活状况，其日常饮食就餐的变化，有如下三点最主要的特征。

一、食物多源化和品种多样化

近代石家庄城市居民的餐饮，与城市化之前农民的饮食相比，已经有了明显的变化。随着近代石家庄农村城市化的发展，商贸集散中心的地位逐步提高，输入本市的粮食、蔬菜、蛋禽、海产、水果、干果等数量和种类大为增加。所以，近代石家庄出现的食品货物的多元化，以及餐饮品种花色与食物档次的多样化结构，是城市居民在饮食方面明显变化的第一个特征。

石家庄铁路车站从开办货物运输之始，就一直在经营各种家禽、水果等鲜活货物的运输业务，并且随着城市居民的增多，各类食品的运量也在逐步增加。到1935年铁道部规定家禽、鲜鱼、肉类、鲜蛋、奶、瓜果、蔬菜等鲜活货物，可优先调拨车辆运送。一方面石家庄"市区附近，农产丰富，畜牧繁

---

* 原文发表于《中共石家庄市委党校学报》，2008年第11期。

殖",①另一方面作为集散地,石家庄市场上各类食物品种丰富,货源充足。居民的餐桌上不仅有各种粗细粮,也有各种蔬菜和荤腥肉类。常见的蔬菜"多半都由乡村运来……所有的也不过是北瓜、冬瓜、茄子、豆角、青椒、西葫芦、红白萝卜、西红柿和土豆"。②石家庄的肉类市场,一般主要限于附近农村喂养的猪和牛,还有"西北口运来的羊",以及山雉、野鸭、家鸭、鳖、鳝等。不少外地来石的官员和富有人家,都比较讲究吃由京津运来的鱼虾等海产品,"或滹沱河里的鱼虾,外带有着蚌、蛤、蟹等海味"。③石家庄市场上常见的水果和干果种类,主要有获鹿、正定等周边县出产的沙果、苹果、菜瓜、西瓜、甜瓜、桃、梨等。由于铁路运输方便,市场需求的扩大,运往石家庄的外地各种饮食物品的类别和数量也在逐年递增。

随着洋人、军阀、买办、官僚、商人的到来,一些高档饮食服务应运而生。许多外地饭店经营者开始涌入石家庄,开办不同类型的饮食服务业,各类地方风味的烹饪技艺也传入石家庄。大饭庄开始有了南菜、北菜等各种地方风味的菜肴,"随人所欲,样样俱全"。④石家庄开始有了外地的名厨,号称"肆宴设席,有苏京保派之不同"。⑤如果从各大饭店的饭菜特色和制作工艺来区分,"石门之饭馆,可分为京保、江南、山西、清真、本地等五派"。⑥

随着外国西方人的到来,石家庄开始有了咖啡馆,还有了啤酒、蛋糕、罐头,甚至出现了汽水、冰糕、冰激凌等冷饮,有了西餐。尽管"西餐仅一两家,饭店内附设"⑦,西餐的加工水平和制作口味远不如北京和天津,但是对当地一味传统的饮食结构而言,也称得上是一种改变。

民国时期,石家庄城市居民的饮食消费水平逐步提高,不仅有了金华火

---

① 陈佩,《石门市事情》,新民会中央总会,1940年,第39页。
②《石门的食:蔬菜》,《华北新报》,1945年8月5日,第2版。
③《石门的食:荤腥》,《华北新报》,1945年8月5日,第2版。
④《石门的食:饭馆》,《华北新报》,1945年8月5日,第2版。
⑤ 张鹤魂,《石门新指南·跋》,石门新报社,1942年,第333页。
⑥ 张鹤魂,《石门新指南》,石门新报社,1942年,第59页。
⑦ 张鹤魂,《石门新指南》,石门新报社,1942年,第59页。

腿、南京板鸭、河南凤鸡、广东香肠、湖南莲藕等各地名优特产，而且外地各类风味的糕点糖果制作技艺也传入石家庄。石家庄宏记、福记、和记三家稻香村的经营品种和经营方法，都是沿袭的北京稻香村，从产品到配料完全按北京稻香村的工艺流程和配方生产。石家庄市场上的糕点品种花样丰富，不知凡几。各种南北风味点心及节日食品等应有尽有。

与农村城市化之前相比，石家庄社会人口的构成已迥然不同，其异质性大大提高。居民存在着三六九等，贫富分化非常突出，既有花天酒地者，也有食不果腹者。石家庄"虽为新成之市场，然因市况活泼，居民生活颇趋奢侈，富户常食稻米，中流社会以面粉为主，下层阶级常食小米"。[①] 在军政当局实行粮食管制配给时期，不同阶层人士吃粮价格亦有所不同。例如，20世纪40年代初，"关于面价，当局曾有规定，每袋军人二十五元，公务员四十五元，一般七十五元。"[②]

二、食物商品化和就餐便捷化

随着石家庄城市商品化的发展，市区市民的食粮供给来源越来越广泛。由开始主要依靠周围各县，扩展到了山西市场的供应。由于石家庄是区域性农产品的买卖交易中心，故而粮食加工厂、榨油厂、鸡蛋加工厂等，"均皆次第兴办，方兴未艾。"[③] 从事饮食行业的人员明显增加，食物加工的商业化经营在逐步扩大，居民平时就餐的便捷化程度提高，就成为石家庄城市居民饮食方面表现的第二个特征。

20世纪30年代，石家庄经营粮食生意的粮店约有39家；经营饭店生意

---

① 《石家庄之经济状况》，《中外经济周刊》，第181号，1926年9月25日，第30页。
② 何辉、吴悠，《微言集》，石门新报社，1944年10月15日，第45页，《面价》。
③ 河北省档案馆藏，《保定道令饬将农业状况、物产种类、工业程度、贸易情形按季造册卷》（1923年），656-2-283。

有9家；经营酒店生意的有10家；经营酱菜生意的有18家；经营生肉买卖和熟肉加工店铺有18家；经营鲜果和点心的店铺有17家；经营鲜鱼海产生意的有5家；经营茶叶买卖的店铺有24家。到40年代初，粮店发展到75家；饭店发展到54家；酒店发展到37家；肉店发展到35家；酱油醋店铺有70家，饼子油条店铺有83家。① 石家庄的饭店经营规模和服务对象不同，可分为三等，上等饭店的菜饭档次较高，"多有全席。有时也有比较特别的菜，恭维地说，也有几样掌手；那中等的可就是千篇一律；下等的却是花园一带的束鹿馆、新兴路一带的清真馆，备有饼类、稀粥，比较经济。"② 饭店能够为市民提供多人同时就餐服务，遇到红白大事，"来者特多，筵席大半由饭庄承办"，③ 大大方便了众人就餐。

近代石家庄作为商贸集散地，往来的客商比较多，所以市内的茶馆比较多，遍布整个城区，"本市几乎是每条街都有，可见石门人士也是都爱喝茶。"石家庄人喝花茶最为普遍，茶砖在此地不大时兴，龙井、红茶等多半也不符口味。一般市民除了在自己家里喝茶以外，有时也在饭店里喝茶，大多数居民喝茶最常去的地点是小茶铺和茶坊，京津大城市里的那种高档茶楼，石家庄几乎没有。④

石家庄作为交通枢纽，工商业日趋发达，特别是成为区域性军事政治中心之后，商人、军人、各级官员日渐增多，城市居民饮食消费的整体水平也大为提高，首先表现在，可供城市居民消费选择的食品种类齐全和花色式样比较丰富，采购亦更加方便。

石家庄城市居民再也不会像农村一样过年过节才有肉吃，"石门人在婚丧年节都要大吃其肉……在平常手头若有富余，也得吃一些肉热汤面和包馅儿。"⑤ 如果家庭经济条件允许，随时可以改善自家伙食，肉食品都可随时购

---

① 陈佩，《石门市事情》，新民会中央总会，1940年，第45页。
② 《石门的食：饭馆》，《华北新报》，1945年8月5日，第2版。
③ 张鹤魂，《石门新指南》，石门新报社，1942年，第327页。
④ 《石门的食：茶》，《华北新报》，1945年8月5日，第2版。
⑤ 《石门的食：荤腥》，《华北新报》，1945年8月5日，第2版。

买。石家庄居民买菜一般有两种方式，或在家门口购买"下街推车的"，或到菜市场购买。菜市场的蔬菜也都是由乡村运来的，市场管理部门曾经要求所有的蔬菜，要"经过消毒的手续，再挑到菜场去卖"。① 这种做法最早是从 1940 年开始的，起初是因防疫工作需要，而后形成制度，定期有人到菜市场检查，尽管并非一直坚持下来，但是，不定期的检查无疑提高了菜市场的环境卫生和蔬菜质量。

大饭店每到夏季，熟食和肉类物品的储存成了问题，"每届夏令乏藏冰，诸多不便，他处购运尤觉困难"。1918 年就有人报请县衙批准筹建大型藏冰设施，"拟在石庄附近河流处所建筑冰窖，于每年隆冬，伐冰收贮"。② 用以解决夏令餐饮服务业的各项需用。

市政当局鉴于石家庄系通衢各省之要道，中外行商之大埠，不仅在饮食服务业的基础建设方面做出了一些努力，在饮食卫生方面也起到了积极作用。市政当局管理部门意识到严防病从口入的重要性，设立专人负责卫生防疫工作，设立了牲畜检验所，对屠宰出售的牲畜一律实施检验，经查无疫方准上市；另一方面在加强城市管理法规的实施方面，也加大了对城市饮食从业人员的制约和监管。

三、口味大众化和小吃低档化

石家庄是交通枢纽，又是商品集散地，还是区域性军事政治中心，城市的流动人口较多，即旅居与过往人口无定，石家庄形成了平时饮食低档的大众化饮食系列，大多数居民饮食消费水平尚低，主食结构与周边农村相差无几。由此，近代石家庄城市居民饮食方面表现的第三个突出特征是，具有适应广泛

---

① 《石门的食：蔬菜》，《华北新报》，1945 年 8 月 5 日，第 2 版。
② 河北省档案馆藏，《石家庄民人于镇呈称该庄商业繁盛每遇夏令苦乏藏冰乞转请给发冰帖以凭办理卷》（1918 年），656-1-975。

地域口味的饮食系列，缺乏当地独特小吃，广大中下层居民日常主食较为低档单调。

由笔名风子撰写的《咏石门平民食品》一文，将石家庄的部分大众日常食品概括为十种小吃：豆腐脑儿、豆汁、凉粉、扒糕、煎饼、豆浆炸果子、炸糕、罩火烧、饼子、水煎包。① 除此以外，石家庄饭店和小吃摊出售的小吃，还有炸脆片、糖片、麻花、油条、烧饼等。在石家庄这些大众日常食品系列中，没有任何属于本地独有的特色小吃。其原因不仅在于这座移民城市历史短暂，历史上根本就没有形成过有别于其他地方的传统品牌食品，还在于五方杂处的各地移民组成的城市里，没有形成多数人都认同的小吃口味，而是广泛综合了河北各地的饮食习惯和传统食品口味。

石家庄居民的家庭主食较为低档，却较有特色。近代石家庄历来流传当地有三宗"宝"，其中有两宝是百姓的主食，即"饼子、大山药"。所谓饼子的原料多为玉米面，也有的略加上一些小米面和黄米面，还有加上红枣，较次等则加高粱面。大山药又名白薯，"亦石门附近农产物之一大宗。"作为主食，其吃法有烤、煮、油煎等。常常将饼子带在身上做午餐的人，一般应是中下层人士居多，白天工作自带便捷午餐，"与饼子并进"是广大石家庄居民日常工作生活的真实写照。石家庄居民百姓平时很少吃炒菜，即便是改善生活时，一般喜欢吃大锅熬菜。所以说，石家庄大多居民与周边的农村居民饮食结构水平相差无几。与石家庄大众饮食消费程度相匹配的是，石家庄多数中小饭店的炒菜也缺乏特色。另外，石家庄没有名酒，只有当地人用高粱和酒曲蒸馏而成的石门二锅头，以及黄米做的黄酒。

从近代石家庄城市居民主体的整体而言，虽然比农村居民的饮食水平有所提升，但是与其他大城市居民整体生活水平相比还比较低，广大市民日常的餐饮食物非常朴素，没有形成地方特色的传统知名小吃。由外地传入的各种各样著名特产，对多数当地居民日常饮食而言，始终都是一种奢侈，只能偶尔为之。

---

① 张鹤魂，《石门新指南》，石门新报社，1942 年，第 226 页。

总之，近代石家庄是一座20世纪的后起城市，农村城市化的历史极为短暂，许多处在市民化过程中的农民工，依然保留着自己原本的农民生活观念和生活习惯，它还尚未彻底摆脱农村的印记。石家庄既是一个工商业快速发展的近代化城市，又是一个社会生活方面"乡村味道正相当浓厚"[①]的农村城市化的年幼城市。

---

① 石家庄市档案馆藏，《晋察冀边区石家庄市政府工商局——石家庄解放后关于工商业政策的执行》(1947年)，1-1-1。

近代石家庄城市建筑民居的变迁

在城市居民日常的衣食住行中，住房是一个非常重要的方面。俗话说，安居才能乐业，且民居建筑还反映着不同地域、不同时代的习俗文化和审美价值观，是生产力发展水平和生活环境等因素的客观反映。因此，了解和分析近代石家庄城市居民建筑住宅的变化特征，不仅有助于认识新兴中小城市市民的实际发展程度，还有助于认清中小城市与开埠通商大城市社会生活的实际差距。通过对近代石家庄城市居民的社会生活状况的考察，笔者认为其住宅建筑的变化有如下三点主要的特征。

一、建筑多样化和建设高速化

由于石家庄城市人口快速增长，使其在居民住宅建设方面呈现出高速化发展态势，出现了住房建筑的多样化风格，这是石家庄城市民居房宅出现的第一个显著特征。

在农村城市化之前，石家庄全村仅有一两处二层建筑，大多民居以砖木和砖坯混合结构为主。石家庄及周围村庄的住宅建筑格式基本保持四合院形式，"普通村落皆为平房"。[1] 当地传统房屋建筑的主要缺陷在于，"日光之投射既无考虑，空气之流通又不讲究"。[2] 随着石家庄农村城市化的快速发展，外来移民大量进入城市，各种各样的民居住宅拔地而起，市区随之迅速向周边扩展蔓延。"石庄自正太、京汉两路设站以来，华洋麋至，商贾云集，四方

---

* 原文发表于《石家庄职业技术学院学报》，2009年第1期。
[1] 陈佩，《获鹿县事情》，新民会中央总会，1940年，第8页。
[2] 陈佩，《获鹿县事情》，新民会中央总会，1940年，第2页。

来石租地建房者，络绎不绝。"①石家庄住宅建设出现了四次高潮：第一次在1904年正太铁路动工后，第二次在1912年后，第三次在1925年石门自治市建立后，第四次在1938年确立市制后。为适应大规模建房发展的需要，1914年石家庄成立了建筑公会，以图"上为公署息讼端，下为商民谋乐利"②，在审批监管方面，为近代石家庄城市房屋建设发挥了一定作用。随着城市房屋住宅的大规模建造，原石家庄村与周边休门、栗村等村落之间的大片耕地被迅速蚕食。"石门市乃由获鹿一小村发展而成，其设市至今不及十年，引起发展过于迅速，故现有之房屋……其原址泰半皆为农田。"③20世纪30年代初，《大公报》一位记者重游石家庄时，回想起了20年前途经此地的场景，石家庄城市房屋建设发生的翻天覆地的变化，使他感慨万千，"屈指计今，倏忽二十年，而旧地重游，非复昔时之冷落，真沧海变桑田矣"。④特别是20世纪30年代末，日本侵略者提出将石家庄建成华北大都市的计划之后，房屋建筑发展速度加快，仅1938年"核准民建筑三百二十九户，房屋1200余间；二十八年八百余户，房屋2000余间，二十九年（未详），三十年度截止至九月止，计杂项修理642户，建筑240户"。⑤除上述民宅建设之外，日本驻军还肆意侵占民地，大建公用、军用、商用的房屋，"日寇军事建设大修洋房，都是抢占居民地基，如三井洋行即修房3000间"。⑥房屋建筑的大量增加，极大地促进了石家庄建筑材料业的发展。市郊周围大大小小的砖瓦窑场触目皆是，不可胜计。20世纪40年代初，石家庄生产砖瓦建材的较大商行达到19家（见表5-3）。

---

① 河北省档案馆藏，《警察事务所呈送石家庄建筑公会简章卷》（1914年），656-1-321。
② 河北省档案馆藏，《警察事务所呈送石家庄建筑公会简章卷》（1914年），656-1-321。
③《楼房少平房多》，《华北新报》，1945年8月5日，第3版。
④ 刘哲民，《石门二十年来之回顾》（一），《大公报》，1932年5月3日，第5版。
⑤ 张鹤魂，《石门新指南》，石门新报社，1942年，第40页。
⑥ 石家庄市档案馆藏，《中共六地委编：石门市工作概况》（1945年4月20日），第7页，1-1-4。

表5-3　20世纪40年代初石家庄砖瓦商行名称、经理、地址一览表[①]

序号	商店名	经理	所在地址	序号	商店名	经理	所在地址
1	福顺窑	温联捷	石门市南	11	兴计窑	马计善	石门市北
2	德盛窑	郑静平	石门市南	12	中泰恒	谷岐山	石门市北
3	和顺窑	刘永德	石门市南	13	福裕成	张玉可	石门市东
4	义顺窑	张智范	石门市东	14	义盛窑	狄克勤	石门市北
5	福聚窑	郑学舜	石门市南	15	义庆长	何连升	石门市南
6	瑞升窑	范成山	石门市南	16	复盛永	李保林	石门市北
7	复兴永	赵殿贤	石门市西	17	瑞生窑	陈瑞生	石门市南
8	德方永	张书芳	石门市东	18	万顺窑	贾福海	石门市西
9	金城窑	虞金美	石门市北	19	义记窑	何生来	石门市北
10	泰记窑	赵瑞桂	石门市北				

近代石家庄在房屋建设快速发展的基础上，出现了住房建筑风格多样化的特征。石家庄的居民住宅既有西式公寓，商铺居所合一的楼房，稠密里巷的民房，也有不同档次、不同结构布局的旅社，还有拥挤不堪的工房。石家庄典型的西式住宅为正太铁路局修建的法国式洋房公寓，以及被誉为"近代之建筑，盖西式之旅馆"的本市最大的高级饭店——正太饭店。典型的商铺居所合一的楼房区集中在朝阳路两侧，"商店率多两层楼，皆金碧交辉。"[②]石家庄朝阳饭店和国民饭店，与天津的中国、巴黎、华安等大饭店相比，"无论就那方面说皆无逊色"。[③]石家庄作为一个刚刚步入城市化的年幼城市，其房宅发展的速度日新月异，表现出了前所未有的多样化，较获鹿县城和正定府城而言，大有后来居上之势。但也应该指出，石家庄民居建筑风格的多样性，远没有达到与天津等大城市的公馆、别墅、租界的建筑相提并论的程度。作为一个新兴的小城市，石家庄民居住宅的式样、材料、结构等尽管有所不同，但总体上都属于比较传统的形式，绝大多数的民居采用的是低层木架构，建筑形式比较简

[①] 张鹤魂,《石门新指南》,石门新报社,1942年,第307～308页。
[②] 刘哲民,《石门二十年来之回顾》(一),《大公报》,1932年5月3日,第5版。
[③] 《旅馆》,《华北新报》,1945年8月5日,第3版。

单,布局比较密集。商铺居所合一的楼房建筑多造楼廊,平房建筑多造雨搭。据 40 年代初对南大街、大同街、朝阳路等主要街道的调查,127 家商铺都有楼廊和雨搭[①],这无疑与商店经营的门脸有直接关系,是一种典型的前面商店后面居室的建筑结构设计。近代石家庄住宅建筑多样化特点,可以概括为三多三少:楼房少,平房多,高档建筑少;简陋住房多,独门独户的院落少,混居合住的大杂院多。据统计,截止到 1948 年,石家庄市登记在册的房屋实有数字达到了 1842719 平方米。[②]

二、民宅密集化和规格简陋化

在近代石家庄农村城市化进程中,虽然大量房屋建筑拔地而起,但因城市空间扩展过速,房地产业发展过快,加之租地建房而图暴利者太多,在投机心理指使下偷工减料过甚,导致了大量新建住房质量过低。故此,密集、低矮、狭小、简陋成为石家庄城市民居住房非常明显的第二个显著特征。

如前所述,全市除朝阳路两侧楼房鳞次栉比之外,"大部分皆为平屋房,而此为石门市房屋建筑一大特色"。[③] 建房者为了最大限度地利用空间,追求地价效益化,致使市区居住房屋的建筑布局极为密集。"城市贫民住居却较集中,贫民区、穷大院都是它们集居的地方。同时,各种行业的贫民又很自然地住得很靠近,有的穷大院全是拉车的,有的则几乎全是小摊贩。"[④] 广大市民居住环境比较恶劣,大多数居民都是集中居住在密集、低矮、狭小、简陋的住房

---

① 石家庄市城建档案馆藏,《石门市公署建设科:全市楼廊雨搭调查表》(1941 年),D-3-7。
② 石家庄市统计局,《河北省石家庄市国民经济历年统计资料汇编(1948~1957)》,1958 年,第 58 页。
③《楼房少平房多》,《华北新报》,1945 年 8 月 5 日,第 3 版。
④ 石家庄市档案馆藏,《中共七地委:一区九街贫民生活调查》(1947 年 11 月),第 64 页,1-1-8。

之中。"石门住户，原来紧凑，地方不甚广大。"①有的文人甚至用"千户麟连，而里巷之民居稠密"②，来形容石家庄繁荣的城市景象。石家庄属温带季风性气候，加之太行山东麓焚风的影响，冬寒略少，夏日酷热，市区内无河流与池沼，每当暑季，"其热苦酷，令人难忍，正午时竟达三十度以上，加之市内房舍密布"③，居民颇感难耐。客店住房除了密集之外，房间更为矮小，空气亦不流通，每间客房安排客人又十分满档，其难耐程度更甚于普通市民。大户人家和殷实商户的人们，在酷暑季节，有的常常要躲避于地窖中避暑，有的要到井陉或青岛去避暑。由于市内民宅布局极为密集，公安局亦认为极不利于城市的消防，"查石门商业繁兴，房舍栉比，一遇火警，延害堪虞"。④

由于石家庄民房的快速扩建，使其在建筑质量方面出现了比较突出的问题。大部分刚刚交付使用的新房存在隐患，多数新建住宅就是简陋危房。住房质量问题集中表现在以下方面：第一，地基多欠坚固；第二，墙体多用"立砖"砌成，且多为中空，许多房屋的屋墙没有用砖，全部使用土坯，因而耐水性能极差；第三，房架并无立柱。一些用于出售或出租房屋的外表装饰不错，但"外表固然好看，实际上甚不坚固，不用说数十年后，即现在若遇有大雨，即有倒塌之虞，对生命财产之安全不无影响"。⑤造成上述问题的主要原因在于，"一般投机者皆仓促构筑房屋，以期转资而得厚利，故工程多偷工减料。"⑥特别需要指出的是，这类简易住房规格不太符合石家庄的气候条件。20世纪三四十年代，石家庄全年降雨量约在500毫米，平时降雨量较少，但到了雨季，对这类耐水性较差的住房构成极大危险。每年雨季，石家庄都会有大批住宅房屋倒塌，简易陋室几乎无一能幸免。对于大多数底层市民而言，"贫民衣食尚且不给，房屋自难获得。即有亦皆泥土短垣。柴草棚顶，平时尚且漏

---

① 井守文、孙长元，《河北省石门义务教育进行现况》，《河北月刊》，第4卷第7期，1936年，第7页。
② 张鹤魂，《石门新指南·跋》，石门新报社，1942年，第333页。
③ 陈佩，《石门市事情》，新民会中央总会，1940年，第10页。
④ 刘清池，《划时代之石门警政》，《警风月刊》，第8期，1947年8月1日，第23页。
⑤《楼房少平房多》，《华北新报》，1945年8月5日，第3版。
⑥《楼房少平房多》，《华北新报》，1945年8月5日，第3版。

雨，值兹大雨数日，早已墙倒顶陷，无处容身。"① 即便是新建住房大多数也会出现渗漏，遇到大雨天气，往往是屋里下小雨，"屋内泥水淋漓，既无一片干土。"② 投资建房者在快速发财致富的侥幸心理支配下进入房产开发领域，他们短期行为的实质就是一种冒险赌博。1935年8月的一场大雨，使石家庄新华市场所有新盖的50余间房屋全部倒塌，损失非资。当时"全市房屋不漏雨者，百家中不得三五"。③ 石家庄居民住房的建筑质量，由此可见一斑。比这些简易陋室更有过之而无不及的是"棚屋"，有的城市移民家庭常年居住在临时搭建的棚户中，于是产生了"棚屋"区。据《石门指南》记载，1933年石家庄有棚户50户。这样的"棚屋"建筑，随着石家庄城市区域规模的扩大，"棚屋"数量也在逐步增加，而且逐步向市郊地区移动扩展。

三、房屋紧俏化和住房租赁化

在近代石家庄农村城市化进程中，大量周边农村移民虽踏入城市，但却穿梭往来于城乡之间迁徙无定，还有相当部分的经商者和打工者并未真正扎根于本地。他们在城市都无固定住宅，加上过往旅客尤繁，故此，租赁房屋的大量存在成为石家庄住房方式的第三个显著特征。

近代石家庄的房屋租用大致分为：政府部门办公与工作人员居住、商务人员长期租用、短期流动人员租住、私人租住等几种情况，前两者一般都要办理租用合同。商务部门和机关团体与房东之间，照例要订立契约，需要约定租期、租金，以及甲乙双方的各项权利义务责任等。而民间租房手续极为简易，多数只凭中人说明每月房租价格和交纳日期，一般并不使用字据和铺保等。根据房屋面积的大小，地理位置的远近，建筑面积和质量的不同，房租价格不

---

① 《房屋倒塌更增多》，《商报》，1935年8月8日，第4版。
② 《房屋倒塌更增多》，《商报》，1935年8月8日，第4版。
③ 《房屋塌漏百业停顿》，《商报》，1935年8月7日，第4版。

等。但是，石家庄的租房尚有一种"以粮代租"的做法，在租房时议定每间房租若干斤米面。这种以物易物方式保持了以往农村的传统，很可能与物价变化频率太快有关。① 绝大多数房客都能每月按期将房租送交房东，而房东一般也不会以物价变化等借口勒索房客。近代石家庄这种遵守信用道义的租房风气，得到外地人高度赞扬，"实为其他各大都市所不及"。② 对于石家庄旅馆旅店而言，确实存在房租涨价情况，虽不普遍，但亦有增长之苗头，而这些行为则被认为是农村城市化中朴实的石家庄，"为受其他各大都市之传染"。③

石家庄作为交通枢纽和货物集散地，20世纪30年代后期又成为真定道行政区首府，商贾云集，旅客往来频繁，而解决旅客居住问题的主要是旅馆旅店。早在铁路修建伊始，石家庄的旅馆旅店就已出现，大多建在大桥街一带，到20世纪30年代，"旅馆甚多，设备亦佳"。④ 到40年代初，达到50余家，其中旅馆有20余家，旅店有30余家。⑤ 近代石家庄的旅馆服务周到，房屋清洁，地理位置便利，多设于车站附近，且多楼房。而旅店略差一些，实为低级旅馆。较著名的旅馆有正太饭店、朝阳饭店、国民饭店、新大旅社、石门旅社、北京旅社、北华旅馆等。"至于此种旅馆之住客，以高级商人为最多；其次，便是高级公务员；再次，才是访亲觅友之平民。至于小资本的跑车者流，则更等而下之，不得已而宿于西花园以及七条胡同等处之旅店了。"⑥ 20世纪30年代初的旅馆房租，"每客每天食宿费约需四角"。⑦ 40年代初的旅馆房租，"石门旅店最上等者，每日房价为六元，最低者，每日一元六角"。到了20世纪40年代中期，"按照本年七月公布的价目表，是分作福、禄、寿、喜、财、普通六等，计福字每间四百五十元，禄字每间三百元，寿字二百元，喜字

---

① 《以粮代租》，《华北新报》，1945年8月5日，第3版。
② 《租房只凭中人仍保持道义精神》，《华北新报》，1945年8月5日，第3版。
③ 《石门的住仍存古风》，《华北新报》，1945年8月5日，第3版。
④ 正太铁路管理局编，《正太铁路接收四周年纪念刊》，1936年，第68页。
⑤ 张鹤魂，《石门新指南·跋》，石门新报社，1942年，第59页。
⑥ 《旅馆》，《华北新报》，1945年8月5日，第3版。
⑦ 平汉铁路管理委员会编译科公报编辑室，《平汉路带各地概略》，《平汉线铁路月刊》，第14期，第2页。

一百五十元，财字一百元，普通五十元。"① 至于规模比较小，设备比较简陋的旅馆，称之为客店。石家庄大部分客店开设在大桥街四条胡同及西花园一带。较好的客店是砖房，屋顶比较高大，空气流通较好；次等的客店，则为土房土炕，房屋低矮。客店的房价皆不以单间计算，而以人为单位计算。大房间住10人，小房间住5人至6人。40年代中旬，每人每天客店房租需要30元至70元不等。石家庄的旅店名称带有明显的地方特色，往往在字号上冠以地名，例如，南宫、赵县、正定悦来店等，其实这并非为各县公办的驻石办事处，却具有招揽同乡旅客的实际作用。首先，表明开店者为某地人；其次，凡本县旅客来此投宿，价钱公道；再次，"住在此店中，因为乡亲比较多，故在种种方面都有照应。这是石门客店的一个特色"。②

从近代石家庄旅店业发展的总体数量看，始终没有改变客房供不应求的局面，特别在出现铁路客流高峰时，旅客住宿难的问题尤为突出。20世纪20年代，《大公报》记者曾针对这一情况做过报道，"石庄人稠地狭，旅客最感困难者，为住宿问题。……各公共场所以及大小旅舍，已早有人满为患，记者下车后，连询数十处，竟未能得一栖身地"。③ 到20世纪40年代，外地旅客到石家庄住旅馆，依然困难重重，"每日皆告客满"④，致使"下火车的旅客时常坐着洋车，碰了数家旅馆后，仍旧是找不到房子，住的问题在石门难，也就可想而知了"。⑤

找房难不仅表现为住旅馆难，在市内居住找到出租房亦非易事。由于近代石家庄房屋短缺，甚至不少的商铺、机关团体、学校均无自己房产，也都需要依靠租赁民房的方式来解决开店、办公、上课的问题。由于大量单位的公用租房，使石家庄房源紧俏进一步加剧。1935年石门义务教育试验区的20所小

---

① 《旅馆》，《华北新报》，1945年8月5日，第3版。
② 《客店》，《华北新报》，1945年8月5日，第3版。
③ 《正太途中·战后视察记》，《大公报》，1928年6月16日，第3版。
④ 《旅馆业尚称发达》，《华北新报》，1945年8月5日，第3版。
⑤ 《旅馆》，《华北新报》，1945年8月5日，第3版。

学,"皆系临时赁用民房,教室多无后窗,不但室内狭隘,且光线黑暗"。① 到 40 年代初,"普通市民租房,每间月需五元,因人口日渐增加,若无熟人介绍,虽价昂亦不易觅得也"。② 根据 1941 年本市日本居留民租房登记的统计,日本居留民每月在石家庄新租及转租房者有二三十户。③ 面对石家庄找房难的问题,新闻界人士在报端一再呼吁,提倡市民生活应该俭朴化,房屋只要清洁卫生够住,不必过分享受。号召房子多的居民,应该匀出富余房屋出租给没房住的人,呼吁大家互相帮助,同甘共苦。

石家庄一些大工厂为保证生产正常进行,也采取了一些相应的办法,先后都建造了部分简易工房,以解决本单位工人的居住问题。有相当多移民即便找到工作,也缺少经济实力去自己盖房,主要还靠租房解决居住问题。20 世纪 30 年代,大兴纱厂纺织工人多数在附近的农村租房居住,当需要通知有关事宜时,"由各村长副回村,鸣锣通知各村所住男女工友周知"。④ 以往大兴纱厂也建有部分简易工房,工人可以随便住,房租电费概不征收,漫无限制,致使弊窦丛生。后因工人数量增加和原有工房年久失修,于是 1935 年 8 月,对该厂的工房进行了翻修和扩建。"新建之工房约八九百间,可容数百户。"⑤ 新房虽仍由工人居住,厂方却加强了限制,"将房编号按次迁往居住外,并须每日酌收房租及电灯费"。⑥ 这种工房每室约能容纳四五人,允许工人带其眷属,"每间月收费数角,价低廉。"⑦ 但是工房大门启闭有时间限制,不得随意出入。正太铁路管理局鉴于职工住房的实际困难,开始酝酿逐步建造铁路职工集体宿舍,考虑到"本路员工,大都来自远方,咸在市内赁屋居住,但屋少人众,房屋设备又极简陋,不合卫生,且足价昂贵。兹为体恤员工计,乃有建筑员工住

---

① 井守文、孙长元,《河北省石门义务教育进行现况》,《河北月刊》,第 4 卷第 7 期,1936 年 7 月,第 7 页。
② 张鹤魂,《石门新指南》,石门新报社,1942 年,第 59 页。
③ 石家庄市城建档案馆藏,《石门市公署三十年度建设科工作报告》(1942 年),D-3-7。
④《石门工潮解决》,《大公报》,1933 年 2 月 21 日。
⑤《纱厂北门限制启闭时间》,《商报》,1935 年 8 月 10 日,第 4 版。
⑥《纱厂北门限制启闭时间》,《商报》,1935 年 8 月 10 日,第 4 版。
⑦《大兴工房行将建筑完成》,《商报》,1935 年 10 月 15 日,第 4 版。

宅之计划焉，预期十年建筑完成，俾使员工得以减轻担负，安心服务"。[1]

住房短缺进一步提升了石家庄房价，导致房产业的快速升温，房产的开发又造成市内地价的不断上涨，不仅是市区中心地价普遍上升，"马路附近地基房屋赁价陡增数位"。[2]当然，位置不同，地价上涨幅度也明显不同，"依地位上之关系而不同，桥西街市地，每亩一千七八百元，西阁街外之耕地，每亩三百余元，离市较远之耕地，每亩七八十元，乃至一百元"。[3]随着城市房屋价格的增加，外来租房者纷纷转向周边村庄居住。

城市人口跳跃性增长的速度，超过了城市房屋建设的速度，这是造成石家庄住房困难的根本原因。从近代石家庄城市居民的整体居住条件看，由于缺乏城市规划，没有明确划分居民生活区，"旧市区建筑紊乱，无计划，任其自由发展，栉比毗连几无空地。建筑非常简陋，不合居住方便，亦有碍卫生健康"。[4]即便如此，还有许多居民没有属于自己的房屋。以当时工作环境较为优越的石家庄邮局员工家庭的住房状况为例，1946年1月，包括局长在内的全局90名员工，拥有住房的只有30名，仅占总数的1/3。其中，拥有三处房产的有2名，拥有房屋间数最多的是34间，注明为土房的6名。不拥有房产的有60名，占到总数的2/3，[5]他们解决住房问题的途径只有依靠租赁。这就印证了城市居民构成的异质性，既有朱门豪宅的富商绅士，又有普通民宅的租房移民，也有砖坯平房的市区农民，还有简陋工棚的打工苦力。近代石家庄广大下层市民面临的两大经济问题是，找活干和迫切要求解决房子问题，大家之所以要抢着租赁那些很破很小的房子，就是因为"房租是生活上很重的一个负担，例如，一区九街贫民窟房子，有的每间每月赁费二万元（最贵的每间每月一市斤米），贫民多交不起，到月头受房东逼骂，甚至赶出来"。[6]那些大量

---

[1] 正太铁路管理局编印，《正太铁路接收周年纪念刊》，1933年，第71页。
[2] 河北省档案馆藏，《石家庄商会警区呈请建筑马路案卷》（1914年），656-1-320。
[3]《石家庄之经济状况》，《中外经济周刊》，第181期，1926年9月25日，第31页。
[4] 石家庄市城建档案馆藏，《石家庄市城市计划草案》（1949年），第13页。
[5] 石家庄市档案馆藏，《石门邮局员工家庭状况员工情况调查表》（1946年1月），21-1-425。
[6] 石家庄市档案馆藏，《中共七建委编：关于发动贫民的一些材料》（1947年11月），第66页，1-1-8。

既无工作又无住房的城市游民,在城市治安清查之时,每天会被驱逐到市外荒郊。"一切无职业者,数千人每夜被赶到市外住宿。"①第二天又重新返回市区游荡,继续与警察捉迷藏。石家庄居民房产拥有比例较低的情况,反映出了城市居民生存性支出水平比较低,单就住房一项而言,有相当一部分居民甚至比当时农村的住房条件还要差。

总之,石家庄是一座 20 世纪才发展起来的后起城市。它既是一个工商业快速发展的近代化城市,又是一个社会生活方面"乡村味道正相当浓厚"的农村城市化的年幼城市。②

---

① 石家庄市档案馆藏,《中共六地委:石门市工作概况》(1945 年 4 月 20 日),第 8 页,1-1-4。
② 石家庄市档案馆藏,《晋察冀边区石家庄市政府工商局:石家庄解放后关于工商业政策的执行》(1947 年),1-1-1。

近代石家庄城市交通出行的变迁

社会生活方式包括劳动方式、消费方式、交往方式、闲暇方式等多个方面，其中交通出行是社会生活最基本和最重要的内容，它的质量如何也是社会生活质量的最直接和最根本的反映。

在城市居民的日常衣食住行中，交通出行是一个非常重要的方面。近代石家庄这座由农村城市化的新兴都市，既是交通枢纽，又是商贸集散中心，还是军事政治中心，所以石家庄城市人口的流动性比较大。城市居民交通出行方面的状况如何，成为近代石家庄城市生产力发展程度和生活环境条件的一个客观的重要反映。因此，了解和分析近代石家庄城市居民交通出行的变化特征，不仅能够认识新兴中小城市石家庄市民的真实生活状况，也有助于全面了解石家庄城市化的实际发展程度，还有助于认清中小城市与开埠通商大城市社会生活的实际差距。考察近代石家庄城市居民的社会生活状况，笔者认为其交通出行的变化，有如下三点最主要的特征。

一、外出交通日益便捷

石家庄城市化进程是由铁路启动的，从1907年铁路枢纽的形成，到20世纪40年代初石太、平汉、石德三条铁路相接，完成了由丁字形枢纽向十字形枢纽的演变，实现了石家庄居民交通出行的四通八达。在铁路运输事业发展的带动下，石家庄与周边各县公路交通也日益发达，"汽车路则有石沧、石德等路，东至藁城，南至宁晋，西至获鹿，北至正定，每日均有汽车往返"。[①]

---

* 原文发表于《河北广播电视大学学报》，2008年第6期。
① 获鹿县志编纂委员会，《石门市概况》，获鹿县志编纂委员会增订本《获鹿县志》，1939年重印本，第7页。

所以,外出旅行的铁路和公路等道路条件十分方便,是石家庄城市居民交通出行方式的第一个特征。

京汉铁路和正太铁路在通车运营初期,客运量并不大。1909年正太路只开行1对客车,1910年京汉路由开行4对旅客列车,提升到了开行5对。1923年正太路开行客车和混合列车达到了3对,1936年平汉路开行客车达到了9对。铁路运营之初,每趟列车的编组在3至6个车厢,1925年京汉路客车编挂车厢增加到了10至12个,1936年正太路客车编挂的车厢增加到了10个。京汉铁路和正太铁路运营之始,只是在开车前1小时才售票,1923年石家庄改为开车前2小时售票,1937年至1945年改为随时售票,在客票有效期时间内,乘客随意乘坐任何车次的客车(见表5-4)。京汉铁路从1913年开始实行昼夜行车制,正太线开行列车朝发夕至,夜晚停运,直到从法国人手里收回铁路管理权后,1933年正太路实行了昼夜行车制。① 铁路为石家庄城市居民的外出远行提供了极大的方便。

表5-4　石家庄火车站列车到发时刻表(1941年11月20日改订)②

铁路线路	列车车次	发车时间	到车时间	始发站	终点站	备注
平汉线上行	602	22:50	22:30	太原	北京	卧铺、餐车
平汉线	202	7:30	7:10	开封	北京	卧铺、餐车
平汉线	206	10:40		石门	北京	餐车
平汉线	264	17:50		石门	保定	
平汉线	204	14:25	14:05	彰德	北京	餐车
平汉线	234		20:55	新乡	石门	
平汉线下行	233	9:20		石门	新乡	
平汉线	201	22:45	22:20	北京	开封	卧铺、餐车
平汉线	205		19:15	北京	石门	
平汉线	263		11:40	保定	石门	

① 以上参见《石家庄铁路分局志》中"运输生产"的相关部分,中国铁道出版社,1997年11月。
② 根据《石门新指南》中有关数据整理,1942年,第22~23页。

（续表）

铁路线路	列车车次	发车时间	到车时间	始发站	终点站	备注
平汉线	203	15:40	15:20	北京	彰德	餐车
石太线上行	652		15:35	阳泉	石门	
石太线	642		19:40	太原	石门	
石太线	602	22:50	22:30	太原	北京	卧铺、餐车
石太线下行	651	13:10		石门	阳泉	
石太线	641	10:20		石门	太原	
石太线	601	8:10	7:55	北京	太原	卧铺、餐车
石德线上行	812		19:55	德州	石门	
石德线下行	811	10:00		石门	德州	

除了铁路以外，石家庄通往周边各县的公路也十分发达，民国时期先后修建了石获路（石家庄至获鹿）、石正路（石家庄至正定）、石元路（石家庄至元氏）、石平路（石家庄至平山）、石栾路（石家庄至栾城）、石铜路（石家庄至铜冶）等公路。1928年10月，经河北省建设厅批准，在借助沧石铁路路基的基础上，"暂行举办长途汽车，以利交通"。石家庄至沧州公路建成通车，成为石家庄最早的一条外通公路，它将京汉铁路、津浦铁路连接起来。1936年开工建设石南公路（石家庄至南宫），由南宫通往济南。1937年全面抗战前，最终形成了沧州至石家庄和石家庄至济南两条通往东部的主干公路。前者起于沧州，经深县、晋县、藁城、正定等地到石家庄，公路全长229公里；后者起点石门，经栾城、赵县、宁晋、新河、南宫，再经清河，入山东省境，抵达济南，此线公路长193公里，路宽10米，为石子及土路。① 四通八达的公路和长途汽车业务的开办，为石家庄城市居民的中长途旅行提供了极大的方便。

1928年阎锡山在石家庄开始建飞机场，到1941年以后开通了民航，"每周有定期航空，由石门至北京（星期二、星期四）五十元，至太原（星期一）

---

① 河北省档案馆藏，《河北省公署四周年施政纪要》，《建设》，1942年，第31～32页。

四十元，至开封八十二元，至南京二百三十五元，至上海二百八十五元，其他张家口、包头、满洲及日本内地等，皆可到达，纵横云雾，顷刻万里，便利异常。"① 虽然当时石家庄坐飞机走航空路线的出行旅客，均为达官贵人或富贾巨商，尽管百姓与之几乎无缘，但是从石家庄交通出行方式上看，毕竟是又开辟了一个新途径，这与石家庄重要的战略地理位置有着密切关系，也是其他中小城市所不可比拟的。火车、汽车、飞机等现代化的交通工具，不仅给石家庄带来了城市化的气氛，而且开阔了人们的眼界，拓展了人们活动的空间范围，缩短了人们外出花费在路途上的时间，从而提高了人们出行的效率，故石家庄人"于交通上至感便利"。②

二、市内公交严重缺失

与上述石家庄外部出行交通状况不同，石家庄市内的公共交通工具缺失严重，既没有电车，也很少有公共汽车，这是近代石家庄城市居民交通出行方面表现较为突出的第二个特征。

随着石家庄市区逐步扩大延伸，居民对市区内的公共交通的需求与日俱增。在20世纪30年代之前，石家庄汽车尚少，虽有同和、陆丰、三顺、明德、同义等五家私人汽车行，实有汽车31辆③，且多为运货车。由于"市内代步除洋车外，仅有各机关自备之少数汽车"，故此，新闻单位评价石家庄市内汽车肇事很少的报道，诚属无毁无誉。随着城市的日益发展，代步工具的需求愈加迫切，故此"新兴之交通工具，各方颇为期待"。④ 城市道路交通主要用于货运，市内运输工具主要是骡马大车和汽车，就整体运输行业而言，仍以马

---

① 张鹤魂，《石门新指南》，石门新报社，1942年，第37页。
② 张鹤魂，《石门新指南》，石门新报社，1942年，第325页。
③ 石家庄市交通局史志编委会，《石家庄市公路交通志》，人民日报出版社，1994年，第9页。
④ 张鹤魂，《石门新指南》，石门新报社，1942年，第325页。

车居多，甚至大量使用的是人力车运输，排子车夫 1000 余人。至于载人的代步工具，"石门于过去，曾一度有公共汽车之开驶，每日往返于朝阳路上，乘者极为称便"。①但是，好景不长，仅为昙花一现。

导致石家庄城区公共交通发展严重滞后的原因，主要原因有以下两点：第一，政府部门公共交通管理缺位。新兴城市的成长发展历史短暂，城市基础设施欠缺，市内公共交通道路的建设滞后。石家庄形成铁路枢纽和商品集散地之后，"商贾麇集，过往行旅尤属络绎不绝，惟路政不修，每逢雨旸非扬尘蔽目，即泥泞灭趾"。②石家庄迫切需要加快市区交通道路的发展，"随工业而发达之市街，亦必非现实之市街所能容"。③第二，石家庄属于中小城市的规模，市区高度密集，街道分布杂乱，缺少城市主干线路规划。由于城区被火车站分割为桥东与桥西两个部分，导致居民乘车线路不合理。加之城市大多数居民收入不高，用于日常市内交通的开销较少，大部分市民习惯以步代车，公交运营线路的载客率差，经济效益偏低，长此以往，市内交通企业难以为继。

有鉴于此，日本人林亲时曾在石家庄创办过一家从事市内交通的特殊运输公司，于 1942 年 4 月 21 日开张营业。该公司在北京定制了多辆"汽车型马车"，即由畜力拉动汽车形状的车厢，"车内构造极为精致，每辆可容十人。行车路线计有兴亚公园、石门剧场、金森药店、建设总署、华北电电无线送信所、惠民壕、石门神社等站"。④车票从一角起价，有二角、有三角，最多为四角五分。这种马拉公交汽车的特殊形式，反映出石家庄作为一个迅速发展的新兴城市，市民在公共交通上的某种需求，以及在市内公共交通工具上的落后和尴尬。

---

① 《朝阳路——石门银座》，《华北新报》，1945 年 8 月 5 日，第 3 版。
② 河北省档案馆藏，《石家庄商会警区呈请建筑马路案卷》(1914 年)，656-1-320。
③ 王骧，《开展石家庄商埠计划书》，《河北工商月报》，第 1 卷第 3 期，1929 年 1 月 15 日，第 27 页。
④ 张鹤魂，《石门新指南》，石门新报社，1942 年，第 325 页。

三、代步洋车脚踏自行

由于石家庄市内公共交通系统的缺失和公共交通工具的欠缺，市内交通出行工具的人力化和个体化特点突出，洋车和自行车的"火热"成为石家庄居民市内交通方面表现出来的第三个特征。

石家庄市内或短途的客运主要依赖洋车，故此，洋车业在石家庄非常兴盛，20世纪40年代初，经营洋车的商号达到101家，洋车1700余辆。到40年代后期，车夫自备洋车者约占20%，而80%皆赁用车行。最大的车主是人力车公会会长刘振清，他的车行拥有60余部洋车。洋车车夫多来自石家庄附近各县乡间，其中，大半是宁晋县人。石家庄的洋车夫，"不似京津沪车夫之颠顶，乘客与车夫之间甚少争吵之事发生"。[①] 其实，日常生活中乘客与车夫争吵不可避免，无非车费纠纷难免，只是当局对车夫从业者的管理颇为严格。1940年10月1日正式实施明码标定车价：桥西旧市区均为1角；休门村和栗村1角5分；雇车1小时2角；雇车1日2元；刮风和下雨、下雪时，以及夜间11点以后，车费增加五成。后由于物价缘故，于1942年1月18日又重新做出调整：以车站为中心，到东里村4角；到休门和栗村3角；到道公署、扶轮小学、货场2角5分；到制粉厂、神社、金森药局、花园街派出所2角；到石门剧场、电灯厂1角5分；雇车或等车1小时4角。价目表要贴于洋车醒目之处，违者严罚。洋车"成为石门市唯一之交通利具，乃大众之足之洋车，与市民最所相近，且为必要而不可欠之物"。[②]

除洋车外，自行车是石家庄人最为方便快捷的代步工具。石家庄的一般商号都没有汽车，中小商人外出办事主要依靠骑自行车。据当地报纸记者报道，在20世纪40年代初，自行车"可谓大走红运"，石家庄人"差不多每百人中，有九十八个人都能骑车"。[③] 会骑自行车，虽然不等于拥有自行车，但

[①] 《人力车夫标准价格》，《华北新报》，1945年8月5日，第3版。
[②] 《洋车夫公定价昨日起已实施》，《石门新报》，1940年10月2日，第4版。
[③] 《行——石门代步一斑》，《华北新报》，1945年8月5日，第3版。

是只有钟情自行车这样的代步工具的人，才可能学会骑自行车。自行车这种代步工具在石家庄大为流行，促使经营自行车生意的商号迅速增多。20世纪30年代石家庄做自行车生意的商号只有12家，到40年代初，达到了43家。

由于自行车的增加，对石家庄市内交通管理产生了很大影响，石家庄公安局认为，本埠人烟稠密，街道狭窄，自行车行走既速，最易发生危险。经查石家庄市内上街的自行车，大多数未及时按铃号者。故此提出，凡在街道行驶的自行车必须及时按铃提示，"当经饬属严行取缔，勒令按铃，否则扭局照章处罚"。[1]自行车能在石家庄盛极一时，其中一个重要的原因是价格低廉，廉价的自行车在石家庄受宠，不仅折射出城市居民的消费水平，也是公共交通发展水平的客观反映，更是石家庄农村城市化发展整体水平的客观反映。正像1945年中共城市调查人员对当时石家庄做出的综合分析一样，"石门是个新发展的都市，居民多从乡间搬入不久，不少人还依靠耕种维持生活。市内没有电车，即汽车，行李车也很少，商号多靠自行车。所以说，是个乡村色彩浓厚、向都市化发展的地方"。[2]

总之，石家庄城市居民的衣食住行变化的特征，就是近代石家庄城市化所带来的社会变迁的直接反映。近代石家庄逐步形成了城市社会生活方式，使原来乡村生活方式已经有了本质的不同，在石家庄新产生的这种城市社会生态和生活条件，较乡村的生活方式而言是一种进步。近代石家庄人口成分的广泛异质化，衣食住行的日益商品化，社会分工的精细化，社会变迁的快速化，使之与农村生活方式产生了越来越显著的区别。通过对石家庄城市生活方式变化特征的考察，不仅令人看到了农村城市化进程中，经济、文化、社会、民俗等因素对衣食住行所产生的深刻影响，还使人发现了平津大城市新社会生活风尚对石家庄衣食住行映衬的清晰投影。

---

[1]《石门公安局二月份工作报告》，《警务旬报》，第22期，1933年5月1日，第3页。
[2] 石家庄市档案馆藏，《中共六地委编：石门工作概况》（1945年4月20日），1-1-4。

第六编 | 城事探微

近代石家庄城市化起点的人口规模研究

人们都愿意把石家庄百年的历史称之为"从小村庄到大都市"的巨变，以示石家庄城市化的高速发展是一个十分典型的城市个案。石家庄作为中国近代城市化进程的一个缩影，充分体现了交通枢纽城市的快速崛起，探讨其发展道路和模式，对中国城市化研究有着十分重要的理论价值和现实意义。因此，石家庄城市史研究已开始逐渐成为人们关注的重要课题。

一

城市化研究的一个重要内容就是农村人口向城市的集聚。据《石家庄年鉴》统计，2000年11月1日零时石家庄的市区人口已达2180677人，全市行政辖区总人口达到9241751人。石家庄百年的城市化进程，明显地分为前后两个阶段，后50年与前50年相比，不仅城市化速度远远超过前者，而且后50年的研究数据要比前者更加完整和系统，因此，后50年的人口城市化研究比较深入和充分。由于前者的一些基本人口研究数据极为短缺，1900年到1949年半个世纪的近代石家庄城市化研究成果极少，有些数据尚存在争议或疑问，特别是一些关键数据存在着以讹传讹的情况，有待进一步深入研究。19世纪末20世纪初的人口数量，是石家庄城市化的原始起点，众说纷纭，争议或疑问最多。从"十数家人"到上千人，差别过于悬殊。根据文献研究，目前存在

---

* 原文发表于《河北广播电视大学学报》，2006年第6期。

的说法有如下七种：

第一种说法，石家庄当时是一个"十数家小村"。此系1932年发表的《石门二十年来之回顾》①一文的说法，文章作者为记者，曾于民国初年到过石家庄。

第二种说法，石家庄当时是"仅有村民三四十户的小村庄"。此说见《近代史研究》2005年第3期上的《铁路与石家庄城市的崛起》一文，该文的依据是1926年9月25日出版的《中外经济周刊》第181期上的《石家庄之经济状况》。

第三种说法，石家庄当时只有"百余户"。具体表述为：20世纪初，"石家庄原是获鹿县的一个小村庄，只有百余户人家，600多口人。……全部面积不足半平方公里"。此说出自《百年前的"一念之差"，鹿泉错失"良缘"》②一文。

第四种说法，石家庄当时"150多户"。《石家庄工人阶级的诞生和早期工会的创立》一文的作者认为，石家庄"村民只有150多户，全部务农，居住面积仅有半平方公里"。③此后许多研究河北地方史的著作沿用了此说。例如《当代中国的河北（下）》说，"据史籍的记载，明朝嘉靖年间始有'石家庄'村名，至19世纪末，隶属获鹿县，'有街道六，庙宇六，井泉四，一百五十多户，六百多口'"。④又如《河北城市发展史》的说法与此相同，即"石家庄在京汉铁路建成以前，原是获鹿县一个仅有150多户人家、600多人口的小村庄"。⑤再如《河北经济史》也认为：石家庄到"清朝光绪初年，其规模依然很小。……居民只有150多户"。⑥但是，《河北经济史》没有具体的人口数

---

① 刘哲民，《石门二十年来之回顾》，《大公报》，1936年5月3日。
② 曹景雍，《百年前的"一念之差"，鹿泉错失"良缘"》，《河北日报》，1994年12月31日。
③ 马虹，《石家庄工人阶级的诞生和早期工会的创立》，《石家庄文史资料》，第1辑，政协石家庄市文史委员会，1983年内部出版，第26页。
④ 当代中国丛书编辑部，《当代中国的河北》(下)，中国社会科学出版社，1990年，第346页。
⑤ 徐纯性主编，《河北城市发展史》，河北教育出版社，1991，第24页。
⑥ 苑书义等著，《河北经济史》第三卷，人民出版社，2003年，第314页。

量。这三部河北史著作的共同之处,都认为是"150多户"。但是,必须指出的是,《当代中国的河北(下)》的上述行文存在一个错误,把"有街道六,庙宇六,井泉四"与"一百五十多户,六百多口",放在一个引文里,给读者造成两个内容均出自《获鹿县志》的错觉。清光绪四年(1878)修的《获鹿县志》中有"石家庄,县东南三十五里,街道六,庙宇六,井泉四"的记载。而"一百五十多户,六百多口"的表述并非依据《获鹿县志》。该引文混淆了方志史料,容易导致以讹传讹。

第五种说法,石家庄当时有"200户"。目前有4部研究石家庄史的专著都持此说,与第四种说法略有出入,区别在于"150户"与"200户"的不同,人口数量基本都是600多人。例如《石家庄城市发展史》认为,"20世纪初,石家庄村的面积不足0.1平方公里,仅有200户人家,600余口人"。[①]《石家庄市地名志》说:石家庄"到清朝末年,面积不足0.1平方公里,约200户人家,600口人"。[②]《石家庄市志》记为:"仅有200户人家,600多口人。"[③]《石家庄近代史编年》说:"清光绪三十年(1904)四月,正太铁路动工兴建,始发站石家庄村。……时有200户人家,600口人。"[④]这四部书只是在户数上,存在"约"的区别,在人口数量上,有"余"和"多"字的区别。所以,这四部石家庄史著作的观点基本一致。

第六种说法,石家庄当时"700人"。上述几种意见尽管对户数有不同看法,但是,绝大多数的观点为600余口,而叶大年院士在《叶大年的城市对称分布论》(上)所说,"1902年,通火车之前只是获鹿县一个700人的村庄,100年间,发展到今天成为150万人口的省会城市。"[⑤]持此说法的,仅此一人。

---

① 政协石家庄市文史委员会,《石家庄城市发展史》,中国对外翻译出版社,2001年,第99页。
② 石家庄市地名志办公室编,《石家庄市地名志》,河北人民出版社,1986年,第9页。
③ 石家庄市地方志编纂委员会编,《石家庄市志》,第1卷,中国社会出版社,1995年,第165页。
④ 杨俊科编,《石家庄近代史编年》,方志出版社,2004年,第17页。
⑤ 陈建辉,《叶大年的城市对称分布论》(上),《中国经济导报》,2001年2月2日。

第七种说法，石家庄当时"1000人"，这是目前数量最多的一种看法。《试论石家庄市的变化特点及其发展趋势》一文说，"到1900年为止，约300户，1000人左右"。①

二

上述七种说法中，"十数家小村"和"仅有村民三四十户的小村庄"的说法，一般不被学界所接受，虽然均出自二三十年代，时间最早，但是来源的依据不足。《石门二十年来之回顾》的作者，虽在民国初年到过石家庄，但是，对于20世纪初年的具体人口情况，未必知根知底。据传说称，石家庄"最早又称十家庄，因仅十数人家也，但无考据"。②因此，这两种说法可能与石家庄村庄由来的传说有关。

"100余户""150多户""200余户""300户"四种户数说，以及"1000人""700人""600人"三种人口数的说法，其实，也都没有清末的史籍依据。理由如下：首先，上述各种说法均没有确切规范的引文注释，说明上述数字主观推测的成分可能比较大；第二，上述各种说法均为整数，如100户、150户、200户、300户，如果有确切史料依据的话，应该是详细的有零有整的具体精确数字；第三，除了采用的概数表达方式，几乎都使用了"余""多""约""左右"等的修饰词，数据的模糊性比较明显。

根据上述的比较分析，其中最有代表性和影响最大的说法是200户约600人。据说，这位作者在20世纪80年代初，曾对原村诸多大姓人家的后代进行过较为详细的入户调查，这是在入户摸底调查基础上推算的一个结果，其他的说法多是在此基础上继续推算出来的。因此非常有必要深入研究，将其彻底搞

---

① 陈贤用，《试论石家庄市的变化特点及其发展趋势》，《河北师范大学学报》，1984年第3期。
② 石门日报社编印，《石门指南》第一编《地理》，1934年，第2页。

清楚。但是，由于多年来没有发掘出新史料，这项研究迟迟未能取得新进展。一方面城市化人口起点需要确切数字，另一方面由于缺乏史料依据，这个矛盾导致的后果就是学者们在不得已的情况下，只有进行入户摸底调查，并在此基础上展开人口推算。研究应该允许假设或推测，就此问题展开的入户调查也应属于一种特殊的假设，石家庄城市化人口研究也离不了必要的假设。而为什么在此问题上推断的说法越来越多呢？源自个人推算的方法不一，无非有以下三种：第一种由户数推算人口数。即200户，每户3口，约600人；第二种由人口数推算出户数，认为每户多于3口，就少于200户；第三种是直接推测出户数或人口数，如叶大年院士的"700人"，并没有涉及户数。"150多户"的说法，也没有涉及人口数。

推论毕竟只是推论，推论出的数字依然不能令人完全认可。首先一个原因是原始数据不确切。200户和600人的数据虽然带有调查的成分在内，通过访谈的方法来调查将近百年以前的人口数字，这本身就存在很大的困难，因为调查对象的数量和被调查者对以前情况的掌握程度都是不确定的变量。其次，由于各自推论的户均人口比例标准不同，没有推测的依据，无论是户数，还是人口数，都是假定的，其推测结果的可信度可想而知。由学者们推断出来的这些数字，近些年充斥了学术著作、论文及城市宣传材料，并已被广泛地运用到广播、电视、网络、报刊等各式各样的媒体上。对石家庄早期历史的真实性已经造成了很大的影响。

研究的假设或推测，必须得到求证才完整，假设不是根本目的，最终还需要史料发掘取得新突破来解决。清末获鹿县地方志书中，只有光绪四年（1878）完成的刻本极其简单地提及"石家庄，县东南三十五里，街道六，庙宇六，井泉四"，不仅石家庄人口问题一字未提，而且关于早年石家庄的任何其他记述都没有。民国年间记述石家庄历史的《石门市事情》《石门概况》《石门指南》《新石门指南》等资料，几乎都是形成于20世纪三四十年代，均没有世纪初人口数量的记载。史料的缺乏，使学者们在早年的人口问题上一筹莫展。

三

19世纪末20世纪初的石家庄村，人口数量问题非常重要，它关系到城市化之前的石家庄到底是一个小村庄，或是一个中等村庄，还是大型村庄。但是，多年来由于没有发掘出新史料，研究迟迟未能取得新进展，难道石家庄城市化起点的人口问题就要一直停留在推测的数字上吗？历史上究竟有没有为我们留下确切的人口统计数据呢？河北省档案馆珍藏的档案材料为解决百年悬案提供了柳暗花明的线索，使沉睡了一个世纪的清代获鹿档案，为突破难题提供了强有力的依据。据清代获鹿档案记述，光绪二十四年（1898），获鹿县官署对所属境内的在城及四关并四乡五路198村的男女老幼进行了一次详细的人口调查统计。此次调查工作以自然村为单位，逐一登记统计，整个统计工作于当年十月二十九日完成。《编查男女大小户口数目清册稿》[1]即是清末获鹿县此次最为可信的一项人口调查统计数据成果。

根据该项调查统计，全县共有27273户（原件为27273户，其中，西北路的35村共4546户，误统计为4647户，多统计101户，故全县实际为27172户），男女老幼140687人。其中，石家庄村共93户，男女老幼共532人。按照此次调查统计，获鹿县198个自然村中，户数最少的村仅为2户，户数最多的村为561户。如果将在城及四关除外，在获鹿县198个村自大至小的排序中，石家庄村的户数仅名列第131位，198个村的平均户数为127.86户，石家庄村仅为93户，比全县的村均户数少34.86户。如果将在城及四关除外，获鹿县198个村的户均人口为5.24人，石家庄的户均为5.72人，略高于获鹿县户均人口0.48人。获鹿县198个村的村平均人口为670.17人，石家庄仅为532人，较全县的村均人口数要少138.17人。

所以，19世纪末20世纪初，石家庄村属于名副其实的蕞尔村庄。故此京汉铁路当年在此建车站时，因其村小，没有名气，便以3.5公里之外的镇头村

---

[1] 河北省档案馆藏，《编查男女大小户口数目清册稿》，《正定府转催光绪二十三年分民数、谷数册卷》，655-3-1689。

命名火车站（时称枕头火车站）。镇头村不仅是"社"的所在地，还是获鹿县的八大集市之一，1898年调查时，该村共340户，1656人。

1898年，调查统计的重要成果《编查男女大小户口数目清册稿》，是目前发现的清末获鹿县最为可信的一项人口调查统计数据。这份人口调查统计档案材料的发现，应该是石家庄早期历史研究取得的一个重要进展，对解决近代石家庄城市化起点的人口规模疑案，提供了确切的数字依据，使此前学者们调查和推测的各种数字得到了统一的更正和改写。

吴禄贞殉难新探

一、吴禄贞殉难之谜

1911年10月武昌起义爆发后，全国各地纷纷响应，不少省份先后独立。近畿直隶于10月底11月初，也接连出现了滦州兵谏和燕晋联军，清廷频频告急，坐镇孝感督师的袁世凯也大有芒刺在背之感。但是，11月7日凌晨，燕晋联军大都督吴禄贞在石家庄火车站被人杀害，随之直隶形势急转直下。吴禄贞被杀一案在全国引起了极大震惊，这不仅在于新任山西巡抚吴禄贞身首异处，更主要的是他谋划的起义行动被认为对辛亥革命结局有举足轻重的意义。清臣御史赵熙马上就上奏："京师人心惶惶，谓旗汉之争，祸将不解"[①]，请求调查。而直隶总督陈夔龙奉旨查办中却"莫得其实在情形"。[②] 由于此案一直未见分晓，所以就成了名副其实的双重"无头案"，这就是中国近代史上有名的吴禄贞被杀之谜，也是石家庄城市史上第一个轰动全国的重大历史事件。

吴禄贞被杀之谜，确实扑朔迷离，不仅当时的新闻报道和传言五花八门，而且许多当事人的追记与回忆也众说纷纭，判若云泥。此后人们一直进行的探索并没有完全解开此谜，至今仍莫衷一是。

到目前为止，此案共存有五种说法：

持满兵杀吴说者认为，清廷派去监视吴禄贞的第一镇，发现吴禄贞联合

---

* 原文发表在《史学月刊》，1988年第6期。
① 中国史学会主编，《中国近代史资料丛刊：辛亥革命》，第6册，上海人民出版社，1957年，第374页。
② 陈夔龙，《梦蕉亭杂记》，上海古籍书店，1983年，第62页。

山西民军翌日进攻北京的计划后，顿反杀吴，后退至正定驻守。①

持清廷主使谋杀说者认为，由于吴的起义计划泄露，清廷知吴要反，故使人前往将其杀之。②

持袁世凯主使谋杀说者认为，吴禄贞驻兵石家庄，其一系列活动构成了对袁世凯的致命威胁，于是袁指使心腹前往杀之。③

持袁世凯与清政府共同谋划暗杀说者认为，吴禄贞在石家庄车站拦截军火，组织联军谋划进攻北京，既危及清廷，又危及袁世凯，袁世凯与清廷两方面共同策划和派人到石家庄将吴杀死。④

还有一种说法认为，既非袁之所为，亦非清政府所为，仅系个人间恩怨关系，被人报私恨所杀。⑤

在以上五种说法中，"满兵杀吴说"和"报私仇所杀说"，除了在当时新闻报道及载涛回忆录等提到外，史学界一般无人赞同。其他三种说法相比较而言，史学界多数倾向于袁世凯主使说。笔者认为，袁世凯主使暗杀说存在不符合事实和语焉不详之处。由于吴禄贞被杀对形势发展产生的影响，涉及对吴禄贞掌握的实力等一系列历史史实如何估价问题，因此，很有揭开此谜底的必要。

二、谜面质疑与谜底破译

想揭开谜底，就要先剖析谜面。下面对吴禄贞殉难之谜的谜面提出几点

---

① 《民主报》，1911年11月19日。
② 罗正纬，《滦州革命先烈事略》，中国史学会主编，《中国近代史资料丛刊：辛亥革命》，第6册，上海人民出版社，1957年，第362页。
③ 李新，《中华民国史》，第一编全一卷（下），中华书局，1982年，第396页；章开沅、林增平，《辛亥革命》下册，人民出版社，1981年，第160～161页；李宗一，《袁世凯传》，中华书局，1980年，第177页。
④ 周永华，《"滦州兵谏"与梁启超的关系质疑》，《辛亥革命史丛刊》编辑组编，《辛亥革命史丛刊》，第5辑，中华书局，1983年，第74页。
⑤ 载涛，《吴禄贞被杀真相》，文史资料研究委员会编，《辛亥革命回忆录》，第8集，文史资料出版社，1982年，第248页。

质疑：

"袁世凯主使说""清政府主使说"和"两者勾结共同主使策划说"，都强调吴禄贞被谋杀是袁世凯或清政府通过收买和指使原六镇协统周符麟，由他指挥马蕙田等人于 11 月 7 日凌晨动手谋杀了吴禄贞。李西屏在回忆录里说袁世凯"阴使李纯、周符麟收买其骑兵团长马蕙田率贼众数十人于十一月七日（九月十七日）夜半，冲入正太车站……"① 内容类似的回忆录还有很多，学术界的不少著述也都认为是周符麟被指使前往石家庄策动指挥杀了吴。例如，李新主编的《中华民国史》、章开沅与林增平主编的《辛亥革命史》等。罗正伟、孔庚等人的回忆录则说，周符麟是军咨府所派，当时的清军咨府"知禄贞有异，乃以重贿唆其部下第十二协统领周符麟往刺杀之"。② 军咨府大臣载涛后来所说的"被人报私仇所杀"，也是指周符麟对吴禄贞进行的报复。随着几种"主使"说的不同，周符麟行踪便也不一致，有的说周从河南彰德去石家庄；有的说从汉口前线去石家庄；还有的说是从北京去石家庄的。凡此种种，都表明了吴禄贞殉难之谜的一个关键就在于周符麟其人。

周符麟是旧式军人，原任十二协协统。吴禄贞出任六镇统制后，将其撤换。也正是由于吴禄贞死后周符麟官复原职重任第十二协协统的客观事实，使得袁世凯指使周符麟前往石家庄谋杀吴的情节显得更加丝丝入扣，史学界的不少文章就是把周复职的事实看作谋杀的佐证，而对袁世凯派周符麟谋杀吴说坚信不疑。但是解开吴禄贞殉难之谜的研究工作，恰恰就在周符麟身上出现了突破口。

周符麟复职是事实，他对吴有切齿之恨也的确不假，仅此并不能完全肯定他参加了谋杀吴禄贞。因为 11 月 7 日事变前和事变后两天，周符麟并没有在现场。也就是说，周本人此时没有去石家庄。当时担任陆军部秘书科科长职务并在武昌起义后随清军南下作战的恽宝惠说，据他所知闻，吴禄贞被杀时周

---

① 李西屏，《武昌首义纪事》，中国人民政治协商会议湖北省委员会编，《辛亥首义回忆录》，第 4 辑，湖北人民出版社，1981 年，第 55 ～ 56 页。
② 罗正纬，《滦州革命先烈事略》（节选），中国史学会主编，《中国近代史资料丛刊：辛亥革命》，第 6 册，上海人民出版社，1957 年，第 362 页。

符麟和李纯都还在汉口第一军司令部，传说周杀吴均不确。①再查陆军部档案，即周符麟本人发至军咨府和陆军部的电报，可知他当时确实没有在石家庄。周本人到达石家庄是事变发生60小时之后的事。1911年11月9日周符麟发的电报说："麟于本日下午到石家庄。"②这份陆军部所存电报直接说明了有关时间问题。再就是事变发生后，燕晋联军副都督阎锡山了解的情况也是如此，他从撤回山西的部分吴禄贞部下的叙述中，得到的信息也"与一般所传刺吴将军者为周旅长符麟微有出入"。③

从11月7日石家庄事变后的种种现象分析，周符麟也确实不在现场。假设周符麟果真是袁世凯派往石家庄刺杀吴的话，那么一旦刺杀成功，他会马上出来掌握形势，控制住石家庄这个南北交通要道，不可能撒手让十二协退往栾城，也绝不会眼睁睁地看着山西民军两天内三度出入石家庄，把吴禄贞截留的清军军火轻松地运往山西。9日周符麟到达石家庄之后，石家庄的"混乱局势"才得到初步稳定，正如周符麟的电报所说，"麟到石后，将士壮气，均已准备杀敌为乐"。④以上情况说明吴禄贞被刺不能断定是袁世凯精心策划的，而且种种迹象还表明这是他当时未料到的事变。

周符麟没有到达石家庄如果是事实的话，那么清廷派周杀吴说和清政府与袁世凯共同策划杀吴说，也就同样不能成立。清廷主使说的另一条根据是孔庚的回忆材料，"军咨府会议决议，表面上放他（指吴禄贞）山西巡抚，好使阎锡山和他火并，一方面派人暗杀他"。⑤这段回忆录的真实可靠性值得怀疑。理由有以下几点：第一，清廷刚于4日任命吴为山西巡抚，就同时派人刺杀，

---

① 恽宝惠，《袁世凯再起与吴禄贞被刺》，吴长翼编，《八十三天皇帝梦》，文史资料出版社，1983年，第223页。
② 《周符麟电》，中国第二历史档案馆编，《中华民国史档案资料汇编》，第1辑，江苏人民出版社，1979年，第198页。
③ 《阎锡山早年回忆录》，《近代史研究》编辑部，《近代史研究》，总55期，中国社会科学出版社，1984年，第136页。
④ 《周符麟电》，中国第二历史档案馆编，《中华民国史档案资料汇编》，第1辑，江苏人民出版社，1979年，第198页。
⑤ 孔庚，《先烈吴禄贞石家庄殉难记》，丘权政、杜春和等选编，《辛亥革命史料选辑（续编）》，湖南人民出版社，1983年，第249页。

似乎不合情理；第二，吴禄贞组织燕晋联军策划起义都是秘密进行的，在未与阎锡山达成合作决议之前，清廷又怎么会预料到吴禄贞一定会与晋省联合？一定就能够与阎锡山达成协议？如果刺杀了吴禄贞又怎么能使他与阎锡山进行火并呢？第三，军咨府无权任命吴禄贞为巡抚。所以说，孔庚所提到的这个"决议"是自相矛盾的。至于有吴禄贞升任巡抚时进京陛见的记载，则更不足为信。清廷任命吴为山西巡抚的上谕清楚地申明"命第六镇统制吴禄贞署山西巡抚，迅速赴任，毋庸来京陛见"。① 更何况4日又有吴禄贞率何遂等人赴山西娘子关与阎锡山谈判的确凿事实，故从时间上分析也是不存在的。

持袁主使杀吴说与清廷主使杀吴说的另一个理由，是凶手杀吴禄贞后，割其首级向主子去报功。暂且不论有言"南下报功"，有言"北上领赏"两说，而实际上，参加杀害吴禄贞的凶手当时根本没有离开石家庄。7日白天，十二协二等参谋何遂与晋军重返车站后，在站长室里仍亲眼见到马蕙田、夏文荣、吴云章、苗得林等，并进行了问话。他们还目睹到一位士兵押上一个凶手，交出一把带血的刺刀。根据其他的有关回忆录的线索分析，吴禄贞的首级当时就埋在石家庄车站北边一里许的地方。凶手们离开石家庄是在袁世凯返京出任内阁总理之时，袁世凯的亲信王锡彤在《辛亥记事》里记述道："袁宫保回京任内阁总理，过石家庄，抚谕吴禄贞之乱军，其尤黠者携之来京，任守卫"。② 实际上这是把凶手暂时包庇起来。

关于对凶手奖赏问题，并不能证明凶手在事变前得到了袁世凯的主使。赏金数字就连袁世凯主使说也有二万、三万、五万几种不同说法。在所有记载奖赏问题的史料中，曾毓隽的《忆语随笔》可谓谈得最直接、最详细，曾毓隽当时在段祺瑞手下任职，段率兵驻石家庄后，才有人挖出吴的首级向官复原职的周符麟请赏，于是周又向段祺瑞汇报，段说"此案中央做如何处理，尚不可知，汝与之五千元，告其速去"，说此话时，曾毓隽"适在侧"。③ 由此可见，

---

① 《宣统政纪》卷四十，台湾新文丰出版公司，1978年，第44页。
② 王锡彤，《辛亥记事》，中国科学院近代史研究所史料编译组，《近代史资料》，总25期，中华书局，1961年，第618页。
③ 曾毓隽，《忆语随笔》，中国人民政治协商会议全国委员会文史资料研究委员会编，《文史资料选辑》，第41辑，文史资料出版社，1963年，第20～21页。

赏金不是事前预付的。

持袁世凯主使说的论者，还把段祺瑞的儿子段宏业在1924年说过的，"马蕙田是英雄，够朋友，他的行动省了不少的事"①当成其观点的有力证据。笔者以为不然。在当时看来，由马蕙田等六镇反动军官自发地杀了吴，为袁世凯返回北京扫清了道路，可以算得上"省了不少的事"，是因为省去抓住袁世凯等亲自筹划，也就省去担心人们找到袁世凯的把柄，所以凶手们才"有钱用，无官做"，没有落得像参与宋教仁案的爪牙那样被灭口的下场。如果真是袁世凯主使，恐怕马蕙田等人早已成为他的刀下鬼。

由上质疑使笔者感到，吴禄贞被杀案与其说是袁世凯或清廷主使，倒不如认为是袁世凯属下的六镇反动军官们自发进行的一次反对以吴禄贞起义为目的的兵变。这可能更符合事实，更符合情理。众所周知，袁世凯势力是一个迅速膨胀起来的新生政治集团，袁世凯苦心培植的亲信遍布北洋军。但是，喽啰们的一举一动并非完全需要袁世凯的亲自策划指使，可以说袁世凯恨吴禄贞不死，与他的六镇旧属为袁北上出任内阁总理而铲除吴禄贞这个障碍的动机和出发点是完全一致的，是由他们政治集团共同利益所决定的。但是，动机与行动、指使与自发又不完全是一码事，应该有所区别。

吴禄贞在石家庄车站殉难之谜，如果视为被人指使的单纯暗杀，似乎将问题看得简单化了。在六镇中，专意反对和破坏起义的势力岂止是几个凶手。6日晚，吴禄贞在六镇中级以上军官会议上宣布翌日起义时，马上就有"官长反对独立之说"。②笔者认为，吴禄贞殉难不是个别人进行的单纯暗杀，而是由六镇反动军官们共同发动的旨在反对吴禄贞举兵计划的突发事变，其理由有以下几点：

第一，从吴禄贞抵石家庄到11月6日晚宣布起义前，他打出的公开旗帜是奉命镇压和招抚晋省革命党，而与阎锡山达成联合、密谋起义全都是非公开

---

① 何遂，《辛亥革命亲历纪实》，中国人民政治协商会议全国委员会，《辛亥革命回忆录》，第1集，中华书局，1961年，第481页。
② 谢良翰，《吴禄贞被刺真相》，湖北省博物馆，《武昌起义档案资料选编》下卷，湖北人民出版社，1983年，第201页。

进行的。6日晋军先头部队在被吴禄贞招抚归顺的掩护下，才得以抵达石家庄。如果说这是事变前吴禄贞尚没有与六镇旧派势力发生直接冲突的原因，那么，6日晚中级军官会议上吴禄贞起义计划的宣布，就点燃了与六镇袁记势力矛盾的炸药包。6日深夜、7日凌晨的事变，就是吴禄贞公开宣布起义的结果。

第二，6日夜、7日凌晨的事变，不只是个别凶手参加，而是六镇反动官兵们的集体行动。重要当事人何遂当晚住在车站，他被枪声惊醒后，在奔往站长室的途中，"忽见一队人从吴禄贞的住室奔出"，当他又奔往有一连守军驻扎的仓库求救时，其守军也已哗变，并扬言要"杀了他"，何遂只好逃去，去找到达石家庄不久的山西民军求救。①

第三，从参加事变的人员职位看，有协统、标统、管带、队官、排长及参谋等不同级别的军官和士兵。为首的是协统吴鸿昌、标统曹进，他们直接参加和指挥了包围车站的行动。当夜宿于车站之外的孔庚，被枪声惊醒后，在从晋阳旅社奔往车站司令部的途中，发现吴鸿昌、曹进都在现场附近，已经包围了车站。吴鸿昌站在通往车站司令部的桥上，"不准行人来往"②，严格控制了各要道，以此配合马蕙田等行刺，里应外合。更能证明吴鸿昌是此次事变参加者和指挥者的根据，是何遂等人与山西民军重返车站后，命令枪毙一名参加行刺的凶手时，吴鸿昌惧怕该凶手泄露事机，连忙以押送军法处详审为由，将其救下藏起。③难怪阎锡山听取返晋部下的汇报后，感到石家庄车站的杀吴事变似是吴鸿昌所为。④

第四，事变不单是为了杀死吴禄贞，而且有意阻止晋军来石家庄，以最终达到破坏燕晋联军的起义计划。6日当夜，住在仅与吴禄贞一墙之隔的车站

---

① 何遂，《辛亥革命亲历纪实》，中国人民政治协商会议全国委员会，《辛亥革命回忆录》，第1集，中华书局，1961年，第478页。
② 孔庚，《先烈吴禄贞石家庄殉难记》，丘权政、杜春和等选编，《辛亥革命史料选辑（续编）》，湖南人民出版社，1983年，第252页。
③ 何遂，《辛亥革命亲历纪实》，中国人民政治协商会议全国委员会，《辛亥革命回忆录》，第1集，中华书局，1961年，第480页。
④ 《阎锡山早年回忆录》，《近代史研究》编辑部，《近代史研究》，总55期，中国社会科学出版社，1984年，第136页。

司令谢良翰,看到吴被杀后,"该凶手等即在车站前面向空鸣枪"。①住在晋阳旅社的孔庚等人说,"外边枪声很紧张","炮声如联珠"。②住在距车站不远的英美烟公司楼上的张厚琬说,"一夜枪声不息,天明始停"。③这怎么仅仅是暗杀一个吴禄贞呢,其驱赶已经抵达石家庄的晋军先头部队的企图是显而易见。驻扎于车站西面七里远的晋军,果然闻声便撤,待何遂赶到其驻地时,早已无影无踪。特别是第二天白天,晋军出乎所料地重返石家庄后,吴鸿昌指示将电话线切断,中止了石家庄车站的电讯联络④,这些都是单纯暗杀所无法解释的。

通过以上质疑和破译,笔者认为吴禄贞殉难之谜的谜底就是六镇反动军官旨在反对吴禄贞起义的集体突发事变。

三、谜底的透视

吴禄贞作为六镇统制、新任巡抚,在关键时刻未能驾驭住六镇,这是石家庄车站事变的重要原因。冰冻三尺,非一日寒。从1910年12月23日吴禄贞出任六镇统制,到1911年11月7日殉难,他始终就没有真正掌控住六镇。

第六镇由武卫右军和南洋自强军组成,是袁世凯的嫡系部队。吴禄贞的前三任王士珍、段祺瑞、赵国贤都是袁的心腹。吴禄贞能够出任六镇统制,一方面由于他花了巨款,贿通庆亲王奕劻;另一方面又是皇族中载涛等一派与袁世凯势力争权夺势的产物。近畿六镇除第一镇外,全是袁世凯训练指挥过的军队,并由其亲信们把持了上下兵权,只是自载涛任军咨大臣后,才开始重用留

---

① 谢良翰,《吴禄贞被倒真相》,湖北省博物馆,《武昌起义档案资料选编》下卷,湖北人民出版社,1983年,第201页。
② 孔庚,《先烈吴禄贞石家庄殉难记》,丘权政、杜春和等选编,《辛亥革命史料选辑(续编)》,湖南人民出版社,1983年,第252页。
③ 张国淦,《吴禄贞在石家庄被戕》,张国淦,《辛亥革命史料》,龙门联合书局,1958年,第206页。
④ 何遂,《辛亥革命亲历纪实》,中国人民政治协商会议全国委员会,《辛亥革命回忆录》,第1集,中华书局,1961年,第480页。

日士官生，吴禄贞是作为掺"沙子"补缺上任的。

由于形势紧张，吴禄贞深感没有用武之地，他的性格和抱负与所处的环境存在明显不适应的矛盾，对上下两级的关系始终处在一种极不协调的状态。吴禄贞曾试图改变旧有状况，打破六镇原有的配备结构，通过人事调整而逐步控制六镇。陆军部虽然按吴禄贞提议撤换了十二协协统周符麟，却"拟暂由二十四标统带吴鸿昌升署"，没同意他提名的张联棻递补。为此吴禄贞亲笔草函，迳呈大臣、副大臣，语气凌厉，要以必行，结果仍未批准。"吴因以大憾，不满之意，形于词色。"① 吴禄贞这样做的后果，不仅激化了与周符麟的矛盾，还因为他表示不满陆军部任命吴鸿昌暂补十二协协统，又招致了新任协统的憎恨，为以后的石家庄事变埋下了祸根。吴鸿昌后来在驻石家庄六镇中是仅次于吴禄贞的最高指挥官。

统制与协统不合，就更无法控制下级军官。开始时，六镇各级军官因撤周符麟，都"无不人人自危，各怀去志"②，与吴禄贞积怨匪浅。后来，这些袁世凯的大小爪牙也不甘愿受吴禄贞的摆布，上下其手，多次闹事起哄要挟。性刚爽毅的吴禄贞，几经努力毫无奏效。加上陆军部大臣荫昌因吴禄贞写信指责他，而怀恨在心，派人到六镇收集材料，罗织罪名，试图寻机撤他。不愿削足适履，而又无可奈何的吴禄贞惘然若失，"觉得第六镇现在既无法整理，将来对革命也发生不了大作用"。③ 此后便常住北京，"与朋侪饮酒赋诗，借以清除胸中的积闷，很少到保定去过问第六镇的事"，"与该镇官兵的关系不免日渐疏远"。④ 由此可见，在六镇这个针插不进、水泼不进的袁家军中，吴禄贞未能改变客寄虚悬的地位，仍然没有掌握住任何实力，可以说吴禄贞统制的官衔确实是盛名之下，其实难副。正是由于这种状况存在，当吴禄贞计划起兵的时

---

① 恽宝惠，《袁世凯再起与吴禄贞被刺》，吴长翼编，《八十三天皇帝梦》，文史资料出版社，1985年，第221页。
② 《陆军部检查官吴宗煌上陆军大臣荫昌密呈》，宣统三年（1911年2月）。
③ 李书城，《我对吴禄贞的片段回忆》，文史资料研究委员会编，《辛亥革命回忆录》，第5集，文史资料出版社，1981年，第452页。
④ 李书城，《我对吴禄贞的片段回忆》，文史资料研究委员会编，《辛亥革命回忆录》，第5集，文史资料出版社，1981年，第454页。

刻，出现六镇的集体事变，也就不足为奇了。吴统制与下属部分反动军官们不和谐的对立关系，正是石家庄车站事变的基础。

吴禄贞对六镇已失去信心，一直到遇害的前夜他还谈到"第六镇是靠不住的"。那么，为什么他还要冒险组织起义呢？单从现有的历史现象出发，而不从心理分析角度观察难以揭示其中奥秘。

武昌起义的枪声驱散了吴禄贞的低沉情绪，报导各地独立消息的电讯改变了他借酒消愁的抑制状态，激起他的无比兴奋。在与从南方来京的李烈钧痛饮的宴席上，李烈钧"宜早举动以为响应，我等须努力，武汉不足恃"的话语与畅饮的烈性酒一并在吴禄贞胸中燃烧起来。直隶开始骚动了，参加秋操的张绍曾拒不受命回防，驻扎滦州，并联合通电要求清廷立宪。被激情所驱使的吴禄贞此时"顿足曰：'好事让人为之'"①，便想借抚慰滦军之机，约张绍曾共济策应。直隶邻省山西爆发起义后，清廷直接命令吴鸿昌领六镇前往进攻娘子关，在滦州的吴禄贞闻讯愧曰："吾劝诸将袭北京，而所部攻晋，何面目在此与诸将相向乎！"②连夜由滦州赶赴石家庄。在急骤变化的形势发展影响下，吴禄贞大脑的兴奋与抑制两种过程失去平衡，出现了优势兴奋中心，以往对六镇的失望心理被冲淡，这是抑制功能减退的一个标志。他劾荫昌，截军火，组成燕晋联军，制定进攻北京的起义计划，都是在兴奋与抑制不平衡的心理状态下决策和进行的。吴禄贞所举大计与他统辖的六镇反动军官的行为准则是根本对立而不相容的，可他却恰恰又模糊了这种认识，因此，两者间矛盾冲突必将爆发无疑。

论及吴禄贞殉难的文章一般都认为，他志大气豪，将警惕视为怯懦，所以是他的粗心大意招致了杀身之祸。笔者觉得吴被刺固然与他的粗心有关，但仅仅看成粗心所致，似乎不足以说明问题。

六镇驻扎石家庄的只有吴鸿昌统带的十二协，十一协已被派赴汉口前线。

---

① 阙名，《辛亥六镇兵变纪实》，中国史学会主编，《中国近代史资料丛刊：辛亥革命》，第6册，上海人民出版社，1957年，第329页。
② 钱基博，《吴禄贞传》，中国史学会主编，《中国近代史资料丛刊：辛亥革命》，第6册，上海人民出版社，1957年，第371页。

"原有司令部的僚属均被调离分散，随从吴本人的很少"。①吴禄贞身边自己的力量本来就十分单薄，此次到石家庄前线后就更显得微弱。所以，在"宣布采取革命手段，明晨直赴北京"，"有不服从者即以军法从事"②的命令之后，当场便遭到反对。吴禄贞意识到力量对比悬殊后，也预感到局势的危急，头脑逐步清醒，并为之感到"心跳"。③为防遭人暗算，吴禄贞等人曾到办公室后的花圃里躲避，第一次凶手到站长办公室行刺时未发现，吴禄贞等人刚从花圃返回办公室时，与第二次行刺的凶手遭遇。笔者认为，面临马蕙田这样的警卫首领都参与的集体事变，即便再增加几名卫兵，肯定也是无济于事的。吴禄贞在政敌环逼的险恶对峙时，公然宣布对不服从命令者军法从事，就迫使政敌向他举起屠刀，招致了无法躲避的灾祸。即使七日凌晨没被杀害，翌日起义中能不能幸免亦很难预测。

虽然吴禄贞殉难了，但他的名字和他的革命精神永远被后人所铭记，他一生的光辉业绩得到了后人的高度评价。不管是回忆录、纪念文章，还是史学论文，在评价吴禄贞殉难造成的影响时都一致认为，他若不死，"其事业必大有于中国，并影响及于世界无疑"；④"中国的历史也许会呈现出另一种局面"。⑤有人具体分析说："如果他当夜不死，翌晨会同山西军队与张绍曾、蓝天蔚的队伍向北京进攻，清廷即可推倒，不会给袁世凯以进京操纵和谈的机会。"⑥还有人则断定："绥卿不死，京津大局必早底定。武汉南北两军，亦不致激成恶战。然则绥卿死而因之死者千万人。"⑦人们对吴禄贞的怀念和对他的牺牲所表

---

① 陈之骥，《北地见闻散记》，文史资料研究委员会编，《辛亥革命回忆录》，第5集，文史资料出版社，1981年，第437页。
② 李书城，《我对吴禄贞的片段回忆》，文史资料研究委员会编，《辛亥革命回忆录》，第5集，文史资料出版社，1981年，第453页。
③ 恽宝惠，《袁世凯再起与吴禄贞被刺》，吴长翼编，《八十三天皇帝梦》，文史资料出版社，1985年，第223~224页。
④ 曹亚伯，《武昌起义真史》中册，上海书店，1982年，第235页。
⑤ 赵宗颇，《吴禄贞》，上海人民出版社，1982年，第98页。
⑥ 李书城，《我对吴禄贞的片段回忆》，文史资料研究委员会编，《辛亥革命回忆录》，第5集，文史资料出版社，1981年，第455页。
⑦ 张元济，《附录吴绥卿先生遗诗序》，《东方杂志》，第8卷，第10号。

示的惋惜之情是完全可以理解的，但是要冷静地正视历史的话，则需要对上述"吴禄贞七日凌晨如不由于粗心而被杀，中国历史就会重写"的说法进行重新认识。当然，历史发展的实际结果已对此做了回答，我们之所以要重新对以往的假设再认识，目的在于说明客观历史从来不以人的意志为转移。

吴禄贞七日凌晨如果没有被刺，第二天起义军就一定能够打下北京吗？吴如不牺牲，七日白天起义能否爆发存在两种可能，一是起义按期举行；再就是因六镇反动军官的集体反对，起义遭到破坏。根据六镇实际状况分析，后一种可能性更大。再退一步说，即便起义计划宣布顺利，按时爆发，那么打下北京也不是没有问题的。下面从三个方面略做分析：

第一，按北上计划实施，需要有二十镇张绍曾的紧密配合，而不论张绍曾是否为立宪派，也不论吴禄贞发给张的电报已被陈夔龙截获，仅就张当时的身份和心境而言，他不会响应吴禄贞的夹攻北京计划。11月5日张绍曾被清廷封为长江宣抚使，解去二十镇实权后，使本来就不坚定的信念就更加心灰意冷了。史学界不少文章的观点都认为，吴禄贞赴滦宣抚二十镇时，早与张绍曾约定好夹攻北京大计。其实这与史实不符。吴禄贞三十日到滦州，三十一日得知吴鸿昌率六镇去攻打山西，连夜匆匆赶赴石家庄，不可能已经制订出"联晋约张"共同起义打北京的计划。实际上，吴与阎的联合也并非一拍即合，是经过了多次谈判，双方才相互妥协让步，达成最后协议。陆军部秘书科科长恽宝惠的回忆可为之提供佐证，"吴禄贞与彼（张绍曾）等往返密商事诚有之。若谓吴曾奉派往滦州宣抚，始得协谋发动，则不记忆有此事。且在时间上似不可能，盖两人之动机不同，其办法亦不一致"。①

第二，六镇十二协的反动军官们也绝不会顺顺当当地服从吴禄贞的指挥，背叛他们的主子而加入革命党的"行列"。在六镇中，除了吴禄贞这个靠捐两万两银子得到的虚位统制外，革命党人打入北洋新军的寥寥无几，像何遂、孔庚等还是吴禄贞临时找来帮忙的。所以，革命党人对六镇新军的影响力微乎其

---

① 恽宝惠，《袁世凯再起与吴禄贞被刺》，吴长翼编，《八十三天皇帝梦》，文史资料出版社，1985年，第222页。

微，故此不能与南方新军同日而语。再者，吴禄贞与京、津、保的革命党人联系甚少，没有得到他们的支持，也没有在自己周围真正形成一股促使革命形势发展的势力，更谈不上吸收工农参加。那么，单凭光杆司令怎能轻而易举地拿下北京呢？显然这是过高估计了革命势力的力量。

第三，清廷近畿已加强收缩防守，仍有一定实力，并非不堪一击。荫昌当时已经返回北京坐镇，清廷仍牢牢地掌握着禁卫军、旧式练军和其他各镇所剩各营，在石家庄还有第一镇第一标死死牵制着吴禄贞的行动，直隶总督陈夔龙奉旨新招的巡防二十营也是一支不可轻视的力量。武昌起义后，清廷被震惊而出现慌乱这是事实，但是，这架封建统治机器尚未完全停止运转，袁世凯集团还要利用清廷。至于清廷打算撤往承德的说法，不过是革命党人为制造舆论鼓动革命的宣传策略而已。清廷给直隶总督的谕电："现在人心不靖，谣诼纷纭。朝廷以镇静为主，并无北狩之说，着即传谕士绅，万毋听信谣诼言"，[①] 足以证明没有此事。

以上所论说明，吴禄贞起义并不完全具备必定胜利的条件。假设条件充分具备，起义也绝不会因吴禄贞被杀，整个布置全部戛然而止，形势毫无向有利于革命的方向发展。这里并无意贬低吴禄贞发动的联军起义，只是想真实地评估这段历史，并透过吴禄贞殉难的事件，重新认识武昌起义后直隶的形势，以及袁世凯培植的私人武装在此次事变中所扮演的角色和发挥的作用，把吴禄贞被杀事变与袁世凯在特定历史条件下最终篡夺革命果实的结局，作为历史进程中两个相互联系的现象加以重新审视。也只有正视袁世凯势力在北洋新军的私属关系，认识六镇反动势力的顽固性和袁记亲信如林的客观环境，才更能显示出吴禄贞挺身而出的英雄本色和他那种敢于直捣黄龙的胆略与气魄，从而确认吴禄贞不愧为辛亥革命的"磅礴精英""盖世之杰"。[②] 同时，研究工作也不能完全以感情代替历史，以主观假设代替客观分析。过分夸大了吴禄贞牺牲对

---

① 《宣统政纪》卷四十，台湾新文丰出版公司，1978年，第23页。
② 《孙中山祭吴禄贞文》，《时报》，1912年3月17日。

中国历史的影响，就等于过分夸大了历史进程中偶然性的作用，从而会使我们模糊这段历史，得出一个离奇的结论。正如英国流传的一首诗所说："钉子丢，马掌掉；马掌掉，马摔跤；马摔跤，骑士亡；骑士亡，打败仗；打败仗，国家亡；丢了一个钉子，亡了一个国家。"

石家庄大石桥考释

石家庄大石桥是近代石家庄的标志性建筑之一，是石家庄百年城市史的重要见证，1993 年被公布为河北省文物保护单位。但目前许多著述对石家庄大石桥历史的基本状况介绍与史实存在着较大的出入。为此在大石桥建造百年之际，谨就几个问题略做如下考释，还原大石桥的历史真实面貌，避免以讹传讹。不当之处，敬请方家指正。

一、大石桥是否曾经跨越京汉铁路

1907 年修建的石家庄大石桥，作为正太铁路工程设计的遗漏补充项目之一，主要目的是保证铁路的运行安全，使休门村、栗村与石家庄村之间的过往行人能够安全畅通地跨越铁路。大石桥既然是为解决行人和车辆的东西向交通问题而修建的，那么，由于正太铁路和京汉铁路的并行，大石桥是否曾跨越了正太和京汉两条铁路呢？目前许多著述都认为，大石桥是同时跨越了上述两条铁路的桥梁。例如，《石家庄铁路分局志》在关于大石桥的介绍中说："此桥跨越正太、京汉两路 7 股道。"[①] 再如，《石家庄地名志》说："京汉、正太两铁路都从桥下通过，而行人过路则跨越石桥，使铁路沿线事故大大减少。"[②] 另外，张力在《大石桥的由来》一文中说："此桥同时跨越正太、京汉两条铁路共 7

---

* 原文发表于《文物春秋》，2007 年第 6 期。
① 石家庄铁路分局志编辑委员会编，《石家庄铁路分局志》，中国铁道出版社，1997 年，第 627 页。
② 石家庄地名志办公室编，《石家庄地名志》，河北人民出版社，1986 年，第 621 页。

股线路，行人和车辆皆可通行，成为市区跨越铁路唯一的安全通道。"①

当时由于正太铁路的出线有一段曾一度与京汉铁路并行，成为导致人们产生误解的一个诱因。其实，石家庄大石桥根本不可能同时跨越过正太和京汉两条铁路。上述各种说法均不符合历史事实。其证据和理由如下：

第一，正太线和京汉线两条铁路是由不同的外国银行借款建造的，分别隶属两个各自独立运营的铁路局管辖，不可能存在同时跨越两个铁路局线路的大石桥。当时的铁路部门是以铁路线设局，各自为政，均实施着独立的运行管理与经济核算。当时的石家庄火车站就存在着正太和京汉两个客运车站，它们之间几乎仅相距100米左右，但却是两个相互独立且长期并存的车站。

第二，正太和京汉两条铁路的轨道相距最短距离在100多米，由于两条铁路轨道相距长度大大超过了大石桥桥身长度，所以，"长二十五丈"的大桥桥身空间结构高度②，不可能同时跨越宽轨铁道，长度也不可能同时跨越两条铁路。

从文献记载上看，正太和京汉两个车站相距近百米，那么两条铁路轨道东西外边距起码也要超出200米以上，两条铁轨中间建有供旅客上下火车的马路，大石桥要同时跨越正太和京汉两路，必然也要一并跨越其间的马路，而大石桥桥身结构的长度是不可能将两条铁路中间的马路一并跨越。据文献记载表明，当时的大石桥的东端空间状态呈"丁"字形，向东经过京汉铁路的平交道口可抵栗村或休门村，向南则步入正太和京汉两条铁道之间的马路，可至正太和京汉火车站。从火车站出站的旅客，沿石家庄车站两条铁路中间的马路向北行，到辛亥革命烈士吴禄贞的纪念碑，向右转则跨越京汉铁路平交道口，至铁路东的栗村和休门村，向左转则上大石桥，至铁路西的大桥街（见图6-1）。

---

① 张力，《大石桥的由来》，《石家庄文史资料》，第13辑，政协石家庄市文史委员会，1991年，第203页。
②《石家庄之经济状况》，《中外经济周刊》，第181期，第19页。

图 6-1　30 年代末石家庄大石桥东端桥头的景致①

据参加接收正太铁路管理局的事务课长陈沣回忆，"当时平汉铁路和正太铁路都设有石家庄车站，隔着马路东西对峙。马路经吴禄贞烈士纪念碑左转，跨越大桥而入市区。桥南是正太路的车站区，火车从车站开出，穿过大桥下面，经正太场区西去太原"。② 另有文献明确记载，从大石桥东边再往东行，穿过京汉铁路的平交道口，便可到达栗村或休门村。例如，《石家庄之经济状况》一文记载："大桥迤东，越铁路而过，至休门镇。"③

第三，除了文字记载之外，从目前发现的几种石家庄地图资料看，也确凿无误地证明了京汉铁路压根就没从大石桥下通过。

首先，有《1917 年正太铁路管理局排水沟渠施工示意草图》为证。在1917 年石家庄及其附近广大农村遭遇大水灾之后，"京汉、正太两公司及绅商各界，有鉴于此，佥以一误不可再误，协议挖沟引水，以为思患预防一劳永逸

---

① 日本侵略军占领石家庄后，曾发行数十张石家庄黑白和彩色两种明信片，三十年代末石家庄大石桥东端桥头的明信片就是其中的一张，该照片由民间收藏家牛双月先生提供。
② 陈沣，《颜德庆与正太铁路》，《石家庄文史资料》，第 5 辑，政协石家庄市文史委员会，1986 年，第 181 页。
③ 《石家庄之经济状况》，《中外经济周刊》，第 181 期，第 19 页。

之计"。① 铁路部门在大石桥附近修建了石家庄最早的引水沟渠。笔者有幸在河北省档案馆发现了铁路部门当时修建排水沟的施工草图，这份草图用最直白明了的方式，显示了排水沟的走向和大石桥等建筑物的相互关系，它直接无误地对大石桥是否跨越正太铁路和京汉铁路问题做出了证明（见图6-2）。

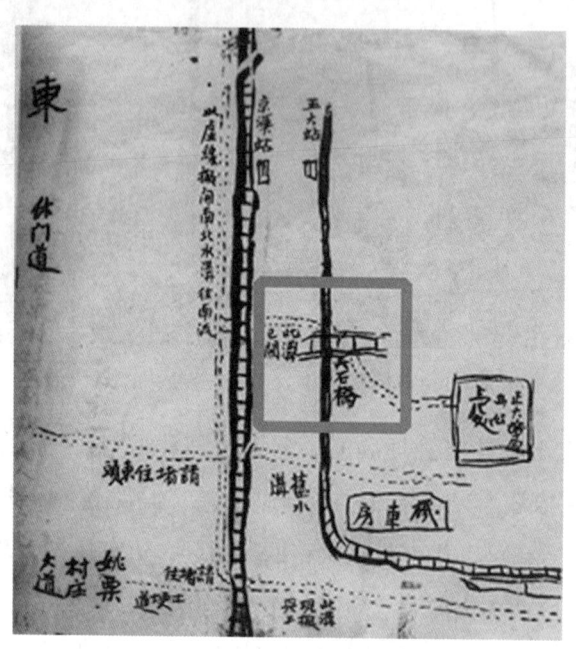

图6-2　1917年正太铁路管理局排水沟渠施工局部示意图②

其次，有《石家庄已成之道岔及街市图》为证。曾被阎锡山任命为井陉矿务局局长的王骧，在1927年针对石家庄南道岔扩建改造问题，经过深入调查走访，亲自拟订了一份《开展石家庄商埠计划书》，该计划书当年先由范华印刷厂印刷出版，后于1929年转载于《河北工商月报》的第1卷第3期。《开展石家庄商埠计划书》以规划石家庄枢纽货运道岔为由头，重点论述了石家庄城市建设的现状和未来道岔以及街道的规划，还对石家庄城市发展问题进行了一系

---

① 河北省档案馆藏，《石家庄商会水沟购地用款是否就地筹捐函复卷》（1917年12月），656-1-743。
② 河北省档案馆藏，《石家庄商会水沟购地用款是否就地筹捐函复卷》中的附件草图，656-1-743。

列颇有见地的论述。在书后附有《石家庄已成之道岔及街市图》《石家庄新道岔联合会拟开之新道岔图》和《现拟开展之新道岔及新市街计划图》三张详细的地图资料。其中，第一图清楚地显示出大石桥只跨越了正太铁路，并不跨越京汉铁路（见图6-3）。

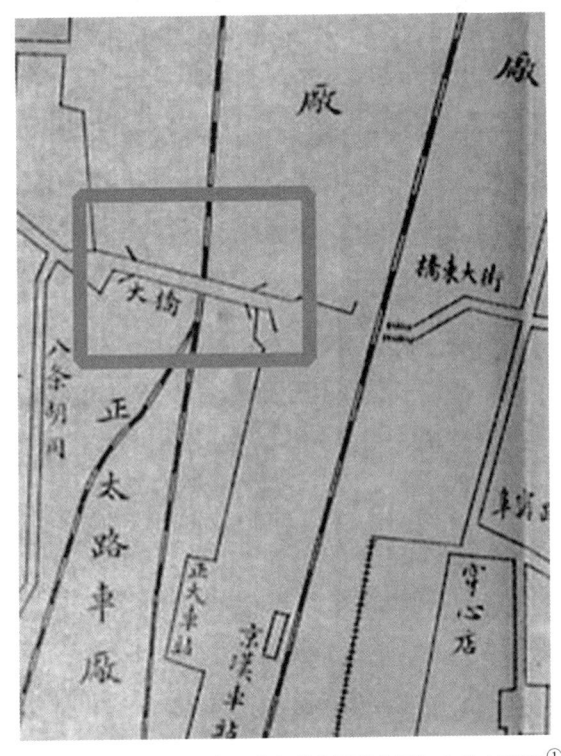

图 6-3 《1927年石家庄已成之道岔及街市图》中的大石桥[①]

再次，有《1934年石门街市图》为证。北京图书馆所藏的《1934年石门街市图》，虽然隐去了从桥下通过的正太铁路，但是京汉铁路赫然于大石桥之东，清清楚楚地显示了大石桥只是跨越了正太铁路，并没有跨越京汉铁路的事实（见图6-4）。

---

① 王骧，《开展石家庄商埠计划书附图：第一图〈石家庄已成之道岔及街市图〉》，《河北工商月报》，第1卷第3期，1929年1月，第29页。

图 6-4 《1934 年石门街市图》中的大石桥①

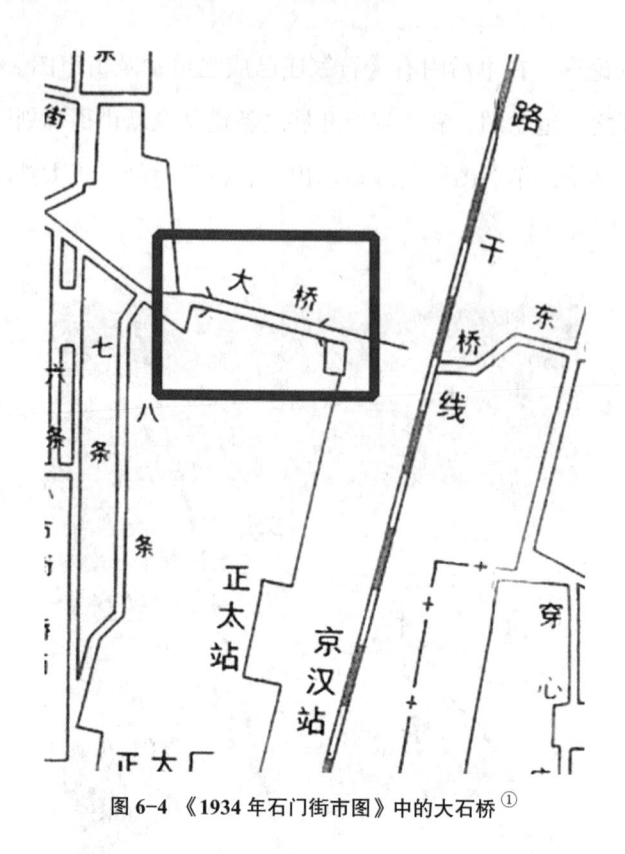

最后，有《1942 年石门市街市图》为证。从该图中可见，1941 年正太铁路改道后遗留下来的大石桥，居于京汉铁路之西，它依然可以证明大石桥只跨越了正太铁路，而并不跨越京汉铁路（见图 6-5）。

令人非常不解的是，有些认为大石桥曾经同时跨越正太和京汉两条铁路的著作，竟将其解释为 20 世纪 30 年代末、40 年代初京汉铁路东移之后才不再穿越大石桥。例如，《石家庄铁路分局志》说：“日军侵占石家庄后的 1939 年，将正太路改为准轨，正太、京汉石家庄站合并，线路东移，不再穿过大石桥下。”②再如，《石家庄市地名志》说："日军侵占石家庄后，铁路改道东移，

---

① 北京图书馆藏，《1934 年石门街市图》，《石家庄市古今地名图册》，河北人民出版社，1986 年。
② 石家庄铁路分局志编辑委员会编，《石家庄铁路分局志》，中国铁道出版社，1997 年，第 627 页。

行人跨越铁路时不再过桥，而改走桥南侧的马路。"①

图 6-5 《1942 年石门市街市图》中的大石桥②

其实，根本不是由于京汉铁路东移后"不再穿越大石桥"，而是大石桥压根就没有跨越过京汉铁路，历史上也不存在日军侵占石家庄后将京汉铁路东移的事实。众所周知，日军侵占石家庄后，1939 年把窄轨的正太铁路改建成了标准轨铁路，将原来的正太铁路改名为石太铁路，并且调整了石家庄车站石太铁路的出线方向，还修筑了石家庄至德州铁路，这些工程并不需要东移京汉铁路，京汉铁路本身也没有任何东移的缘由。关于 20 世纪 30 年代末、40 年代初石家庄火车站线路的变化情况（见图 6-6）。

---

① 石家庄地名志办公室编，《石家庄地名志》，河北人民出版社，1986 年，第 621 页。
② 张鹤魂，《1942 年石门市街市图》，《石门新指南》，石门新报社，1942 年。

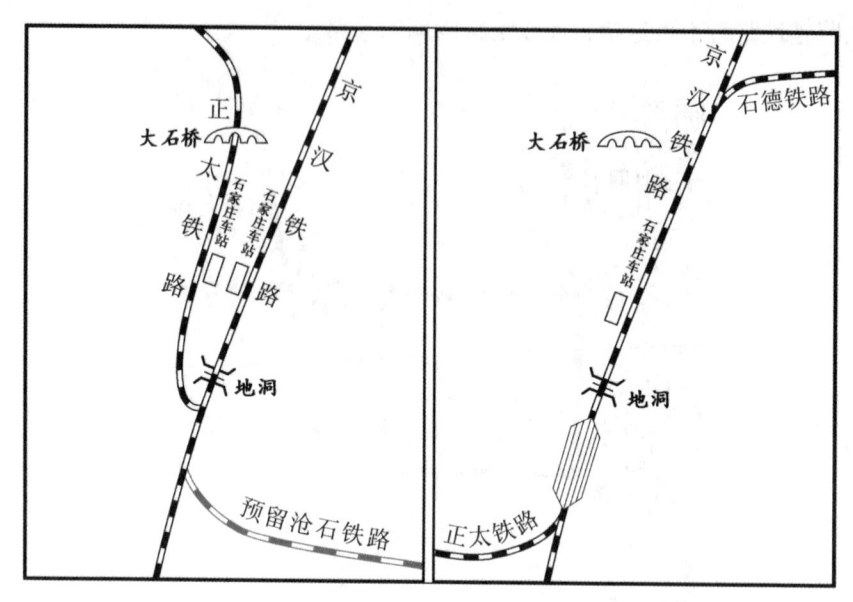

图 6-6　1940 年前后石家庄铁路枢纽的出线变化示意图①

二、大石桥的桥体结构

　　大石桥，顾名思义，是以石头为基本建筑材料建造的。据《石门新指南》记载，大石桥"又以大石乃附近出产，其价较廉，乃用石为材料。……大石桥成，即呼为大桥，并非赐以他名也"。② 由于该桥是以石头为主要建筑材料，故桥身主体采用了中国传统的拱券结构。关于大石桥的桥体基本结构，目前涉及有关记载的各种书籍存在着一定的差异，使不少读者对这个省级文物保护单位的基本构造十分茫然。例如，《石家庄风物志》说："桥全长一百五十米，共二十三孔，桥身全系青石砌成。"③ 而《石家庄近代史编年》说："桥全长 150

---

① 根据《开展石家庄商埠计划书附图：第一图石家庄已成之道岔及街市图》《1934 年石门街市图》《1942 年石门市街市图》《1946 年最新石门市详图》等绘制。
② 张鹤魂，《石门新指南》，石门新报社，1942 年，第 328 页。
③ 政协石家庄市文史委员会和石家庄地名志办公室，《石家庄风物志》，1985 年，第 84 页。

米，22孔，全由青石砌成。"① 还有更大差异的是《石家庄市志》记载：大石桥"长150米，宽10米，高7米，为11孔石拱桥"。②

为什么不同书籍对大石桥的石拱数量会产生如此大的分歧？问题到底出在哪里？其实，上述11孔、22孔、23孔都不确切，其问题出在对大石桥桥体结构描述的不完整和不确切上。11孔的说法只计算了大石桥可以通车或可以利用的部分桥洞，忽略了大桥两侧较小的不可以利用的石拱桥洞。其实，大石桥的桥身并非全部都是石拱结构，在桥身中段的东侧有一个可通行两股铁道的钢架桥梁。上述22孔与23孔的说法之所以不确切，均与大石桥的钢梁桥洞有关，前者只计算了石拱桥洞，而没有将钢梁桥洞计算在内；后者则将该两孔钢梁桥洞，只算做一孔。如果以大石桥的所有桥洞计，应该算为24孔，因为钢架桥梁中间设有钢立柱，一分为二，各安设一股铁轨（见图6-7）。

图6-7 修建中的石家庄大石桥钢架桥梁③

① 杨俊科，《石家庄近代史编年》，方志出版社，2004年，第25页。
② 石家庄地方志编纂委员会编，《石家庄市志》（一），中国社会出版社，1995年，第239页。
③ 京汉铁路车务处编辑课编，《京汉旅行指南》第五期（卷下），北京日报，1914年，第97页。

1907年大石桥建成以后，一直由正太铁路管理局工务处负责管理和维护，此间除了曾加高过大石桥的桥栏板外，其他结构基本没有变化（见图6-8）。1987年石家庄解放纪念碑建设指挥部在《大石桥修复施工的说明》中，详细描述了原桥的整体结构，"原状桥长149.66米，桥宽10.4米，22跨石拱桥，两跨钢架孔"。①

图6-8　20世纪20年代的大石桥②

在1937年10月10日日军攻占石家庄前，曾派遣飞机对石家庄进行过狂轰滥炸，使电报局、电话局、大兴纱厂、商会以及大桥街、大石桥等城市建筑和设施先后遭到了不同程度的毁坏。在此番轰炸中，大石桥中段西侧两孔桥洞的南侧被桥体部分被炸塌（见图6-9）。

中华人民共和国成立以后，大石桥遗址归属石家庄市政府管辖。1957年铁路局材料厂指派工作人员携带"京石材潜厂57字第四号函"，到石家庄市建设局研究拆用大石桥钢板梁一事。经建设局与文化局研究后认为："根据目前

---

① 石家庄解放纪念碑建设指挥部，《大石桥修复施工的说明》（1987年11月10日），石家庄市城建档案馆藏，《解放石家庄纪念碑工程竣工文件资料》。
② 正太铁路管理局编印，《铁路月刊：正太线》，第3卷第7期，1933年，首页插图。

国家缺少钢材的情况,可以让铁路局将此钢梁拆去,用于更急需的铁路建设,以使该梁不再长期积压,保证铁路建设。"此处理意见经上报市政府,由彭子堪批准后,对铁路局材料厂做出了答复:"(一)为不使材料长期积压,减少国家开支,保证铁路建设,同意你厂拆用旧石太线大石桥的中孔钢梁。(二)除钢梁外,其他一切石料等不得拆毁。(三)为不影响市容观瞻,你厂拆除该钢梁后,必须将邻街面的砖墙加高到与拆除钢梁后两端的桥头等高,以不露豁口为宜。"[①]从此之后,大石桥的桥体建筑结构便被改变,不复完整了。

图 6-9　1937 年被日军炸塌两孔桥洞的大石桥(牛双月先生提供)

1987 年 4 月 1 日,大石桥修复工程正式开工,主要修复内容有桥拱、桥柱、桥面、桥栏板等。经此次修复后,大石桥长约 145 米,24 跨石拱孔,桥宽 10.4 米,桥栏板高 1.5 米。[②] 修复后的大石桥,桥身的长、宽、高与原来的尺寸相差无几,但是未能完全恢复其原来的结构风貌,大石桥的两孔原始钢架桥梁遗憾地被两孔石拱取代了,而那两个明显宽于其他石拱的钢梁桥墩,却给人们留下了无尽的遐想。

---

① 石家庄建设局,《关于铁路局材料厂要求拆换大石桥中孔钢梁的意见》(1957 年 2 月 11 日),石家庄市档案馆藏,56-1-27。
② 解放石家庄纪念碑工程指挥部,《大石桥修复施工的说明》,石家庄市城建档案馆藏,《大石桥工程竣工验收单》(1987 年 11 月 10 日)。

石家庄大石桥续考

　　石家庄大石桥是近代石家庄的标志性建筑之一，是石家庄百年城市史的重要见证。大石桥遗址现已被列为河北省省级文物保护单位，但目前许多著述对石家庄大石桥历史的基本状况介绍，与史实存在着较大的出入。为此在大石桥建造百年之际，仅就大石桥建造的由来以及建桥位置、大石桥是否曾作为石家庄桥东与桥西的分界标志、大石桥的建筑费用以及所有权、大石桥的功能变迁等问题特做如下续考[1]，还原大石桥历史的真实面貌，避免以讹传讹。

一、大石桥建造的由来以及建桥位置

　　许多著述在介绍石家庄大石桥时，都谈到大石桥所在的位置，在建桥前就是处在"市中心"。例如，《石家庄风物志》中"石家庄大石桥"一文说：正太和京汉"两条铁路从市中心穿过，把市区自然分成东西两部分。过往行人、车辆必须穿越铁路，给东西交通带来极大的不便"[2]。《正太铁路史料集》中"大石桥的由来"一文说："由于正太、京汉两条铁路从市中心穿过，过往行人和车辆必须穿越铁路，给东西交通带来极大的不便。火车轧死撞伤人畜的事件时有发生。鉴于此种情况，各界人士纷纷联名上书正太铁路法国总办米来哈，要求拨款修桥。"[3]在《石家庄历史文化精华》一书中，也有类似的记述，"1903

---

* 原文发表于《石家庄铁道学院学报》，2008年第1期。
[1] 李惠民，《石家庄大石桥考释》，《文物春秋》，2007年第6期。
[2] 政协石家庄市文史委员会和石家庄地名志办公室编印，《石家庄风物志》，1985年，第84页。
[3] 石家庄铁路分局路史编辑办公室编，《正太铁路史料集》，《石家庄文史资料》，第13辑，政协石家庄市文史委员会，1991年，第203页。

年京汉铁路通过石家庄，1907年石家庄至太原的正太铁路全线通车。由于两条铁路全从市中心穿过，来往行人穿越铁路，经常发生火车轧撞人畜事故"，故此有了修桥的动议。① 上述"铁路从市中心穿过"的说法，混淆了建造大石桥与石家庄城市形成的历史逻辑关系。大石桥于1907年春天动工，对于"火车拉来的城市"而言，当时正太铁路尚未建成，还未实现全线通车，何来的城市？何来的"市中心"？所以，在"市中心"修建大石桥的表述，显然是一种把两者本末倒置的说法。

近代石家庄的城市化是中国近代城市化的一个典型个案，它有别于上海、天津、武汉、重庆等大城市，因为石家庄既不是传统行政中心，也不是传统工商城镇，更不是开埠通商口岸。20世纪初兴建铁路前，石家庄只有93户，532口人，属于名副其实的蕞尔村庄。② 因此，石家庄的城市化起点极低，几乎为零点起步。修建大石桥之时，正处在铁路枢纽基础设施建设的最初阶段。

1902年京汉铁路修到石家庄村，自北向南由石家庄村的村东穿过，1903年建成京汉铁路石家庄火车站（取名为枕头站），当时京汉铁路的"车站之建筑，殊形简陋……其沿途小站大都矮屋数椽，足蔽风雨而已"③。正太铁路从1904年开始兴建，东端起点从京汉线车站西侧开始，向北与京汉线并行，渐次西转，绕石家庄村北而西去，直奔获鹿。京广线和正太线两条铁路的交会点处于石家庄村、栗村、休门村之间，而建成的铁路枢纽区域更靠近石家庄村一侧，铁路枢纽的整体布局对石家庄村建成区的影响最大，因此，石家庄村被视为新兴城市的原点和新生城市的母体胚基。石家庄城市兴起的最直接缘由是铁路枢纽的形成，所以铁路枢纽区域的建设对石家庄的城市化具有直接的启动意义。作为"因路而兴"的城市，在正太铁路尚未正式通车之时，石家庄的城市

---

① 石家庄市政协文史委员会编，《石家庄历史文化精华》，中国对外翻译出版公司，1997年，第237页。
② 李惠民，《近代石家庄城市化起点的人口规模研究》，《河北广播电视大学学报》，2006年第6期。
③ 平汉铁路管理委员会编印，《平汉年鉴》，1932年，第365页。

化充其量正处在启动时期，所以，"铁路从市中心穿过"的说法，明显与石家庄城市兴起的历史事实不符。

由于新兴铁路枢纽区的崛起，形成了"铁轨纵横，车辆络绎"状况，它实际上割断了石家庄村、东西栗村、休门村之间原有的乡间道路，给村民们的通行带来了不便。正如《石门新指南》一书所说，由于"正太铁路与京汉路轨成平行线，其东西乃休门与石家庄来往之孔道，其间每日往来者甚众"（见图6-10）。①那么，在此位置出现"往来者甚众"的情况，是指位于修建大石桥之前的地段上，形成了东西方向往来的集中"孔道"，但并非等于当时已经形成了"市中心"。据当时曾访问过此地的《大公报》记者报道，清末的石家庄正处在城市化的初始阶段，"桥东铁道之外，几无居人，间有草创者，亦不过寥寥数椽土屋而已"。②

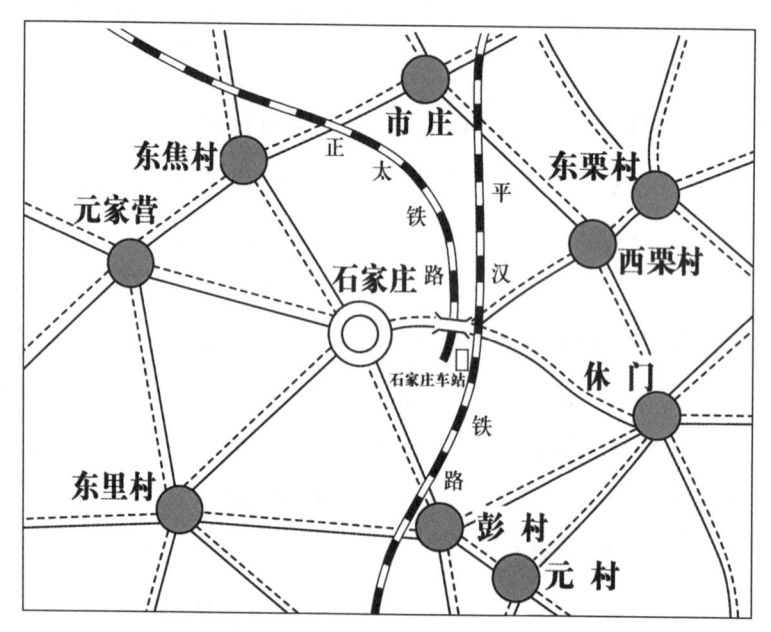

图 6-10　20世纪初石家庄与周边村庄的位置以及乡间道路示意图③

---

① 张鹤魂,《石门新指南》, 石门新报社, 1942年, 第328页。
② 刘哲民,《石门二十年来之回顾》(一),《大公报》, 1932年5月3日。
③ 根据1930年"十万分之一地图"绘制, 河北省档案馆藏《获鹿县义勇壮丁队武力配备状况表、田赋计算说明书及县地图》, 656-3-1148。

在原乡间小道上出现如此流量的交通问题，是正太铁路的设计者所不曾预料的，所以在原始的正太铁路道桥设计中，缺乏解决当地东西方向通道的全盘考虑。而对于那些已经习惯了沿小道往来于东西方向的行人和车辆，又不可能舍近求远地绕行石家庄铁路枢纽区，只能自行横跨铁路穿越于铁轨之上，因此使铁路安全运行埋下了极大的隐患。早在1906年，正太铁路的建设和管理者就已经开始意识到这一情况，随后萌生了在此加修一座跨铁路桥的动议。"路局恐火车撞及行人，在（光绪）三十二年，即有于路轨上架设桥梁之动议，因事未果。讵于三十三年，而不幸之事迭出，曾连接三日，火车撞毙三人，遂积极修建大桥，以防危险。"① 因此说，1907年修筑的大石桥是作为正太铁路工程设计的遗漏补充项目之一，主要目的就是要保证铁路的行车安全，以及铁路枢纽区东西两侧行人能够安全畅通地跨越铁路。由于民国以后石家庄空间拓展以铁路枢纽区为中心，向四周方向逐步自然蔓延，大石桥地区便形成了"市中心"。从这种意义上说，大石桥见证了近代石家庄早期城市发展的全部进程。

二、大石桥是石家庄桥东与桥西的分界标志吗？

大石桥作为石家庄城市的标志性建筑，不仅具有近代石家庄历史的象征意义，也成为石家庄当地居民描述城市方位的坐标系之一。例如，大多数市民"常以石桥为准，有桥东桥西、大桥某某方位之说"。② 那么，说到大石桥的标志作用，有一个问题必须要予以澄清，即到底是不是大石桥的修建后就成为石家庄桥东区与桥西区的分界标志。对此，《石家庄城市发展史》认为，"以桥为界，石家庄分为桥东、桥西"。③《石家庄市市政建设史略》一书也认为，"石

---

① 张鹤魂，《石门新指南》，石门新报社，1942年，第328页。
② 石家庄市建设局，《关于铁路局材料厂要求拆换大石桥中孔钢梁的意见》（1957年建市字第四号）（1957年2月11日），石家庄市档案馆藏，56-1-27-12。
③ 政协石家庄市文史委员会，《石家庄城市发展史》，中国对外翻译出版公司，2001年，第111页。

家庄俗称的桥东、桥西，即以此为界"。①《石家庄近代史编年》也认为，建大石桥后，"石家庄桥西、桥东之分，即由此始"。②

其实，"桥西、桥东"作为一个"方位词"，是在大石桥建成之后逐渐形成的，当地居民对大石桥方位标志作用的表达，有一个伴随城市格局发展逐渐约定俗成的过程，不可能在1907年建桥后，马上就能成为公众的一种普遍共识。因为1907年并没有大规模展开石家庄的城市建设，在不存在城市建成区的情况下，何来的桥西区和桥东区。

"桥西、桥东"作为石家庄的行政管辖分区，是在1925年石家庄村与东西栗村、休门村合并建市之后才形成的。据《石门市事情》记载，铁路枢纽形成后，"石门市之市况，益形繁华，唯当时该地之治安，仅有获鹿县之警察所派驻警士数人而已。民十后始改为警察局，民国十四年后，石家庄乃直隶于河北省政府，原有之警察局，乃改称警察厅，并筹备将石家庄改为市组织，惟该市以人口过少之故，遂将附近之休门、栗村等地，划归区内，改石家庄之旧称而为石门"。③

"桥西、桥东"作为行政区出现以后，只是汲取了"桥西、桥东"的方位称呼，而"桥西、桥东"行政区的实际分界，也并非是以大石桥为划界标志的，而是以京汉铁路为界线的。之所以不能把大石桥说成桥东区与桥西区的分界标志，就在于大石桥并没有跨越京汉铁路，大石桥本身也位于京汉铁路的西侧，并属于桥西区的一部分。在早期石家庄历史资料中，关于行政区分界线有着明确记载，例如，《石门指南》就记载说："石门以平汉铁路为界，分东西二段。并以横断（正太）铁路之天桥为名，称（京汉）铁道以西之地段为桥西，（原石家庄在内）属于第一公安分局管辖；以（京汉）铁道以东之地段为桥东，（休门、栗村均在内）属于第二公安分局管辖"。④

---

① 石家庄市城乡建设局编印，《石家庄市市政建设史略》，1991年，第13页。
② 杨俊科，《石家庄近代史编年》，方志出版社，2004年，第25页。
③ 陈佩，《石门市事情》，石门新报社，1940年，第1页。
④ 石门日报社编印，《石门指南》第一编《地理》，1934年，第2页。

三、大石桥的建筑费用以及所有权

在大石桥建造的投资和产权归属问题上，目前有许多著述有意或无意地把建桥权限说成了归属"法国铁路总办"，把大石桥的建设费用完全地说成了正太铁路工人捐款，把大石桥描述成为石家庄城市历史上的一座公益性建筑。例如，有的文史资料说："正太铁路工人自筹资金，修建了横跨正太铁路的大石桥。"① 再如，《石家庄市地名志》在关于大石桥的介绍中说：当地"各界人士曾联名上书正太铁路局法国总办，要求拨款建桥，沟通东西交通。但殖民主义分子对此置之不理。正太铁路广大工人对此非常气愤，经部分工人倡议，全线2500多名工人每人捐献一天工资，作为建桥经费"。②《正太铁路史料集》中"大石桥的由来"一文也说："各界人士纷纷联名上书正太铁路法国总办米来哈，要求拨款修桥。但洋人不予支持，修桥之款久无音信。正太铁路员工为此选出代表，发起了捐献工资，集资修建跨线街桥的活动。款子筹齐后"，由唐山工匠赵兰承包修建了大石桥。③ 那么，大石桥建设到底是谁投资修建的？包括大石桥在内的正太铁路所有权到底归谁所有呢？法国铁路总办能否具有大石桥修建的决定权？

当初到底花费了多少钱来建设石家庄大石桥，因缺乏完整详细的工程资料和预决算账目，有待深入发掘资料和进行详细考证，目前尚难轻易论断。但是，大石桥建桥经费完全由2500多名工人每人捐献一天工资构成的说法，肯定不能成立。理由如下：

第一，有2500多名工人曾捐资修桥的说法，需要核考。经查2500名铁路工人数字系出自《石家庄铁路分局志》第四章第二节，该节《工人》一文说，"1903年京汉铁路枕头（石家庄）车站建成时，只有十几名员工和路警。

---

① 殷良夫，《石家庄部分街道名称的来历》，《石家庄文史资料》，第5辑，政协石家庄市文史委员会，1986年，第136页。
② 石家庄市地名志办公室编，《石家庄市地名志》，河北人民出版社，1986年，第621页。
③ 石家庄铁路分局路史编辑办公室，《正太铁路史料集》，《石家庄文史资料》，第13辑，政协石家庄市文史委员会，1991年，第203页。

随着正太铁路的建成,到1907年,共有铁路员工约2500人"。很显然,这不是一个精确的铁路工人人数统计结果,而是一个估计的数字。这个数字是对石家庄全部铁路工人总和的估计,也将京汉铁路的工人数字包括在内了,而京汉铁路工人则不在捐款修桥之列。虽然,目前尚未能找到1907年的正太铁路全体中外职工的确切总数,但是,《中国铁路史》一书提供的1909年正太铁路总人数,亦可供我们用于推算的参考。据该书记载,1909年正太铁路共拥有职员1945人,佣役255人,合计为2200人。① 而1907年的总人数只可能比它少,不会比晚两年铁路开通运营后的2200人更多。

第二,每位工人出一日工资,并不足以满足建桥费用。据《石家庄铁路分局志》记载,1909年正太铁路技术工人薪金最高者为匠首82元,一般机器匠24元,最低者15元;普通工人最高者36元,一般查票员一级者为26元,最低者为9元;1909年正太路职员人均月薪为20.4元,员役的人均月薪18.91元,佣役的人均月薪为7.53元。② 假设以当时最高的职员人均月薪20.4元和每月25个劳动日计,人均日工资才0.8元,以全体工人为2200人计算,共计可得捐款1760元。据1924年出版的《中国铁路史》一书记载,正太铁路全线共计建有石桥544座,石桥每公尺造价为,"最低395元,最高542元",③ 如果取平均值为468.5元的话,全部工人捐款1760元只能建造石桥3.75公尺。

第三,虽然在《石门新指南》一书中,有"各出一日所得之薪资酿成之"的记述,但是,这里"各出一日所得之薪资"的不仅是工人,还有"全路局华法职工",包括了在正太铁路从事各项管理工作的所有外国工程技术人员和管理者。因此,把大石桥单纯地说成工人捐资修建,显然不妥。

石家庄大石桥建造中使用社会各界捐款一事毋庸置疑,但大石桥是不是全部由捐款所建,或者说捐款数额占了整体建桥费用的多大比重,因目前缺乏

---

① 曾鲲化,《中国铁路史》,燕京印书局,1924年,第652页。
② 石家庄铁路分局志编辑委员会编,《石家庄铁路分局志》,中国铁道出版社,1997年,第317页。
③ 曾鲲化,《中国铁路史》,燕京印书局,1924年,第650页。

史料，尚不可断言。如果基于上述估算数据的推测，大石桥似乎不是单纯依靠社会捐款所能建造的，应该还有一部分拨款。

由于石家庄大石桥的建造，属于正太铁路正式设计方案中的遗漏项目，是作为追加内容进行补充建设的，所以未被列入最初的工程预算中。这也是为什么 1906 年铁路局决定修建这座桥，而又未能及时动工的主要原因。如果不问青红皂白一味指责当时法国总工程师，"不予支持，修桥之款久无音信""置之不理"，甚至将延缓到 1907 年建设大石桥的责任，全部推卸给法国铁路总办的话，并不符合中外双方签署借款协议中有关的规定精神。因为正太铁路是向法国借款并由法国人负责修建并代行管理的国有铁路，所有建设项目的最终批准权在中国国家铁路总公司，铁路总公司是正太铁路的真正东家，清政府是国有铁路的最终所有权者。1902 年签订的《正太铁路借款合同》第十九款明确规定："自本合同签订之后，中国铁路总公司，即托华俄银行代为遴聘谙练工程之总工程师一员，以便督造路工，并详拟各工程图样底稿，测勘路线，并估计全路工价，惟统须呈请总公司督办大臣核准施工。"并且在合同中明确规定了，"凡购办路工，并行车应用机器料件，均须先期由总工程师呈请中国总公司督办大臣核准"。[①] 大石桥的产权毫无疑问地属于中国国家铁路总公司，而不是一座公益建筑，从它建成之日起，就一直归正太路管理局工务处负责养护和维修。1934 年在《正太铁路会计统计报告》中，关于工务处进行"修补跨线桥桥面墁石"的记录，就是确凿的证据。

---

① 石家庄铁路分局路史编辑办公室编，《正太铁路史料集》，《石家庄文史资料》，第 13 辑，政协石家庄市文史委员会，1991 年，第 245～246 页。

石家庄大石桥百年来的功能变迁

　　石家庄大石桥是近代石家庄标志性建筑之一，是石家庄百年城市史的重要见证，大石桥遗址现已被列为河北省省级文物保护单位。目前对石家庄大石桥的基本功能与功能变迁的论述较少，为此在大石桥建造百年之际，特做如下概述，不当之处，敬请方家指正。

　　大石桥建造的直接由来，应该说与石家庄铁路枢纽的空间构成有密切的关联。从石家庄铁路枢纽的空间构成来看，主要由三部分组成：其一，京汉铁路和正太铁路的南道岔和货运站，"两路之道岔，彼此互相串贯"。其二，京汉铁路和正太铁路的正线和客运车站，"两车站东西对立，乘客由京汉路下车，可径至正太车站上车"。其三，正太路机务段、机务浇油房（车辆段前身）、停车房、正太路总机车厂、正太铁路监督局、法国总管处、法籍高级职员公寓区，以及职工公寓等。由以上三部分构成的整个正太铁路枢纽区域，均被用石头砌成的围墙圈了起来，环绕该城分别设有12个门，各门出口有路警弹压把守，各门之间有城墙相接，被当地百姓称为"洋城"。这个由众多建筑、设备、路轨、部门、辅助设施等组成的石家庄铁路枢纽区域，呈南北向长条形状，此区域的北部较南部略宽。由于新兴铁路枢纽区的崛起，形成了"铁轨纵横，车辆络绎"状况，它实际上割断了石家庄村、东西栗村、休门村之间原有的乡间道路，给村民们的通行带来了不便。

　　当初建造石家庄大石桥，主要是为了解决东西方向行人往来通行而补充设计的。在大石桥建成后的30余年里，它始终是石家庄核心地域往来行人穿越铁路的要道，大桥不仅保障了铁路东西两侧行人过往的畅通，而且有效地疏导着川流不息的上下火车乘客，发挥着重要交通功能。

---

* 原文发表于《石家庄文化》，2007年第5期。

大桥主要采用了跨越式石拱桥结构，尽管桥体坚固美观，桥面坡度平缓，但并没有成为运输载重车辆跨越铁路的主要通道，它只允许行人和人力车通行（见图6-11）。

图6-11 20世纪30年代末石家庄大石桥西端桥头的景致[①]

近代石家庄是因路而兴的城市，城市空间发展的一个最大特征是，以铁路枢纽车站为中心线，京汉铁路日益形成了对市区的切割，将发展中的市区分割成东西两个部分，东西之间的交通矛盾，随着城市区域的发展而日益突出。石家庄作为商贸集散中心，拥有大量货物流和高密度人群，而物流货运又是交通主体。在40年代以前，石家庄承担运输载重车辆跨越铁路的通道主要有：大兴街西端与南马路东端的平交道口、电报局街西端与大同街东端的地道桥、北道岔平交道口。基于以上情况，对大石桥在东西交通中扮演的角色，以及评价其疏通人流和物流中发挥的实际作用，要恰如其分，不可言过其实，夸大其事。

还有的论者在讲到大石桥时，往往要论及在大石桥周边发生的政治集会

---

① 日本侵略军占领石家庄后发行的明信片。该照片由石家庄著名收藏家牛双月先生提供。

等重大历史事件，认为大石桥前面的广场是石家庄这座城市的政治活动中心，石家庄广大市民在民主革命时期曾多次在此集会，在大石桥前上演了一幕幕历史剧。其实，集会活动属于石家庄车站广场的功能，与大石桥本身的功能和作用并没有任何直接的关系，所有的集会活动都不足以说明大石桥在交通功能之外还存在什么政治功能。

1939年10月1日完成的正太铁路窄轨改建标准轨工程，一并调整了正太铁路从石家庄车站的出线方向。从1939年10月2日石太铁路（此时更名石太铁路）举行正式开通仪式起，大石桥就失去了它的交通功能。大石桥桥洞下的正太铁轨被拆除后，行人和人力车不必再过桥了，东西方向的载重车辆也可以沿着大石桥南侧的马路行走了（见图6-12）。

图6-12 沿大石桥下南侧行走的马车照片[①]

从20世纪40年代初开始失去交通功能的大石桥，一直没有被拆除。此后，作为建筑物的大石桥桥身拱洞，却成为城市商业活动和社会公共活动场

---

① 该幅大石桥图片由石家庄市地方志办公室苟志俊先生提供，本文作者李惠民对照片经过了部分技术性修复处理。

所，令人意想不到地产生出文化设施功能。大石桥桥洞下的正太铁轨被拆除后，在桥洞里建起了房舍，"这是使初到石门的人见了，不能不感觉惊奇的一件事"。在这些桥洞房舍中，除了一半都是从事商业经营外，还出现了石家庄最早的城市图书馆"兴亚"图书馆和最早的石门城市博物馆。在桥洞博物馆中有陈列的古今文物，"收藏品虽然不能算多，但在石门能有这样的一个设置，也已经很可贵了"。①

抗战胜利后，随着国民党军队占领石家庄，大石桥遗址建筑物又充当起军事堡垒的功能。由于石家庄位于广大解放区的腹地，它极大地牵制了解放军的外线作战，因此成为中国人民解放军决心攻打的第一个城市目标。国民党第三军基于石家庄军事战略地位的重要性，下大气力加强城防建设，妄图死守城池。在市内构筑了以大石桥、火车站、正太饭店、铁路大厂等永久性坚固堡垒，组成石家庄军事防御核心工事。聂荣臻在《乘胜夺取石家庄》一文中说："敌人利用日本侵略军占领时的旧工事，连年加修成三道防线：第一道是外市沟，第二道是市内沟，第三道是核心工事。"②1947年11月解放军在大石桥的地下工事里，活捉了国民党第三军第三十二师师长刘英（见图6-13）。

在中华人民共和国成立后至"文化大革命"结束前的一段时间内，由于大石桥失去了以往的交通、军事等功能，政府及文物保护部门对其遗址建筑物的价值和作用一度认识十分模糊。例如，在大石桥有无保护价值方面，建设局和文化局在五十年代曾认为："该大石桥历史不长，且市办没有列入文物古迹范围内"，"从文物古迹的角度考虑，并无保留的价值。从城市建设角度上看，也无保留价值，且还或多或少的影响城市交通。交通队也曾提出过将大桥西端拆除一部分的意见"。甚至计划要拆毁大石桥。"我市多年来即有计划，用该桥的全部材料修建另外的跨越铁路高架桥。"③非常庆幸的是1957年仅将大石

---

① 《石门博物馆》，《华北新报》，1945年2月25日。
② 聂荣臻，《乘胜夺取石家庄》，《石家庄党史资料：解放石家庄》，第3辑，中共石家庄市委党史征编室，1985年，第13页。
③ 石家庄市档案馆藏，《石家庄市建设局：关于铁路局材料厂要求拆换大石桥中孔钢梁的意见》(1957年建市字第四号)(1957年2月11日)，56-1-27-12。

桥的钢梁拆除,其余部分依然被保留下来,桥头被堵砌,桥孔被改建为工房和仓库。

图 6-13　1947 年 11 月中国人民解放军攻打国民党大石桥核心工事的场景①

在"文化大革命"时期,大石桥两端被部分地拆毁,桥头的石狮雕塑和大桥两侧的桥栏被破坏,大桥周围搭盖起了不少非法建筑。②直到 1983 年 1 月石家庄市政府正式颁发文件,才明确了"大石桥为我市重点文物保护单位,由市文化局负责保护与管理,禁止任何非法建筑"。并决定"先将占用桥上的建筑物拆除,腾出桥来"。但是大石桥的修复和维护问题当时并没有及时解决,而被推迟留作日后适当的机会再进行研究。③

1987 年为了庆祝石家庄解放 40 周年,石家庄市委、市政府决定将大石桥修复工程一并列入当年实施的"石家庄解放纪念碑"工程之中。大石桥修复工程由元氏县市政公司担任了施工方,于 1987 年 4 月 1 日正式开工。该工程不

---

① 该图片选自《百年石家庄》,河北教育出版社,2001 年,第 44 页。
② 石家庄市档案馆藏,《石家庄文化局:关于妥善保护市文物保护单位火车站大石桥的请示》(1982 年 12 月 20 日),3-4-358。
③ 石家庄市档案馆藏,《石家庄市人民政府办公室关于妥善保护火车站大石桥的批示》(1983 年 1 月 12 日),3-4-358。

仅拆除了桥顶上遗留多年的碉堡等建筑土方,共计 126 立方米,还拆除了大石桥周边的大批饭店、旅馆、商店等非法建筑。大石桥修复工程主要修复了桥拱、桥柱、桥面、桥栏杆等组成部分,共计使用石料 715 立方米,并更换了桥头的四尊石狮,安装了 170 米的大桥防护栏。大石桥修复工程于当年 10 月 15 日竣工。[①] 此次工程,共计花费了 500024.62 元人民币(见图 6-14)。[②]

图 6-14　1987 年修复后的石家庄大石桥雄姿(李惠民于 2005 年 4 月 27 日拍摄)

在修复工程后的 20 年里,对大石桥这一重点文物单位的保护工作,一直受到了当地政府的格外重视,不仅组建了大石桥与石家庄解放纪念碑的专门管理机构,并进行了以大石桥、解放石家庄纪念碑、正太饭店旧址为依托,筹建石家庄历史文化广场建设的规划,按照科学发展观的要求,将其保护、规划、开发、使用等工作,统一提升到综合管理的更高层面。大石桥作为石家庄城市发展历史的重要见证,其遗址的历史文化价值今后必将越来越明显。随着城市文化建设事业的不断发展,如果大石桥的旅游参观功能和历史教育功能得到充分发挥,其文化商业功能肯定也会得到逐渐拓展。

---

① 石家庄市城建档案馆藏,《解放石家庄纪念碑工程指挥部办公室:石家庄解放纪念碑建设指挥部工作总结》(1987 年 11 月 30 日)。
② 石家庄市城建档案馆藏,《解放石家庄纪念碑工程指挥部:大石桥工程竣工验收单》(1987 年 11 月 10 日)。

后 记

  2017年3月初，在政协石家庄市委员会召开的《石家庄历史文化词典》出版座谈会上发言时我曾建议，为进一步繁荣和深化石家庄历史文化研究，应组织编辑出版一套能够反映目前石家庄历史文化研究水平的学术论文集。如能真正将以往地方史研究成果进行去粗取精，披沙拣金，既能对学术研究进展状况进行总结归纳，充分发挥其研究成果应有的学术价值和作用，又能修正错误、剔除纰缪，避免以讹传讹，弘扬传播正确的历史观，让后来者少走弯路。此后不久，我与一位图书馆的老朋友在微信聊天时，他建议我出版一本近代石家庄城市史论文专集。其实，我早有这样的心思，只是一直停留在念想上。直到2017年下半年，我才开始动手整理文稿。

  另外，我发表在期刊的40余篇近代石家庄城市史的文章，在中国知网上只能查到1/4，读者在知网上根本无法检索。究其原因，即源于河北来仪律师事务所马倍战律师代理的"2005年河北32名作者状告'中国知网'侵权"案，记得当时马律师曾打电话谈及此案邀我列名，其后未知案件审理的处理结果，也未得到分文赔偿，但是，后来发现约有3/4的论文却被中国知网屏蔽。由此这些论文难以在知网上就教于师友同行，所以这也成为我编辑出版这本论文集的另一个原因。

  敝帚自珍，蒹菲不遗。《近代石家庄城市史论丛》所收文稿都是以石家庄城市史内容展开的，有些论文中的论点或看法虽然已有发展变化，为尊重历史并如实记录个人学术印记与思想轨迹，除删去内容摘要和关键词以及对极个别字词予以修正之外，本书将论文一律改为脚注，基本上保留了论文的原貌。在编排上，未以论文发表时间为序，而是按照内容划分为概述综论、铁路枢纽、城市行政、文教娱乐、衣食住行、城事探微六编。本书之所以将全部注释修订为脚注方式，主要为了符合学术著作的出版规范，方便读者阅读，可以即刻查看论据注释出处。还有《近代石家庄铁路枢纽的特点》一文，恢复了曾被编辑删除的关于清政府反对修建窄轨并予以抗争的一段原稿文字，特此说明。另外，曾发表的拙文《正太铁路窄轨争端》《吴禄贞对石家庄历史文化的影响》《吴禄贞：壮志未酬身先死——解读石家庄与辛亥革命的百年渊源》《石家庄市的产生与由来》4篇文章，考虑与其他论文略有交集，故未收入本书。

《火车拉来的城市——近代石家庄城市史论丛》获得2018年河北省社会科学基金项目的资助，项目编号：HB18LS014；并获得2018年石家庄市社科专家培养项目的资助，项目编号：2018ZJPY05。在这里对两个基金项目的匿名评委表示敬意。本书所收文稿共37篇，有四十余万字。这些文章在17家刊物发表过程中得到了许多编辑朋友的大力支持和帮助，特别是任吉东、苑朋欣、宋悦、刘澍、刘亚民、吴星、周祖谦、惠吉星、武占江、石玉新、贾辉铭、于少华、许璐梅等人，在论文编辑、文字校对、注释格式、英文审订等不同环节上付出了辛勤劳动。商务印书馆的李智初先生，对此书出版予以了热情扶持，中国城市史研究会副会长张利民研究员，在我当初确定这个选题和开展研究的过程中都给予了鼓励和帮助，当专集付梓之际，他又在百忙之中审读本书并撰写了跋言，在此，对上述所有专家、学者、朋友们一并表示衷心感谢！

李惠民

2018年8月31日

于石家庄凤凰城

跋

　　我与本书作者结识已经近20年了，当时惠民老师正在开拓石家庄历史的研究领域，我也一直在关注近代华北区域城市发展的研究。那时，国内史学界已经开始广泛关注城市史的研究，城市史研究理论亦受到重视。城市史研究是历史学与社会学、经济学、地理学等多学科理论方法相结合开展的综合性研究，是从城市自身特色和城市化角度的阐释与解读城市的历史。与本书作者的联系也正是在这样的语境下达成了共识，成为十分要好的朋友。

　　因为我要研究近代华北的城市，最主要的关注点就是铁路在华北社会经济发展中的作用，这是有别于江南区域人文环境的特色，即现代交通运输业的兴起对城市影响极大，时至今日亦如此。一般讲"南船北马"，陆路交通运输对北方的人流、物流十分重要，而近代以后铁路对环境的影响如何，对社会经济和城市迅速的发展究竟起到多么重要的促进作用，需要有宏观的思考，更要有实证个案研究，石家庄就是典型的"因路而兴"，是一座"火车拉来的城市"。本书作者长期工作和生活在石家庄，早年在攻读博士期间便开始系统地对近代石家庄城市历史展开了研究，正好成为我请教的对象。记得那个时候，我们在石家庄做田野调查期间，经常得寸进尺地求助于惠民老师，譬如到河北省和石家庄市档案馆查阅档案、到政协文史资料委员会和地方志办公室调研座谈等。在与惠民老师的接触交流中，我觉得自己也只是向他提供了一些城市史研究信息的帮助，而索取却远远多于帮助，这点帮助却被惠民老师念念不忘，日后一直挂在嘴边。在联系交往中，深深感触到本书作者待朋友的诚恳与热情，他利用地主优势，事无巨细地给课题组提供了方便，使得我和研究团队受益匪浅。

　　作为城市史研究的知音，他对石家庄城市史的深入研究，更是令我刮目相看。作者研究兴趣广泛，涉猎领域涵盖了历史、经济、社会、行政管理、文化教育、民俗娱乐和空间建筑等，还对近代石家庄城市历史的一些悬疑问题进行了详细的考证工作。他对研究课题史料的挖掘非常深入和充分，他不仅是河北省档案馆、石家庄市档案馆和石家庄城建档案馆的常客，还曾广泛阅读过北京市、天津市等外地档案馆有关档案，翻阅了大量的地方志、专著、民国报刊、文史资料以及外文资料，以求做到尽可能穷尽所有能见到的资料。近20年来，他将研究重点聚集在石家庄城市历史上，刻苦自励，攻苦食淡，其痴迷程度不是仅用勤奋能形容的，而是达到了忘我的境界。他运用了经济学、社会学、人口学的理论方法，研究视野十分广阔，并非孤立地研究石家庄，而是将石家庄与大连、天津等沿海港口城市，徐州、郑州等内陆传统城市，以及唐山等新兴城市进行广泛的比较研究，我们时常就各种近代城市史问题进行深入讨论。应该说，作者是运用现代化范式、城市史理论全面系统地研究近代石家庄城市历史并取得成果的第一人。

我期盼了多年之后，2010年惠民老师的博士论文升级版的学术专著——《近代石家庄城市化研究》终于由中华书局出版了，我和同事欣然为此写了书评予以评介。这部40万字的学术巨著，从城市化的视角阐释石家庄的近代化，把握住了目前学术研究的主线，不仅全面系统地梳理了石家庄城市发展的脉络，而且突出其关键所在，图文并茂，有扎实丰富的史料，更有新的创意和学术探索。

学术专著问世8年之后，惠民老师的《火车拉来的城市》又出现在我面前，这是作者研究近代石家庄城市史的论文专集，它与《近代石家庄城市化研究》写作体裁的式样不同，后者有些研究内容在前书中尚未涉及或尚未充分展开论述，诸如获鹿县署搬迁博弈、实施市自治制、大石桥考释、石门更名原因新解等皆属此类。学术界对20世纪20年代北京政府推行的"市自治制"研究尚不充分，前书仅提及"市自治制"是石家庄城市兴起之初区域行政中心创立的一个起步阶段，而本书则对石家庄"市自治制"的背景前提、过程阶段、地位作用等问题进行深入探讨，通过分析"市自治制"对石家庄城市行政功能初创阶段产生的影响，充分论述了石家庄城市经济功能叠加政治功能的发展趋势和独特发展途径。由此可知，论文专集是前书的扩充和深化，可称之为《近代石家庄城市史研究》的姊妹篇。这部学术论文集聚集了作者近20年的学术成果，洋洋40万字，37篇论文，进一步体现了作者对学术研究执着的追求，也充分显示出作者的研究特色，即系统、全面、扎实和客观。这是一部史料和论点新颖的专集，是作者又一项开拓性综合研究近代石家庄城市史的学术成果。

通过论文专集，我们可以更加清晰地了解近代石家庄城市各个方面的发展，诸如城市行政建制、工商业、人口、文化教育、生活娱乐等，更加明晰近代石家庄城市发展的特点。作者认为，石家庄城市"因路而兴"，是近代华北地区最年轻和发展最快的城市，也是十分典型的农村城市化个案。城市功能从交通枢纽到商贸集散和工业制造，加之后来的区域性军政中心的叠加，城市化动力和功能呈现出多元化，城市化程度尚不充分，是典型的农村城市化的案例。论文中有数篇文章论证了城市人口增长和结构、空间布局、社会生活和民俗等方面的二元化现象，还对人口数量增长方式、城市移民的来源等进行了开拓性的研究探索，对石家庄城市化特点的归纳十分精彩。作者认为，近代石家庄城市化发展具有跳跃性和阶段性，整体发展极不平衡，整体发展质量不高，表现在经济形态上虽然发生深刻剧变，但发展进程存在明显的阶段性间歇，城市基础设施依然比较薄弱。由于城市化起点低，城市政治、经济、文化发展不平衡，近代石家庄既是一个工商业快速发展的近代化城市，又是一个社会生活方面"乡村味道相当浓厚"的乡村式城市，到中华人民共和国成立前，城市化程度尚不充分。

作者在研究中有执着的追求和事业心，为求证一个史实，查找相关史料，抑或论证一个观点，不惜精力与体力，以达完美。作者在经过深入系统地研究近现代石家庄城市较长时段后，做出的研究结论和判断，极具权威性，也有挑战性。该书客观地把握了石家庄作为中国近代中小城市的发展规律，科学地预判其发展的趋势。这些观点都是在拥有扎实研究成果基础上的升华，使得读者更能清晰地把握近代石家庄城市历史的发展脉络，更准确地判断城市发展阶段的历史定位和价值意义。该书引征史料丰富，视角独特，论证严谨，行文简朴，质实厚重，体现了一个务实学者的品格和文风。该书不仅为近代石家庄城市的研究打下了坚实基础，也为近代华北区域城市研究做出了巨大的贡献。

在《火车拉来的城市》一书即将付梓之际，惠民老师邀我为之作序，我觉得作为同辈不适合作序，但是面对作者盛情又难以推辞，这里仅以同行、挚友、读者的视角，将自己阅读书稿后的一点点感悟体会写出来充作跋文，以表达对惠民老师钦佩称道之情，仅此而已。

张利民

写于 2018 年 4 月 22 日

（作者为中国城市史研究会副会长、《城市史研究》主编）